Cristina Cevales-Labonde

Blumenkränze

Cristina Cevales-Labonde

Blumenkränze

60 Inspirationen für das ganze Jahr

Verlag Freies Geistesleben

1. Auflage 2013

Verlag Freies Geistesleben
Landhausstraße 82, 70190 Stuttgart
www.geistesleben.com

ISBN 978-3-7725-2539-1

Fotos: akg-images (S. 14), istockphoto (S. 5, 7, 8, 9, 77, 103, 115, 131, 151, 157, 166, 170, 183ff.), Staatliche Kunstsammlung Dresden, Galerie Neue Meister, Foto: Jürgen Karpinski (S. 15).
Alle übrigen Fotos stammen von Cristina Cevales-Labonde.
Umschlag: Bärbel Schubert
Gestaltung & Satz: Bianca Bonfert
Druck: Gorenjski tisk storitve, Kranj
Printed in Slovenia

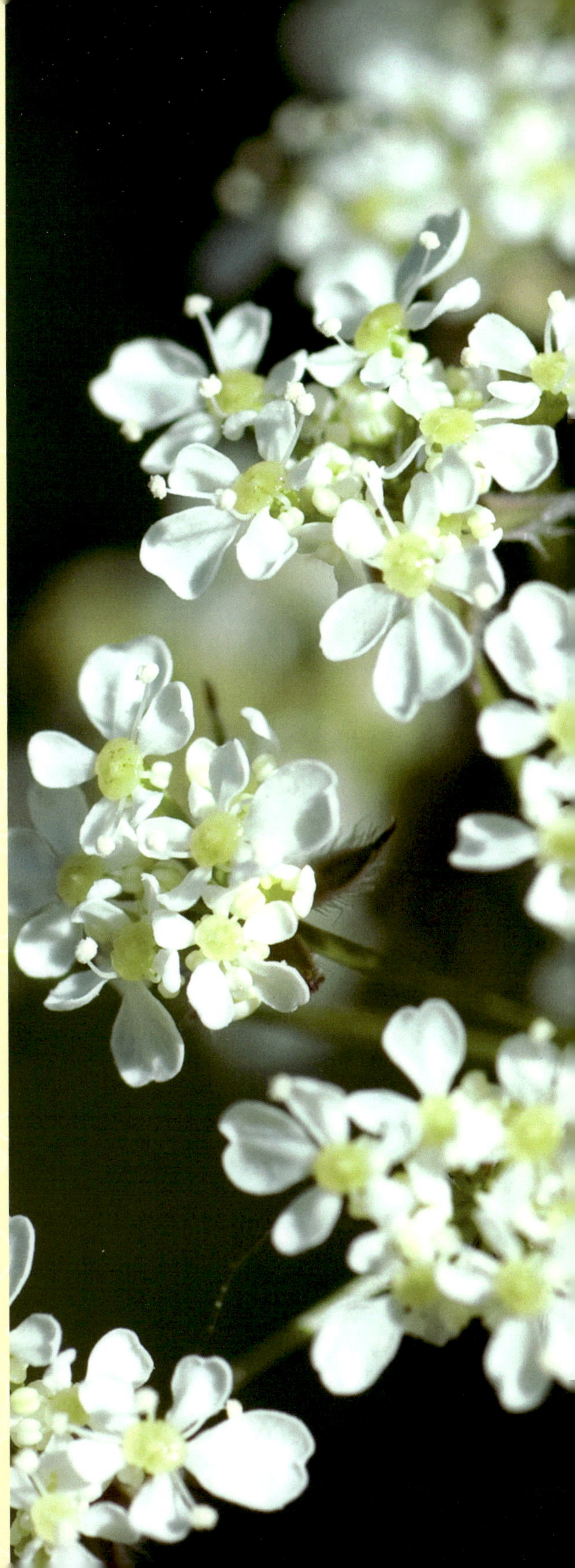

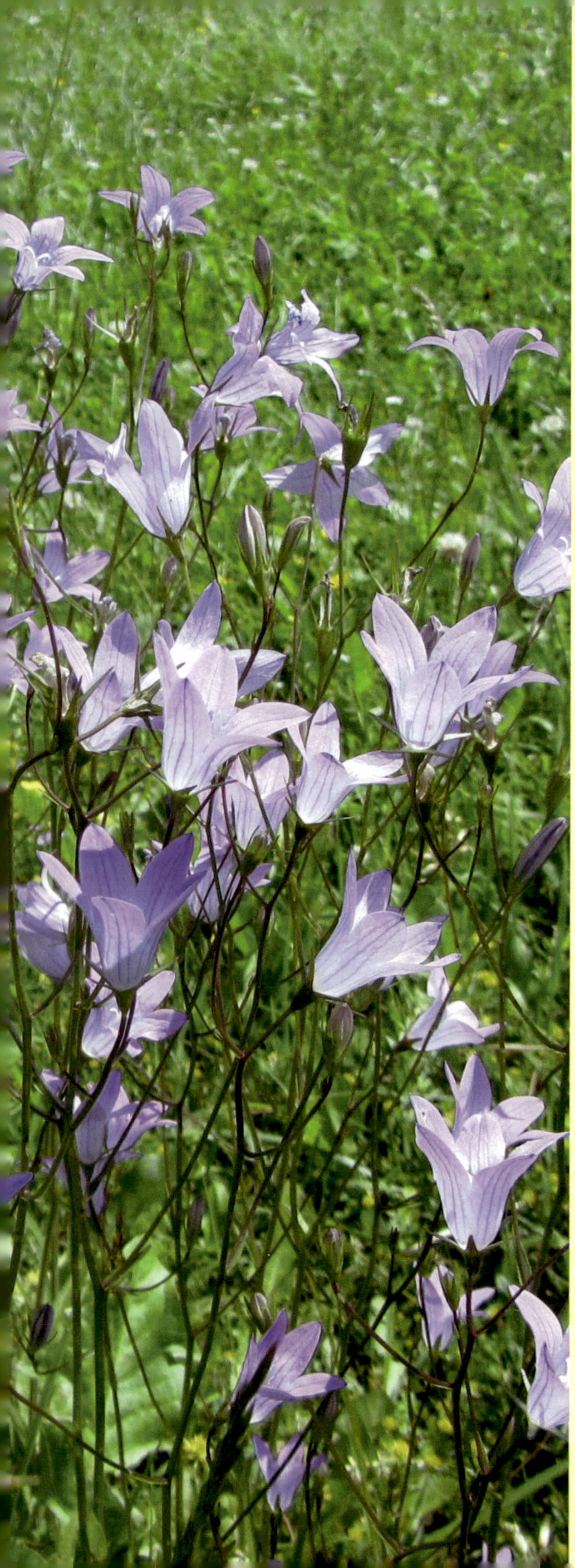

Kränze mit Heckenblumen und -beeren 55

Im Garten 79

Rosenkränze 103

Kräuterkränze 113

Getreidekränze 119

Im Wald 131

Kränze im Lebenslauf 151

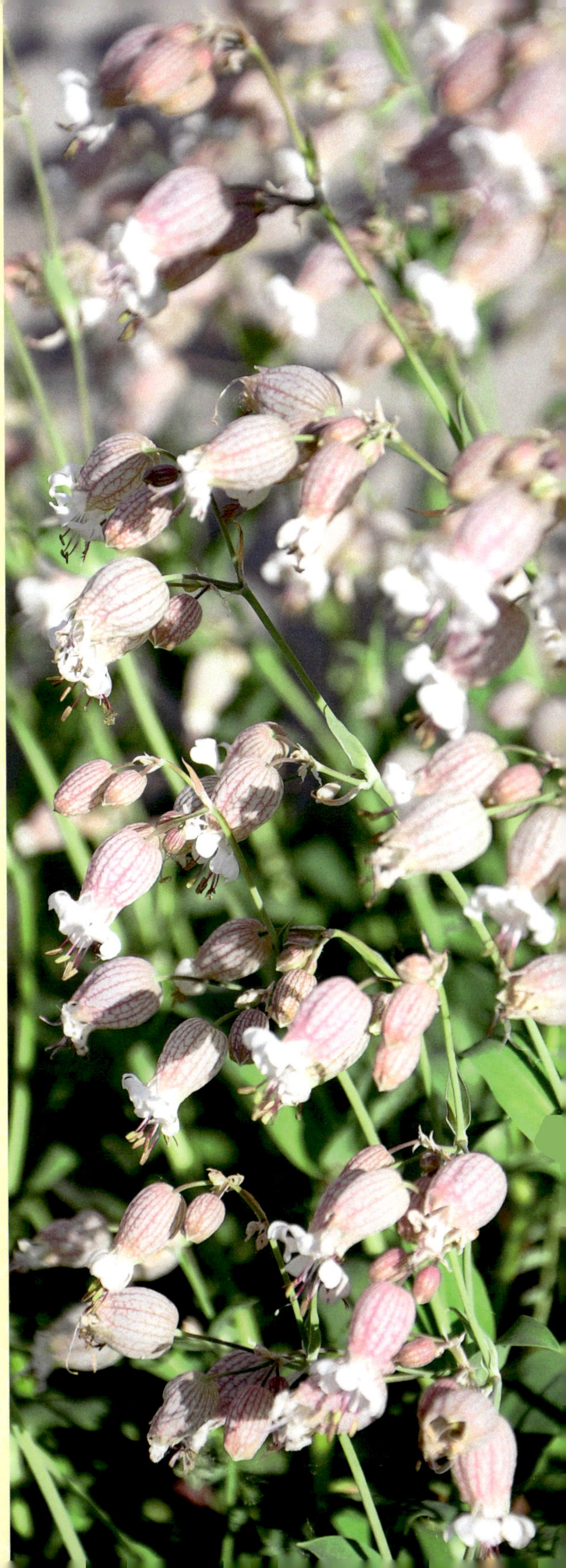

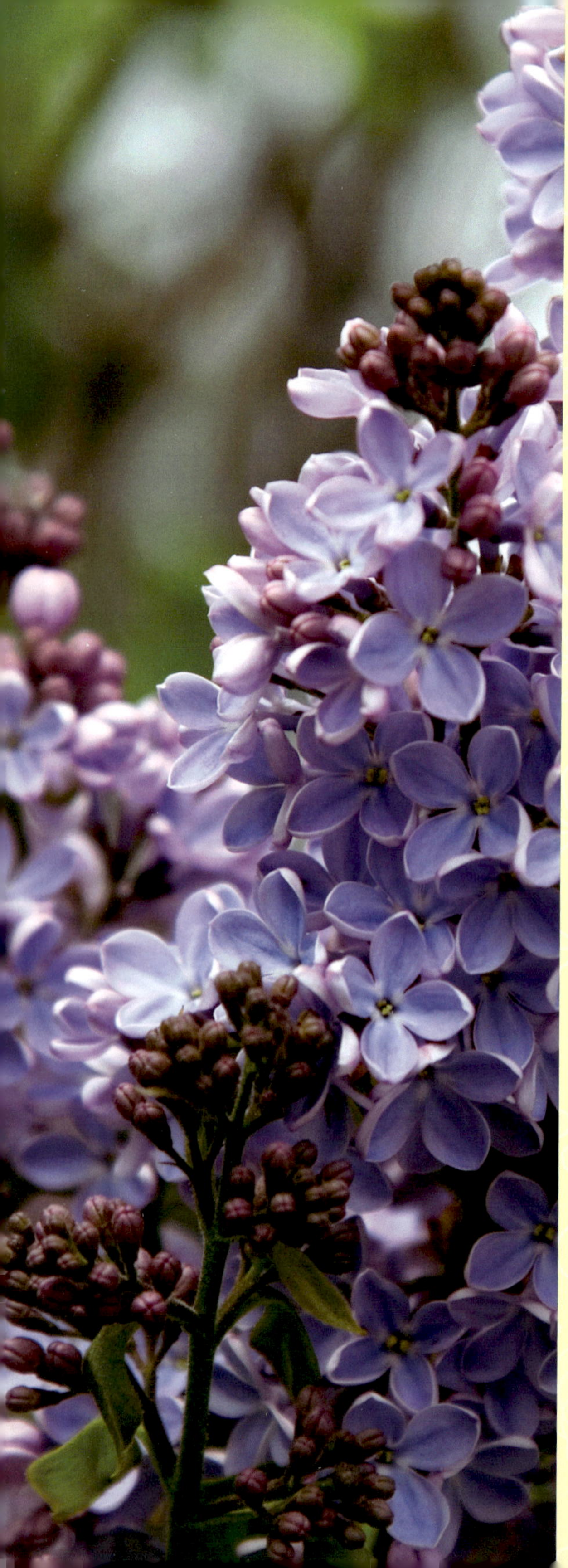

Festtagskränze für den Winter 157

Kränze aus anderen Naturmaterialien 169

Pflanzenauswahl, nach Farben geordnet 183

Über die Autorin 192

Einleitung

Mit nur wenig Aufwand können Sie zu jeder Jahreszeit selbst einen Blumenkranz binden. Ob Sie einen Spaziergang in der freien Natur machen, durch den Garten streifen, über den Markt schlendern oder am Feld entlanggehen: überall können Sie nach Belieben Ihre Lieblingsblumen, -beeren oder -gräser zusammenstellen. Haben Sie Blumen auf einem Balkon? Lässt ein älterer Blumenstrauß in seiner Frische etwas nach? Aus allem lässt sich ein Kränzchen zaubern.

Durch das gedrängte, naturferne Leben in den Städten entsteht immer wieder das Bedürfnis in uns, hinauszugehen ins Grüne, auszuatmen, einen Ausgleich für den Alltag zu suchen, die frische Luft und das satte Grün der Pflanzen zu genießen ... Wir erleben die Abwechslung, wenn wir draußen sind; es ist wie eine erholsame Insel im Trubel der Zeit. Schauen Sie sich dabei ruhig genauer um, und schärfen Sie Ihre Aufmerksamkeit für Kleinigkeiten – es gibt viel zu entdecken! Vielleicht sammeln Sie dabei ein paar Blumen und stellen sie als Strauß zusammen; dadurch klingt der erlebte Ausflug noch länger nach. Die Krönung ist es jedoch, wenn Sie die Blumen zu Hause zu einem Kranz binden. Diese kreative Tätigkeit ist sehr befriedigend und beglückend. Zudem erfordert sie keine speziellen Vorkenntnisse und lässt sich auch gut zusammen mit Kindern durchführen.

Kreativ zu arbeiten macht Spaß – lassen Sie Ihren Ideen also freien Lauf! Die vorgestellten Kränze in diesem Buch sind nur Vorschläge; Sie können schier

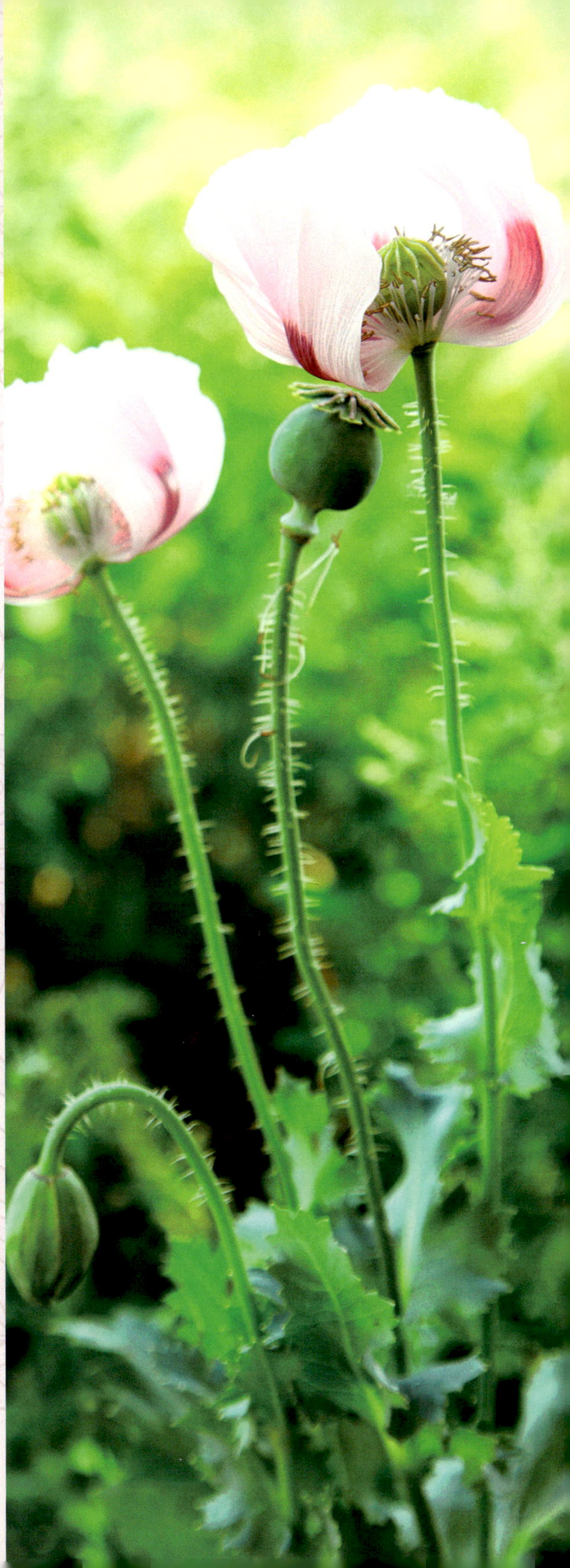

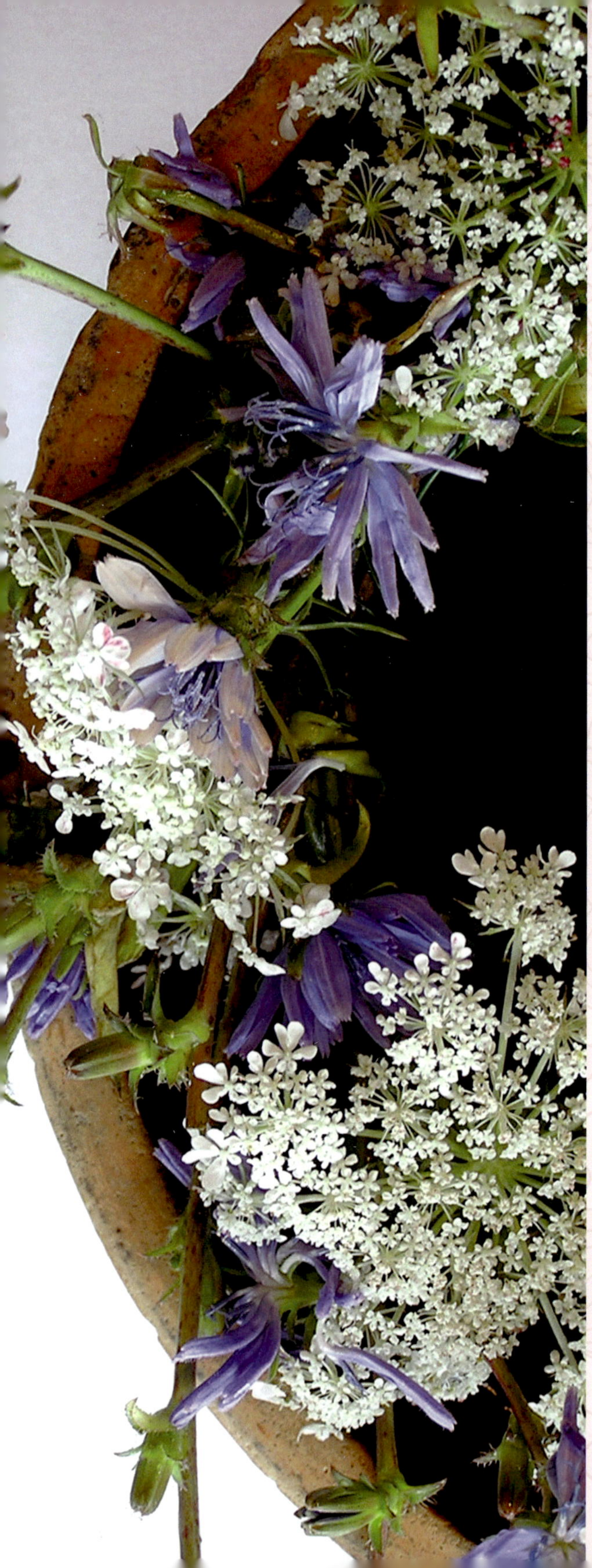

endlos variieren und die Pflanzen neu zusammenstellen. Sogar Federn, Gräser, Früchte und lustige Steine können im Kranz ein Plätzchen finden.

Gerade weil wir heute so vieles kaufen können, wird Persönliches, Selbstgemachtes zu etwas ganz Besonderem und Kostbarem. Wenn wir uns Zeit nehmen und etwas gestalten, geben wir unserem inneren Glanz eine Möglichkeit, sich in schönen Dingen widerzuspiegeln. Künstlerisches Arbeiten gibt uns das Gefühl, etwas Persönliches und Einzigartiges verwirklicht zu haben.

Kränze sind für verschiedenste Anlässe ein besonderes Schmuckelement. Sie können Ihrem Zuhause eine malerische Note verleihen, sie eignen sich als Haustür- oder als Tischschmuck, zur Gestaltung von Festen, als Kopfschmuck bei Kinderfesten oder als individuelles Geschenk. Und Sie können sie das ganze Jahr über binden: von Kränzen mit Buschwindröschen im zeitigen Frühjahr bis zu Kränzen mit Schlehen im Spätherbst oder mit Zapfen im Winter.

Mit ihren vielfältigen Farben und ihren besonderen Farbkombinationen können Blumenkränze einen gewöhnlichen Tag verzaubern. Lassen Sie sich also inspirieren von den folgenden Vorschlägen und zaubern Sie selbst mit Blüten, Früchten, Beeren und Gräsern Ihre individuell gestalteten Kränze.

Ein besonderer Dank geht an den Lektor, Martin Lintz, und die Herstellerin, Bianca Bonfert, die dieses Buch so liebevoll gestaltet haben.

Zur Symbolik des Kranzes

Kranz und Krone auf dem Kopf

Unter Blumenkränzen stellen wir uns ganz Unterschiedliches vor: Kränze für den Tisch oder als Türschmuck, zu besonderen Anlässen im Lebenslauf, als Geschenk oder als Kopfschmuck. Beschäftigt man sich mit dem Kranz als Kopfschmuck, kann man sich schon fragen, was denn dieser Brauch für eine Bedeutung haben mag und wie es wohl dazu gekommen ist, dass wir gerade unseren Kopf schmücken wollen und ihn dadurch besonders betonen.

«Erhobenen Hauptes» geht der Mensch. Er setzt sich mit der Schwerkraft auseinander und betont mit seiner aufrechten Haltung, dass er sich im Gleichgewicht befindet und als Mensch eine Persönlichkeit darstellt, ein Individuum ist.

Die Bedeutung des Kranzes als Kopfschmuck zeigt sich auch in der Kunstgeschichte: Richten wir das Augenmerk auf alte Gemälde, können wir viele Darstellungen mit Kranzmotiven entdecken: Bilder von Männern und Frauen mit Kopfschmuck, Kronen und Schapel (einem reifenförmigen Kopfschmuck aus Metall oder Blumen). Aus der griechischen und römischen Antike sind die Porträts herausragender Persönlichkeiten bekannt, die als besondere Auszeichnung einen Lorbeerkranz, einen «Siegerkranz», tragen; es ist ein einfacher Blätterkranz, der die Stirn schmückt. In mittelalterlichen Darstellungen begeg-

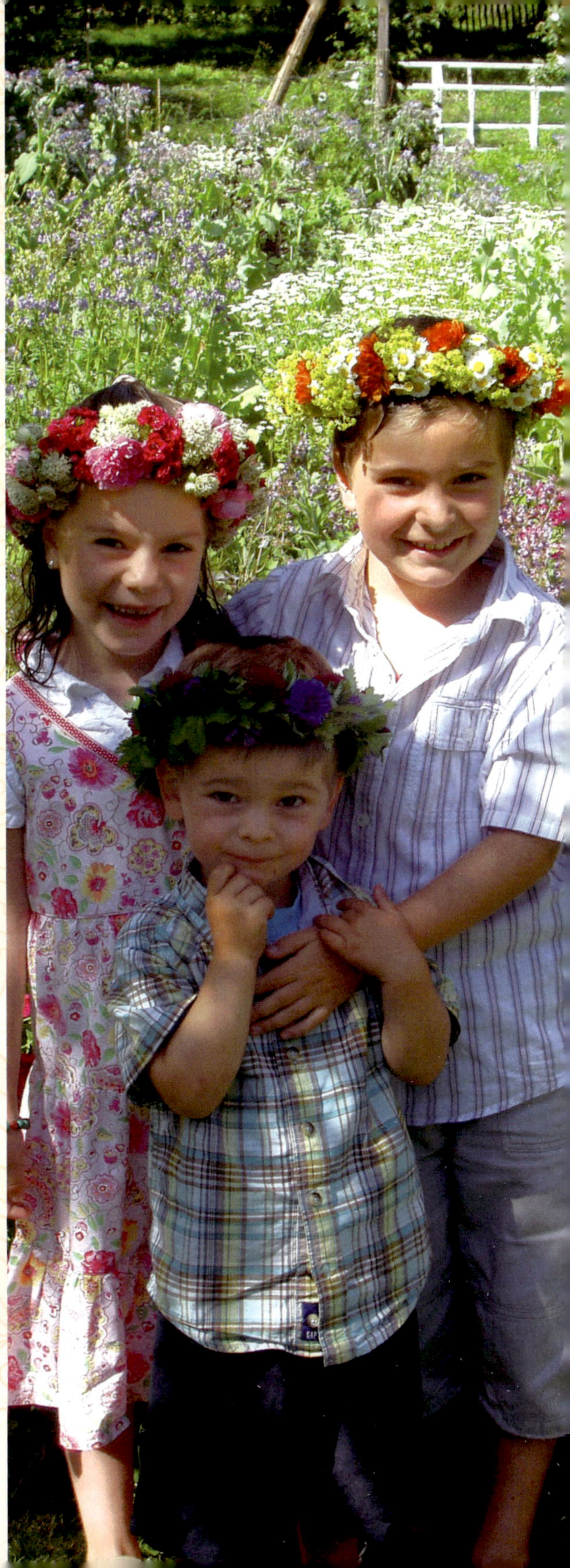

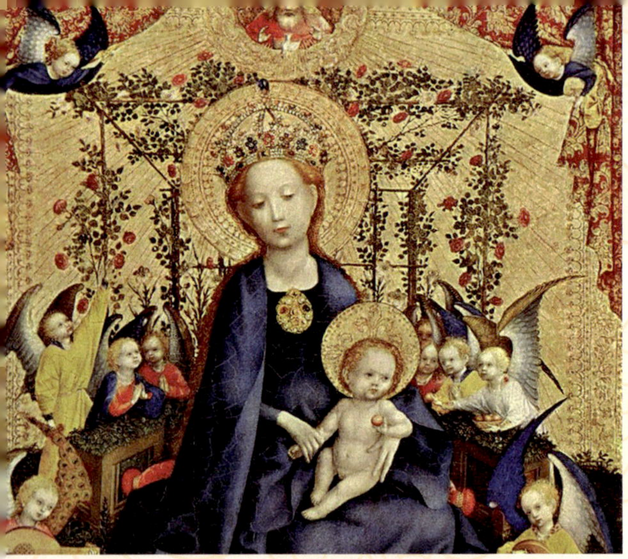

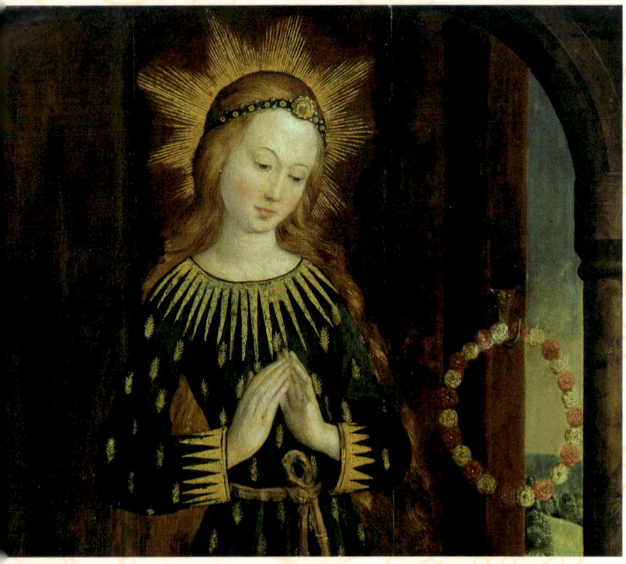

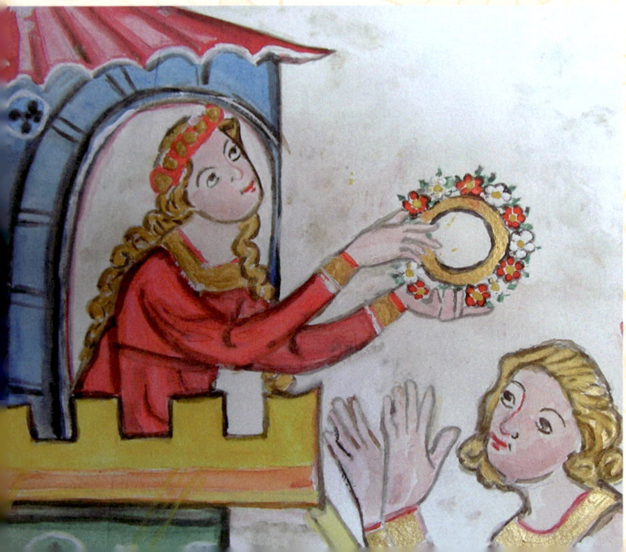

nen wir Kränzen und Kronen auf dem Kopf von Kaisern und Königen oder der Jungfrau Maria; stellvertretend sei nur das Bild der «Madonna im Rosenhag» von Stefan Lochner (15. Jahrhundert) genannt (links oben).

Krone und Kranz schmücken also den Kopf des Menschen. Als «kopflos» bezeichnen wir jemanden, der zerstreut wirkt und nicht Herr über seinen Verstand ist. Der Kopf birgt unser Gehirn, das für einen lebensfähigen Organismus unerlässlich ist. Vom Kopf aus wird unser Körper gesteuert, und das Gehirn bildet die Grundlage für das Denken und alle anderen seelischen Fähigkeiten.

Wir verbinden mit dem Kopf vor allem den Geist des Menschen. Ein mit einem Schapel, einer Krone oder einem Kranz geschmückter Kopf symbolisiert daher oft die geistige Größe eines Menschen; das bekränzte Haupt erhöht den Geist des Betreffenden. Der Kopfschmuck betont den Glanz des Menschen, der von ihm ausstrahlen kann; er zeigt einen Zauber, der über sein bloßes Denkvermögen hinausgeht. Mit einer Krone oder einem Kranz geschmückt, ist die Person leuchtender – und etwas mehr mit der Schönheit des Lebens verbunden.

Gewiss ist uns die imposante Haltung der Indianerhäuptlinge Nordamerikas vor Augen. Ihre Federkronen kann man mit den Kronen der europäischen Könige vergleichen; beide öffnen sich nach oben.

Doch eine Krone auf dem Kopf ist nicht leicht zu erringen. Man muss dazu besondere Fähigkeiten haben; oder es werden dem Betreffenden besondere

Fähigkeiten zugetraut. Ein König musste ein ganzes Volk regieren und seiner Verantwortung für alle gerecht werden. Vielleicht zeigt die Krone sogar, dass ein Mensch, und sei er noch so machtvoll, ohne Öffnung nach oben, zum Himmel, in seinen Fähigkeiten auch nur eingeschränkt wäre.

Blumenkränze in der Malerei

In vielen Kunstdarstellungen christlich-religiöser Motive wird die besondere Betonung des Kopfes durch einen goldenen Lichtkranz oder Lichtkreis verdeutlicht – den Heiligenschein. Dabei hebt der Lichtschein die hohen inneren Werte der dargestellten Figur, die Verbundenheit mit dem Himmel hervor. Eindrucksvoll ist das Gemälde der «Maria im Ährenkleid» von Hinrik Funhof um 1480, auf dem wir sogar mehrere Kranzmotive gleichzeitig sehen können (S. 12 Mitte). Die hier dargestellte junge Maria ist mit einem zierlichen Schapel und einem Strahlenkranz oberhalb des Kopfes geschmückt. Die Lichtstrahlen betonen die Heiligkeit, die geistige Durchlässigkeit und die Verbindung der Seele mit dem Himmel. Eine goldene Kranzborte ziert den Halsausschnitt und den Ärmelabschluss. Harmonisch fügt sich in das Bild ein schöner Rosenkranz ein, in dem sich rote und weiße Rosen abwechseln.

Die Symbolik der Blumenkränze in der Malerei ist unterschiedlich. Einige Bilder der gotischen Minnesänger in der Großen Heidelberger Liederhandschrift zeigen den Kranz als Liebesgabe. So ist etwa im Bildnis des Grafen Kraft von Toggenburg (1286–1339) eine Dame zu sehen, geschmückt mit einem Schapel aus Blumen oder Metall, die einem werbenden adligen Minnesänger einen Kranz mit roten und weißen Blumen auf goldenem Grund überreicht (S. 12 unten; Skizze von C. Cevales-Labonde).

Im Gemälde «Die Inspiration des Dichters» von Nicolas Poussin (1594–1665) ist der Lorbeerkranz ein Symbol der Inspiration und der Intelligenz (S. 14 oben). Nicht nur der römische Cäsar trug einen Siegeskranz, auch heute noch werden Lorbeerkränze in Italien bei der Feier zum Universitätsabschluss überreicht.

In anderen Kunstdarstellungen ist der Kranz ein Zeichen der Freude und Feierlichkeit, z.B. bei Festen und Umzügen. Im berühmten Stundenbuch des Herzogs von Berry aus dem 15. Jahrhundert («Très Riches Heures») haben die Brüder von Limburg den Monat Mai mit einem festlichen Umzug abgebildet (S. 14, Mitte). In der Skizze sehen wir edle Damen und Herren in geschmückter Kleidung

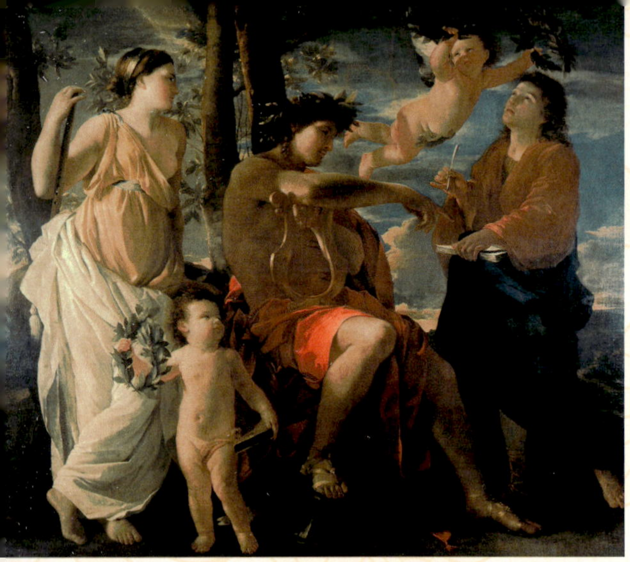

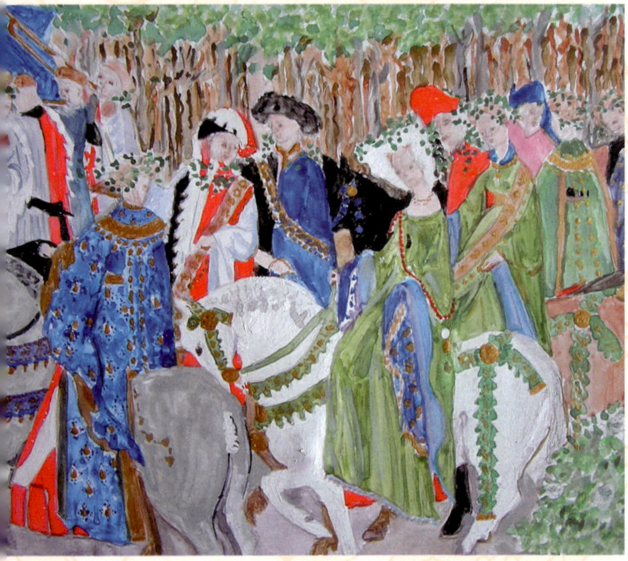

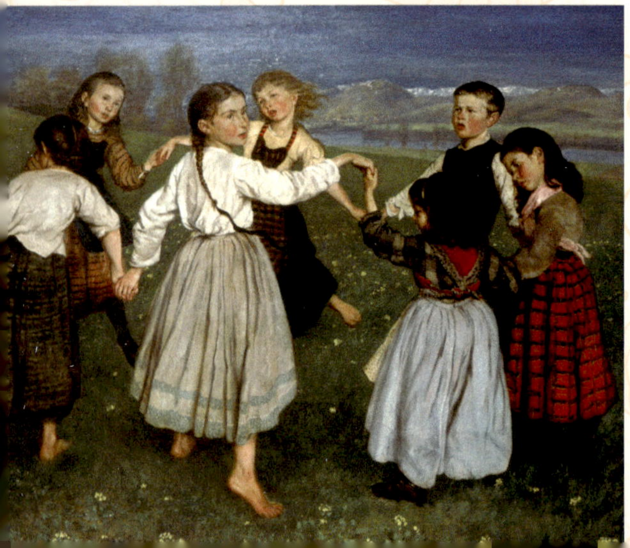

durch eine Frühlingslandschaft reiten. Alle tragen Blätterkränze, und dieser Kopfschmuck betont die festliche Atmosphäre.

Ähnlich die Symbolik des Kranzes in Ludwig Richters Bild «Der Brautzug im Frühling» von 1847 (S. 15): Er ist ein wichtiges Element zur Darstellung des Festes. Wir sehen viele Kränze, die bei der festlichen Hochzeit getragen werden. Es gibt nichts Anmutigeres als eine Braut mit Blumen im Haar. Die Kränze sind Schmuck und betonen mit den vielen bunten Farben der Blüten die fröhliche Stimmung.

Die Bedeutung des Kreises

Wenn wir an einen Blumenkranz denken, meinen wir eine Reihe von Blumen oder Blättern, die zu einer geschlossenen, gerundeten Form zusammengefügt sind. Diese Form beschreibt einen Kreis und ist damit Ausdruck von Vollkommenheit und Harmonie. Als Vergleich: Gehen wir mit unserem Blick einer eckigen Form nach, können wir innerlich an jedem Winkel eine kleine, innere «Bremse» erleben, eine Art Ruck oder kurzes Stehenbleiben. Richten wir dagegen den Blick auf einen Kreis, so finden unsere Augen keinen Anfang und Ende, und vielleicht wollen wir deshalb diese Kreisbewegung immer wieder nachempfinden.

So ist der Kreis das Symbol für die Vollkommenheit und die ewig anhaltende Harmonie, und der Ring wird zum Symbol der Treue, Liebe und Freundschaft. Die Form des Kreises drückt sich auch in der Tanzform

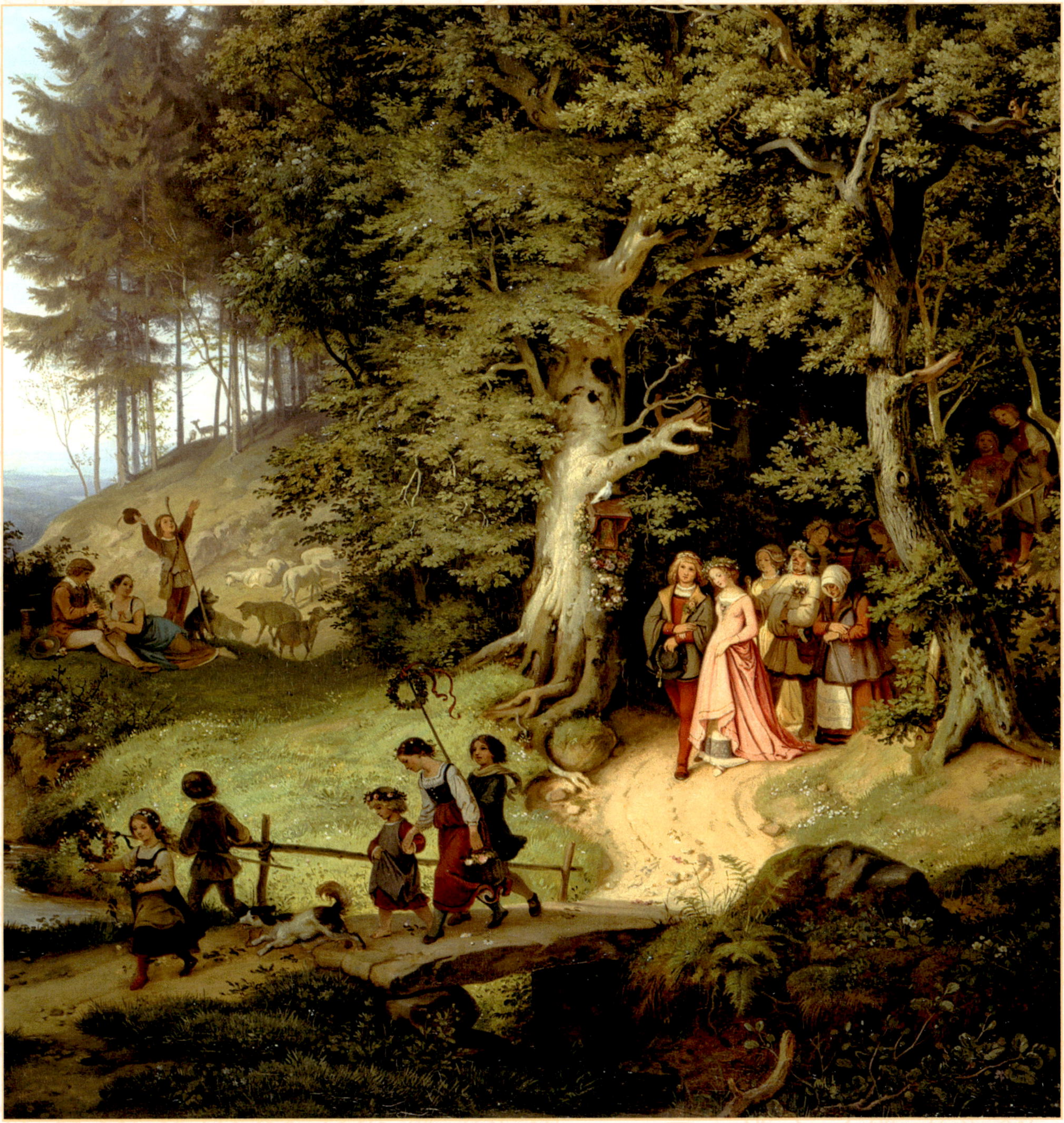

des Reigens und im Volkstanz aus; sehr schön kann man das in dem Gemälde «Kinderreigen» von Hans Thoma (1839–1924) sehen (S. 14 unten).

Wir sind umgeben von großen und kleinen Kreisbewegungen. Wir erleben den Kreislauf von Tag und Nacht, den abnehmenden und zunehmenden Mond und die Jahreszeiten. Die Sterne ziehen ihre Kreisbahnen um uns herum, und selbst die Milchstraße ist nur ein kleiner Teil des riesigen Sternensystems, der unendlichen Weiten, in denen wir um unsere Sonne kreisen.

Sogar die Bewegung unseres Blutes bezeichnen wir als Kreislauf. Kommt diese Bewegung zum Erliegen, ist unser Leben zu Ende. Auch der menschliche Lebenslauf wird oft als Kreis empfunden. Beim Tod eines Menschen schließt sich der Kreis seines Lebens, und seine Biografie rundet sich zu einer Ganzheit. Vielleicht haben deshalb in wichtigen Augenblicken der Biografie Kränze ihre besondere Bedeutung, etwa bei der Taufe, der Hochzeit oder der Bestattung.

Der Kreis als Urform kommt in vielen Kulturen vor. Die Steinkreise auf den britischen Inseln, z.B. Stonehenge, sind auch heute noch eindrucksvolle Zeugnisse für die jahrtausendealte Bedeutung des Kreises in der Geschichte der Menschheit. Aber auch in jüngerer Zeit finden sich Bauten, die in Kreisform angeordnet sind, etwa die Rundlingsdörfer im Wendland. Der Schutz und der Zusammenhalt des Kreises stärken die Menschen untereinander. So bildeten die Siedler im Wilden Westen zum Übernachten kreisförmige Wagenburgen. Das Aufstellen in Kreisform ist ein Phänomen, das wir auch aus der Tierwelt kennen: Elefanten in einer Herde stellen sich z.B. bei Gefahr im Kreis auf und nehmen ihre Jungen und die Schwachen schützend in die Mitte.

Berühmt ist die Sagengestalt des Königs Artus und seiner Ritter, die vom 12. Jahrhundert an in vielen Versepen und Romanen beschrieben wurden; es wird überliefert, wie alle Ritter zusammen in einer Tafelrunde saßen und aßen, damit es keinen Streit um die besten Plätze gäbe. Heute benutzt man übrigens den «runden Tisch», um einer Frage gemeinsam gerecht zu werden. Diese Form der Zusammenarbeit wird in heutigen Gemeinschaften immer wichtiger. Die Kreisform zeugt von Toleranz und Teamfähigkeit; sie gibt allen die gleichen Chancen, ihre persönlichen Fähigkeiten in das gemeinsame Ganze zu tragen und gleichermaßen gehört zu werden.

So sitzt auch im Blumenkranz jede Blume an ihrem Platz und bereichert durch ihre eigene Schönheit und Besonderheit, durch ihre unterschiedliche Wirkung in Farbe und Form den bunten floralen Akkord des Ganzen. – Zu erinnern wäre noch an den Kranz als Gebäck: Kranzkuchen, Neujahrsbrezel, Osterkranz u.a. haben eine lange Tradition und greifen in ihrer Form, passend zum Fest, die Kreissymbolik auf.

Aufbau und Material

Material für Kränze findet sich zu jeder Jahreszeit, denn das Angebot reicht von Blumen und Gräsern über Zapfen und Moos bis zu trockenen Ästen und Wurzeln. Jede Jahreszeit hat ihren besonderen Charakter und wird durch typische Pflanzen geprägt.

Ein offenes Auge für die Schönheit der Natur lässt uns bald erkennen, dass jede Blume, jeder Strauch seine eigene Zeit hat, um zu wachsen, zu blühen und zu verblühen. Denn kaum bildet sich die Knospe und öffnet sich die Blüte, strömt der Duft, und die Blume scheint ihren Höhepunkt erreicht zu haben. Danach verblüht sie aber nicht einfach nur, sondern bereitet ihre Samen für das kommende Jahr vor.

Bei der Betrachtung der Blumen und Pflanzen im Allgemeinen erkennt man, wie das Lebendige in ihnen ein ewiger Kreislauf ist: Die Blätter fallen im Herbst von den Büschen und Bäumen, weil die neuen Knospen genau an der Stelle wachsen, wo das alte Blatt gewesen ist, und die Pflanzen bereiten sich so auf den nächsten Frühling vor.

Doch die Blumen blühen und verblühen nicht alle zur gleichen Zeit – im Gegensatz zu den meisten Bäumen, die sich im Herbst auf einmal bunt färben. Einjährige Blumen und Stauden ziehen nach der Vollblüte oder der Samenbildung ihre Kraft wieder in die Wurzel zurück. An den Zwiebelgewächsen, wie Tulpen, Narzissen usw., können wir das deutlich beobachten. So mancher, der gärtnert, wundert sich, wo denn plötzlich seine Pflanzen geblieben sind … Und

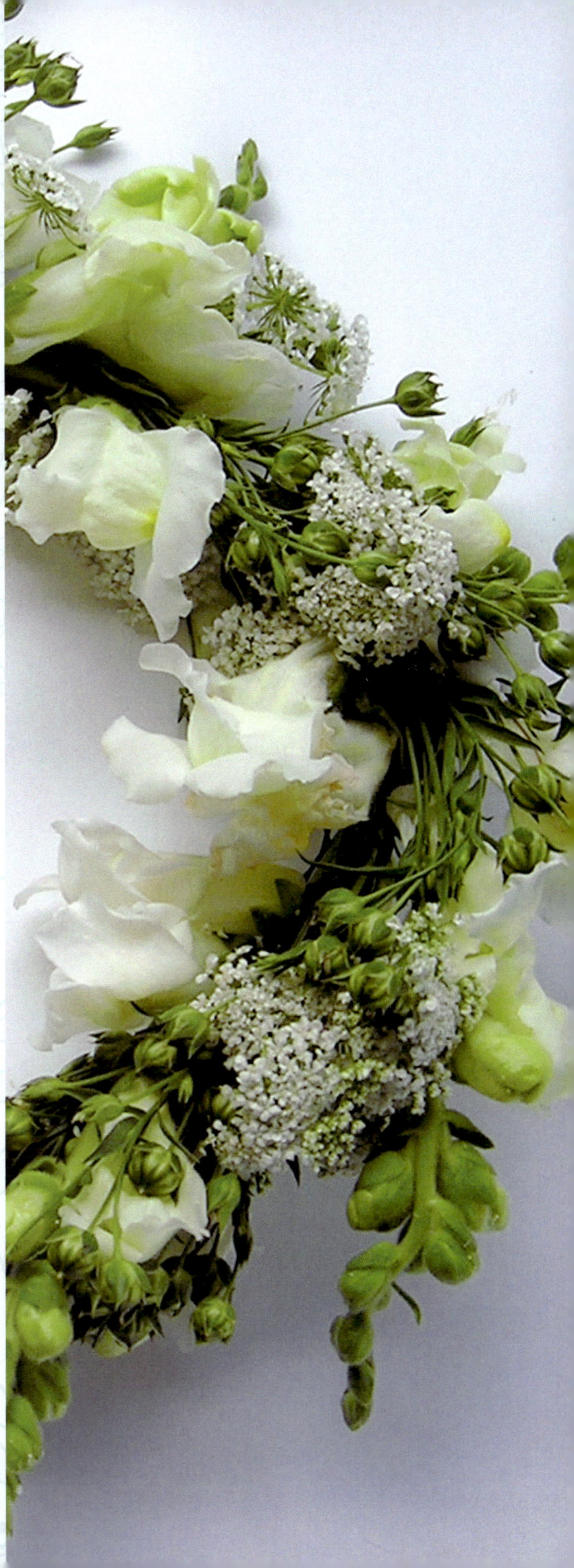

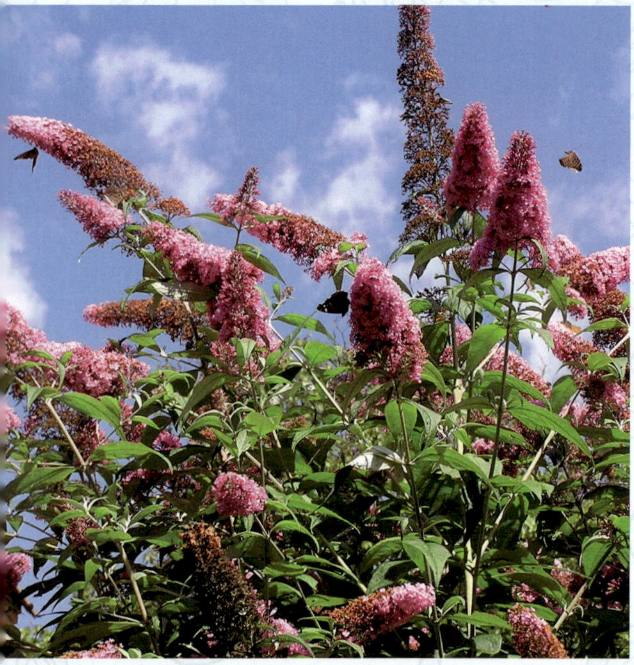

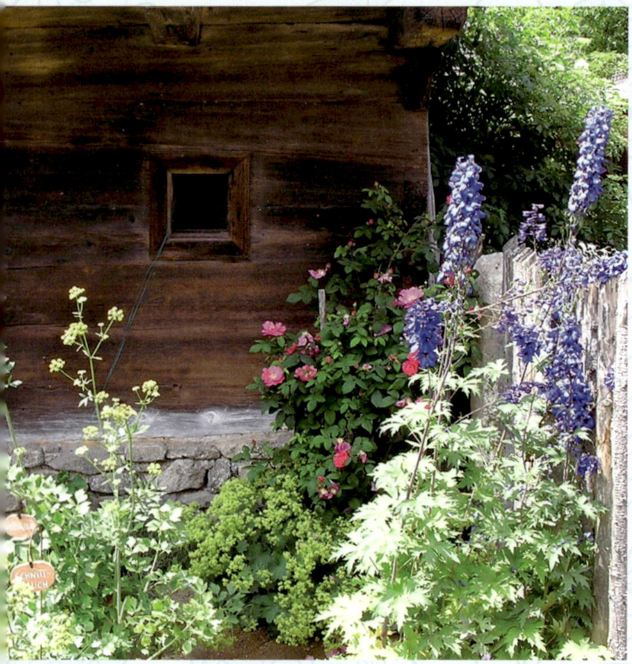

während beispielsweise der Löwenzahn in voller Blüte steht, sind die Sonnenblumen gerade erst ausgesät; wenn die Rose blüht, verwelkt die Akelei bereits. Die Reihe der Beispiele ließe sich noch lange fortsetzen. So kann man beobachten, dass jede Blumenart ihre eigene Wachstumszeit durchlebt und diese Zeitverschiebung die Vielfalt ausmacht, mit der wir schöpferisch sein können.

Das Wasser hält die Pflanzen lebendig. Sobald Blumen abgebrochen sind und nicht getränkt werden, vertrocknen sie. Durch das Wasser wird auch ihr Leben verlängert, und sie können sogar eine ganze Weile weiter wachsen.

Es ist aber ein Unterschied, ob eine Blume am Strauch wächst oder in der Vase steht. Manche Blumen reagieren auf diesen Wechsel sehr empfindlich. Man denke nur an den schönen Schmetterlingsstrauch (Buddleja oder Sommerflieder), der im Wasser nur zwei Tage frisch bleibt, aber am Strauch viel länger blüht. Viele Blumen sind jedoch so schön, dass wir sie für den besonderen Augenblick erleben möchten; wir können uns beispielsweise für die Dauer eines Festes an ihnen erfreuen – wie ein feines Gericht, das wir einfach nur genießen.

Plastikblumen entspringen der Sehnsucht, das Schöne für immer festzuhalten. Sie sind jedoch erstarrt: Da haben wir dann unsere künstliche Rose im Winter, die Maiglöckchen in scheinbarer Frische auch am Abend … Sie verwelken nicht, aber sie strahlen auch nichts aus, weil sie nicht leben. Die Vergänglichkeit der echten Blüten können wir vielleicht ein wenig hinauszögern, aber nicht aufhalten, weil auch das Verwelken zum Leben dazugehört. Doch haben wir die Möglichkeit, unsere Sinne zu schärfen und den Augenblick als etwas Kostbares zu sehen; statt traurig oder enttäuscht zu sein, dass die Blumen verwelken, können wir für die erlebte Schönheit dankbar sein und wertvolle Erinnerungen daran knüpfen. Und wir können durch die Beschäftigung mit Blumen die Zerbrechlichkeit der Natur nachempfinden. Erleben, wie alles im steten Wandel ist. «Blumen sind das Lächeln der Erde», sagte der Dichter und Philosoph Ralph Waldo Emerson. Sie schenken uns Freude und Glück, Trost und Wärme.

Aufgrund der Vielfalt von Blumen, Blättern, Beeren und Gräsern gibt es unendlich viele Möglichkeiten der Kranzgestaltung. Daher kann auch dieses Buch nur eine kleine Anregung bleiben. Die folgenden Blumenkranzbeispiele geben zwar ganz konkrete Anweisungen, doch hängt die Zusammensetzung der Farben und der Blumensorten letztlich natürlich nur von Ihrem persönlichen Geschmack ab – und von den Pflanzen, die Ihnen gerade zur Verfügung stehen. Halten Sie die Augen offen und hören Sie auf Ihr Gefühl, was Ihnen zusagt.

Blumen und viele weitere unterschiedliche Materialien können Sie überall in der freien Natur finden – auf Ihrem Spaziergang am Wiesen- oder Feldrand, im Wald, im Garten, aber auch auf Ihrem Balkon oder auf dem Markt. Sie werden staunen, wie Ihr Auge immer besser geschult wird. Mit etwas Aufmerksamkeit und Entdeckerfreude können Sie fast überall fündig werden.

Aber nicht nur Pflanzen sind für unsere Kränze geeignet: Mit Steinen, Federn, Muscheln und allerlei anderen Schätzen, die Sie finden, können Sie auch unterschiedlich kreativ arbeiten. Lassen Sie sich vom Material inspirieren!

Die kleinen Handgriffe zur Gestaltung der Kränze sind leicht zu erlernen, und Sie werden sehen, dass das Binden der Kränze leichter ist, als Sie zunächst vielleicht denken. Ich wünsche Ihnen, dass Sie sich, inspiriert von diesem Buch, schon bald sicher fühlen und Ihrer Fantasie und Ihrem Geschmack freien Lauf lassen.

Für unterschiedliche Kränze werden verschiedene Aufbaumöglichkeiten vorgeschlagen. Je nach Kranzsorte brauchen Sie einen «Rohling» als Unterlage, auf dem Sie die Blumen binden können. Auf S. 23 – 34 werden verschiedene «Rohlinge» beschrieben, die Sie verwenden können.

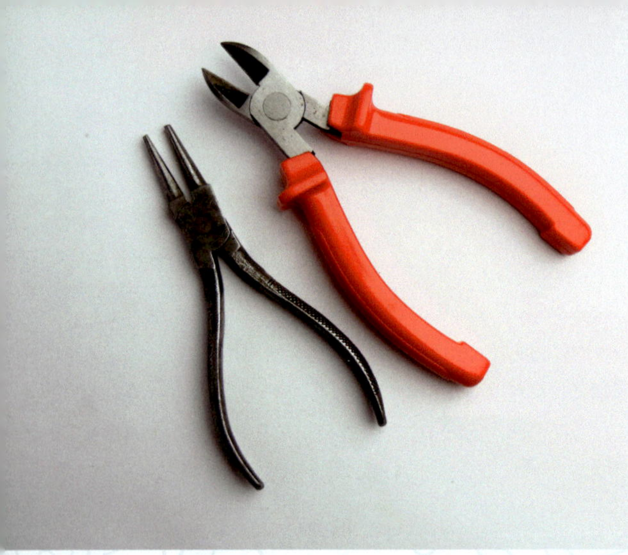

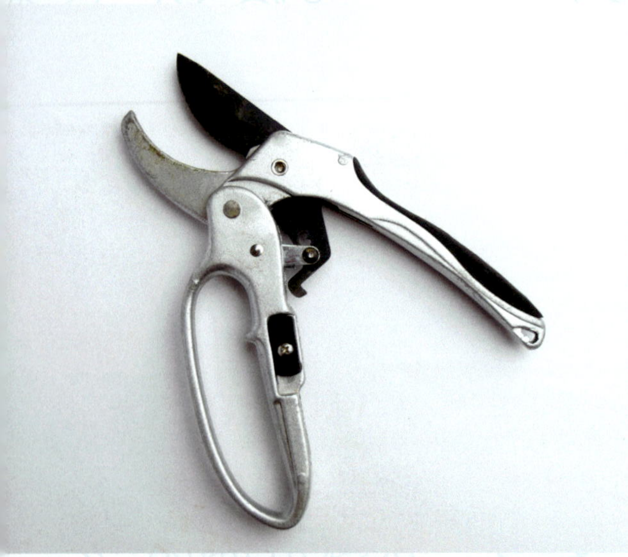

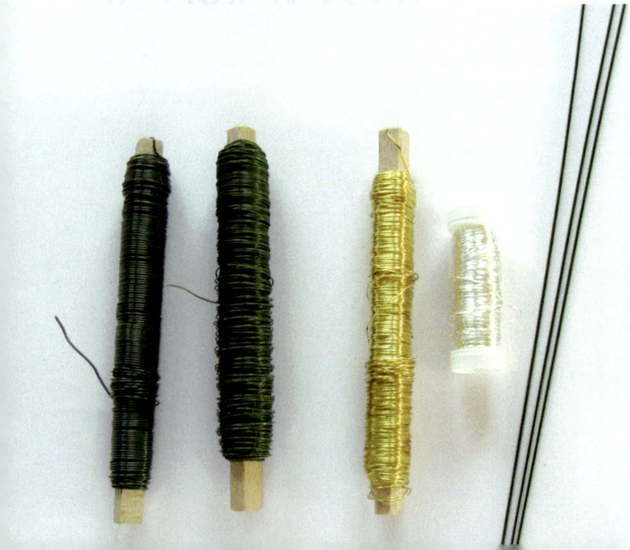

Material | Werkzeug

Im Allgemeinen brauchen Sie zum Arbeiten:

- eine Kneifzange, um den Draht abzuzwicken
- eine Spitzzange für kleine Ösen und Verschlüsse
- eine gute Gartenschere
- Handschuhe für stachelige Arbeiten
- eventuell eine Plane als Unterlage
- eine Schürze.

Draht

Um verschiedene Materialien zusammenzuhalten und zu umwickeln, benötigen Sie verschiedene Drahtsorten:

- grünen oder braunen Blumendraht 0,65 mm für kräftige Arbeiten
- grünen Blumendraht 0,35 mm für zarte Blumen
- Steckdraht, grün, 1,2 mm
- in besonderen Fällen goldenen, silbernen oder grauen Draht.

Der Umwelt zuliebe habe ich in den frischen Kränzen absichtlich auf Kunststoffmaterialien verzichtet, wie Moosi, Styropor oder Plastik-Umwickelung. So können Sie den verblühten Kranz einfach im Biomüll entsorgen. Bei einigen Dauerkränzen wird Heißkleber verwendet.

Ein paar Tipps

So lange, wie sich die Blumen in der Vase halten, können sie uns auch als Kranz in einer Wasserschale erfreuen. Bei kurzen Blütenstängeln, wie oft in den Kränzen benutzt, ist die Lebensdauer der Blumen sogar länger, da die Wasserzufuhr kürzer ist. Auch können Sie beobachten, wie einzelne Blumen in der Wasserschale sogar weiter wachsen und ihre Köpfe senkrecht aufrichten.

Wichtig ist, zu beachten, dass die Blütenstängel gut feucht bzw. nass liegen sollten. Die Blütenköpfe dagegen sollten nach Möglichkeit nicht «ersaufen». Zinnien und viele Rosensorten z.B. sind in dieser Hinsicht besonders empfindlich.

Blumen haben am Vormittag mehr Kraft, die durch die Hitze im Verlauf des Tages geschwächt wird. Da wir uns nicht immer danach richten können, pflücken Sie eher geschlossene oder noch neue, feste Blüten. Auch die volle Sonnenbestrahlung in heißen Tageszeiten kann die Haltbarkeit der gepflückten Blumen beeinflussen.

Sehr gut ist es, wenn Sie einen kleinen Eimer mit etwas Wasser auf Ihren Spaziergang mitnehmen können. So lassen sich die gepflückten Schätze gut transportieren und bleiben frischer.

Ist dies nicht möglich, hier ein Tipp: Wenn Sie zu Hause sind, sollten Sie die Blumen zunächst tränken und erst später, wenn sie sich wieder gestärkt haben, als Kranz verarbeiten.

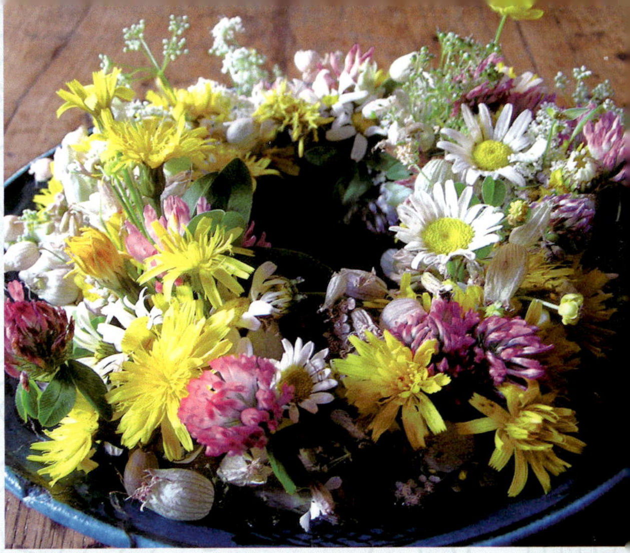

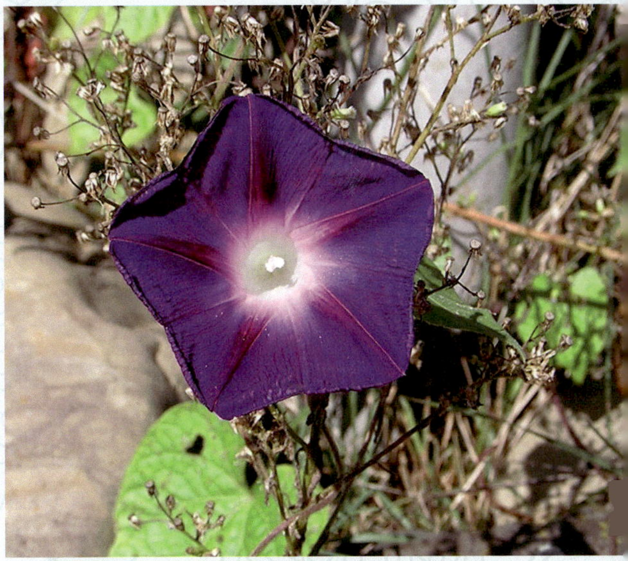

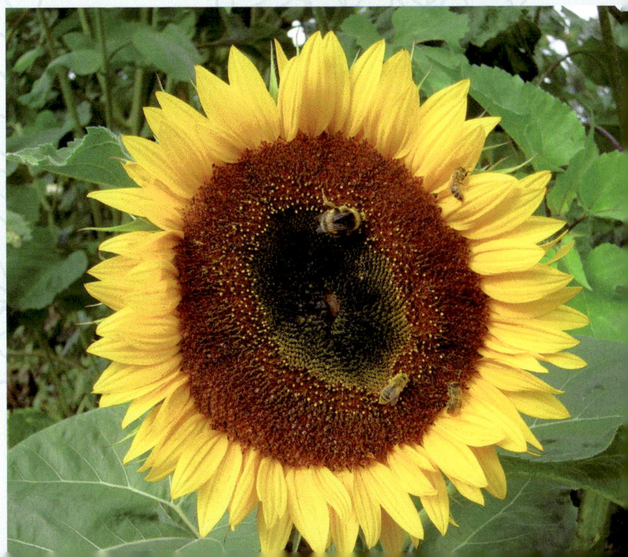

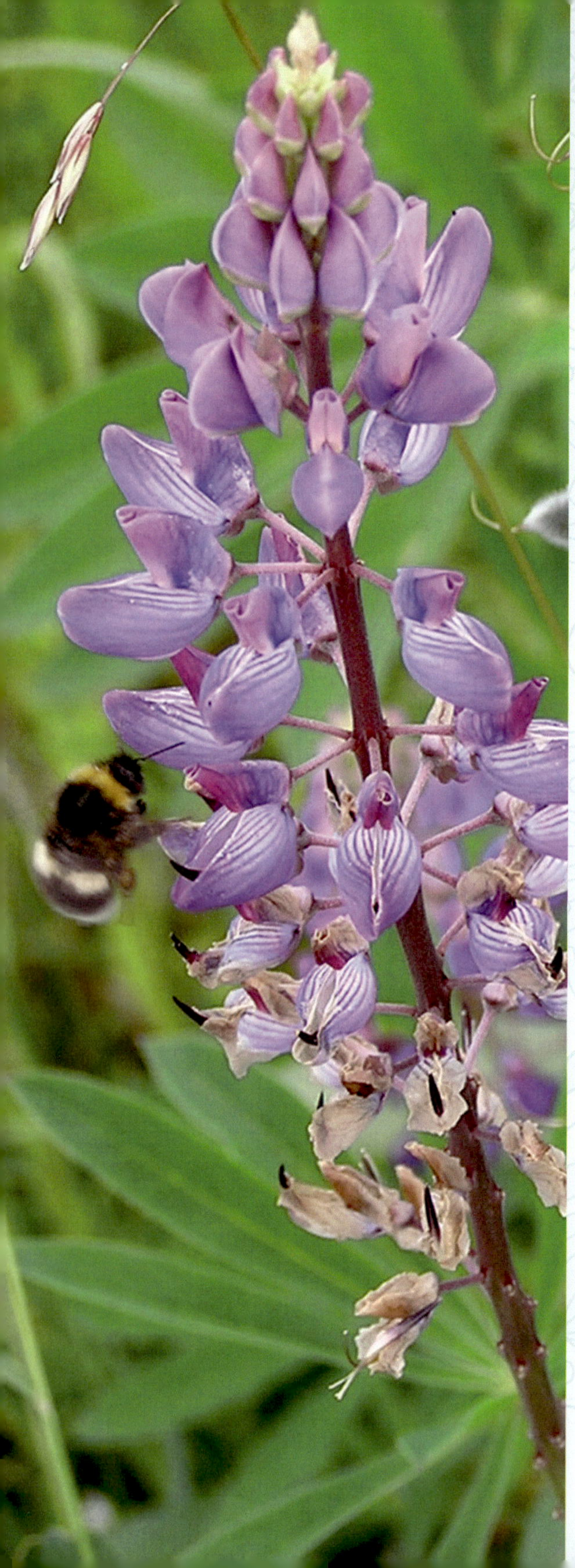

Manche Blüten schließen sich am Nachmittag und öffnen sich am nächsten Morgen wieder, zum Beispiel die gelben Blüten des Habichtskrautes. Andere leben nur einen Tag, beispielsweise alle Taglilien, die Blüten der Winde und der Wegwarte.

Große Blumen mit steifen Stängeln, wie die der Sonnenblume, sind nicht unbedingt für kleine Kränze geeignet. Aber knapp geschnitten und flach liegend, in einem großen Gebinde eingebunden, erzeugen sie eine prächtige Wirkung. Einen solchen großen Kranz kann man auch, etwa auf einem Backblech (oder in einer niedrigen Wanne) mit Wasser gefüllt, gut aufbewahren.

Blüten mit kurzen, kleinen Stielen, wie die der Lupine, kann man als Gesamtblüte lassen. Dagegen lassen sich die einzelnen Blüten des Rittersporns gut abzwicken und in zarten Kränzen verarbeiten.

In den folgenden Beispielen sehen Sie verschiedene Kränze, die als Anregung gedacht sind. Für Ihren eigenen Kranz können Sie natürlich auch andere Blütenkombinationen, andere Blumen, Gräser, Früchte und weitere Naturmaterialien verwenden und ihn frei ausschmücken. Folgen Sie einfach Ihren Wünschen und probieren Sie auch Neues aus.

Kranzrohlinge

In diesem Kapitel finden Sie Anregungen für selbst gemachte Rohlinge. Selbstverständlich können Sie Kranzunterlagen aus Stroh oder Heu auch in Bastel- und Kreativläden kaufen. Es ist jedoch viel schöner, einen Kranz mit einer individuellen Größe selber zu gestalten: Sie spielen und kombinieren mit der Menge der verschiedenen Materialien, die Ihnen zur Verfügung stehen, und formen Ihren Kranz nach Ihrer eigenen Vorstellung.

Kranz mit Drahtaufbau

Wenn Sie einen Blumenkranz mit frischen Blumen herstellen möchten, brauchen Sie keinen festen Rohling. Diese Kränze werden relativ schnell gemacht, und der Zeitaufwand ist im Vergleich zur Haltbarkeit ausgewogen. Ein weiterer Vorteil dieses Aufbaus ist, dass Sie mit dem Wickeln aufhören können, wenn der Blumenvorrat zu Ende geht. Davon abhängig ist auch die Größe der Kränze.

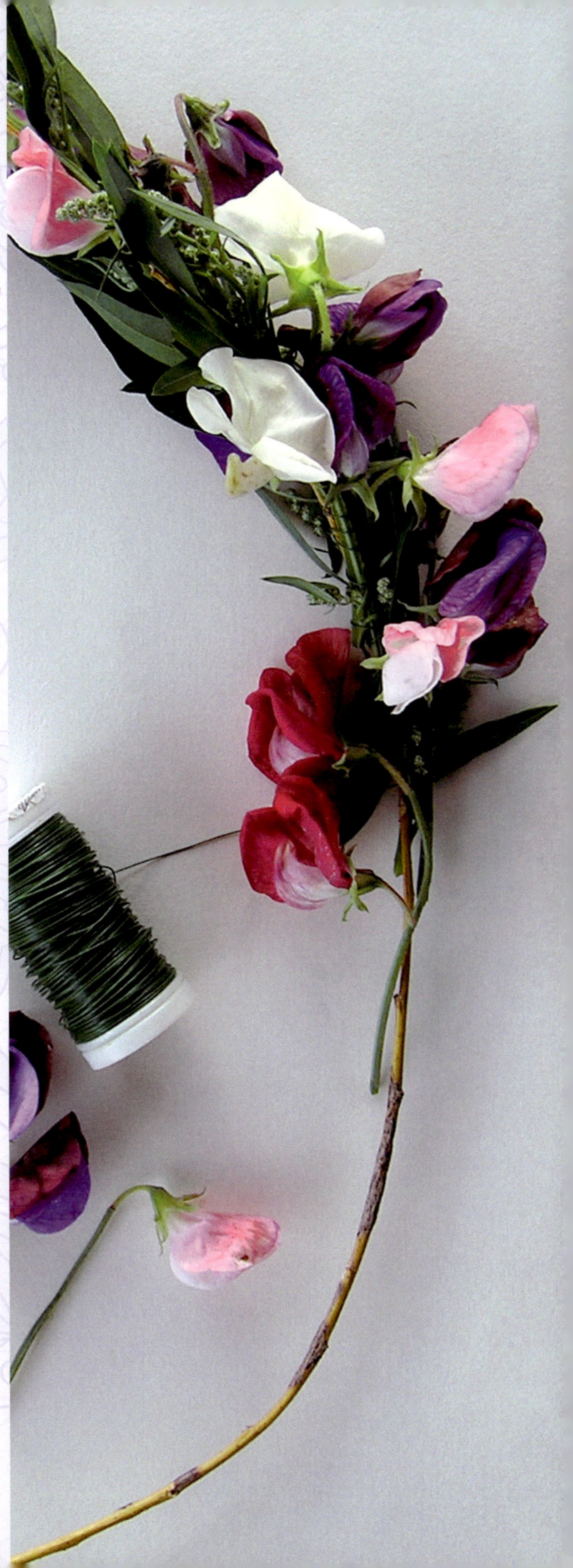

Gewickelte Blumenkränzchen mit frischen Blumen sind als Tischschmuck oder als Kopfschmuck geeignet.

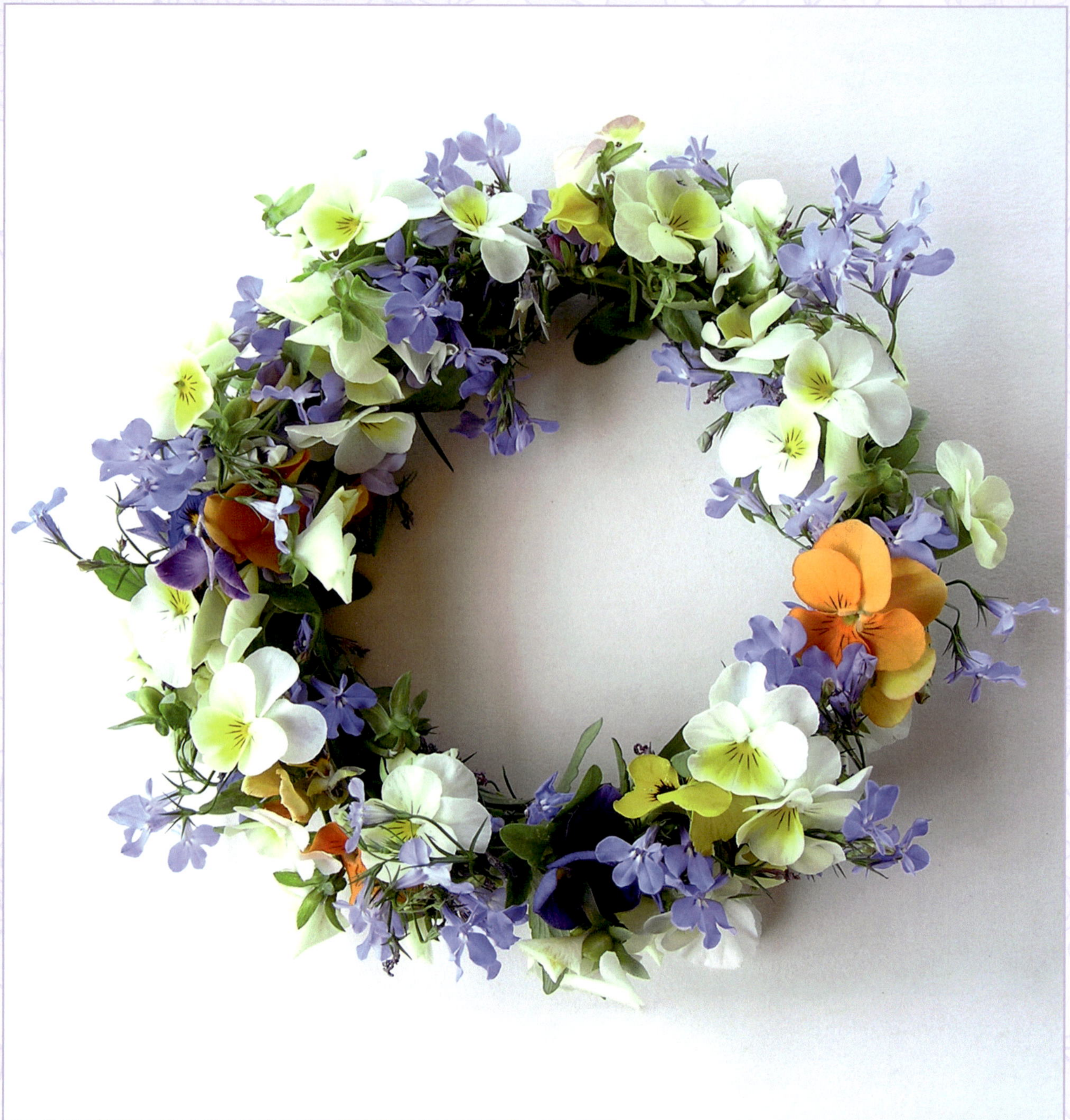

Hornveilchen-Lobelien-Kranz (Beispiel 1)

Hier zunächst ein Beispiel für einen Kranz mit Hornveilchen und Lobelien (Mai – Juni).

Material

- frische Blumen
- grüner Blumendraht 0,65 mm
- grüner Blumendraht 0,35 mm

Die ausgesuchten Blumen werden mit einer Länge von ca. 6 – 10 cm als kleine einzelne Sträußchen griffbereit zurechtgelegt. Die vorgeschlagene Länge wird bald ein Augenmaß für Sie werden, nach dem Sie sich ungefähr richten können. Achten Sie darauf, dass die einzelnen Sträußchen eine gleichmäßige Größe und Stärke haben.

Spulen Sie den dickeren Blumendraht (0,65 mm) etwas ab und legen Sie das erste Blumensträußchen darauf. Halten Sie beides mit einer Hand fest. Den Drahtanfang ca. 5 cm über die Blumenköpfe herausstehen lassen. Mit dem dünnen Draht das erste Blumensträußchen festwickeln. Es muss dabei an einer ziemlich tiefen Stelle festgemacht werden: fast am unteren Drittel der Stiele. Nur so können Sie die letzten Blumen am Schluss Ihrer Arbeit leicht darunterschieben und einen unauffälligen Übergang bekommen.

Es reicht, wenn Sie den dünnen Draht einmal mit einer normalen Spannung um die Blumen herumwickeln und erst beim zweiten Mal den Draht etwas fester ziehen. Wenn Sie zu viel Spannung haben, kann der Draht die dünnen Blumenstiele durchschneiden.

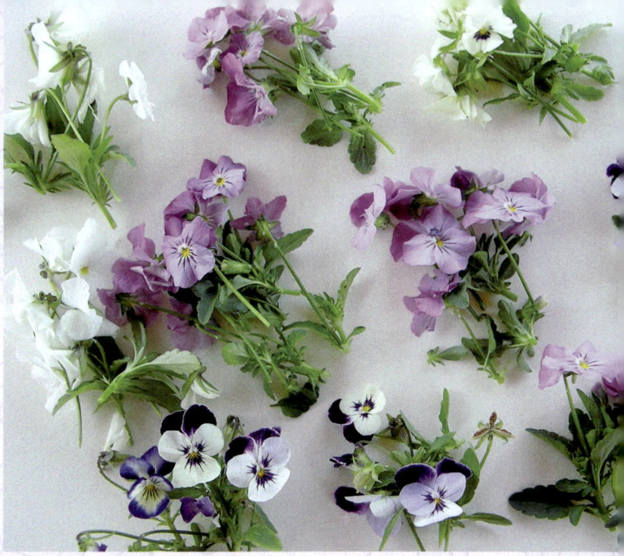

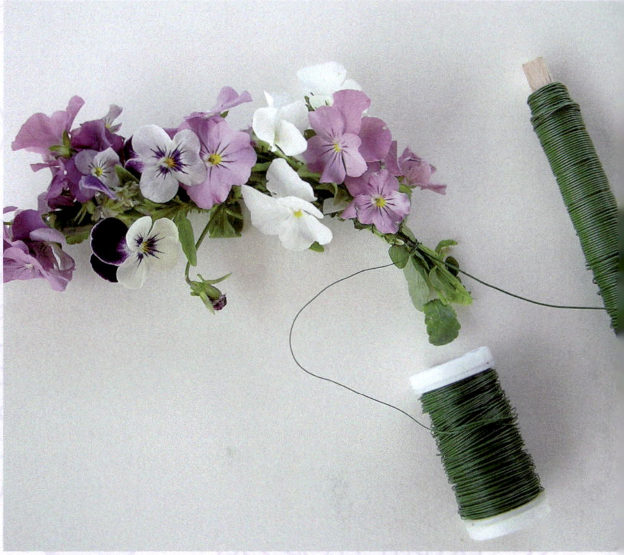

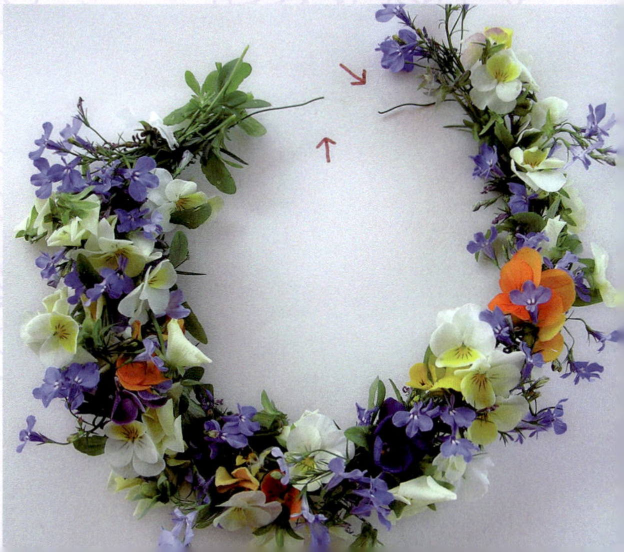

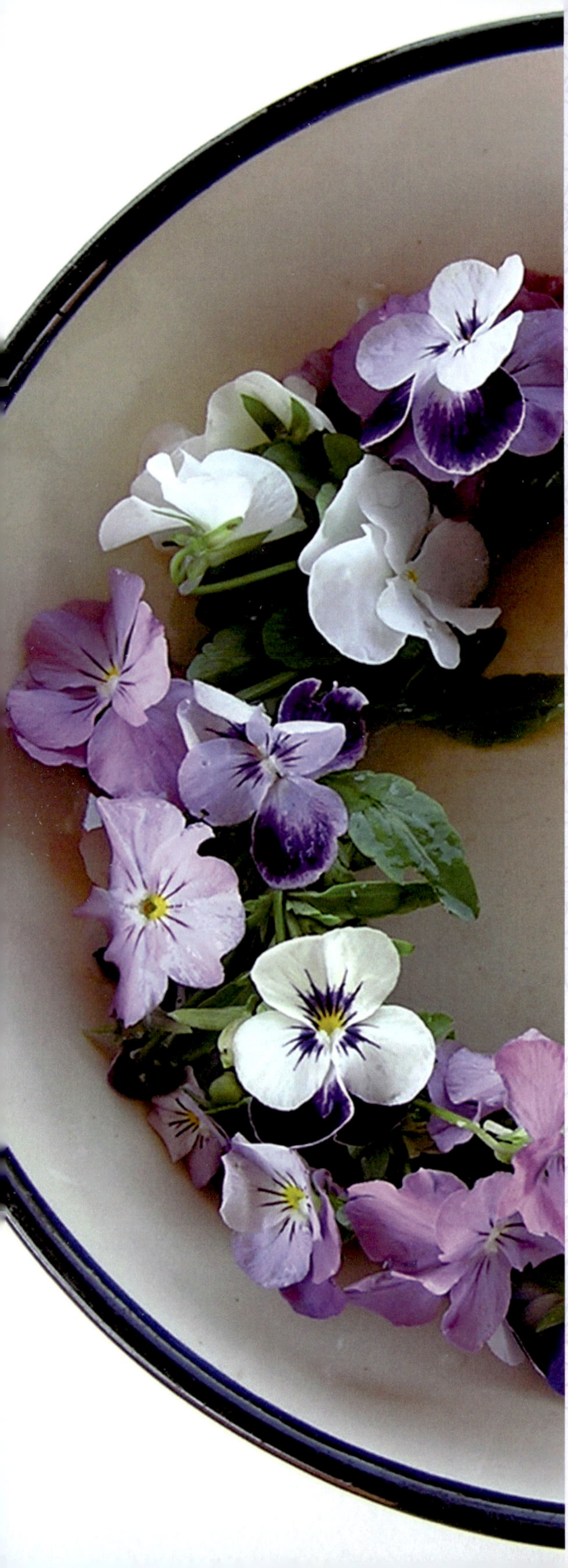

Mit der dritten oder vierten Drahtumwicklung wickeln Sie einen «Schritt» nach vorne und bestimmen so den Abstand zum nächsten Blumensträußchen.

Je größer der Schritt ist, desto luftiger wird der Kranz, weil mehr Abstand zwischen den einzelnen Sträußchen entsteht. Und umgekehrt: je enger Sie wickeln, desto fülliger wird der Aufbau.

Sie werden bald ein gutes Gefühl für Ihre Arbeit bekommen und gleichmäßig wickeln.

Das nächste Blumensträußchen wird schuppenweise draufgelegt – mit einer kleinen seitlichen Neigung: einmal nach rechts und beim nächsten Mal nach links. Setzen Sie die Arbeit in dieser Technik abwechselnd fort.

Beenden Sie die Arbeit, wenn Ihr Blumenvorrat zur Neige geht oder das Kränzchen die gewünschte Länge bekommen hat. Jetzt einige Male zum Abschluss den dünnen Draht um die Blumenstiele herumwickeln. Zwicken Sie den dünnen Draht knapp ab und verstecken Sie das Ende zwischen den Blumen, damit man sich nicht pieksen kann. Dann den dicken Draht mit ca. 5 cm Länge abzwicken. Formen Sie die Rundung des Kranzes, indem Sie das Ende des Blumenkranzes unter den Anfang schieben. Zwirbeln Sie beide Drahtenden miteinander fest.

Eventuell die Blumen leicht verdrehen, damit sie alle gleichmäßig nach oben schauen und die Stielenden nach unten.

In eine Wasserschale gelegt, bleibt das Kränzchen frisch.

Kranz mit Löwenmäulchen (Beispiel 2)

Wenn manche Blumen vereinzelt wachsen, also Abstand zwischen der einen und der anderen Blüte ist, können Sie die Lücken mit einem fülligen Material ergänzen. Auf den nebenstehenden Fotos (und Foto S. 17) sehen Sie einen Kranz mit Löwenmäulchen. Man kann hier gut die Möglichkeit erkennen, die bestehenden Lücken zu schließen – in diesem Fall mit Dolden und unreifen Leinsamenkapseln.

Einzelner Weidenzweig

Zarte Blumen und Kräuter mit stabilen Stängeln können auf einem dünnen Weidenzweig aufgebaut werden. Diese Kränzchen bekommen einen luftigen Charakter und sind etwas stabiler, als wenn sie nur durch einen Draht gehalten würden. Sie eignen sich auch als Kopfschmuck.

An dem dargestellten Beispiel mit Duftwicken (siehe Fotos S. 23 und 28) sehen Sie den Aufbau auf einem einzelnen Weidenzweig.

Material

- 1 dünner Weidenzweig
- dünner Blumendraht 0,35 mm
- ca. 30 Duftwicken
- 3 Rispen «Guter Heinrich»
  (oder ähnliche / andere grüne Pflanzen)

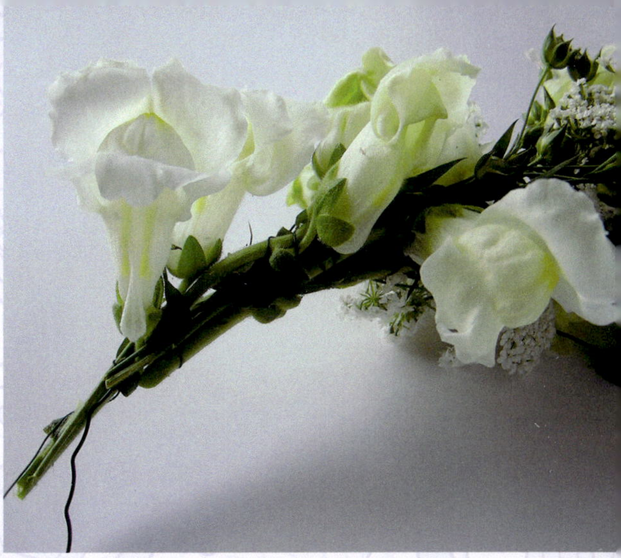

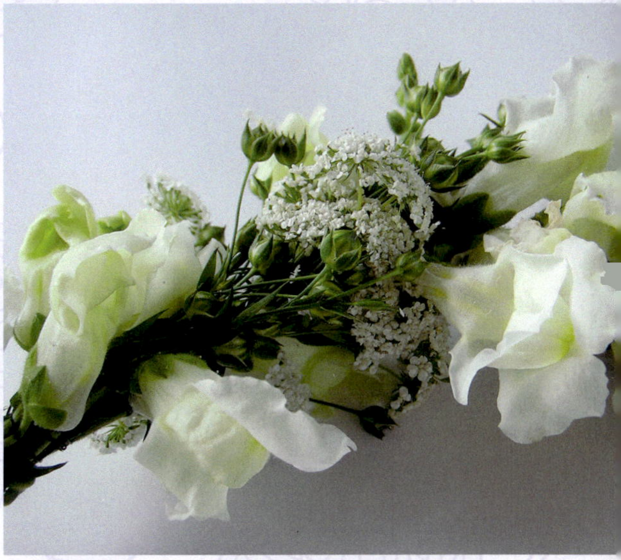

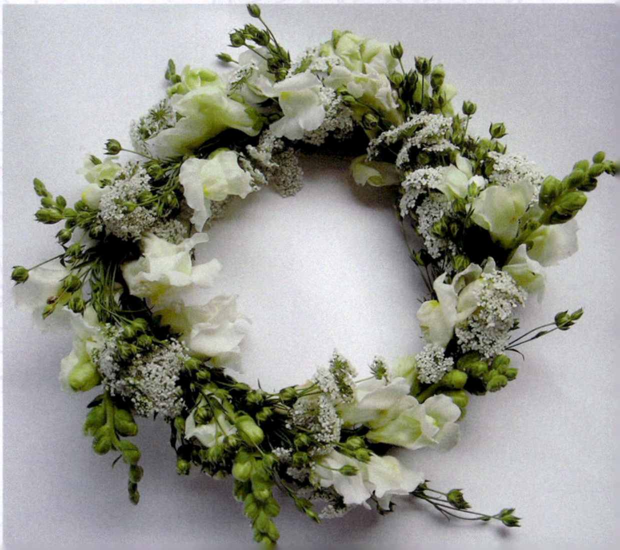

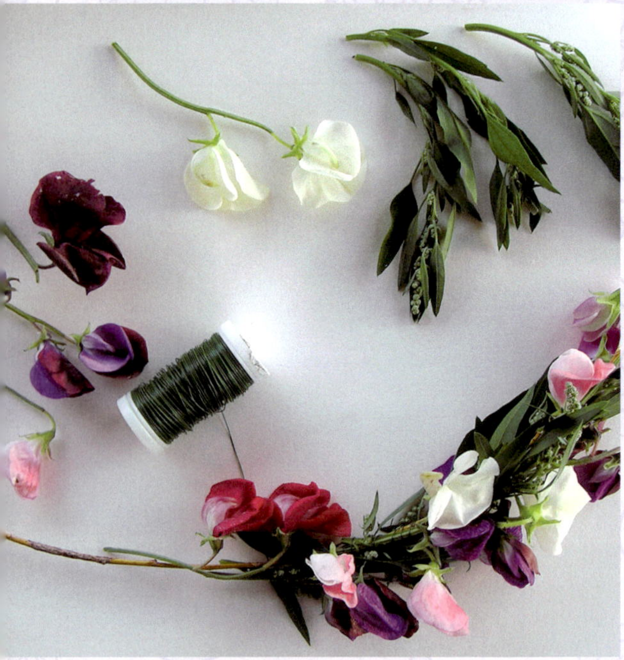

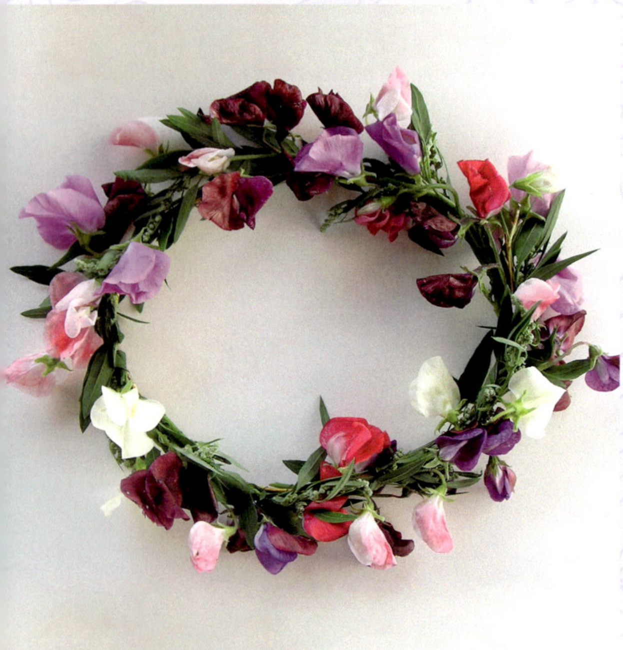

Legen Sie das Blumenmaterial gut sortiert neben sich. Die Duftwicken und die Rispen vom «Guten Heinrich» auf 8 – 10 cm Länge zurechtschneiden.

Eine Duftwicke wird auf den Weidenzweig gelegt – mit einer kleinen seitlichen Neigung der Blütenköpfe. Die Köpfe zeigen nach oben und das Ende des Stängels nach unten. Dadurch ist die Wasserversorgung der Blüte durch die Stängel gegeben.

Vorsichtig werden die einzelnen Wicken um die Blüte mit einem dünnen Draht fest gewickelt. Sie müssen die Spannung so dosieren, dass der Draht nicht einschneiden kann. Es genügen wenige Umdrehungen mit weiten Abständen. Der Gute Heinrich und die Wicken wechseln sich in der Reihenfolge ab. Wenn Ihre Blumen zur Neige gehen, zwicken Sie die Weide auf 5 cm ab und schieben Sie das Ende unter den Anfang des Kranzes. Mit dem Blumendraht können Sie den Kranzabschluss noch einmal verstärken, indem Sie ihn ein paar Mal an derselben Stelle festwickeln und den Draht dann abzwicken.

Wickenblüten sind empfindlich in Bezug auf Staunässe. Deshalb diesen Kranz am besten in eine flache Wasserschale legen.

Rohling aus Weidenzweigen

Kränze, die zum Aufhängen oder zum Trocknen gedacht sind, benötigen einen festen Rohling als Unterlage, auf dem Sie Ihre Blumen aufbauen können.

Material

- Schneiden Sie sechs Zweige einer Weide von ca. 80 – 100 cm Länge ab.

Beispiel 1

Streifen Sie die Blätter ab, indem Sie den Zweig gegen den Strich durch die Finger ziehen. Die dünnen und kleinen Nebenzweige werden dabei mit abgehen.

Sie sehen jetzt an den Zweigen ein dickes und ein dünnes Ende. Legen Sie drei Zweige mit dem dickeren Ende nach einer Seite und drei Zweige andersherum darauf. So bekommt der Kranzrohling eine gleichmäßige Stärke.

Den Blumendraht griffbereit legen. Drücken Sie nun mit dem Fuß das eine Ende der Weidenzweige am Boden fest und drehen Sie das andere Ende der Weiden so lange um sich selbst, bis Sie eine Spannung spüren. In einer Hand jetzt das gespannte Ende halten und mit der anderen Hand die vom Fuß festgehaltenen Zweige holen.

Formen Sie einen Kranz Ihrer Wunschgröße und befestigen Sie die überlappende Stelle gleich mit Draht, aber ohne ihn abzuzwicken. Die übrigen Weiden werden locker um den Kranz gewunden, bis sie verbraucht sind.

Falls der Kranz noch mehr Stabilität braucht, können Sie zusätzlich den Draht um den Rohling herum großzügig und straff wickeln.

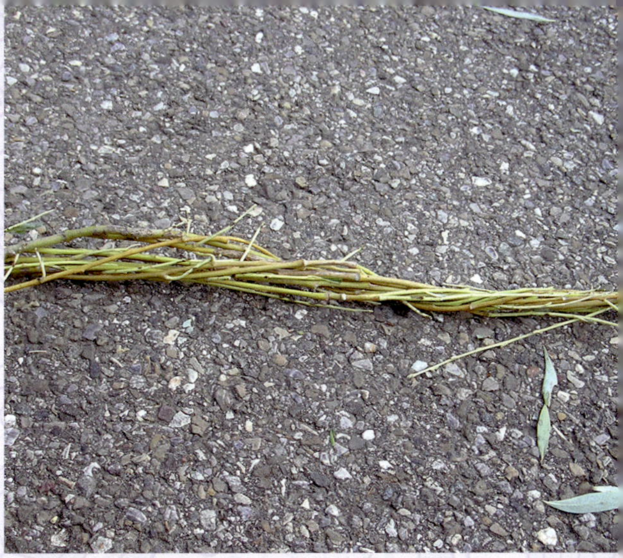

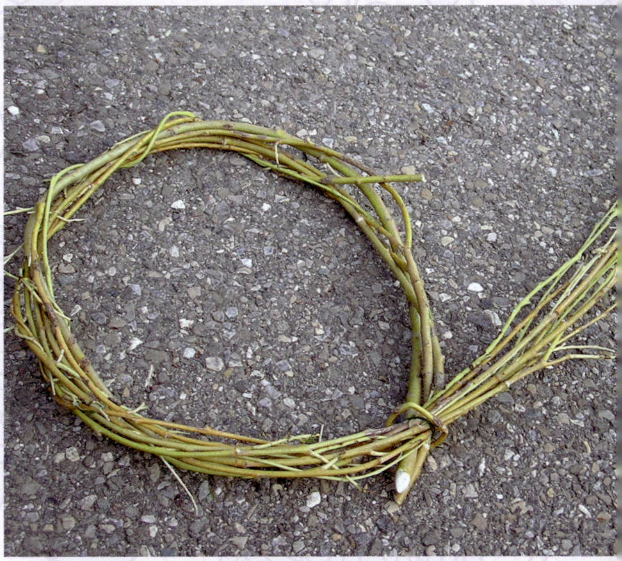

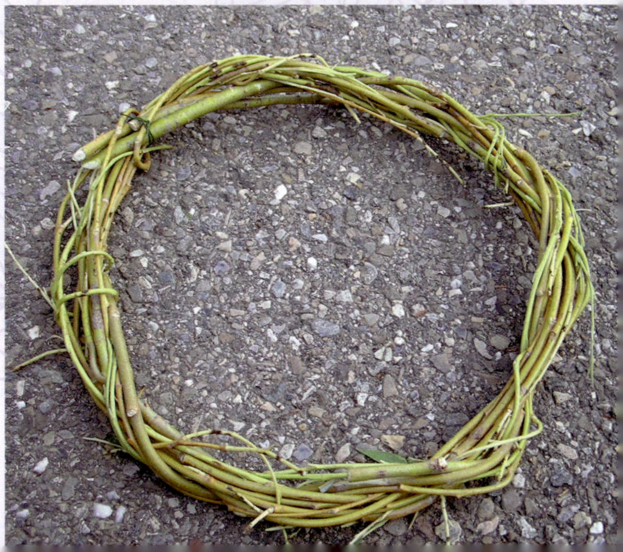

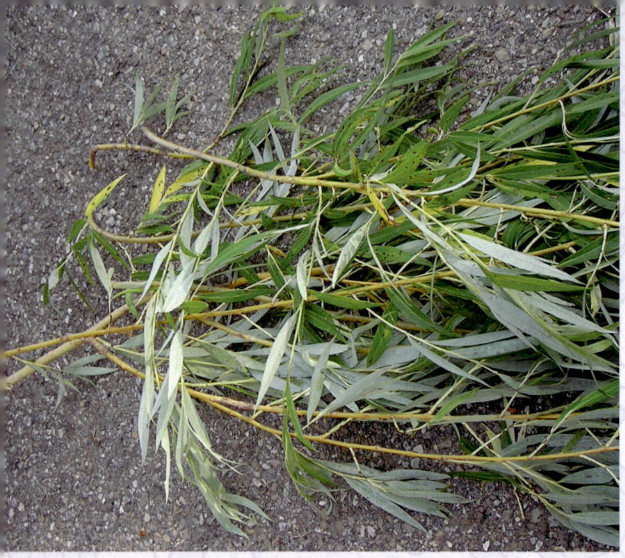

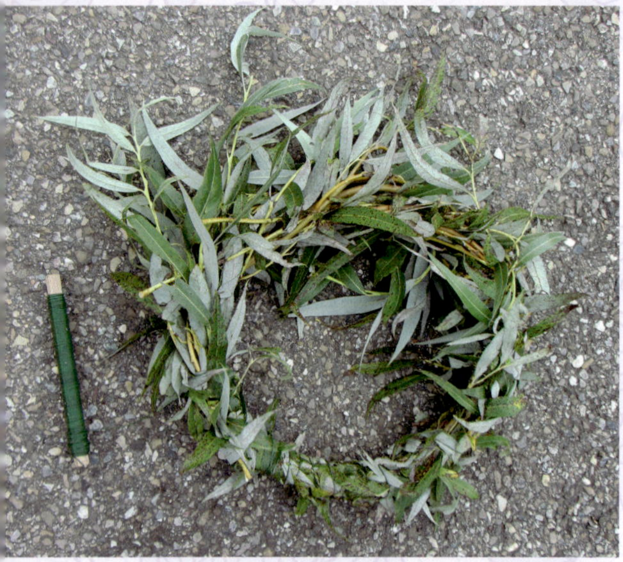

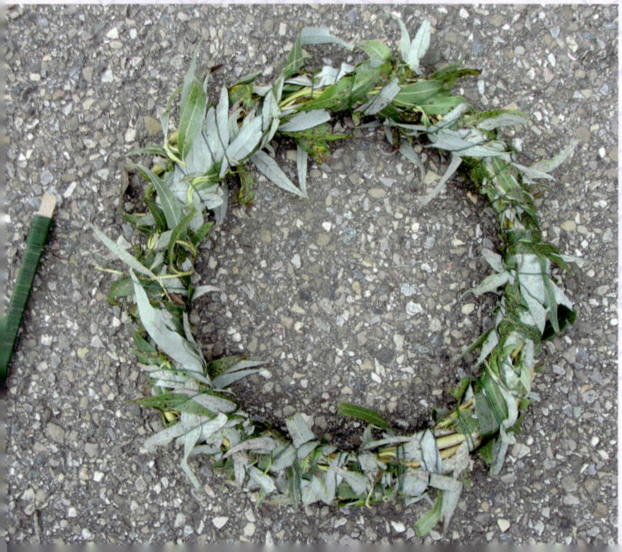

Beispiel 2

Schwere und große Kränze brauchen einen sehr stabilen Unterbau. Dafür verarbeiten Sie acht bis zehn Zweige mit allen Blättern und kleinen Nebenzweigen.

Die Weiden werden seitenverkehrt (wie oben beschrieben, S. 29) aufeinandergelegt und, wie dargestellt (Beispiel 1), miteinander verzwirbelt. Während eine Hand die Weiden dreht, streicht die andere die Nebenzweige und die überstehenden Blätter in die Drehung mit hinein. Dann werden die gespannten Weiden zu einem Kranz nach Ihrer Vorstellungsgröße geformt und, wenn nötig, mit Blumendraht verstärkt. Mit einigen Weidenzweigen kann der Rohling nach Wunsch zusätzlich verstärkt werden.

Stecken Sie den Anfang tief in den Rohling hinein; wickeln Sie die Weiden großzügig um den Rohling und «fädeln» Sie die Enden einfach durch die Äste.

Rohling aus Haselzweigen (Alternative)

Wenn Sie keine Weidenzweige finden, können Sie mit dünnen, geraden Haselzweigen einen Rohling formen. Diese Zweige sind zwar etwas brüchiger, aber ebenfalls für große Kränze geeignet. Auch hier gilt die Regel: Im frischen Zustand verarbeiten.

Alle Weiden-, Hasel- und Birkenzweige sind nur im frischen Zustand biegsam und sollten gleich nach dem Schneiden verarbeitet werden. Sie können sich auch einen Vorrat mit Rohlingen in verschiedenen Größen für spätere Kranzarbeiten anlegen.

Rohling aus Birkenzweigen

Suchen Sie sich weiche, lebendige Zweige einer Birke aus und schneiden Sie lange, hängende Äste ab, bevor der Baum austreibt. November bis März ist dafür ein guter Zeitpunkt. Bei Frost müssen die Äste etwas «auftauen», bevor sie weiter verarbeitet werden.

Jeder Ast besteht aus mehreren dünnen Zweigen, die von einem dickeren Zweig ausgehen. Zweigchen, die so dick wie der Nagel des kleinen Fingers sind, reichen aus, um im Rohling weiterverarbeitet zu werden.

Für einen schlichten Kranz mit 25 cm Durchmesser brauchen Sie vier Zweige, ca. 80 – 100 cm lang, für einen geflochtenen Kranz dagegen sechs Zweige.

Wenn Sie dem Birkenrohling eine andere Form geben möchten, können Sie die Zweige in sich verdrehen und diese «Bahn» nur an einer Stelle mit braunen Draht fest zusammenbinden, sodass die Zweige seitlich locker abstehen.

Den Birkenrohling nach der Technik wickeln, wie sie im vorigen Abschnitt (Rohling aus Weide) beschrieben wurde. Meistens halten die Birkenzweige ohne Draht. Die heraushängenden kleinen Knospen kann man entweder stehen lassen oder abschneiden.

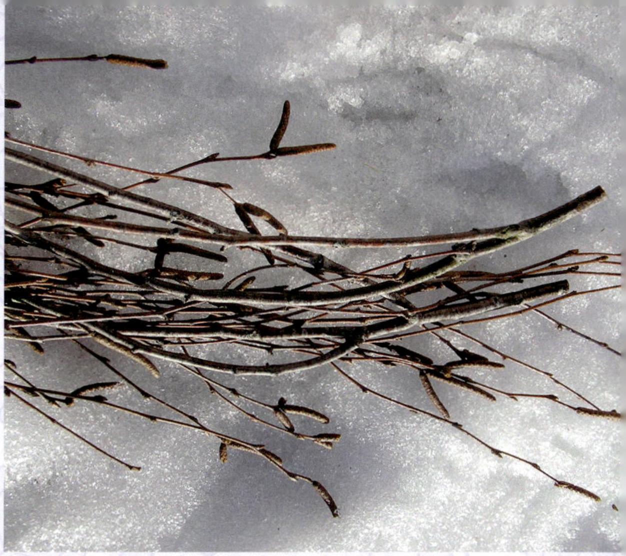

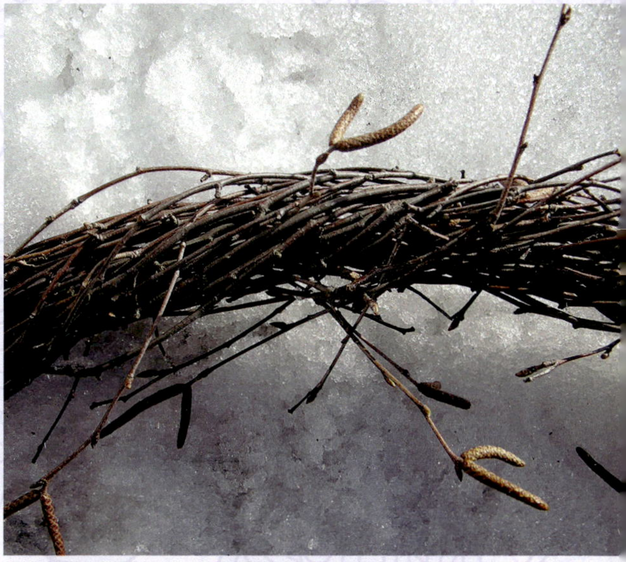

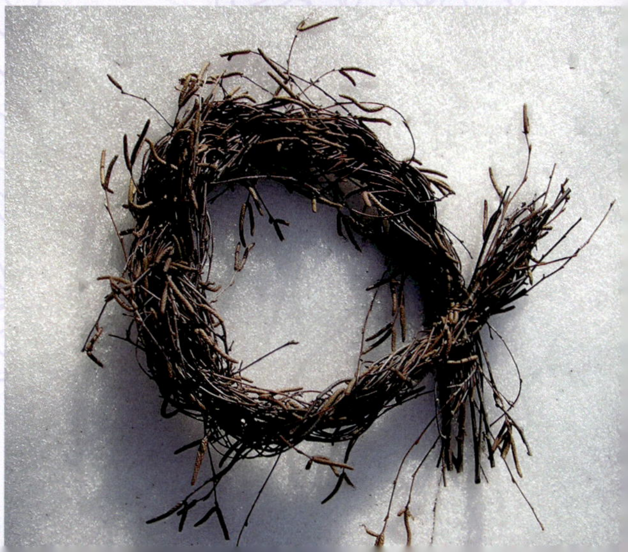

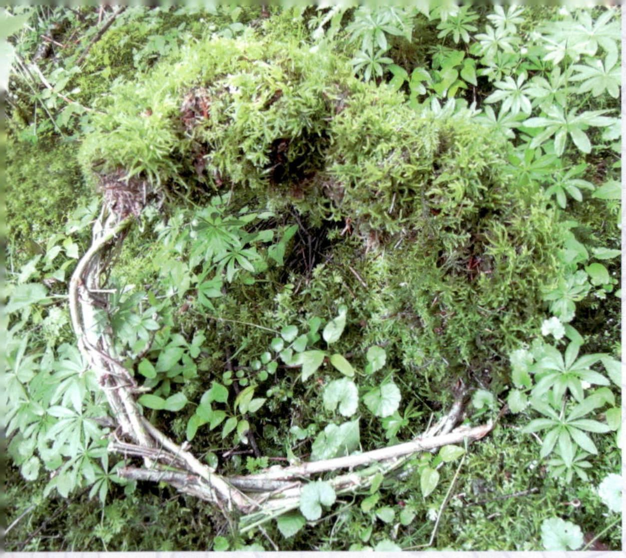

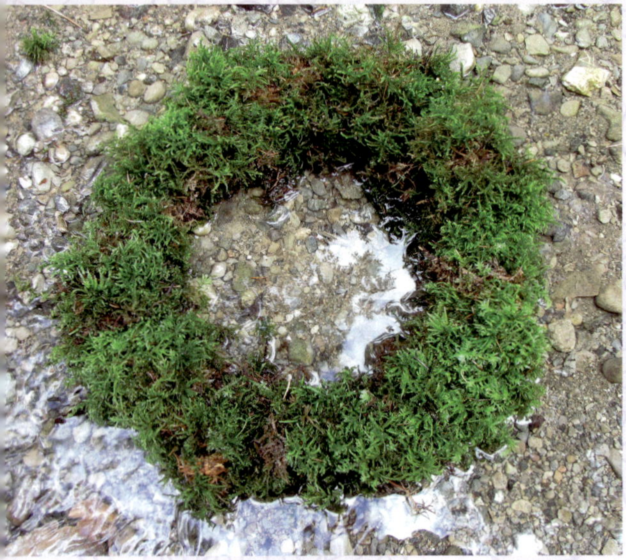

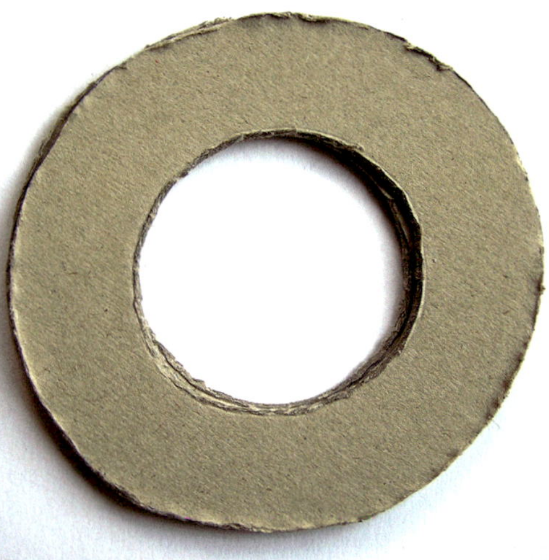

Moosrohling

Ein dickerer Rohling aus Weiden-, Haselnuss- oder Birkenzweigen wird mit frischem Moos umwickelt. Dieser Rohling ist in seiner Struktur so hübsch, dass man ihn auch als fertigen «Kranz» betrachten kann. Mit unterschiedlichen Schmuckelementen kann er zusätzlich ergänzt werden.

Moos kann man ganzjährig finden. Es wird tendenziell besser im späten Herbst oder im Frühling geholt, weil es dann keine anderen Pflänzchen hat und besser zu sehen ist. Im Winter geht es durch den Frost nur schwer vom Waldboden ab.

Sie lösen einen größeren Moosteppich vom Untergrund, legen ihn um den Rohling herum und wickeln alles mit grünem Blumendraht fest. Ein Moosteppich lässt sich ohne Weiteres mit anderen Moosteilen auf die nötige Größe anstückeln.

Die Moosrohlinge können getrocknet und dunkel gelagert gut aufbewahrt werden.

Rohling aus Pappe

Manche Steine halten besser, wenn sie auf einer glatten Unterlage aufgeklebt werden. Daher ist ein Rohling aus Pappe bestens für einen Kranz mit Steinen geeignet.

Schneiden Sie sich einen stabilen Papprring Ihrer Größenvorstellung aus dicker Pappe, z.B. von einem Kalenderrücken. Das geht mit einem Tapetenmesser auf einer Schneideunterlage oder mit einer stabilen

Schere. Sie erhalten eine dicke Pappe, indem Sie mehrere Pappringe der gleichen Größe mit Holzleim übereinanderkleben. Bis der Leim trocken ist, fixieren Sie die geleimten Ringe am besten mit vielen Wäscheklammern einmal ringsum.

Rohlinge aus Stroh oder Heu

Diese Art von Rohlingen kann man in Bastelabteilungen in verschiedenen Größen fertig kaufen. Man kann aber einen Heu- oder Strohrohling auch selber herstellen; dabei sollte man die folgenden Aspekte beachten.

Heurohling

Eine Heuunterlage sieht allein schon durch die lebendige Struktur des Materials sehr schön aus. Die grünliche Farbe passt gut zu manchen Pflanzenmaterialien. Heurohlinge sind leichter herzustellen als Strohrohlinge, weil das Heu längere Halme hat und ein anschmiegsames, nicht so störrisches Material ist.

Auch sind die Heurohlinge nicht so steif wie Strohrohlinge und daher für manche Kranzsorten besonders gut geeignet. Stroh oder Heu kann man auf dem Bauernhof oder in der Kleintierabteilung in vielen Geschäften finden.

Sie können einen Heurohling auch als schlichten Kranz lassen, verschiedenes Material daraufkleben und unterschiedlich schmücken.

Sie haben es leichter, wenn Ihnen jemand beim

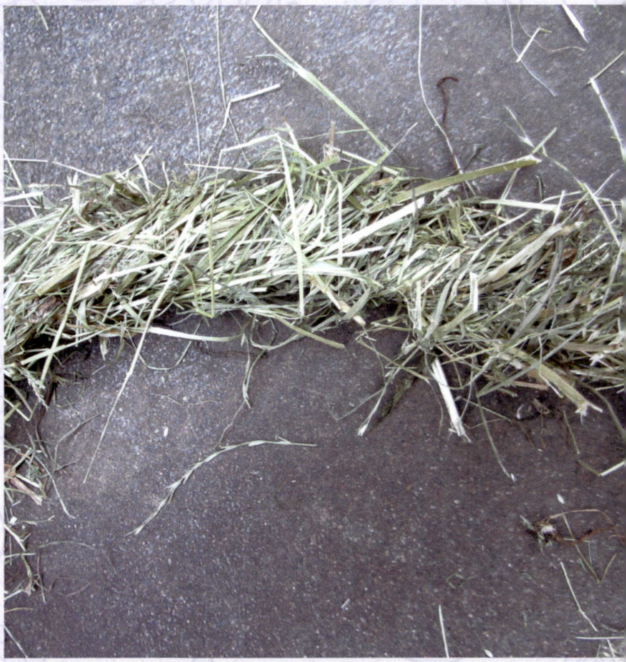

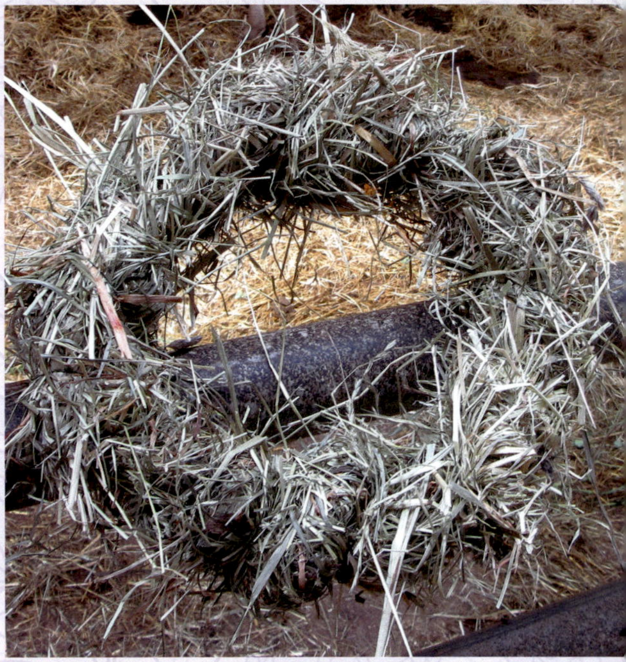

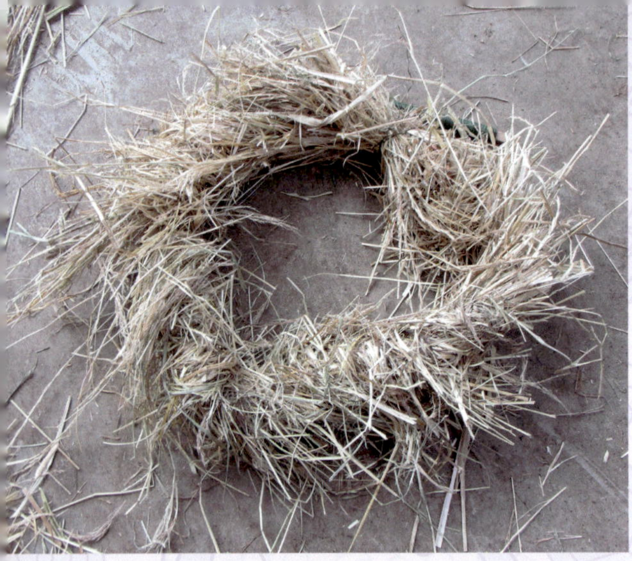

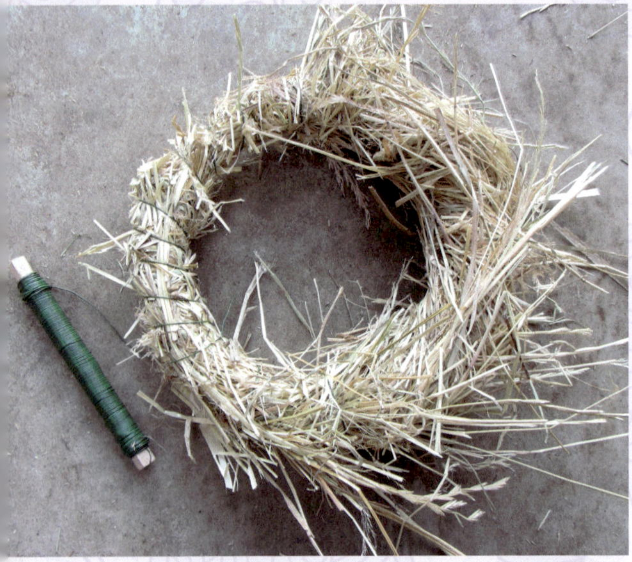

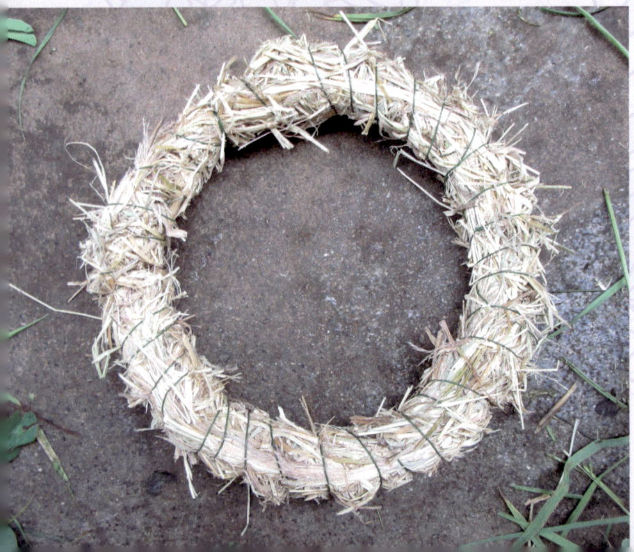

Drehen der «Heuwurst» hilft. Während die eine Person den Anfang festhält und mitdreht, dreht die zweite Person den Heustrang andersherum und wickelt neues Material in die Drehung hinein.

Machen Sie den Rohling dagegen allein, dann helfen Sie sich mit Ihrem Fuß, indem Sie damit den Anfang des Strangs am Boden festhalten: Sie nehmen etwas Heu in die Hand und drehen es um sich selber. Mit den freien Händen können Sie weiter drehen und immer wieder neues Heu in die Drehung mit hineinnehmen. Halten Sie die gedrehte «Wurst» ab und zu aneinander und prüfen Sie, ob Ihnen der Kranzumfang genügt.

Wenn Sie zufrieden sind, befestigen Sie beide Enden aneinander, indem Sie sie mit grünem Draht umwickeln. Soll der Heurohling etwas kräftiger sein, machen Sie besser nicht eine ganz dicke «Wurst», sondern einen zweiten Heustrang, den Sie dann um den ersten herumwickeln. So bekommt der Heurohling auch eine schönere Struktur.

Strohrohling

Strohrohlinge sind stabiler als Heurohlinge und eignen sich sehr gut zum Bekleben mit verschiedenen Materialien.

Nehmen Sie so viel Stroh, wie Sie gut in den Händen halten können. Drehen Sie es als längere Bahn sehr oft und fest um sich selbst. Diese Arbeit erfordert etwas Kraft in den Händen, damit der Strohrohling schön fest wird. Zusätzlich wird der fertige Strohrohling mit Draht umwickelt, um ihn zu stabilisieren und eine gleichmäßige Oberfläche zu bekommen.

Wiesen- und Feldkränze

Ein Spaziergang oder eine Radtour am Wiesenrand lassen uns die Hektik des Alltags vergessen. Wir atmen frische Luft, hören die feinen Geräusche vom Wind, Vogelstimmen oder leises Rascheln im hohen Gras und können herrlich entspannen.

Weil die Wiesenränder nicht gedüngt werden und der Boden eher mager ist, werden Sie auf Ihrem Spazierweg vielfältige Blumensorten finden.

Da die meisten Landwirte es nicht gerne sehen, wenn das Gras vor dem Mähen flach getreten wird, empfiehlt sich ein Begehen der Wiesen vor dem Monat Mai.

Margeritenkranz mit Glockenblumen

Margeriten gehören zu den bekanntesten Wiesenblumen. Sie passen zu allen Wiesenpflanzen, sodass man den Kranz nach Herzenslust zusammenstellen und mit ganz vielen anderen Blumen kombinieren kann. Margeriten sind außerdem sehr robust und halten lange in der Vase.

Zarte Glockenblumen sind ein luftiger Kontrast zu den kräftigen Margeriten.

Ein Margeritenkranz ist auch als Kopfschmuck sehr beliebt.

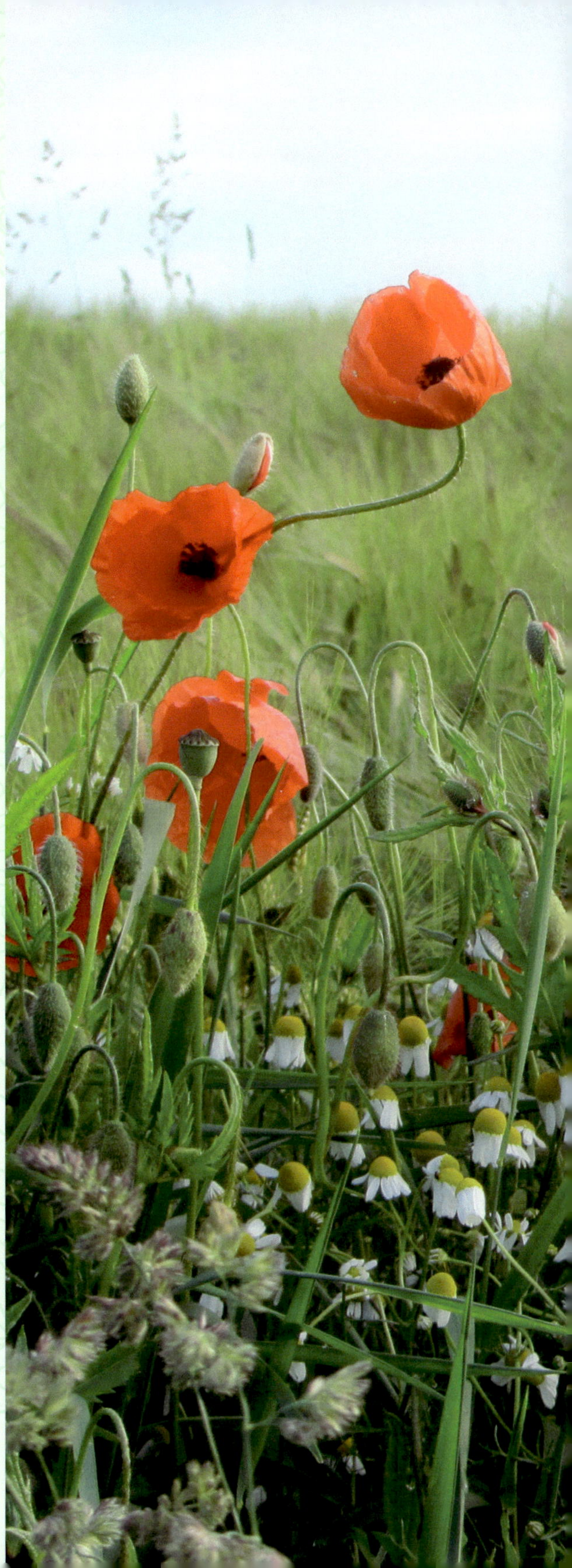

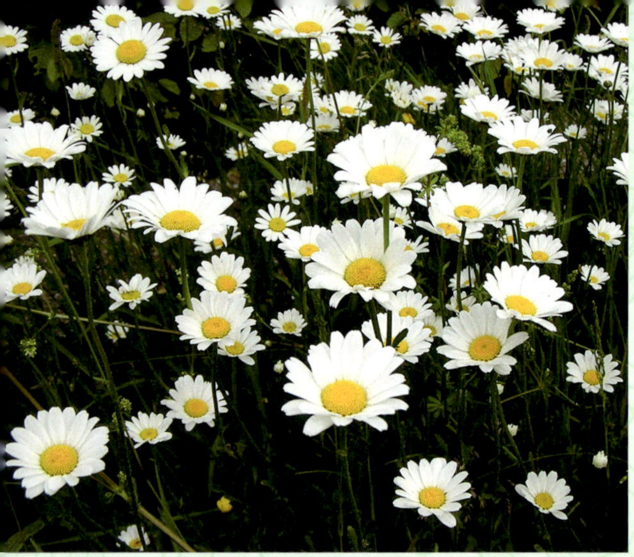

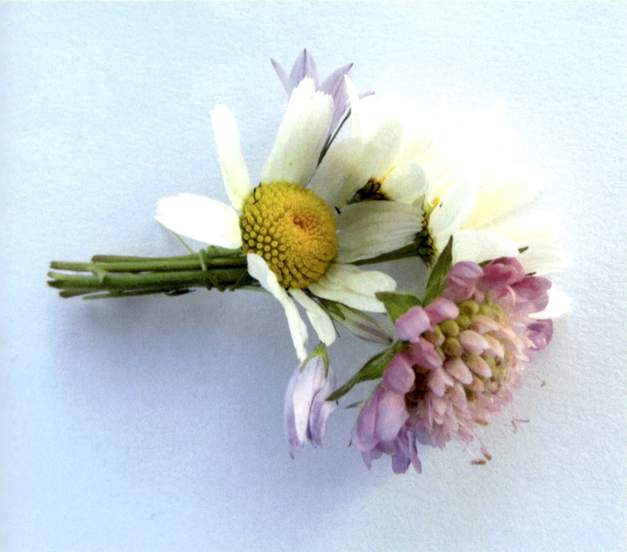

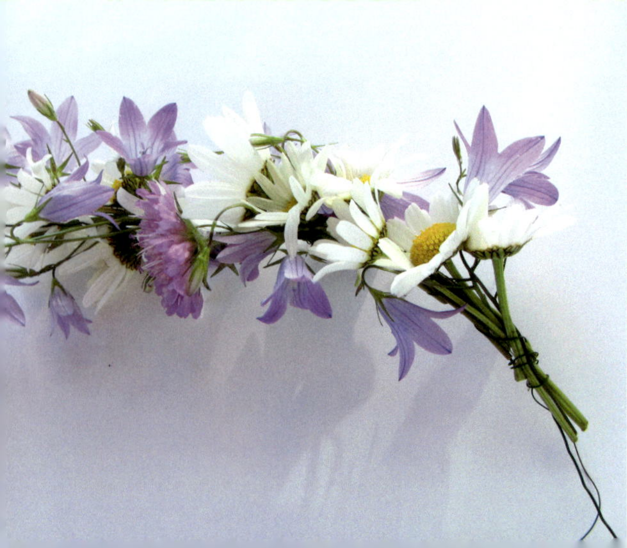

Material
(für einen Kranz von 20 cm Durchmesser):

- 60 Margeritenblumen
- 1 Sträußchen Glockenblumen
- 6 – 7 Scabiosenblüten, noch nicht ganz aufgeblüht
- grüner Blumendraht 0,65 mm
- grüner Blumendraht 0,35 mm

Nehmen Sie drei Margeriten und drei Glockenblumenstängelchen als Sträußchen zusammen und schneiden Sie alle Stängel auf ca. 6 cm Länge ab. Diese Blumenmenge wie gewohnt aufwickeln (siehe den Abschnitt «Kranz mit Drahtaufbau», S. 23 – 27).

Lassen Sie Abstand zum nächsten Sträußchen, indem Sie einen «Schritt» weit nur mit Draht wickeln. In die Blumen kann man hier und da auch eine Skabiosenblüte verteilen. Wickeln Sie, bis der Kranz die gewünschte Größe bekommt oder der Blumenvorrat zu Ende geht.

Den Kranz wie gewohnt schließen. Verdrehen Sie eventuell vorsichtig die Blumen, damit sie alle nach oben schauen und die Stängel an der Rückseite gleichmäßig trinken können.

Den Margeritenkranz anschließend in eine Schale mit Wasser legen.

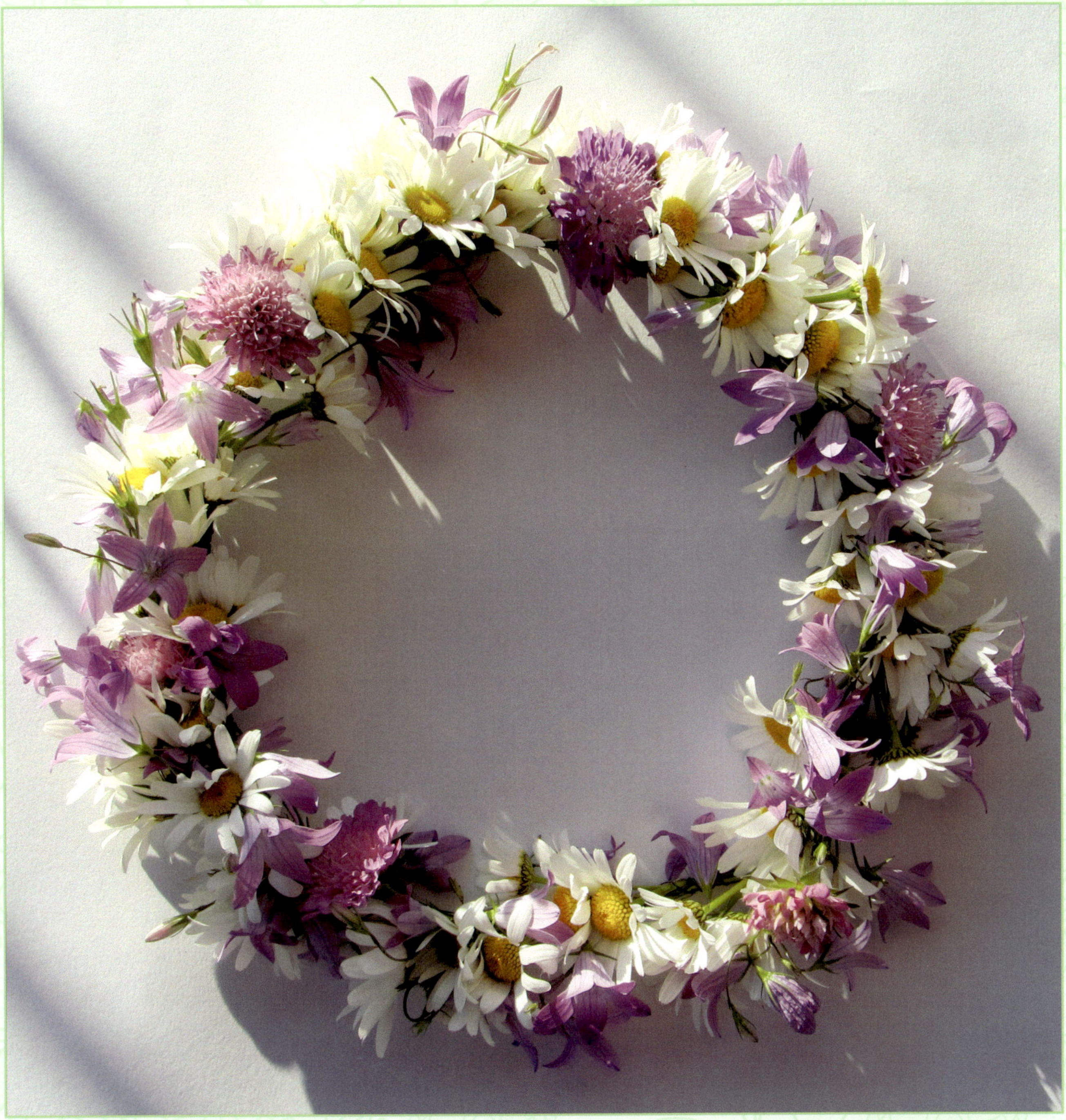

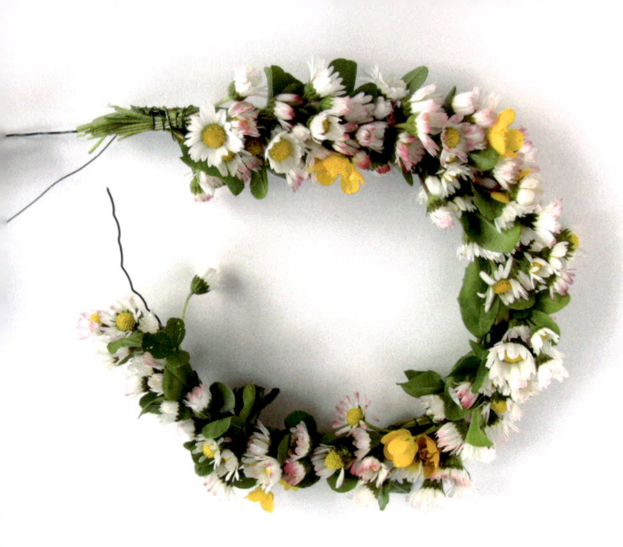

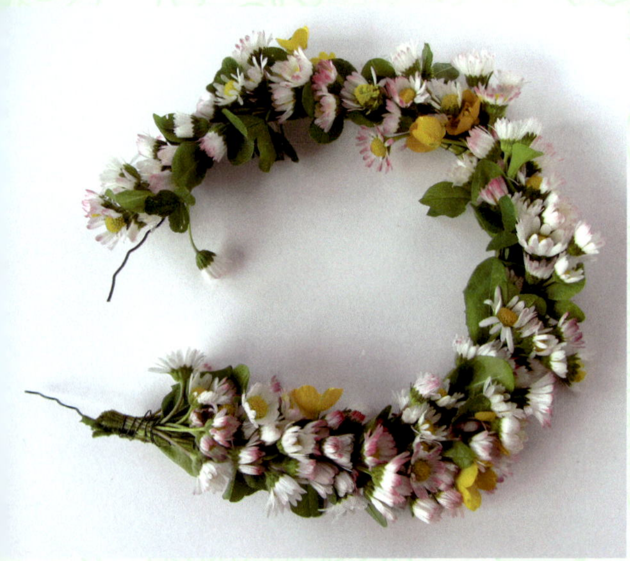

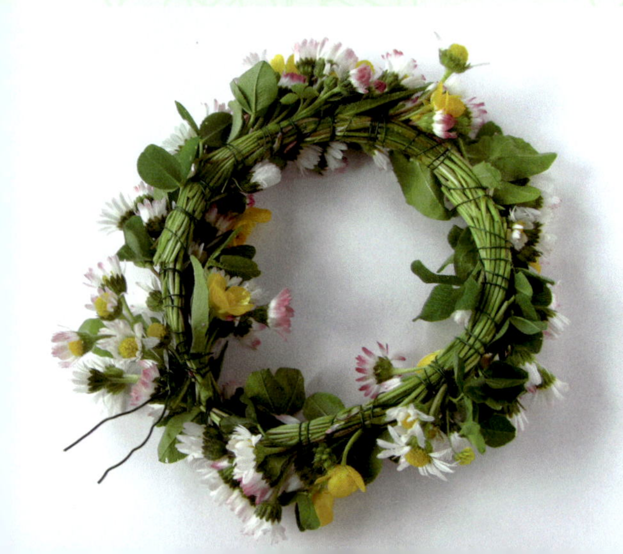

Gänseblümchenkranz

Gänseblümchen gehören zu den ersten Blumen, die auf der Wiese im Frühling zu sehen sind. Mit ihren gelben Köpfchen sehen sie wie kleine Sonnen aus.

Material

- 1 dickeres Sträußchen Gänseblümchen (Menge passt zwischen Daumen und Zeigefinger)
- nach Wunsch 5 – 7 Hahnenfußblüten
- 1 Häufchen Klee- und Löwenzahnblätter
- grüner Blumendraht 0,65 mm
- grüner Blumendraht 0,35 mm

Die ausführliche Anleitung für den Drahtaufbau siehe S. 23 – 27. Den dickeren Blumendraht etwas abspulen. Nehmen Sie sieben Gänseblümchen und zwei bis drei grüne Blätter als Sträußchen zusammen. Die Stiele auf 3 – 4 cm (nach Gefühl) Länge abzwicken. Ein Sträußchen mit einer seitlichen Neigung auf den dickeren Blumendraht legen. Den dünnen Draht zweimal um das Sträußchen wickeln. Dann einen großen «Drahtschritt» wickeln, um Abstand zu bekommen. Jetzt das nächste Gänseblumensträußchen mit einer seitlichen Neigung dazulegen. Diesen Aufbau wiederholen, abwechselnd mal nach rechts und nach links, bis der Blumenvorrat zu Ende ist. Die Drahtenden dreimal miteinander verdrehen und den Draht abzwicken.

Den Kranz kann man in eine flache Wasserschale legen und zusätzlich mit einer Kerze oder einem schön gemusterten runden Stein schmücken.

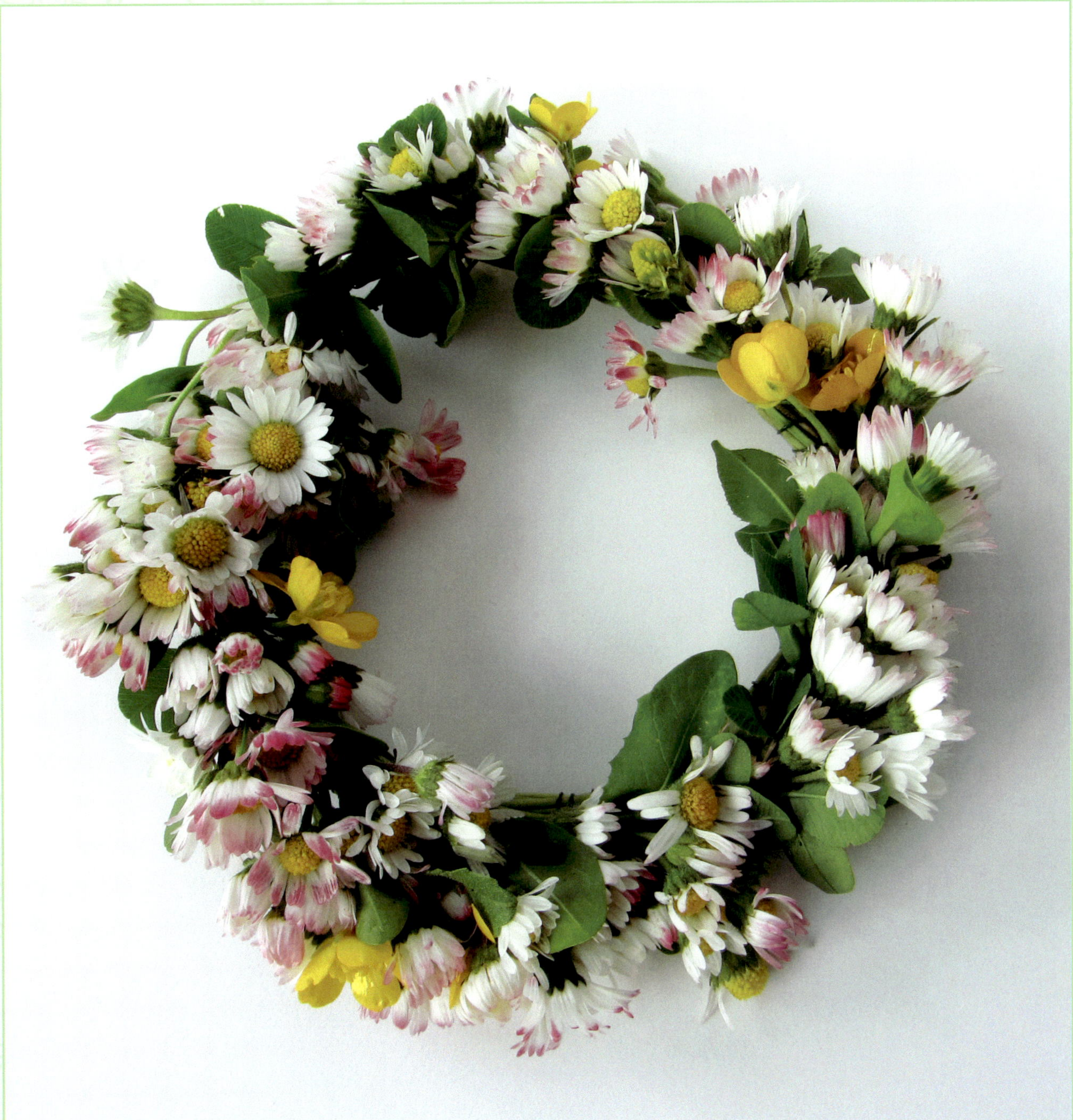

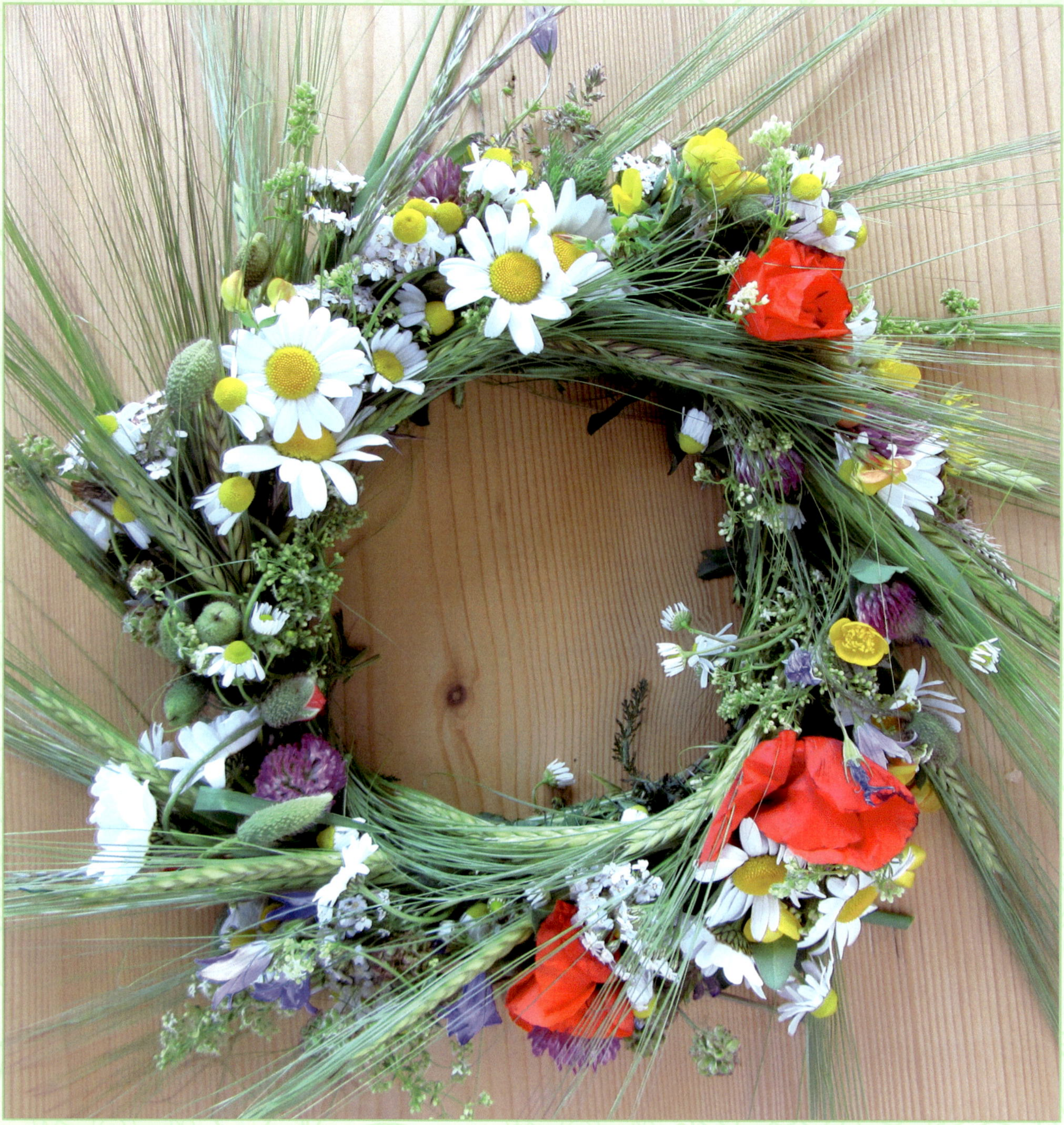

Mohn mit Gerste

Die knallroten Blüten vom Klatschmohn ziehen schon von Weitem durch ihre fröhliche Farbe alle Blicke auf sich. Ihre Blütenblätter sind weich wie Seide, und ihre kräftige Farbe ist ein schöner Kontrast in der Landschaft, wenn die Blüten im Wind schaukeln.

In der Vase verblühen die offenen, frisch gepflückten Blüten sehr schnell, sodass ich anfangs gar nicht daran dachte, einen Kranz aus ihnen zu binden. Das Geheimnis liegt aber in den Knospen: Sie entfalten sich – wie ein Wunder – innerhalb einer Woche und öffnen sich groß und leuchtend.

Material

- 1 Strauß Klatschmohn mit vielen dicken Knospen
- 30 unreife Gerstenhalme (Mitte Mai – Juni)
- 15 Margeriten
- Kamilleblüten, Roter Klee, Hornklee, Schafgarbe, Scabiosa (und was Sie sonst noch finden können)
- grüner Blumendraht 0,65 mm
- grüner Blumendraht 0,35 mm

Alle Halme der Gerste auf 7 cm Länge zuschneiden. Nehmen Sie zwei Gerstenhalme und legen Sie einige Blumen Ihrer Wahl und einige dicke Mohnknospen darauf. Die Gerste stützt sozusagen die Blumen.

Die Sträußchen mit der üblichen Neigung – mal nach rechts, mal nach links – abwechselnd aufbinden (s. «Drahtaufbau», S. 23 – 27). Den Kranz wie gewohnt schließen und in eine Schale mit Wasser legen.

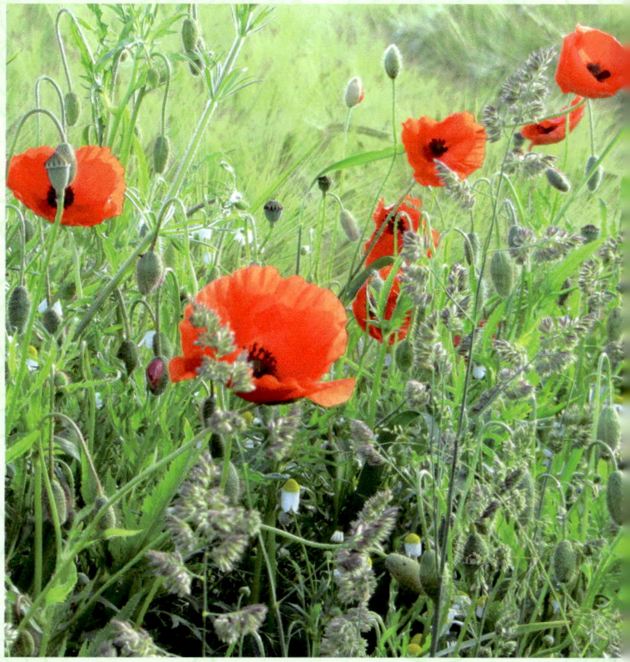

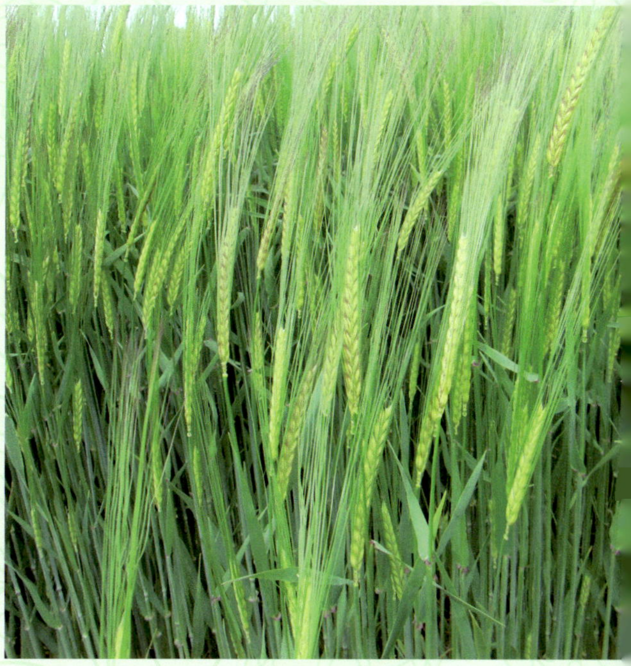

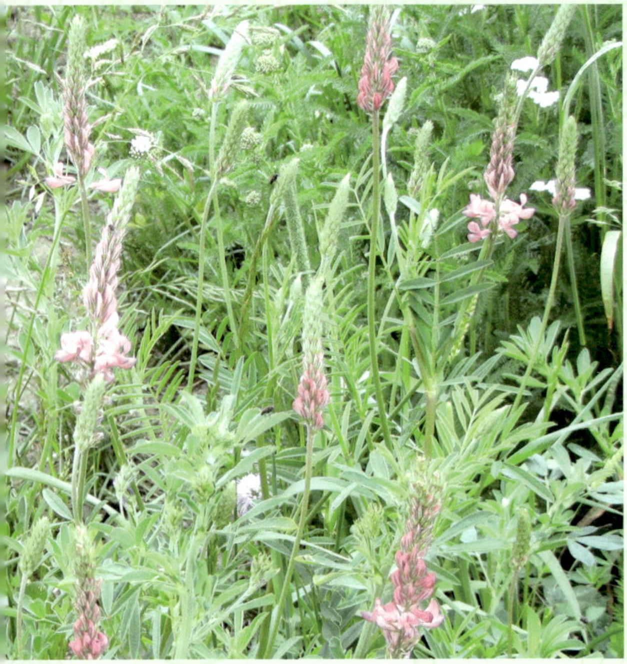

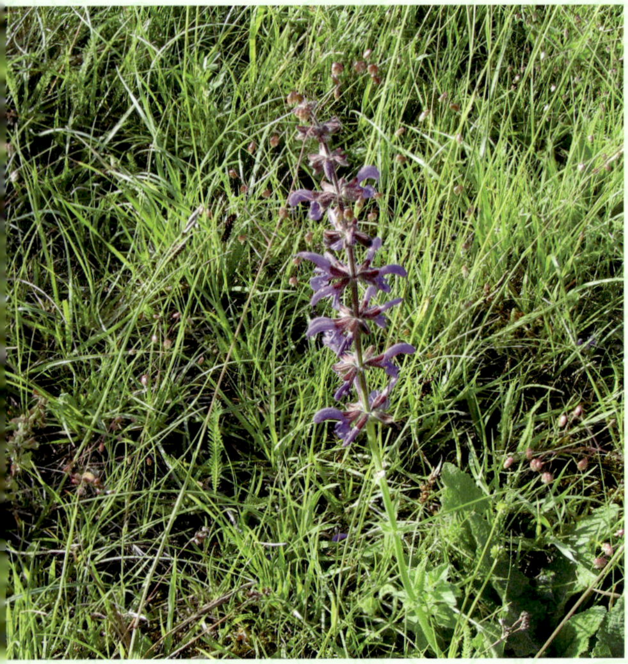

Esparsette mit Zittergras

Esparsetten blühen am Wegrand in größeren Büscheln und fallen durch ihre besondere Blütenform auf. Die Pflanze kann 60 – 80 cm hoch werden.

Das luftige Zittergras passt mit seinen kleinen Herzchen zum Rosafarbton der Esparsette. Selbstverständlich können auch andere Gräser und Blumen Ihrer Wahl in diesen Kranz gewickelt werden.

Material

- 1 dicker Strauß Esparsette
- 1 Sträußchen Zittergras
- 10 – 12 nicht sehr aufgeblühte Skabiosenblüten
- einige Skabiosen mit verblühten Köpfen
- ca. 7 Dolden rosa Schafgarbe
- etwas Wiesensalbei als blauer Kontrast
- grüner Blumendraht 0,65 mm
- grüner Blumendraht 0,35 mm

Siehe den Abschnitt «Drahtaufbau», S. 23 – 27.

Stellen Sie schön gemischte kleine Sträußchen zusammen. Die größeren Blüten der Scabiosa oder der Schafgarbe gleichmäßig im Kranz verteilen. Nehmen Sie auch die verblühten Scabiosaköpfchen, wegen ihrer schönen Struktur, in gleichen Abständen. Ebenso den Wiesensalbei hier und da verteilen.

Schließen Sie den Kranz wie gewohnt.

Dieser Kranz kann mit flatternden Bändern ein hübscher Kopfschmuck oder mit kleinen glitzernden Perlen sogar ein feiner Brautschmuck werden.

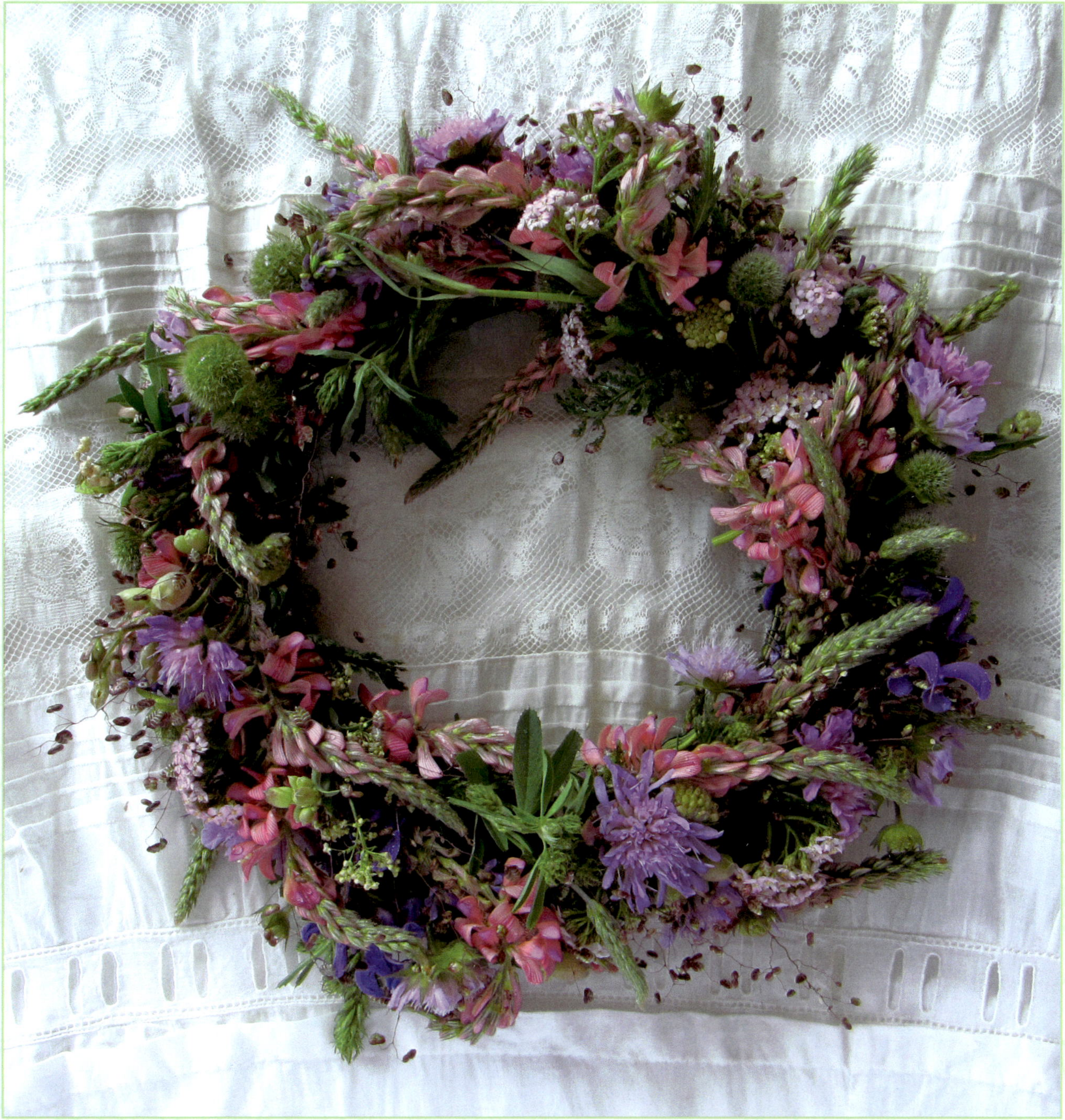

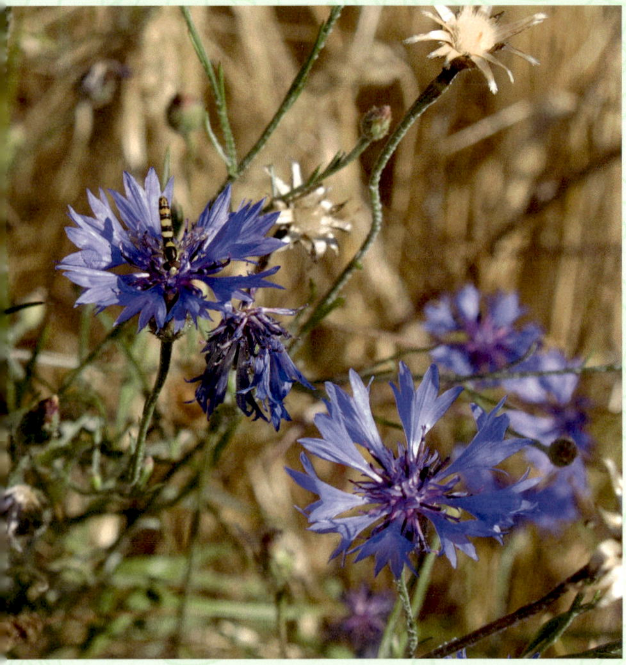

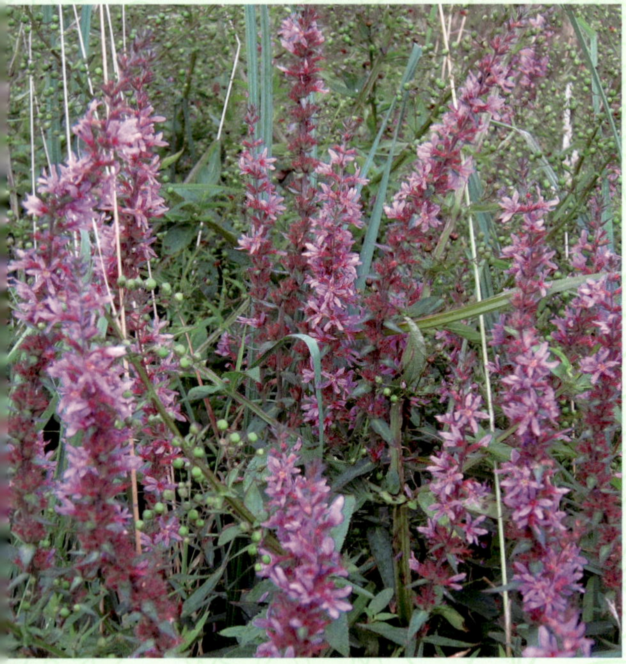

Kränze mit Kornblumen

Kornblumen haben eine hübsche Blütenform, und wenn man sie von Nahem betrachtet, erinnern sie ein bisschen an die fliegenden Röcke wirbelnder Tänzerinnen. Die blauen Blumen leuchten in Grüppchen und gehen als Knospen schön in der Vase auf. Daher eignen sie sich besonders, um in Blumenkränzen verarbeitet zu werden.

Am Wiesenrand können Sie im Sommer unterschiedliche Blütenformen der Wiesenblumen entdecken, etwa die runden Köpfchen des Leinkrautes oder die haltbaren Blüten des Pfeffer-Knöterichs. Da in der Natur die «mutigsten» Farbkontraste zu finden sind, liegt es doch auf der Hand, diese Vielfalt für den Kranz einfach zu übernehmen …

Beispiel 1: Kornblumenkranz mit Leinkraut

Material

- 1 Strauß Kornblumen mit Knospen
- Gemeines Leinkraut
- Pfeffer-Knöterich in rosa
- grüner Blumendraht 0,65 mm
- grüner Blumendraht 0,35 mm

Verteilen Sie die Blumen bunt miteinander als kleine Sträußchen und wickeln Sie, wie im Abschnitt «Kranz mit Drahtaufbau» auf Seite 23ff. beschrieben, den Kornblumenkranz. Schließen Sie ihn wie gewohnt mit einem Drahtabschluss.

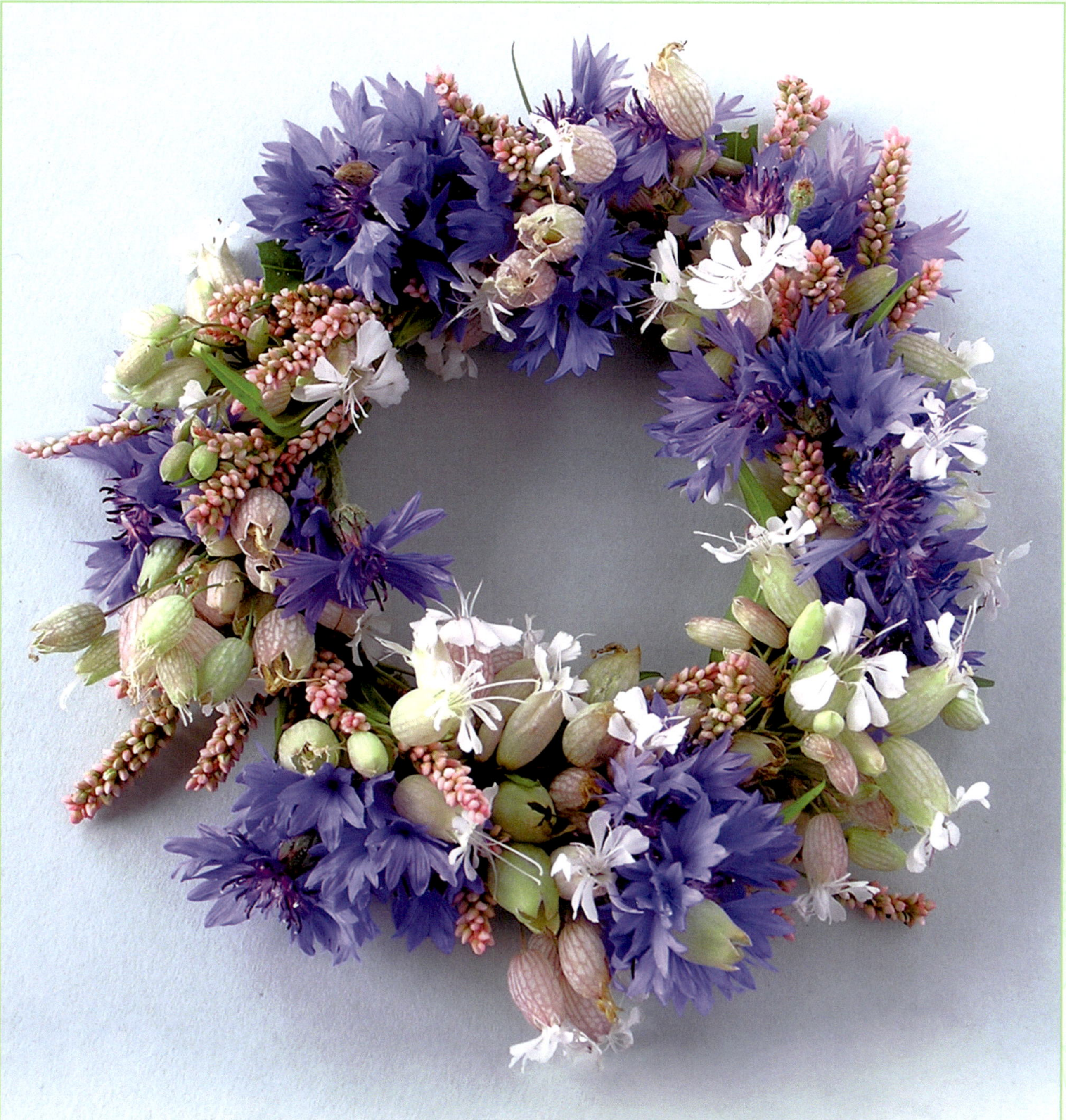

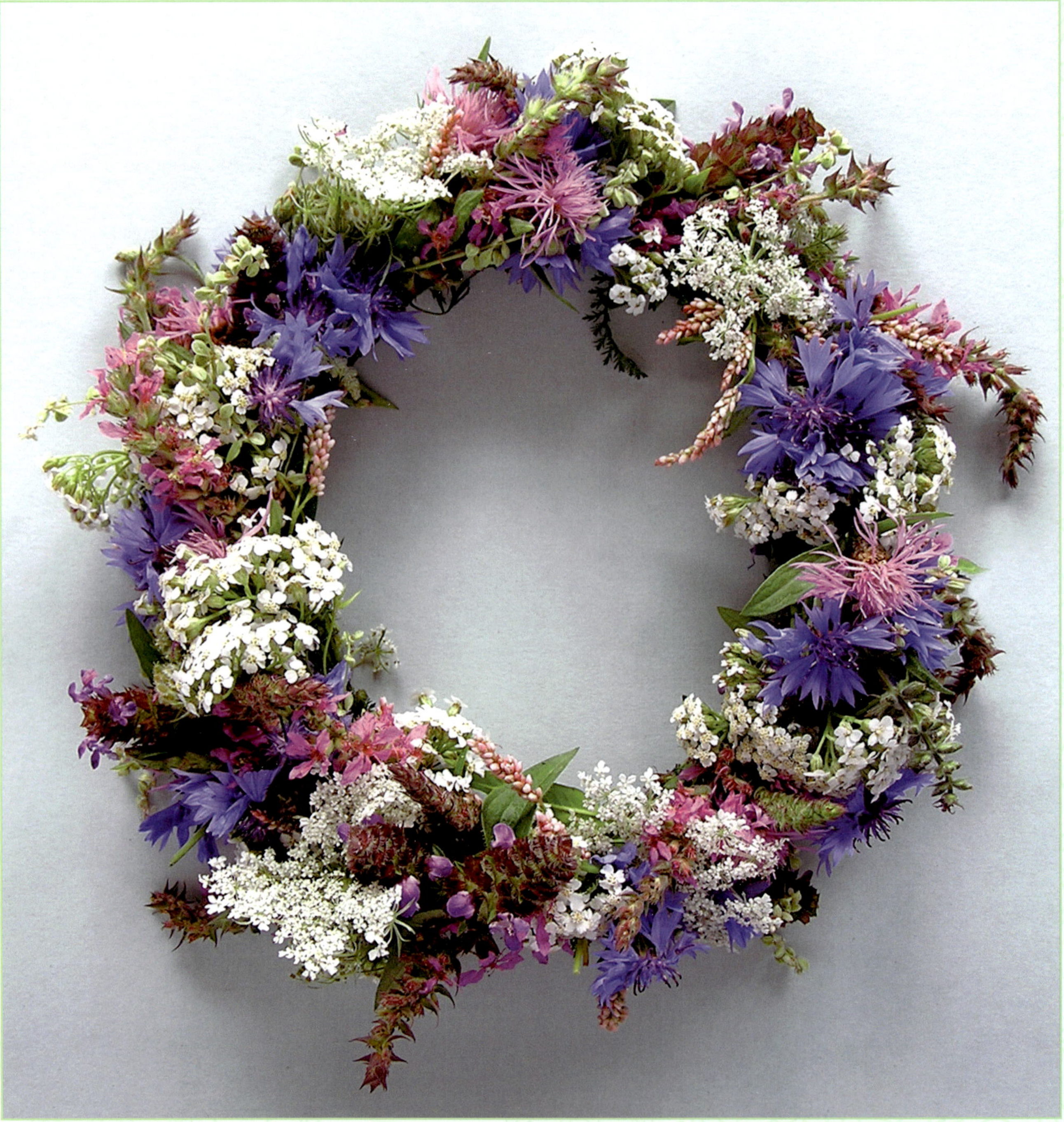

Beispiel 2: Kornblumenkranz mit Blutweiderich

Das folgende Beispiel zeigt einen Kranz mit Kornblumen für die blaue Grundfarbe, begleitet von Blumen, die von Juni bis August in violetten Farbtönen an Wiesenrändern zu finden sind.

Interessant ist hier ein anderer Aufbau als bei Beispiel 1 (S. 44): Dieses Mal werden die Farben nicht alle untereinander gemischt, sondern wechseln sich deutlicher miteinander ab, sodass sich durch diese Abfolge ein klarer gegliederter Kranz ergibt.

Wenn Ihnen andere Blumen auf Ihrem Spaziergang begegnen, mischen Sie die Farben so, wie sie Ihnen am besten gefallen.

Material

- 1 Strauß Kornblumen mit Knospen
- etwas Blutweiderich
- 9 weiße Schafgarben und 9 Dolden der wilden Möhre
- ca. 7 Skabiosen-Flockenblume, violett
- 7 Rispen vom Blutweiderich
- grüner Blumendraht 0,65 mm
- grüner Blumendraht 0,35 mm

Legen Sie sich viele kleine Häufchen mit den blau-lila Blumen rings um Ihre Arbeitsfläche zurecht. Die größeren Blüten der Scabiosa und des Blutweiderichs in gleichmäßigen Abständen verteilen, sodass diese Blumen wie einzelne Farbtupfer später im Kranz aufblitzen. Die Schafgarbe und die wilde Möhre auf gleiche Länge zuschneiden.

Wechseln Sie beim Wickeln die Sträußchen ab, sodass klare Farbkontraste entstehen: mal in blau-lila, mal in weißen Farbtönen.

Den Kranzabschluss in gewohnter Weise.

Zauberkranz mit Wegwarte

Dieses Kranzbeispiel mit Wegwarteblüten nennen wir «Zauberkranz», weil die Blüten der Wegwarte nur an einem einzigen Tag aufgehen. Der Kranz hat dadurch einen besonderen Charme, und es ist spannend zu beobachten, wie sich die zarten Blüten täglich verändern und nacheinander aufgehen.

Durch ihre stabilen Stängel ist diese Pflanze zum Kranzbinden gut geeignet. Wenn man viele Knospen mit hineinbindet, werden sie später im fertigen Kranz nach und nach viele frische Blüten hervorzaubern, sodass Sie länger als nur für einen Tag Ihre Freude daran haben können.

Material

- 5 lange Stängel mit vielen Wegwarteblüten und -knospen
- 12 Dolden der Wilden Möhre oder anderer zarter Korbblütler
- grüner Blumendraht 0,65 mm
- grüner Blumendraht 0,35 mm

Anleitung siehe den Abschnitt «Drahtaufbau» (S. 23 – 27).

Von der Wegwarte die seitlichen kleinen Zweigchen mit Blüten und Knospen abschneiden. Die Korbblütler auf eine Länge von ca. 5 cm zurechtschneiden. Binden Sie die Wegwarteblüten mit einer Neigung nach rechts und links abwechselnd um den dickeren Draht. Darauf achten, dass die Enden der Stängel alle an der Rückseite bleiben.Wechseln Sie beim Wickeln die steifen Wegwartestängel mit den lückenfüllenden weißen Dolden.Dadurch wird die Struktur aufgelockert, und der Kranz bekommt einen schönen Farbkontrast zu den blauen Blüten.

Wenn Sie mit der Länge des Kranzes zufrieden sind, zwicken Sie den Draht auf 2 cm Länge ab. Formen Sie einen Kranz und verdrehen Sie die Enden des Drahtes.

Den Zauberkranz in eine Wasserschale legen.

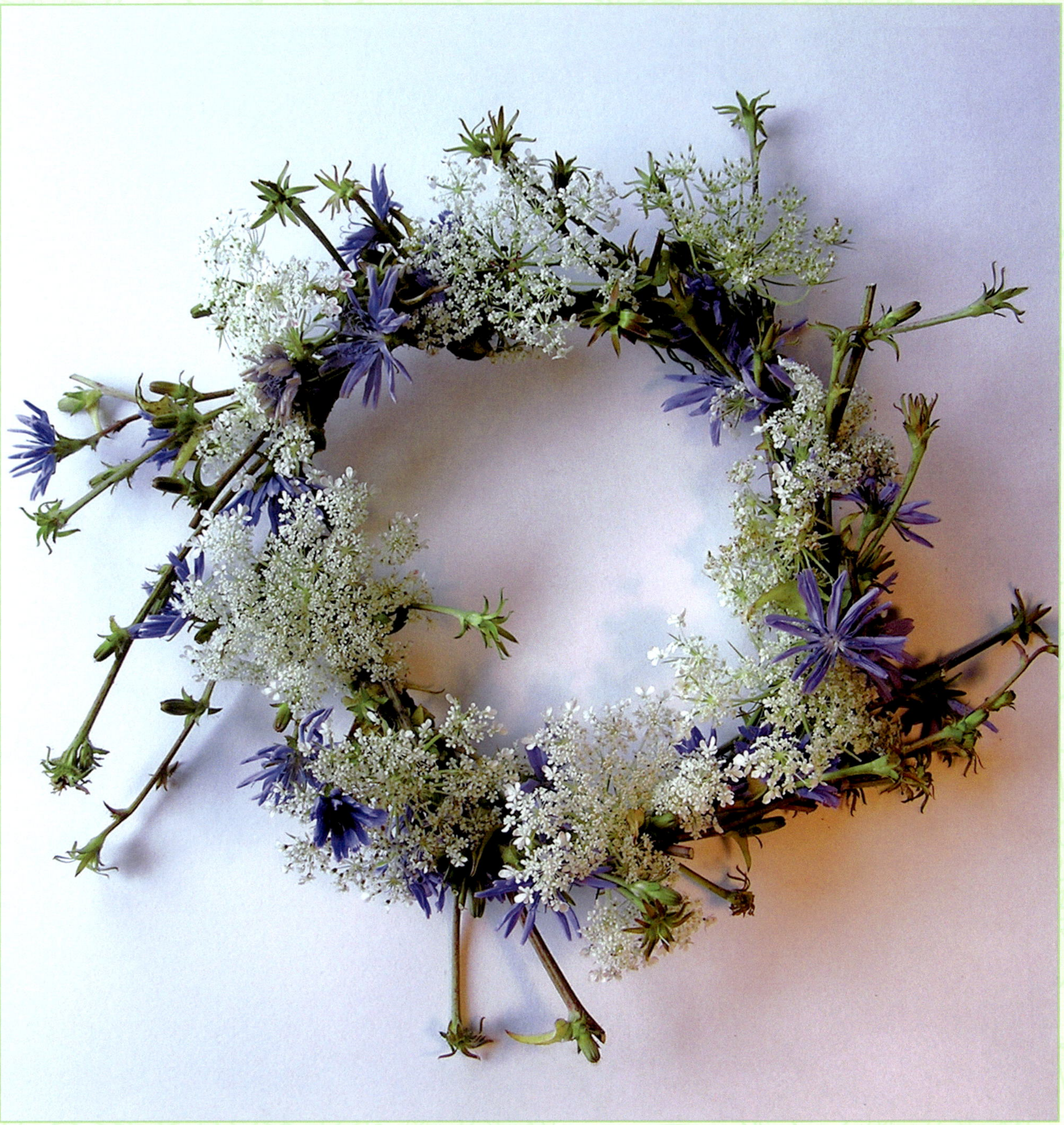

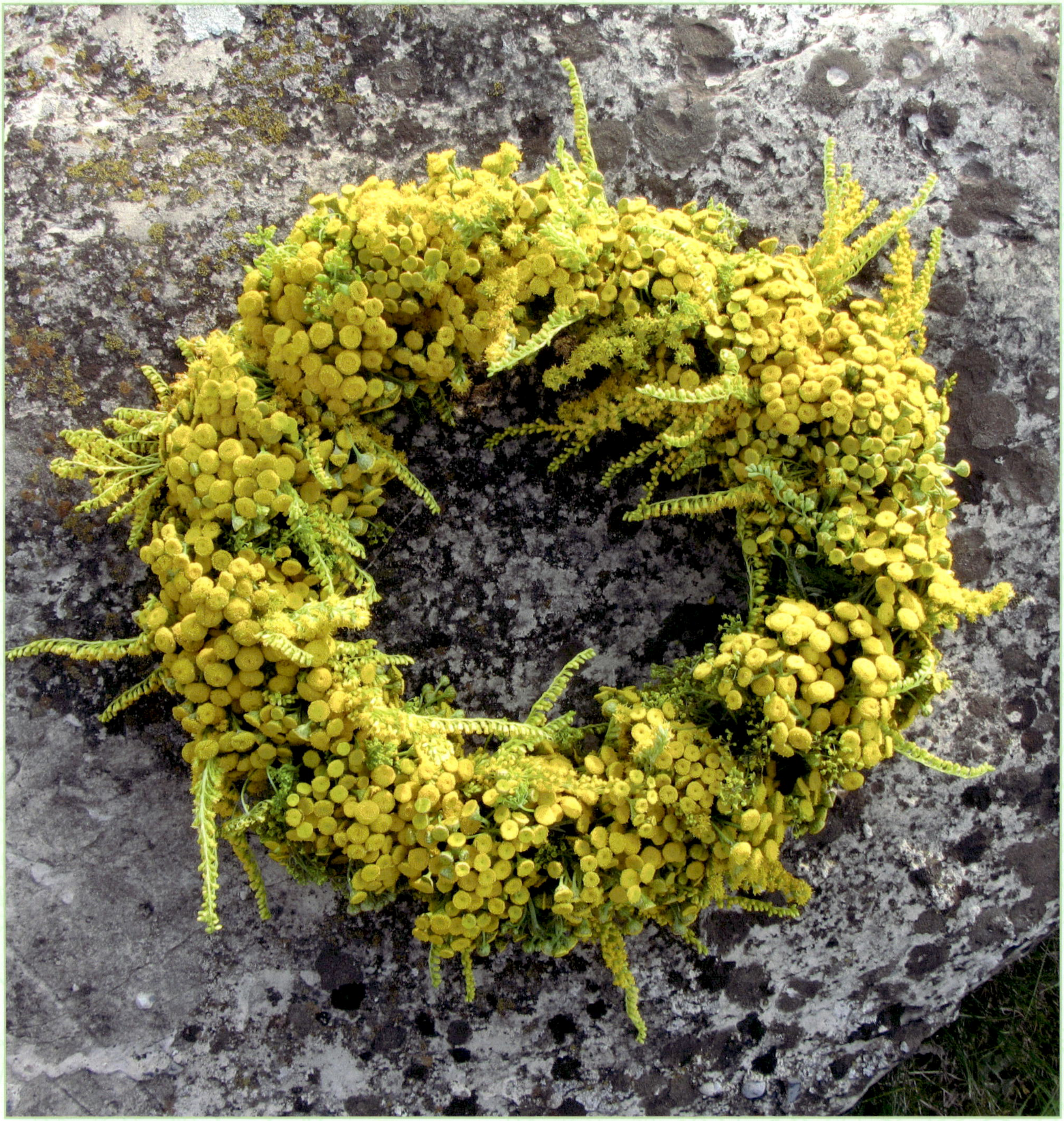

Gelber Kranz mit Rainfarn

Im Sommer blüht der Rainfarn mit vielen, nach Art einer Doldenrispe zusammengesetzten, golden leuchtenden Körbchenblüten. Er zählt zu den «Kompasspflanzen», die ihre Blätter im vollen Sonnenlicht senkrecht nach Süden ausrichten. Die Rainfarnblüten sind reich an ätherischen Ölen, duften stark und eignen sich sehr gut zum Trocknen.

Der warme Gelbton der Goldrute passt wunderbar zu den Rainfarnblüten; zudem lockert sie mit ihren verzweigten Blütenständen den Kranz schön auf, und zusammen ergeben diese zwei Pflanzen einen sonnigen Sommerkranz, der lange Freude bereitet.

Material

- 3 Weidenäste für einen Rohling
- 1 Eimer dreiviertel voll mit Rainfarnblüten, auf ca. 15 cm Länge geschnitten
- 4 füllige Goldruten, auf ca. 30 cm Länge geschnitten
- grüner Blumendraht 0,65 mm
- Gartenschere

Formen Sie einen Weidenrohling ohne Nebenäste und Blätter mit ca. 25 cm Durchmesser (siehe S. 28f.). Drei bis vier Rainfarnblüten nehmen, zu einem Sträußchen zusammenlegen und alles unterhalb der Finger (auf ca. 7 cm Länge) abschneiden.

Binden Sie diese Menge auf den Weidenrohling. Nach Geschmack die Rainfarnblüten mit der Goldrute abwechseln. Dafür sechs bis sieben der verzweigten Blüten vom Stängel abziehen und ebenfalls auf ca. 7 cm Länge kürzen. Die Goldrute mit abwechselnder Neigung (mal nach rechts, mal nach links) auf den Rohling binden. Den Kranz wie gewohnt abschließen, indem man die letzten Blüten unter die ersten schiebt. Den Draht auf ca. 15 cm Länge abzwicken, an der Rückseite verknoten und eine Aufhängeöse formen. Die Öse ist für den Fall gedacht, dass Sie den Kranz an der Wand oder der Tür aufhängen möchten.

Der Rainfarnkranz kann als Tischschmuck ohne Wasser auf eine Unterlage gelegt werden, da er im frischen Zustand eine weiße Tischdecke leicht abfärben könnte.

Rainfarnblüten passen auch sehr gut zu Färberkamille und gelber Möhre (siehe Foto S. 156 unten).

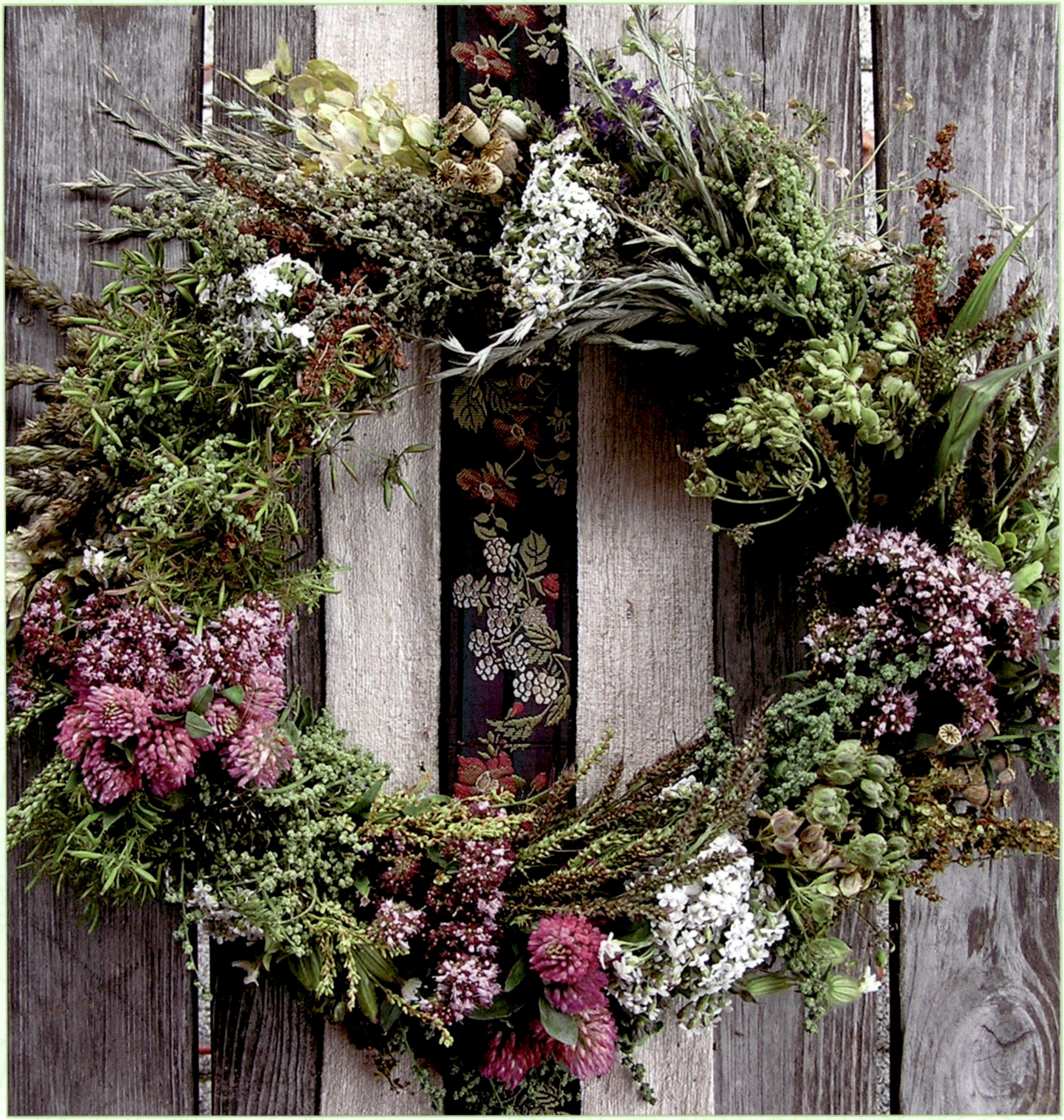

Wildkranz

Dieser Kranz eignet sich gut als Türschmuck. Im Sommer sind die Pflanzen groß und kräftig geworden und bringen ihre unterschiedlichen Strukturen besonders gut zum Vorschein. Es bilden sich viele Samenstände verschiedener Blumen und Gräser.

Auch die Farben der Blüten ändern sich mit der Jahreszeit: von leuchtenden Lilarotfarben bis zu kräftigen Braunrosttönen. Dazu passen die kräftigen grünen Gräser verschiedenster Arten.

Weil jede Form einmalig ist, würden die einzelnen Sorten in einem so wilden Kranz untergehen. Deswegen werden bei diesem Kranz die Blumen und Samen als Grüppchen zusammen gelassen.

Sammeln Sie schon im Vorhinein die Pflanzen einer Sorte als einzelne Sträußchen zusammen!

Material

- Rohling aus Weide mit 4 Weidenruten
- 1 Korb voller Wildblumen wie Wilder Majoran, Schafgarbe, Klee, Johanniskraut
- Samenkapseln von Klatschmohn, Lichtnelken
- verblühte Dolden vom Wiesenkerbel
- Gräser unterschiedlichster Art
- Guter Heinrich, Sauerampfer
  und alles, was Ihnen Freude macht …
- grüner Blumendraht 0,65 mm
- 1 Spitzzange

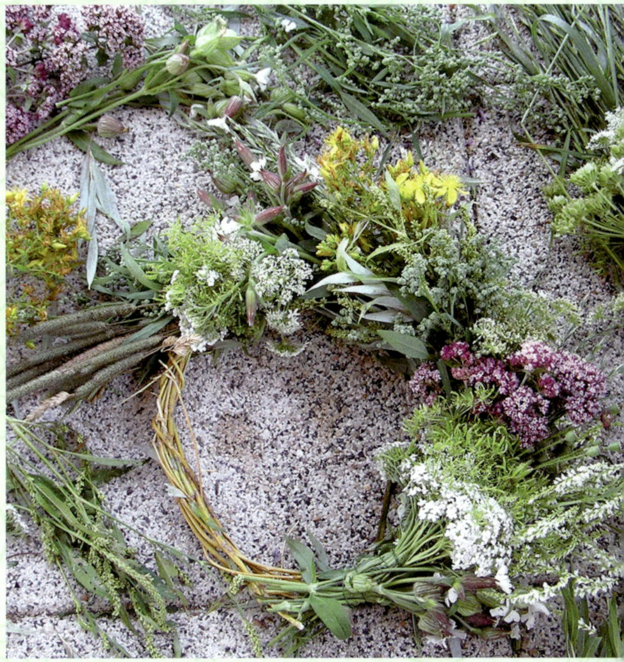

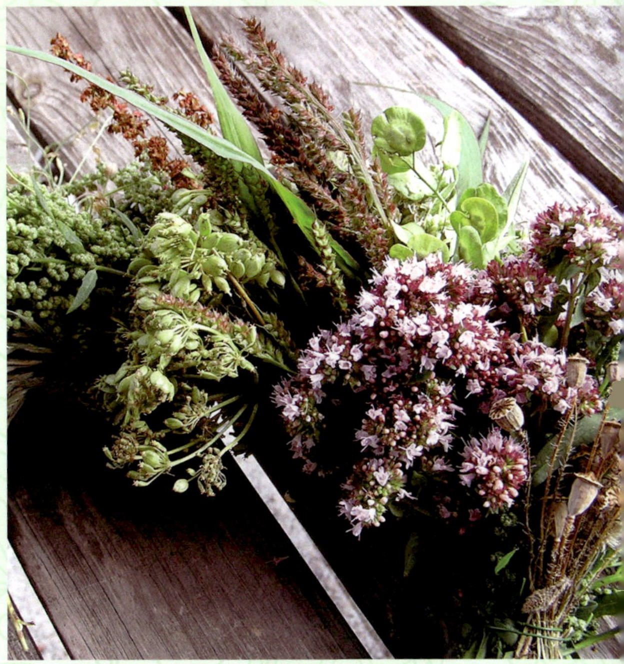

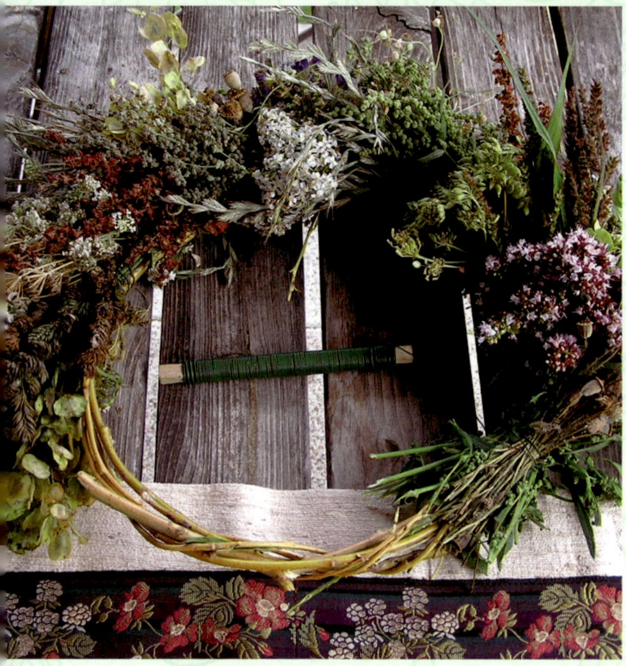

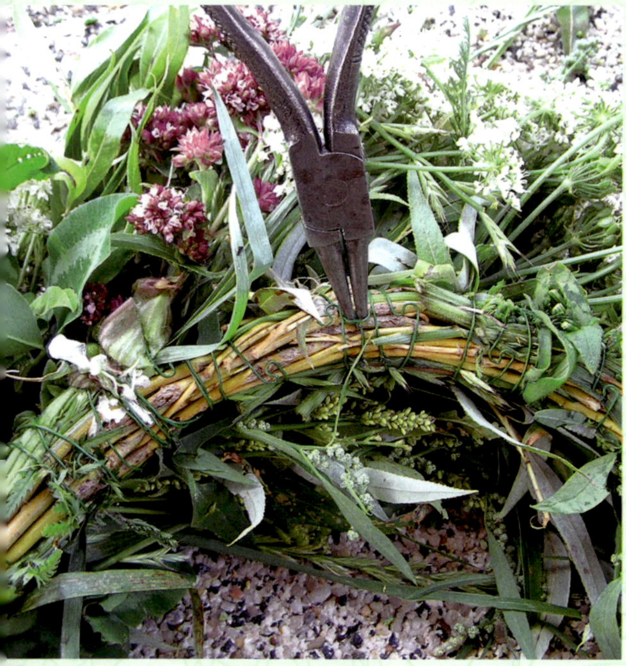

Formen Sie mit den vier Weidenruten einen Rohling von ca. 30 cm Durchmesser (siehe S. 28f.).

Legen Sie sich die einzelnen Sträußchen Ihrer Funde zurecht und schneiden Sie alle auf ca. 10 – 12 cm Länge.

Die erste Sorte ziemlich weit unten an den Stielenden auf den Rohling binden. Nun die folgenden Häufchen abwechselnd daraufschichten und festwickeln (mehrmals). Machen Sie einen «Schritt», bevor Sie das nächste Sträußchen auflegen. Wechseln Sie die Strukturen ab: mal Blüten, mal Samen. Für einen gleichmäßigen Abschluss wird das letzte Sträußchen unter das erste geschoben. Den Kranz umdrehen und den Draht mit der Spitzzange hier und da nachträglich fester spannen (siehe Foto links unten).

Nach Wunsch können Sie den Kranz mit einer schönen Schleife schmücken.

Diesen Kranz nicht in die volle Sonne hängen, da die Farben sonst schneller verblassen.

Kränze mit Heckenblumen und -beeren

Beim Spazierengehen kommen wir oft an schönen Hecken vorbei, manchmal säumen auch niedrige Büsche den Waldrand. Die Pflanzen sind hier höher als die üblichen Blumen, die wir am Wiesenrand finden können. Unsere Aufmerksamkeit konzentriert sich auf die Beeren und Früchte, die auf Augenhöhe wachsen.

Kranz aus Apfelrosenknospen

Dieser schlichte Kranz eignet sich sehr gut zum Trocknen. Er duftet lange und ist auch ein schönes Mitbringsel.

Dafür werden die Knospen der Apfelrose im Mai und Juni – oder vereinzelt bis in den August – gesammelt und auf einen dickeren Draht gefädelt. Falls Sie nicht so viele Knospen haben wie vorgeschlagen, können Sie mit der Menge, die Ihnen zur Verfügung steht, beginnen und einfach einen etwas kleineren Kranz binden. Dafür wird der Draht, nach der letzten Rosenknospe mit 1 cm Zugabe abgezwickt. Oder Sie können mit wenigen Knospen beginnen und später weitere frische auffädeln.

Am Ende wird der Kranz wie unten beschrieben geschlossen.

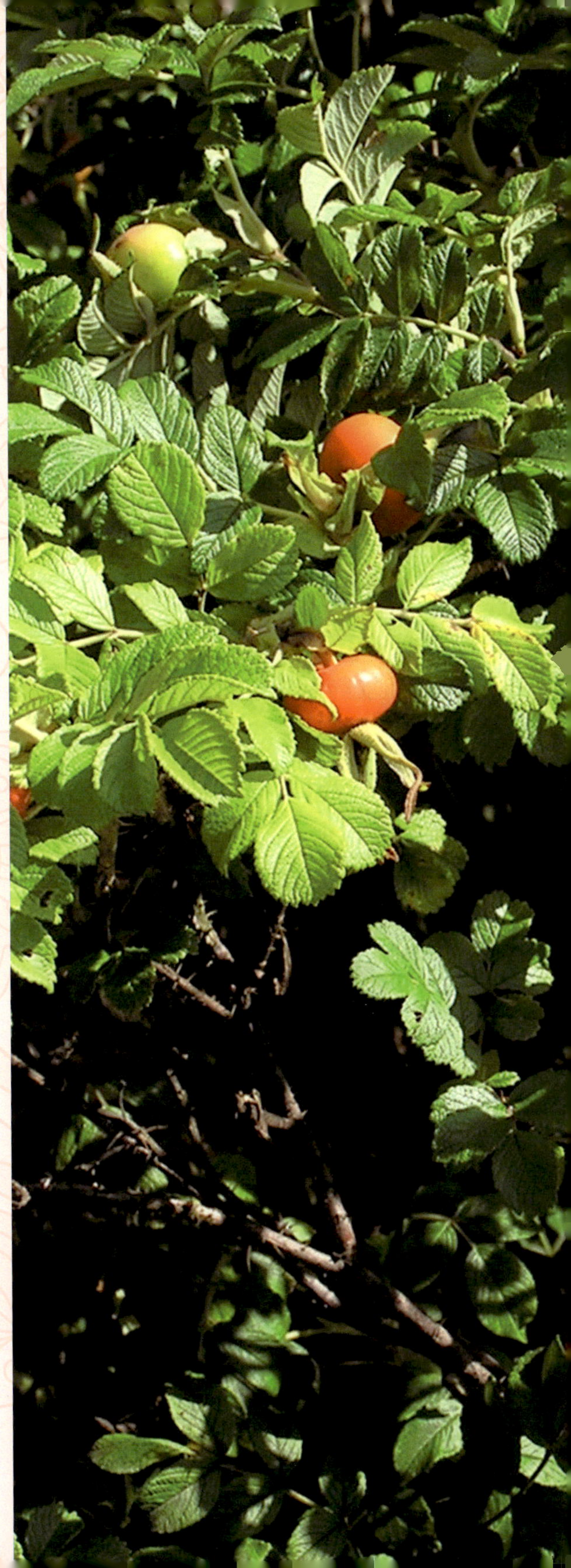

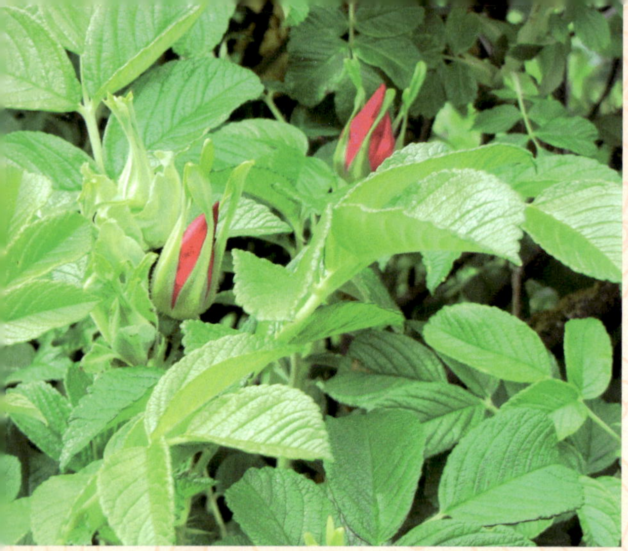

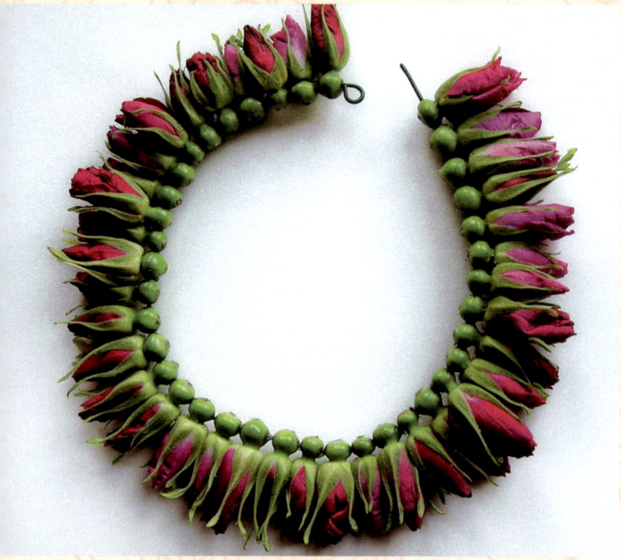

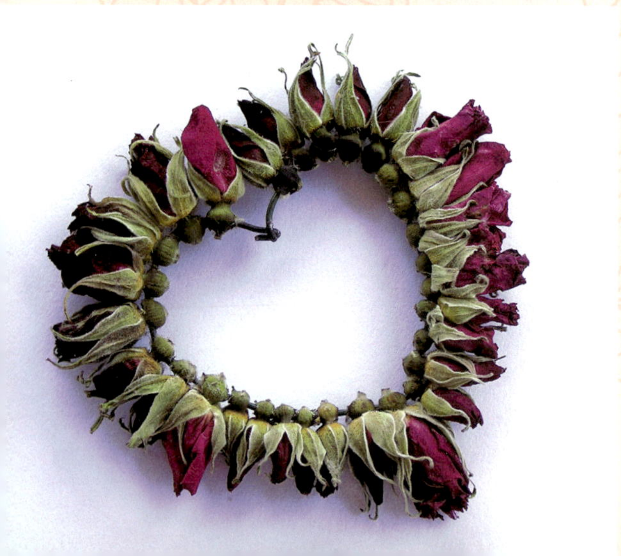

Material

für einen Kranz von 12 cm Durchmesser:

- 38 – 40 Knospen und einen Draht von 40 cm Länge

für einen kleineren Kranz von 8 cm Durchmesser:

- 26 Knospen und die Drahtlänge ca. 28 cm
- grüner Steckdraht, 1,2 mm, 40 cm lang

Die Stängel der Rosenknospen werden knapp unter dem grünen Kopf abgeschnitten.

Biegen Sie eine Öse an ein Ende des Drahtes. Das andere Ende wird durch jedes grüne Köpfchen gezogen. Dafür halten Sie vorsichtig den kleinen grünen Kopf und drücken ihn mit einer kleinen Drehbewegung gegen die Drahtspitze. Die Rosenknospen werden sehr eng aneinandergeschoben, weil sie beim Trocknen schrumpfen.

Das Ende des Drahtes wird zuletzt durch die Anfangsöse gesteckt und ebenfalls mit einer Öse geschlossen. Danach den Kranz flach auf Küchenkrepp ca. eine Woche trocknen lassen.

Schmuck

Sie können den Abschluss der Ösen mit einer Schleife aus Satinband verdecken – in passenden Farben, z.B. dunkelrosa-rot oder grün.

Dieser Rosenkranz kann auch in Herzform gebogen werden.

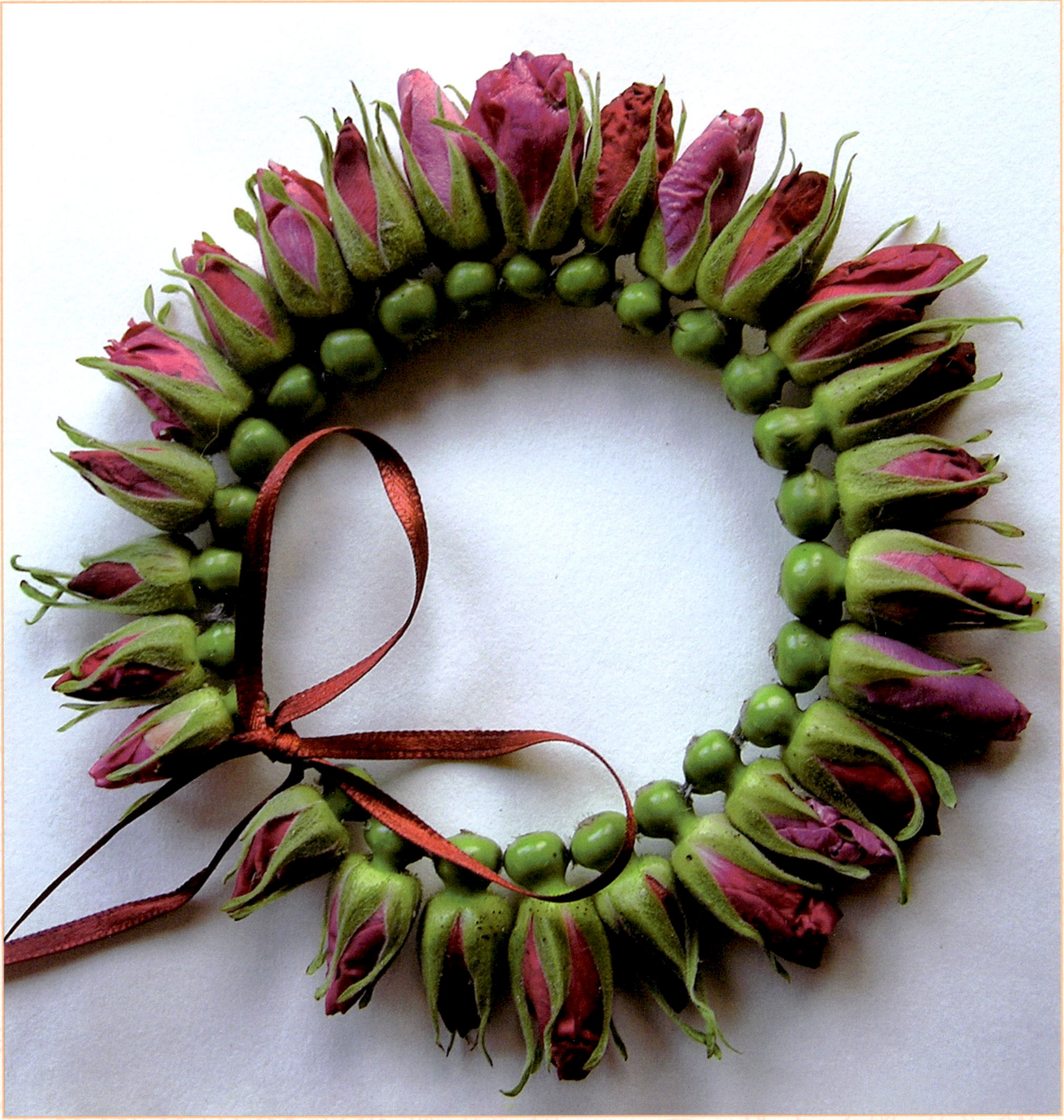

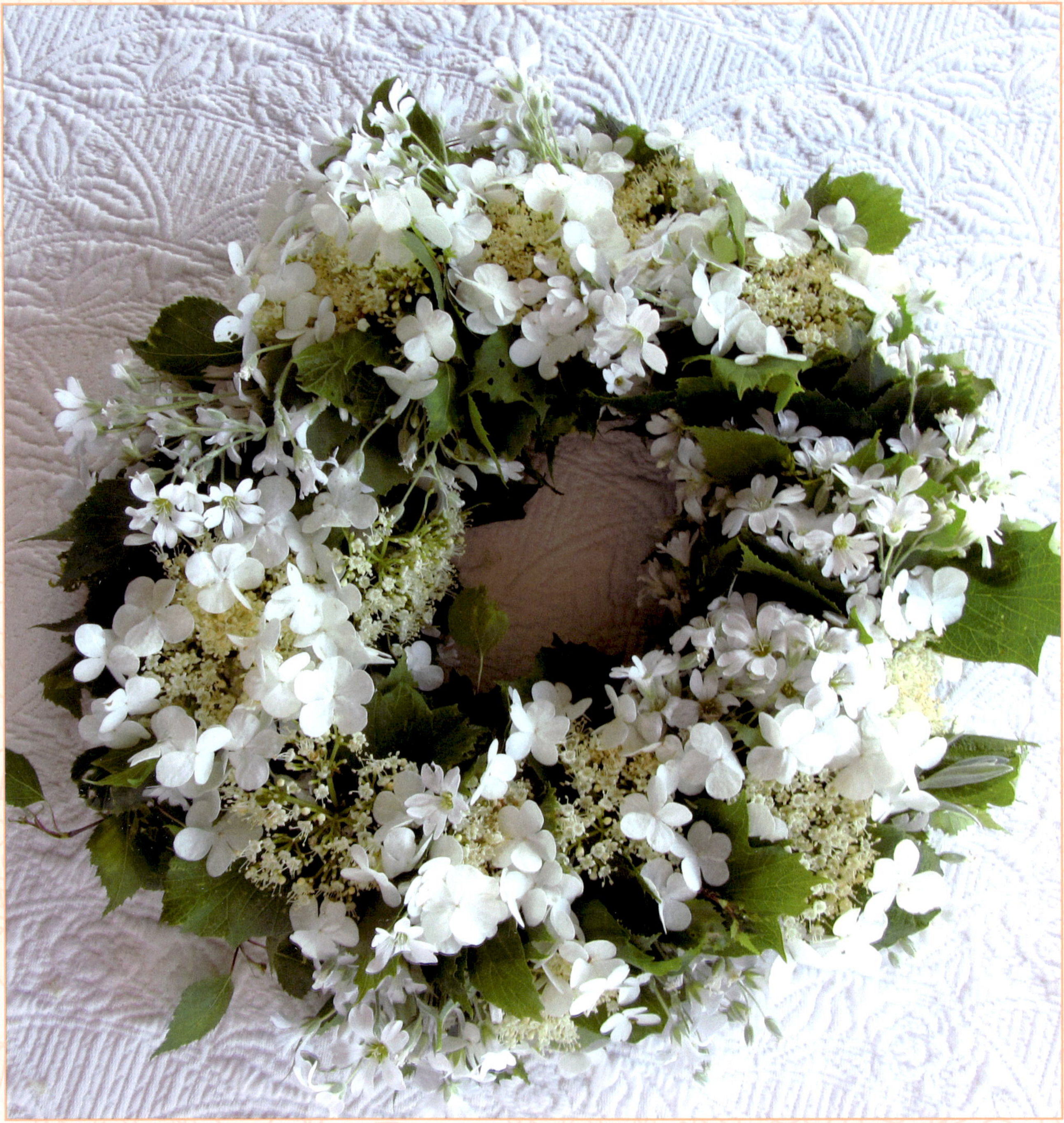

Wilder Schneeball mit Teppich-Schleierkraut

Dieser Kranz ist als Tischschmuck gedacht.

Ende Mai bis Juni blüht der Wilde Schneeball. Jede Blüte besteht aus einem Kranz kleiner, einzelner Blüten, die zusammen eine «Blütengemeinschaft» bilden. Daher kann dieser Kranz auch ein schöner symbolischer Beitrag zur Gestaltung des Pfingstfestes sein.

Das Teppich-Schleierkraut wächst nicht in der freien Natur; es ist eher in Gärten zu finden. Seine kleinen Blüten lockern die Zwischenräume auf, und die weiße Farbe des Schleierkrauts unterstützt die feierliche Stimmung eines Festes. Es wird daher gerne als Ergänzungsblume genommen.

Material

- Rohling aus 2 Weidenruten
- 20 Dolden vom Wilden Schneeball
- 1 großer Strauß Teppich-Schleierkraut (oder was Sie zur Verfügung haben)
- 2 ganze Zweige Birke
- grüner Blumendraht 0,65 mm

Formen Sie einen Rohling mit ca. 25 cm Durchmesser (siehe S. 28f.).

Die Schneeballblüten werden knapp am Astansatz abgezwickt. Von den Birkenzweigen ca. 40 kleine Zweigchen (ca. 8 – 10 cm. Länge) mit schönen frischen Blättern zurechtschneiden und in gleichmäßigen Abständen griffbereit legen. Aus dem Teppich-Schleierkraut viele kleine Sträußchen machen und ebenfalls zurechtlegen.

Beginnen Sie mit einem Sträußchen Teppich-Schleierkraut und binden Sie es am unteren Ende der Stiele mit dem Blumendraht an den Rohling. Als Nächstes eine Blütendolde vom Schneeball mit zwei Blätterzweigchen der Birke zusammen aufbinden. Wichtig ist, dass die Dolden oben sichtbar bleiben.

Wechseln Sie beide Blütensorten ab und achten Sie dabei auf eine gleichmäßige Neigung der Köpfe, damit die Schneeballdolden gut zu sehen sind.

Machen Sie den Kranzabschluss wie gewohnt und legen Sie den fertigen Kranz in eine Schale mit Wasser.

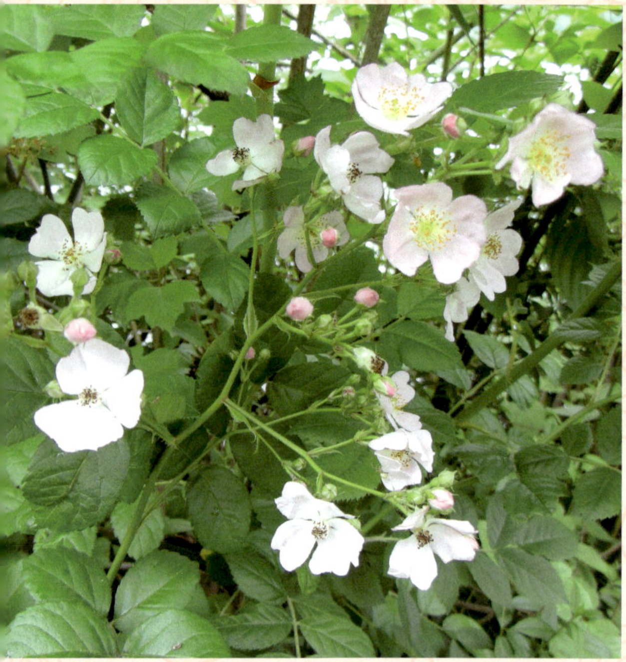

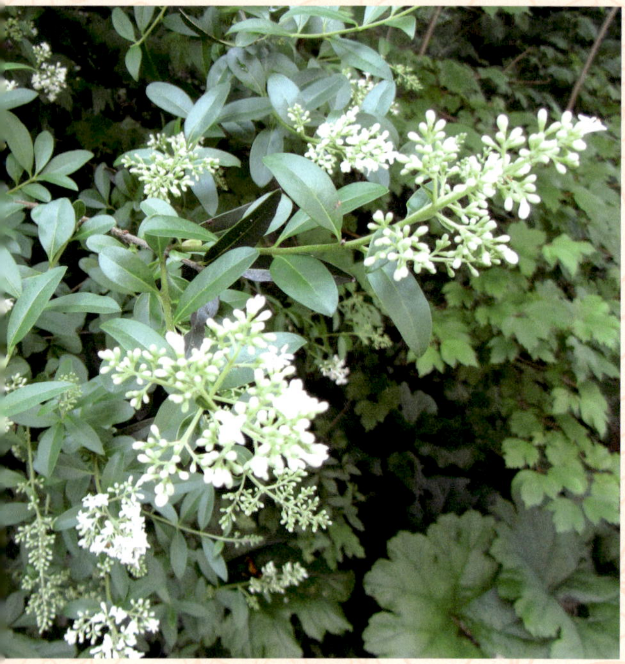

Kranz mit Ballerinaröschen

Ballerinarosen wachsen als Dolden am Ende langer Triebe. Anfang Juni fallen diese zarten Wildrosen durch ihre Fülle auf. Ihre Blüten blühen nacheinander, sodass man viele kleine Knospen zugleich finden kann. Wenn Sie sie in den Kranz einarbeiten, werden die Rosen noch einige Tage hintereinander aufgehen.

Mit weißen Ligusterblüten bekommt dieser Kranz eine zarte Note. Vielleicht für eine Hochzeitstafel?

Material

- 20 Ballerina-Dolden als Ganzes abgezwickt
- 1 dicker Strauß Ligusterzweige
- 8 rosa Schafgarben (als Ersatz weiße)
- grüner Blumendraht 0,65 mm
- grüner Blumendraht 0,35 mm

Für den Kranzaufbau siehe die Anleitung zum Drahtaufbau, S. 23 – 27.

Von einer Ballerinadolde alle seitlichen Zweigchen abzwicken. Vom Liguster ebenfalls die kleinen Ästchen abschneiden, sodass alles griffbereit vor Ihnen liegt. Die rosa Schafgarbe auf die Länge der Rosenzweigchen kürzen.

Mischen Sie und bilden Sie kleine Sträußchen mit den Rosen und den Ligusterblüten. Jedes Sträußchen mit Draht wie gewohnt festwickeln. Die Schafgarben in gleichmäßigen Abständen in die Arbeit verteilen.

Schließen Sie den Kranz, wenn der Vorrat zu Ende gegangen ist.

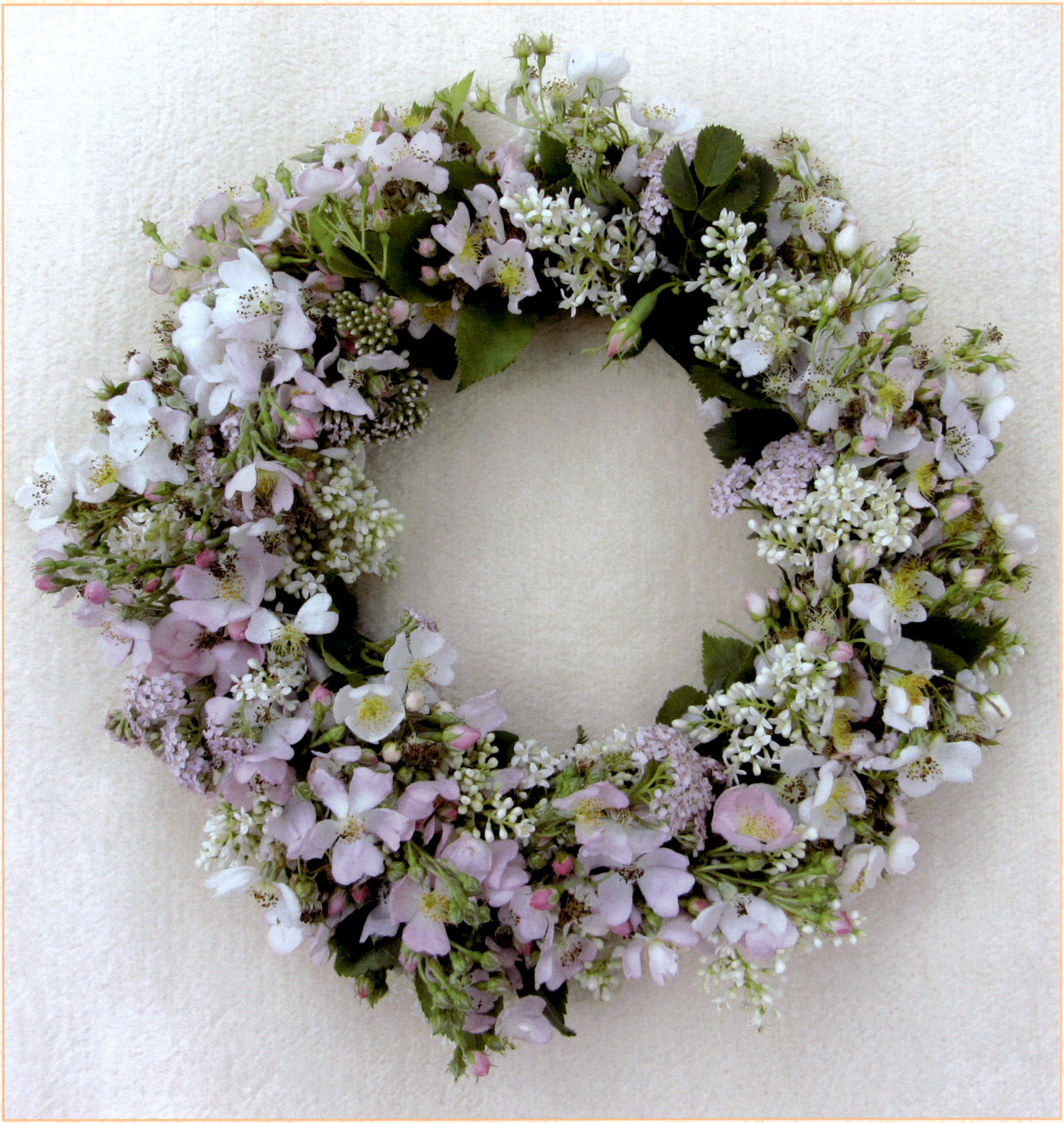

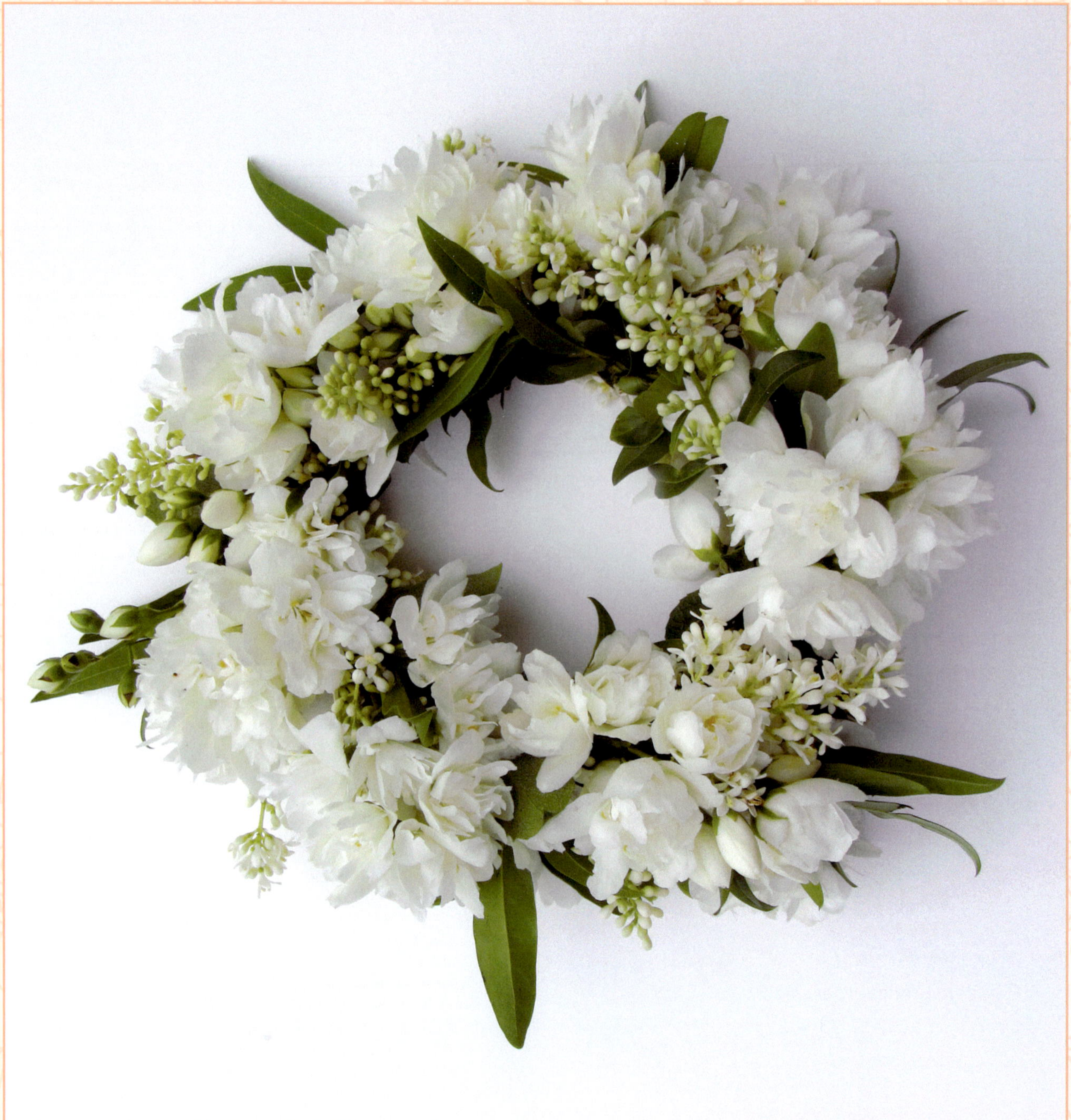

Jasminkranz

Wenn der Gartenjasmin (Philadelphus; auch Pfeifenstrauch genannt) blüht, kann fast niemand an ihm vorbeigehen, ohne von seinem Duft angezogen zu werden. Auch passt das Weiß des Jasmins gut für ein besonderes Fest im Juni: Ob Hochzeit, Taufe oder einfach ein Elfenfest im Garten – der Tisch ist mit Jasmin allemal festlich geschmückt.

Die Ligusterzweige geben mit ihren Blüten diesem Kränzchen eine abwechselnde Struktur und mit ihren spitzen Blättern einen kantigen Kontrast.

Material

für ein Kränzchen mit 15 cm Durchmesser:

- 9 Ligusterblüten mit Blättern
- 27 blühende Jasminzweige, mit Knospen und etwas geschlossenen Blüten
- grüner Blumendraht 0,65 mm
- grüner Blumendraht 0,35 mm

für ein Kränzchen mit 22 cm Durchmesser:

- 14 Ligusterzweigchen mit Blättern
- 42 blühende Jasminzweige, mit Knospen und etwas geschlossenen Blüten
- grüner Blumendraht 0,65 mm
- grüner Blumendraht 0,35 mm

Für den Kranzaufbau siehe den Abschnitt «Kranz mit Drahtaufbau», S. 23 – 27.

Liguster und Gartenjasmin wachsen schon mit der

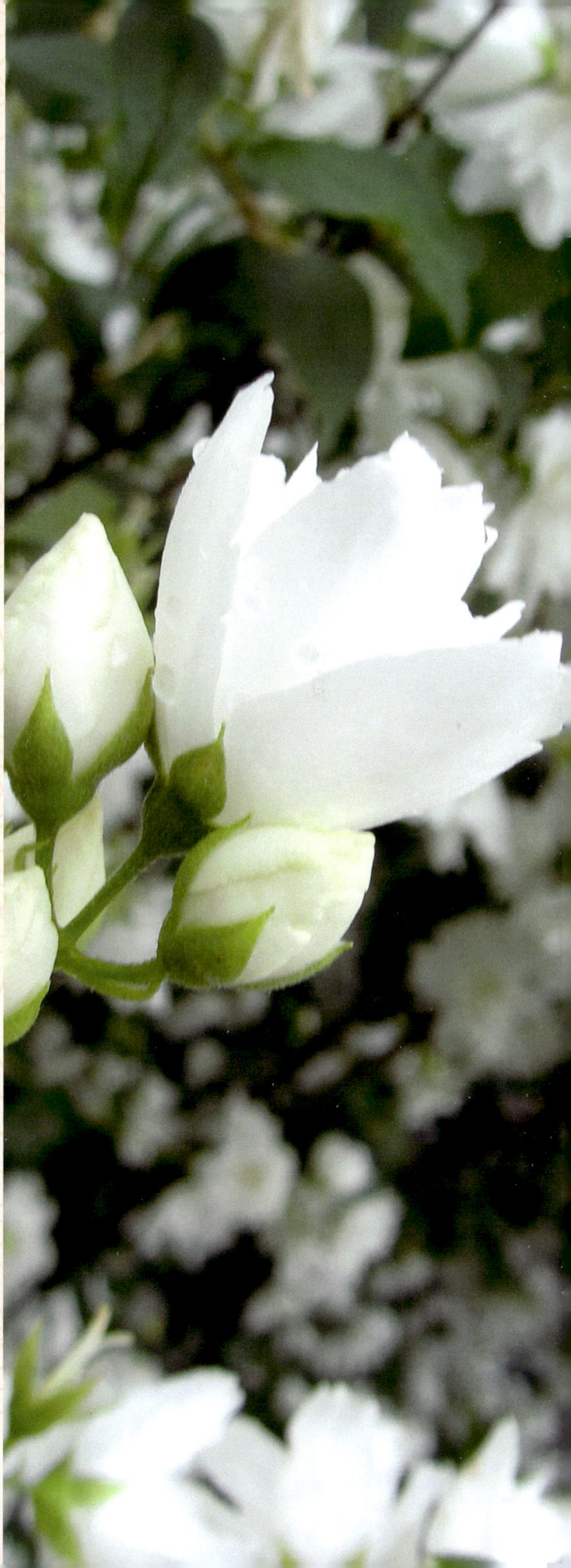

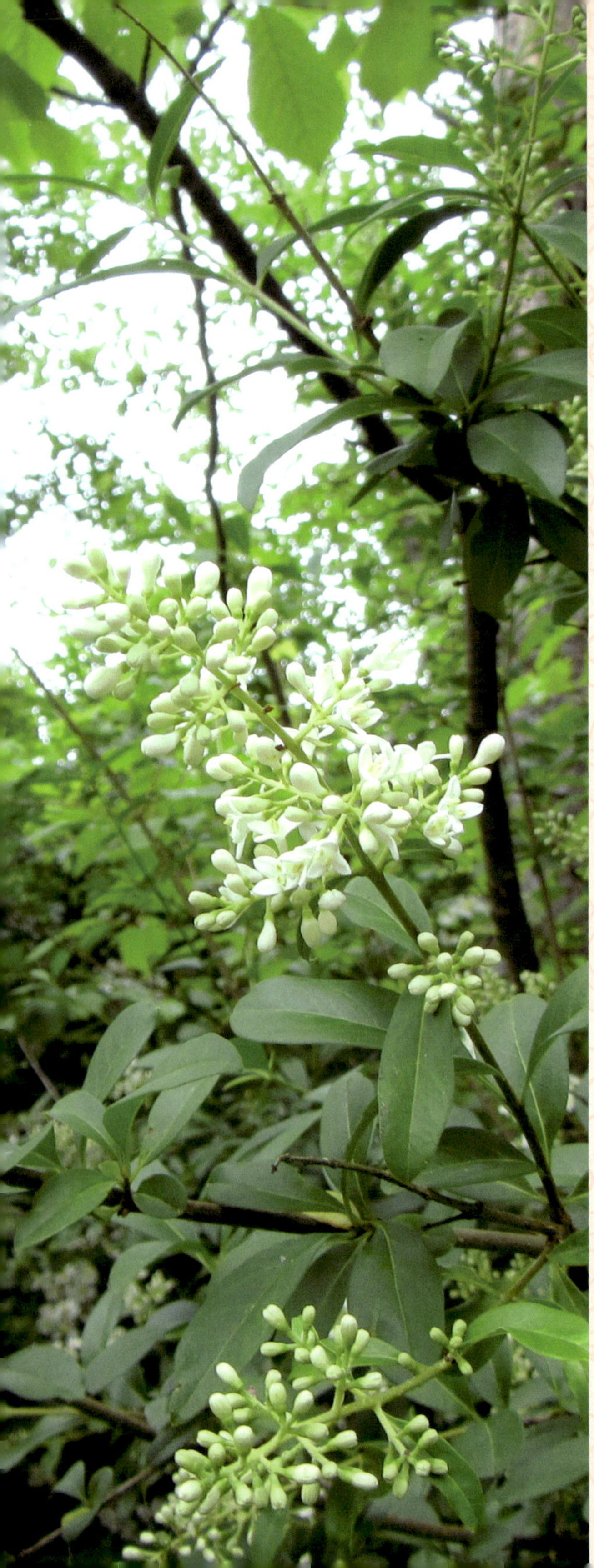

benötigten Länge direkt am Zweig; also genügt es, diese Zweige einfach vom Hauptast abzuschneiden.

Beginnen Sie mit einer Ligusterblüte. Binden Sie sie mit einer seitlichen Neigung auf, zum Beispiel nach außen. Dann zwei Jasminzweige flach nebeneinander auf den Draht legen und mit dünnem Draht festwickeln. Der nächste Ligusterzweig wird entgegengesetzt gelegt, in diesem Fall also nach innen. Danach folgen wieder zwei Jasminzweige. Diesen Dreierrhythmus wiederholen Sie, bis der Blumenvorrat zu Ende geht.

Verdrehen Sie die Blüten, wenn nötig, leicht nach oben, sodass sie alle in eine Richtung schauen können.

Das Kränzchen wie gewohnt schließen und in eine flache Schale mit Wasser legen.

Septemberbeeren mit Hopfen

Die Ranken vom Hopfen sind eine dankbare Grundlage für vielseitige Kränze. Denn diese Pflanzenart wuchert in langen Zweigen, die Sie mit Leichtigkeit einfach um den Rohling herumwickeln können. Mit vielen buschigen Hopfenranken können Sie einen hübschen fülligen Herbstkranz gestalten. So kann ein schlichter Hopfenkranz entstehen.

Ein geeignetes Erntedatum hängt von Ihrer Beobachtung ab.

Bei allen leicht rieseligen Pflanzen ist es praktisch, die Ernte zwei bis drei Wochen vorzuziehen.

Falls Sie zusätzlich rote Beeren und Zapfen in den Kranz einarbeiten möchten, empfiehlt es sich, den Hopfen in kurze Zweige zu schneiden.

Der Hopfenkranz ist lange haltbar und eignet sich gut zum Aufhängen. Er verbreitet in geschlossenen Räumen einen süßlichen Duft.

Material

- Weidenrohling mit Nebenzweigen und Blättern, ca. 28 cm Durchmesser
- 6 lange Hopfenranken
- 12 Ballerinadolden mit Beeren
- 6 Beerendolden vom Blutroten Hartriegel (oder andere)
- 12 Lärchenzapfen
- grüner Blumendraht 0,65 mm

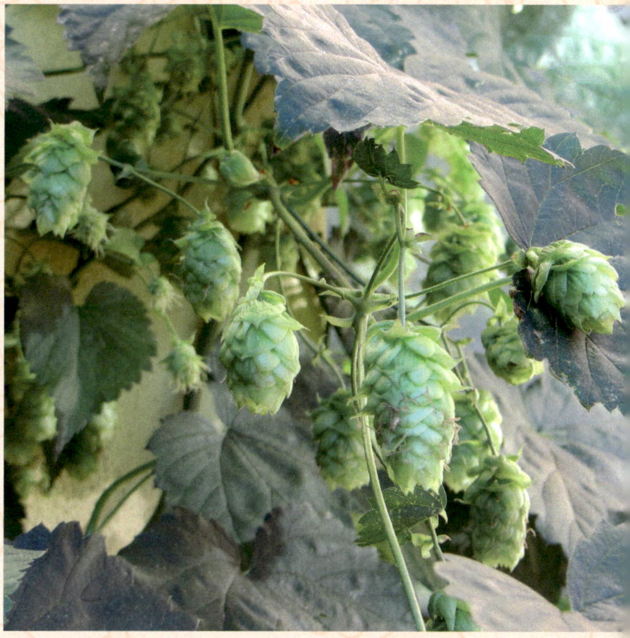

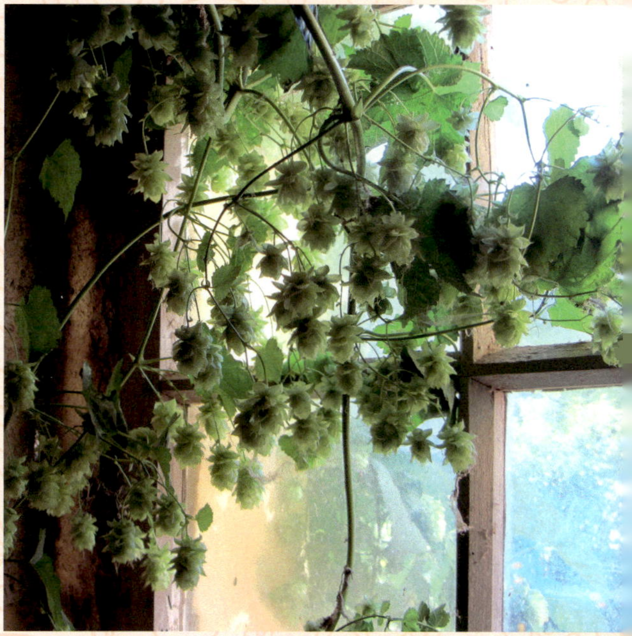

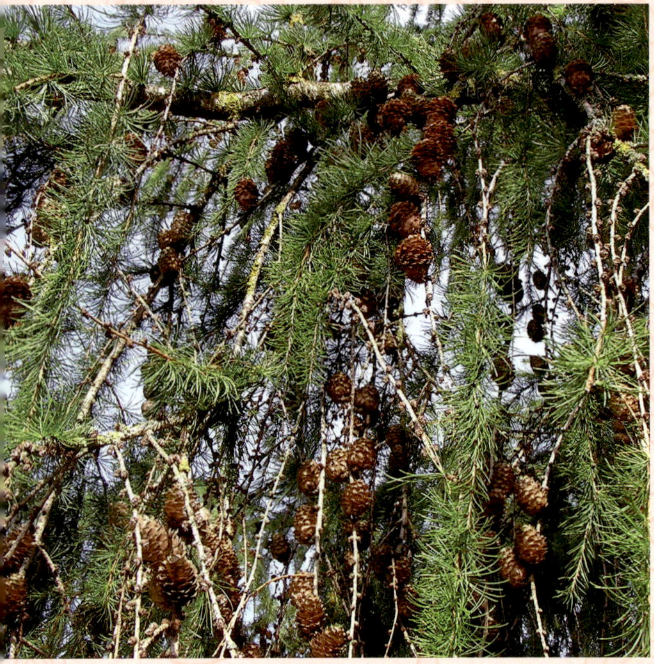

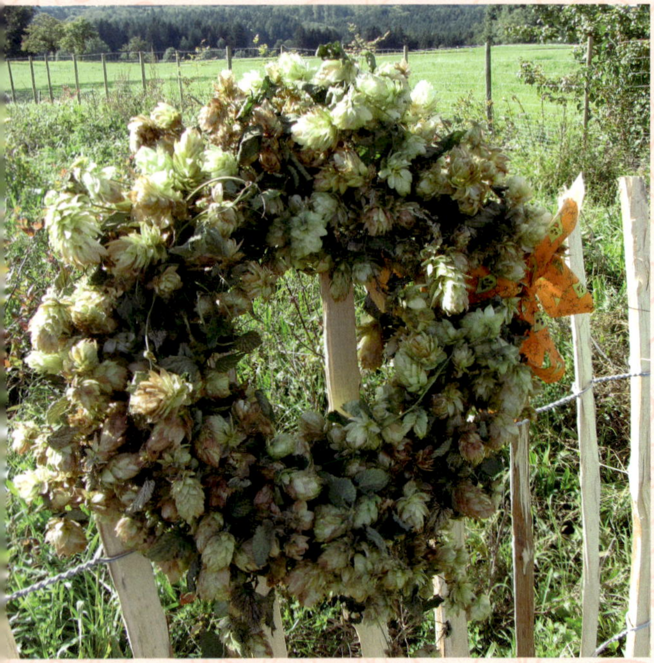

Schneiden Sie die Hopfenranken in handliche Sträußchen; der Schwerpunkt liegt dabei auf den Früchten. Die verschiedenen Beeren werden abwechselnd mit den Hopfenfrüchten auf den Weidenrohling (siehe dazu den Abschnitt «Rohling aus Weidenzweigen, Beispiel 2», S. 30) gewickelt.

Verteilen Sie auch die Zapfen gleichmäßig in den Kranz.

An der Rückseite wird eine Öse zum Aufhängen gemacht.

Sie können diesen Kranz nach Bedarf im Winter mit Sprühfarbe versilbern oder vergolden.

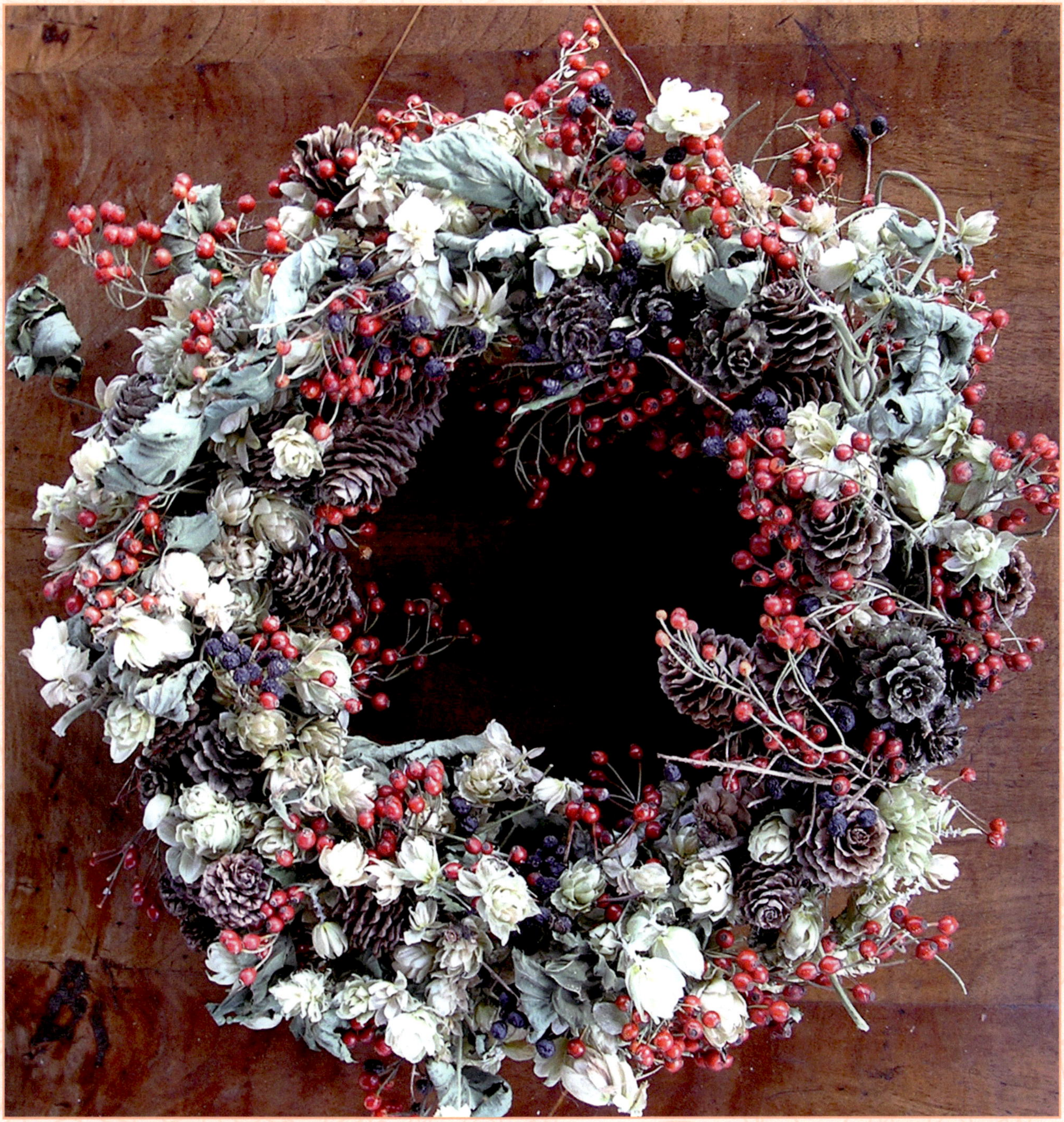

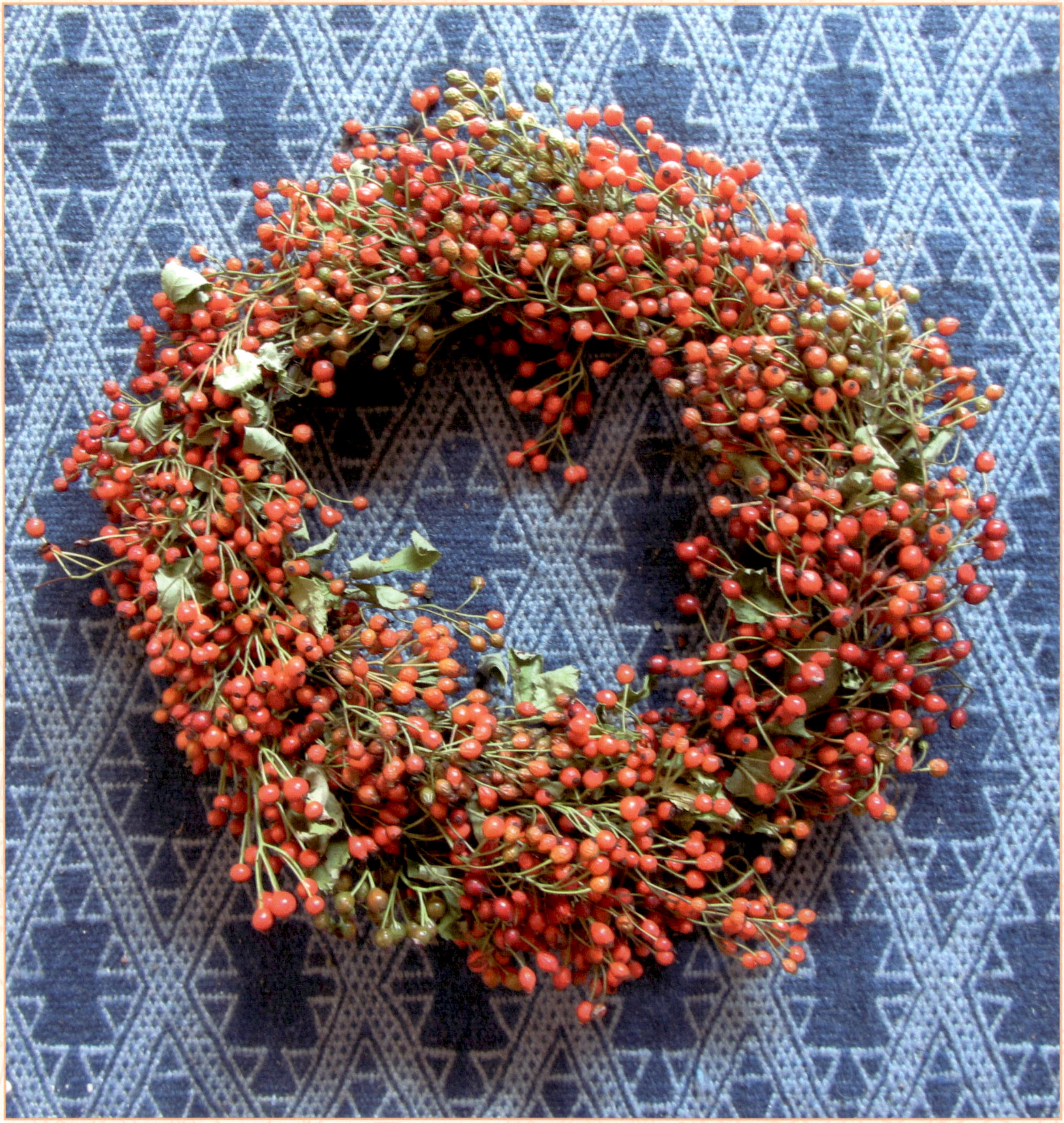

Kranz mit Hagebutten der Ballerinarosen

Die kleinen Hagebutten der Moschusrosen kann man gut im Frühherbst sammeln. Die Besonderheit dieser Sträucher mit Wildrosencharakter ist es, dass sie fast ganz ohne Dornen sind bzw. in manchen Fällen so kleine, unscheinbare Dornen haben, dass das Kranzbinden einfach nur Spaß macht.

Material

- Weidenrohling, ca. 30 cm Durchmesser, aus 4 dünnen Weidenzweigen
- ca. 60 Dolden mit kleinen Hagebutten
- grüner Blumendraht 0,65 mm
- nach Bedarf: Schleifenband

Formen Sie einen Weidenrohling (siehe S. 28f.).

Der Aufbau geht leicht, weil die Beeren mit ihrer Fülle den Kranz luftig erscheinen lassen. Achten Sie einfach nur darauf, dass der gewickelte Draht von der nächstfolgenden Dolde verdeckt wird. Die Stiele der letzten Hagebuttendolden werden kürzer geschnitten und unter die erste am Anfang gesteckt.

An der Rückseite des Rohlings eine Öse zum Aufhängen bilden. Mit einem passenden Schleifenband kann der Kranz auch ein froher Willkommensgruß an der Tür werden. Dieser Kranz hält sehr lang und sieht hübsch aus, auch wenn die Beeren vertrocknet sind.

Mit Lampionblumen und aufgeklebten Kunstblättern (Foto rechts unten) bekommt er weitere farbige, herbstliche Akzente.

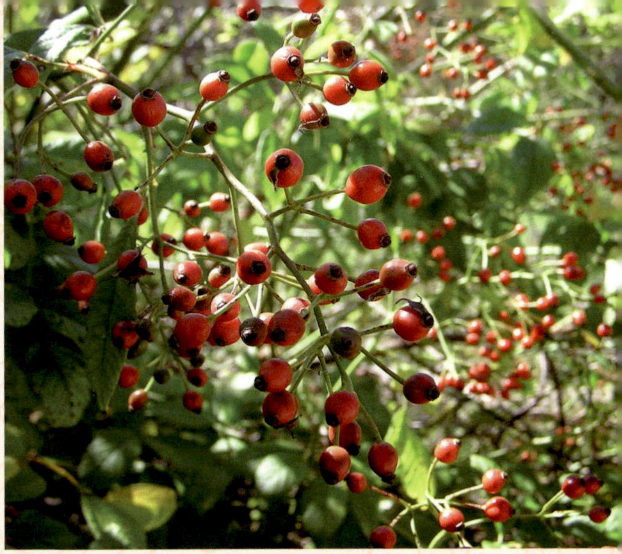

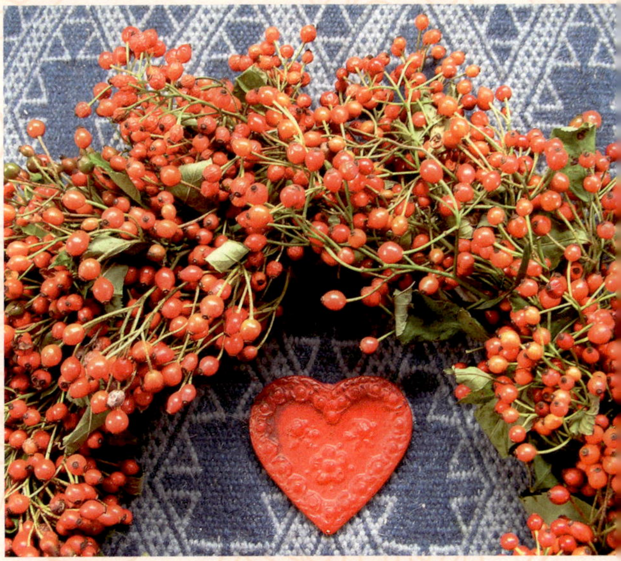

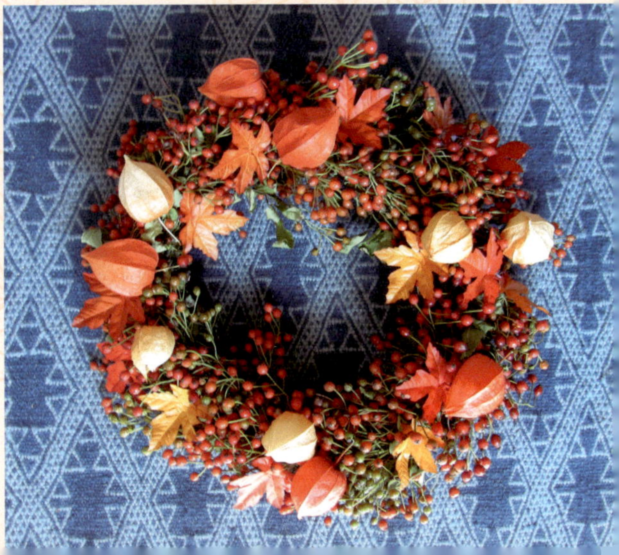

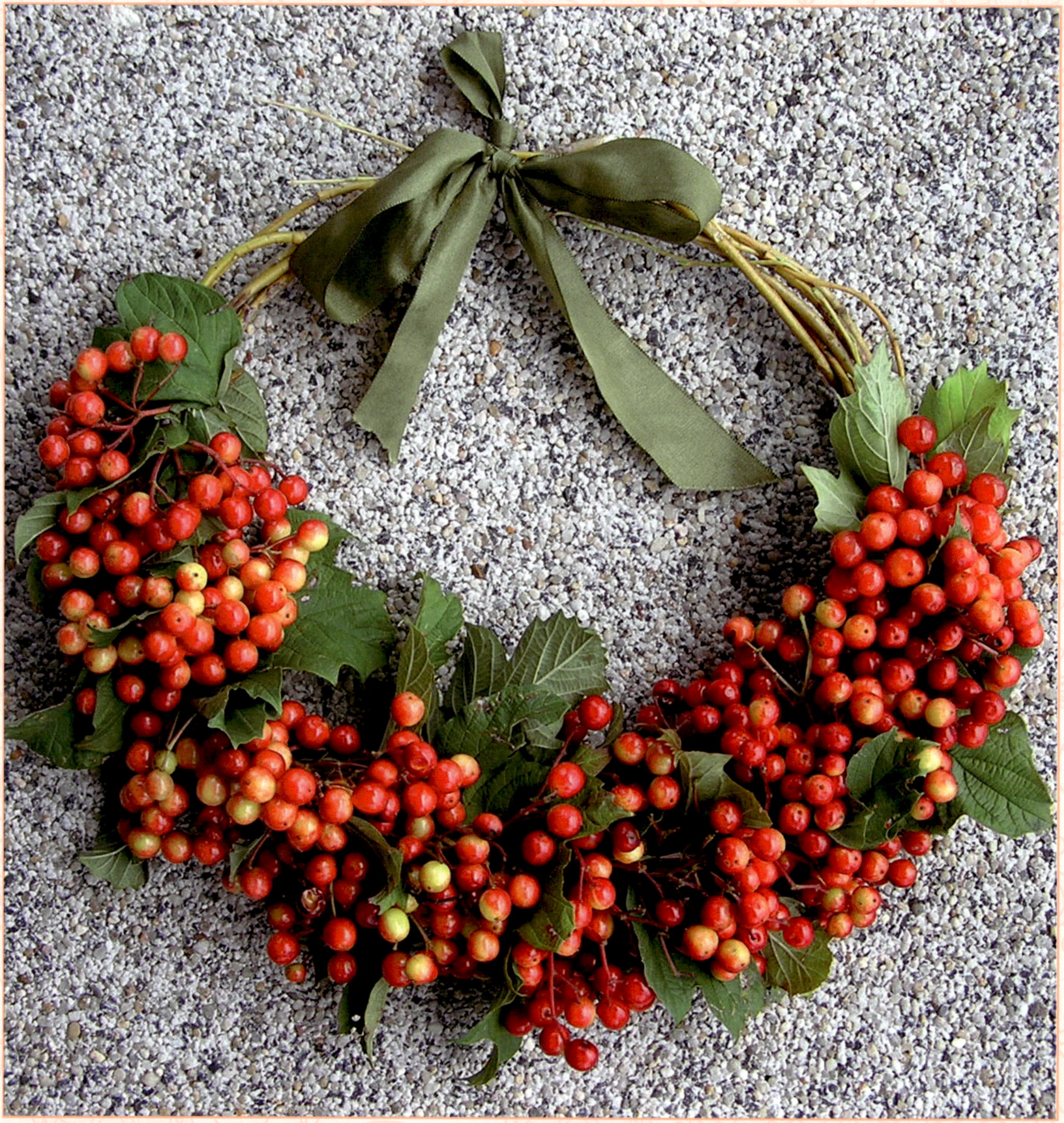

Schneeballkranz mit Beeren

Die Beeren vom Wilden Schneeball bekommen über den Sommer eine leuchtende Farbe.

Im November, wenn die Blätter des Schneeballs abgefallen sind, ziehen die Beeren viele Vögel an, und gepflückt ähneln sie in der Konsistenz reifen Johannisbeeren. Doch die Beeren sind für die Kranzverarbeitung eher im unreifen Zustand interessant. Sie können gepflückt werden, wenn sie im August noch grünlich und fest sind, oder im September, wenn sie sich orangerot gefärbt haben und sich ebenfalls noch fest anfühlen.

Wenn der Kranz nicht ganz voll mit den Beeren aufgewickelt wird, bleibt der Rohling sichtbar; er sollte deswegen ohne Draht gebunden werden.

Material

- 6 Weidenzweige
- 1 Korb voller Schneeballbeeren mit Blättern, abgezwickt am Astansatz
- grüner Blumendraht 0,65 mm

1. Beispiel: Ein «teilweise» gewickelter Beerenkranz

Ziehen Sie alle Blätter und Nebenzweige der Weiden ab. Formen Sie einen Rohling mit vier Weiden Ihrer Wunschgröße. Die Enden miteinander verbinden und die überstehenden Enden in den Rohling hineinwickeln, sodass er schön rund wird.

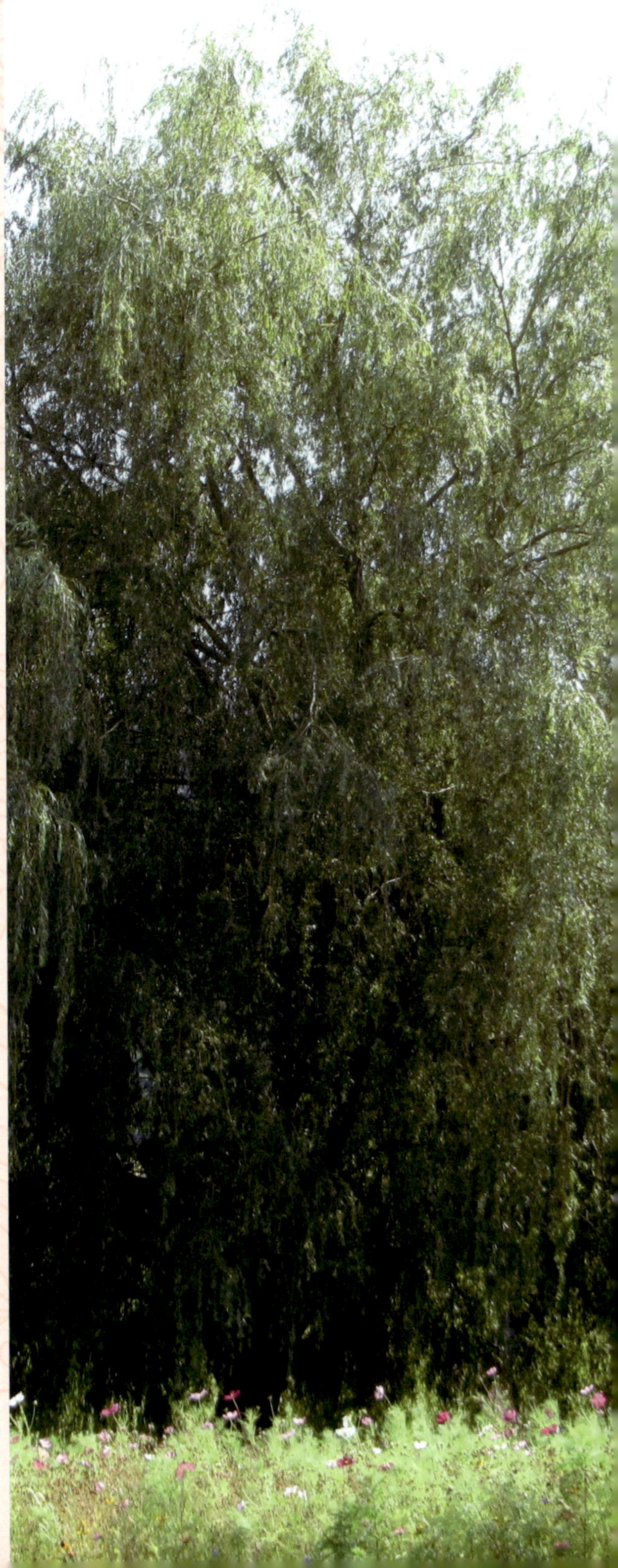

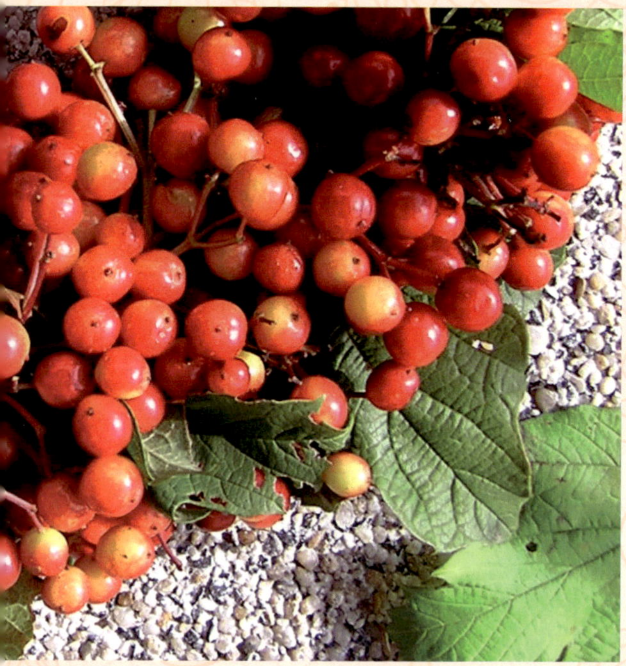

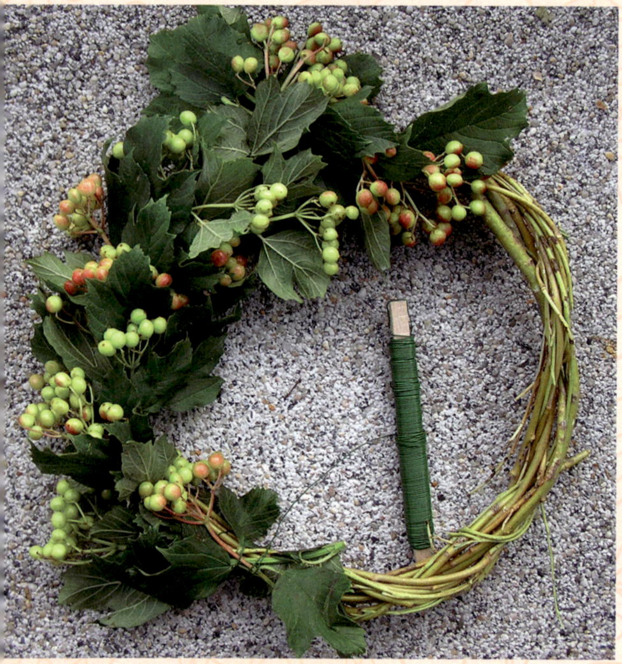

Die anderen zwei Weiden werden in den fertigen Rohling ebenfalls hineingewickelt, sodass ein hübscher Rohling ohne Draht entsteht.

Beginnen Sie die Beeren an der «unschönsten» Seite des Rohlings (falls es eine solche gibt) aufzuwickeln.

Wickeln Sie die Beeren mit den Blättern wie gewohnt auf. Nach ca. 15 cm Beerenkranz den Draht abzwicken und ihn an der Rückseite in den Weiden befestigen.

Nun mit einem Abstand von 15 cm seitenverkehrt Beeren auf den Rohling wickeln, sodass sich die Beeren von der entgegensetzten Seite begegnen. Schließen Sie die Arbeit wie gewohnt ab.

Dieser Kranz kann mit einer passenden Schleife geschmückt ein hübscher Türschmuck sein.

2. Beispiel: Ein vollständig gewickelter Schneeballkranz

Wenn der Kranz ganz mit Beeren gewickelt werden soll, arbeiten Sie wie im Beispiel «Kranz mit Hagebutten der Ballerinarosen» (S. 69).

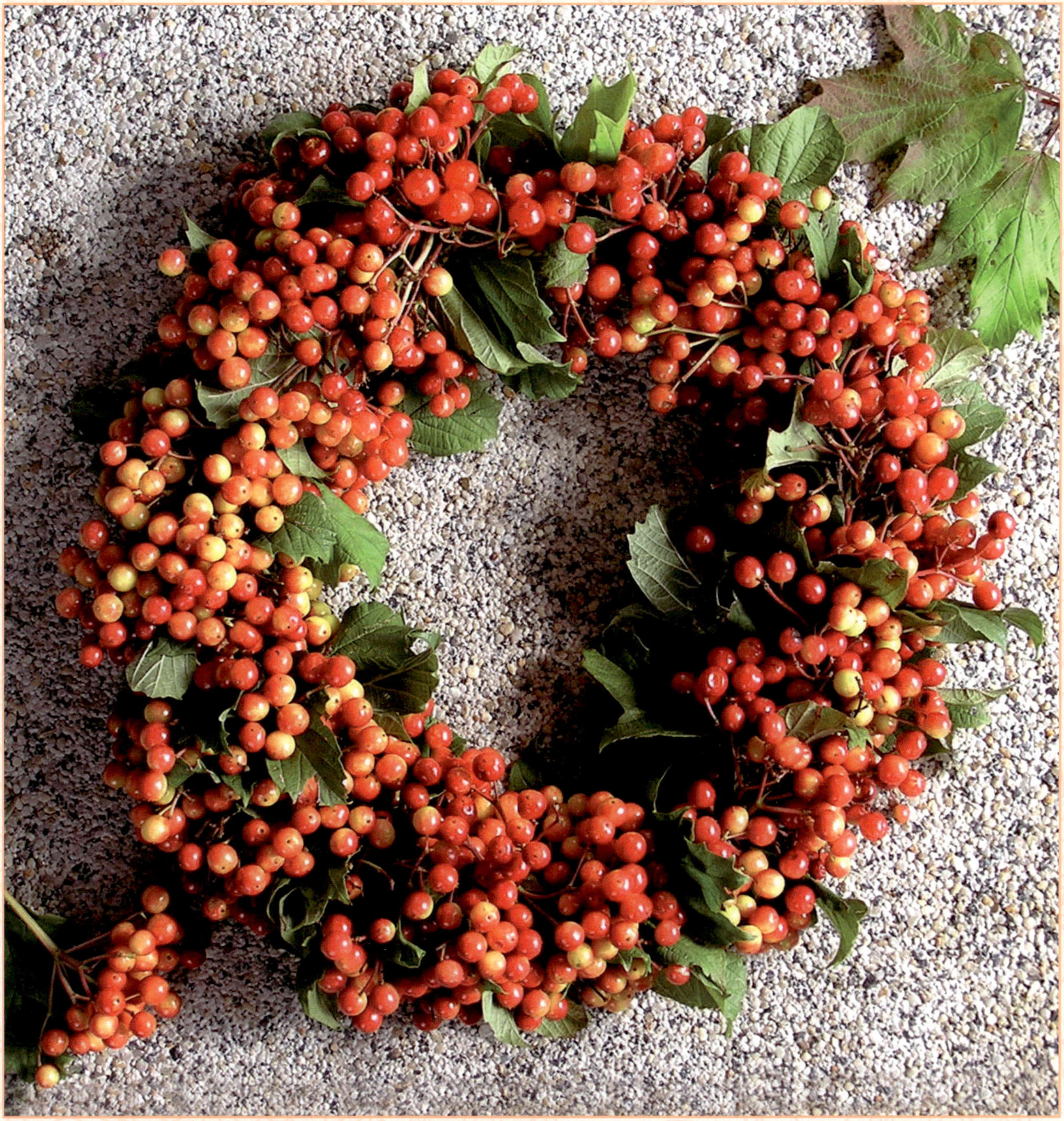

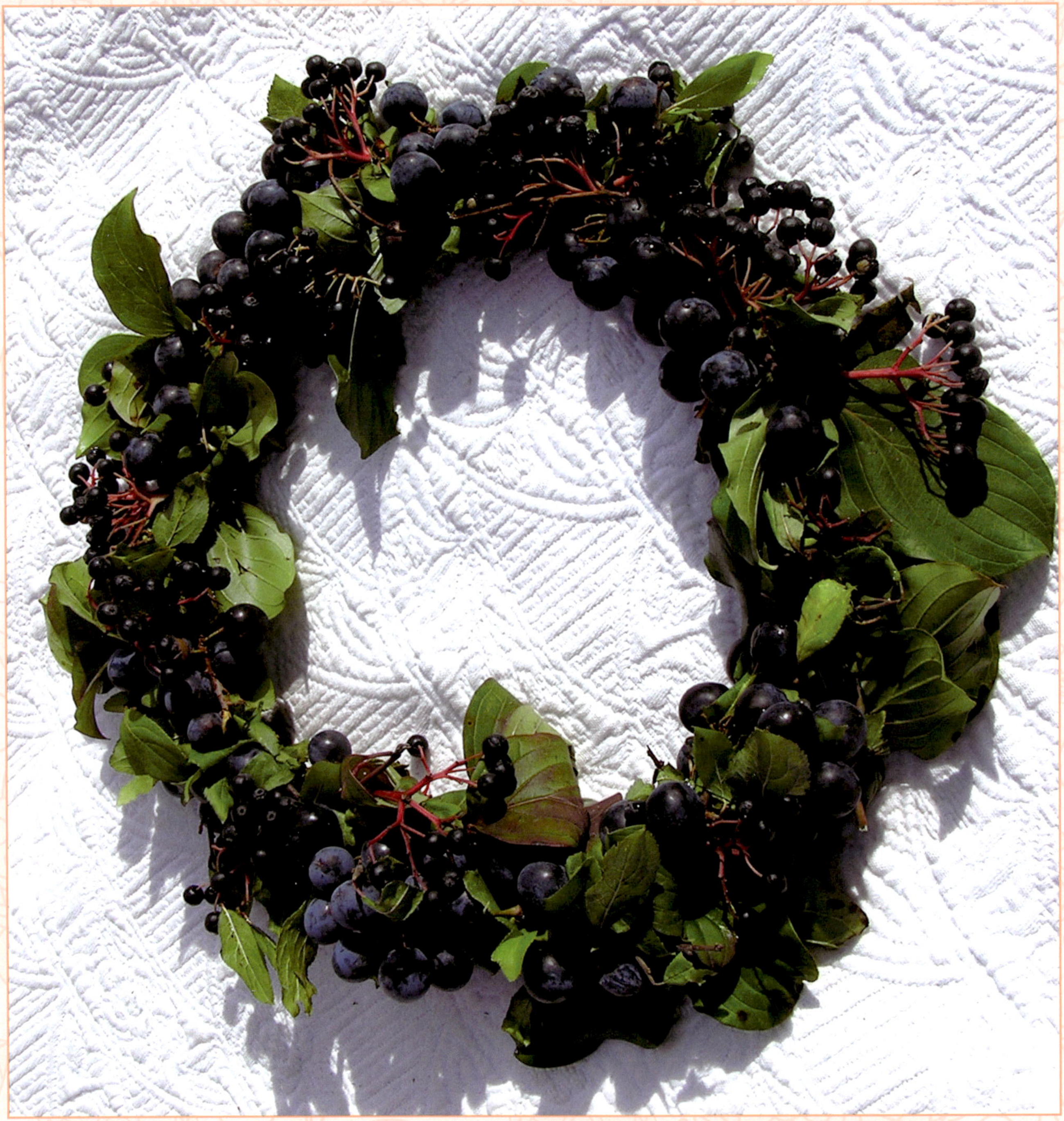

Schlehenkranz

Dieser Kranz fasziniert uns durch die kräftige Struktur der beiden Beerensorten. Die Schlehenbeeren haben Anfang September bis Mitte Oktober noch eine feste Konsistenz, und die blaue Farbe der Beeren ist ein hübscher Kontrast zu den noch grünen Blättern. Die schwarzen Beeren vom Blutroten Hartriegel geben dem Kranz Tiefe. Selbstverständlich können stattdessen auch andere Beeren verwendet werden.

Selbst wenn die Beeren nach einer Weile etwas schrumpeln, sieht dieser Kranz hübsch aus, da die Beeren und Blätter nicht abfallen, sondern mittrocknen.

Der Schlehenkranz ist zum Aufhängen geeignet und kann im Winter an die Vögel verschenkt oder mit Silberfarbe eingesprüht werden.

Material

- Weidenrohling mit Nebenzweigen und Blättern (siehe S. 30), ca. 25 cm Durchmesser
- Schlehenzweige, 1 Körbchen voll (die genaue Menge lässt sich nicht festlegen, da die Beeren in unterschiedlicher Dichte an den Zweigen wachsen)
- 20 Dolden vom Blutroten Hartriegel mit Blättern
- grüner Blumendraht 0,65 mm

Handliche Sträußchen mit kurzen Schlehenzweigen bilden. Die zwei Beerensorten abwechseln und in den Kranz auch viele Blätter hineinbinden. An der Rückseite eine Aufhängöse bilden. Eventuell ein Band mit einer hübschen blauen Schleife daranbinden.

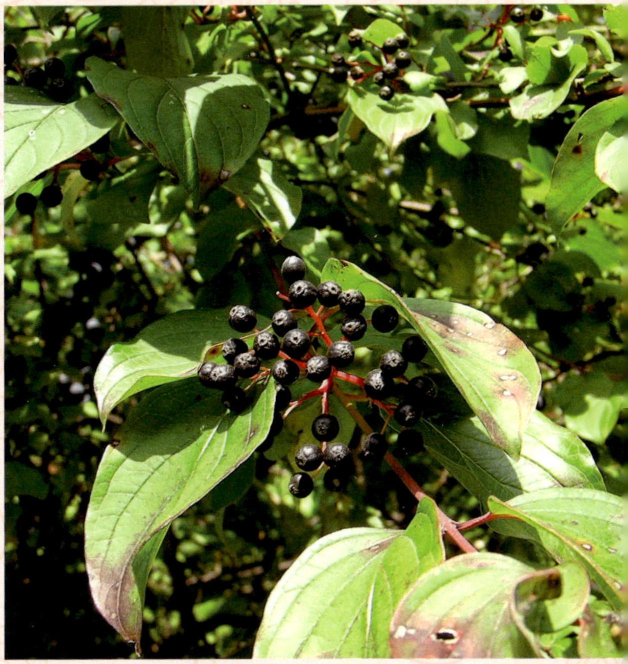

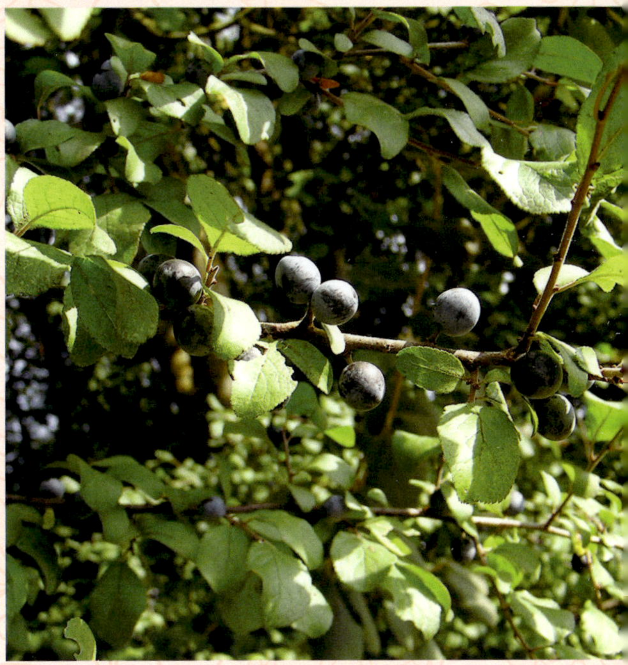

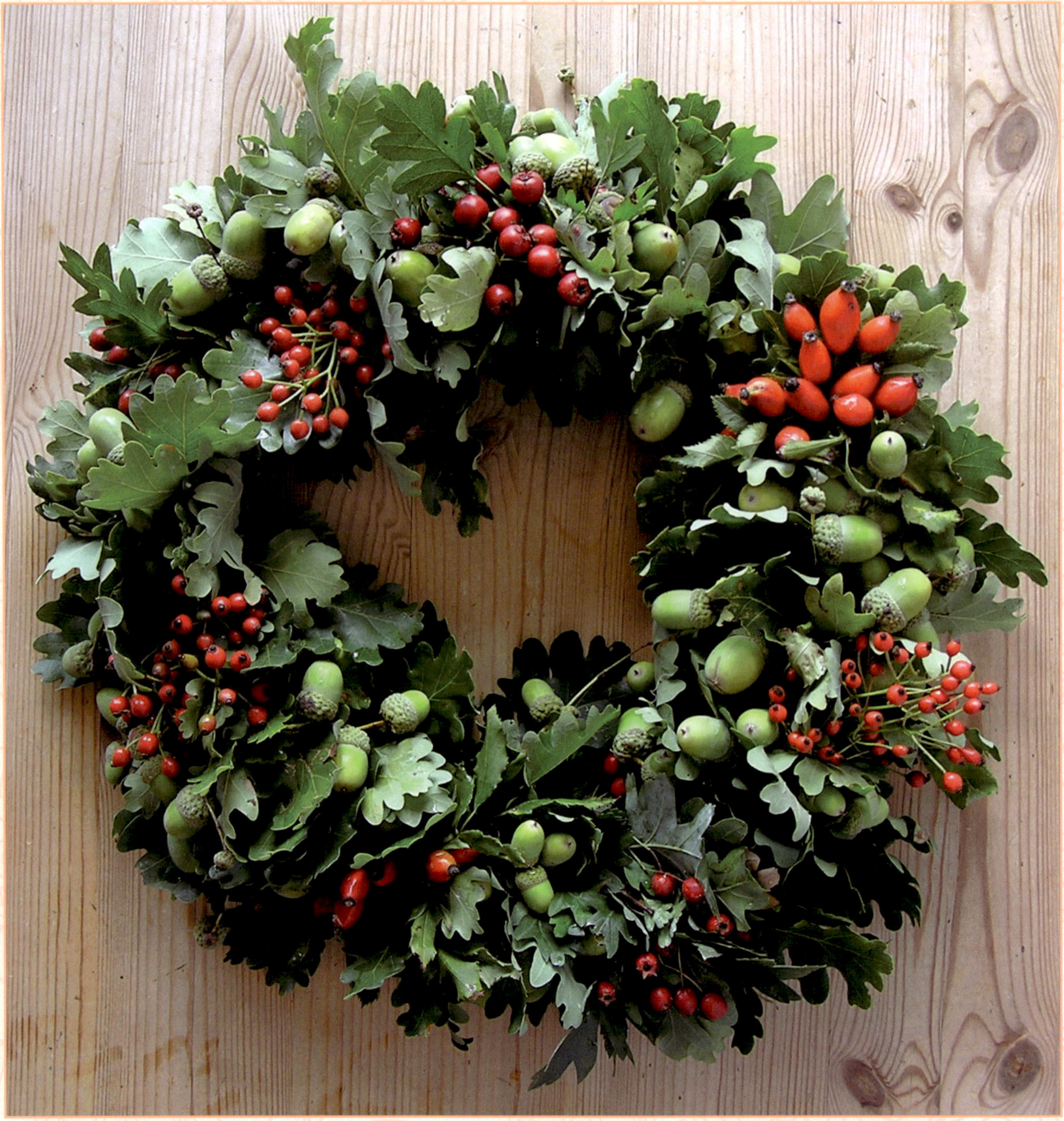

Eichelkranz

Wenn im September oder Oktober die Eicheln dick geworden, aber noch etwas unreif sind, können Sie einen kräftig leuchtenden Herbstkranz binden. Sie werden an diesem Kranz lange Freude haben, denn die Blätter der Eiche bleiben fest an den Zweigen hängen, auch wenn der Kranz vertrocknet ist.

Mit den kleinen Hagebutten der Ballerinarose und anderen hübschen Hagebutten in roten oder orangen Tönen bekommt dieser Kranz einen fröhlichen Farbkontrast.

Material

- Weidenrohling (Größe ganz nach Belieben) aus 4 Weiden
- Eichelzweigchen mit Eicheln und Blättern, ca. 1 Korb voll
- Hagebutten verschiedener Sorten: Ballerina, Rosa canina
- grüner Blumendraht 0,65 mm
- Heißkleberpistole mit 1 Ersatzklebestick

Formen Sie einen Weidenrohling mit allen Nebenzweigen (siehe S. 30).

Die Eichelzweige auf eine handliche Länge (ca. 15 cm) schneiden. Die Eicheln vorsichtig vom Hütchen lösen und mit ein wenig Heißkleber wieder hineinkleben; würden wir sie nicht festkleben, dann fielen sie später, wenn sie trocknen, alle vom Kranz ab.

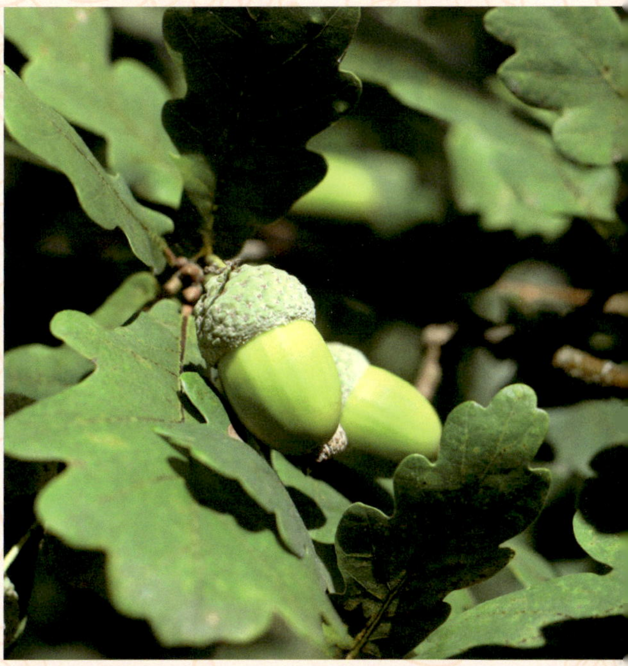

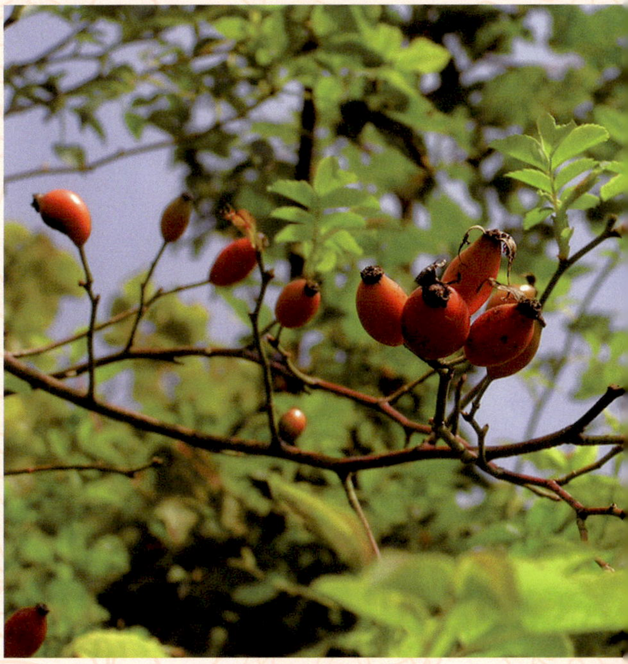

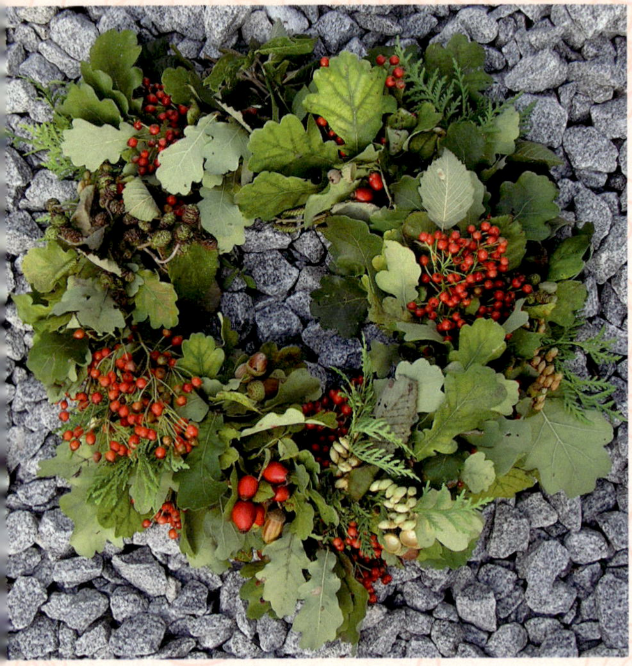

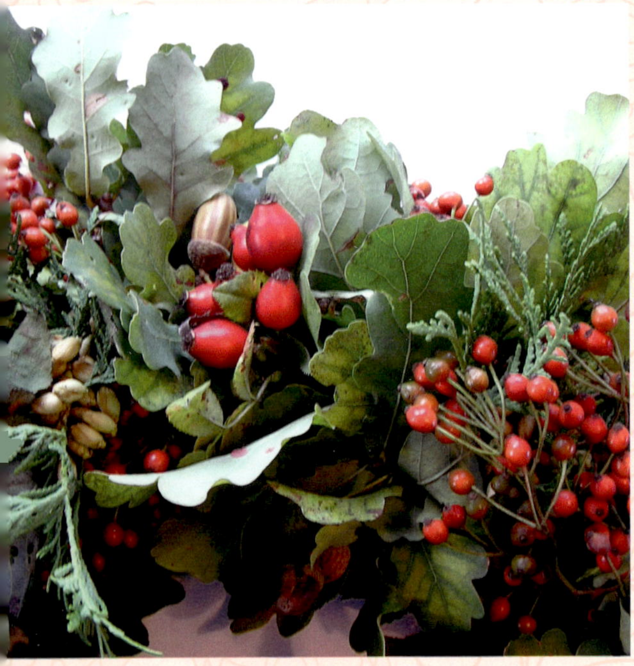

Man kann aber auch nur einige Eicheln ankleben und andere natürlich lassen, wenn man später im Kranz einige leere Hütchen als Struktur haben möchte.

Bilden Sie getrennte Sträußchen mit den einzelnen Beeren, damit sich die Früchte klarer von den Eichelblättern abheben.

Zwei bis drei Zweige mit den vorbereiteten Eicheln auf den Weidenrohling im Kranz binden. Wechseln Sie farblich passend die leuchtenden Hagebutten und die kräftigen Blätter mit Eicheln ab.

An der Rückseite eine Öse zum Aufhängen bilden oder eine hübsche Schleife an den Eichelkranz binden.

Sie können den Eichelkranz mit zusätzlichen Zweigen variieren, beispielsweise mit Thuja (Lebensbaum), das dem Ganzen noch weitere Strukturen und Grüntöne hinzufügt (siehe Foto links oben).

Im Garten

Wenn Sie einen Garten haben oder ihn zumindest mitbenutzen dürfen, können Sie sich glücklich schätzen. Die ersten feinen, zarten Blüten der Frühblüher im Frühling, die Farbenpracht und Vielfalt der Stauden, Sträucher und Bäume im Sommer, der Reichtum an Früchten und bunten Blättern im Herbst und die Strukturen der Samenkapseln und immergrünen Pflanzen im Winter: zu jeder Jahreszeit kann die Pflanzenvielfalt Sie zu ganz persönlichen, individuell gestalteten Kränzen inspirieren.

Buchskränze

Wie die Nadelbäume, die wir gerne für die Adventszeit benutzen, ist auch der Buchs eine *immergrüne* Pflanze. Die Blättchen sind weich und rund und passen besonders gut zu Frühlingskränzchen. Der Buchs bekommt im Frühling neue Triebe.

Alle Pflanzenteile sind *leicht giftig*, daher ist es ratsam, die Hände nach der Arbeit gründlich zu waschen. Wenn Sie Buchsgrün in Ihrer Nähe haben, empfiehlt es sich, nur die Äste abzuschneiden, die Sie wirklich brauchen. Lieber frischen Nachschub holen als zu viel abzuschneiden; Buchs wächst sehr langsam nach!

Kränze mit Buchs sind schöne Türkränze, die uns, im Schatten aufgehängt, lange erfreuen. Sie können schlicht gelassen oder mit schönen Ostereiern, Bändern, kleinen Aufhängern usw. beliebig ergänzt werden.

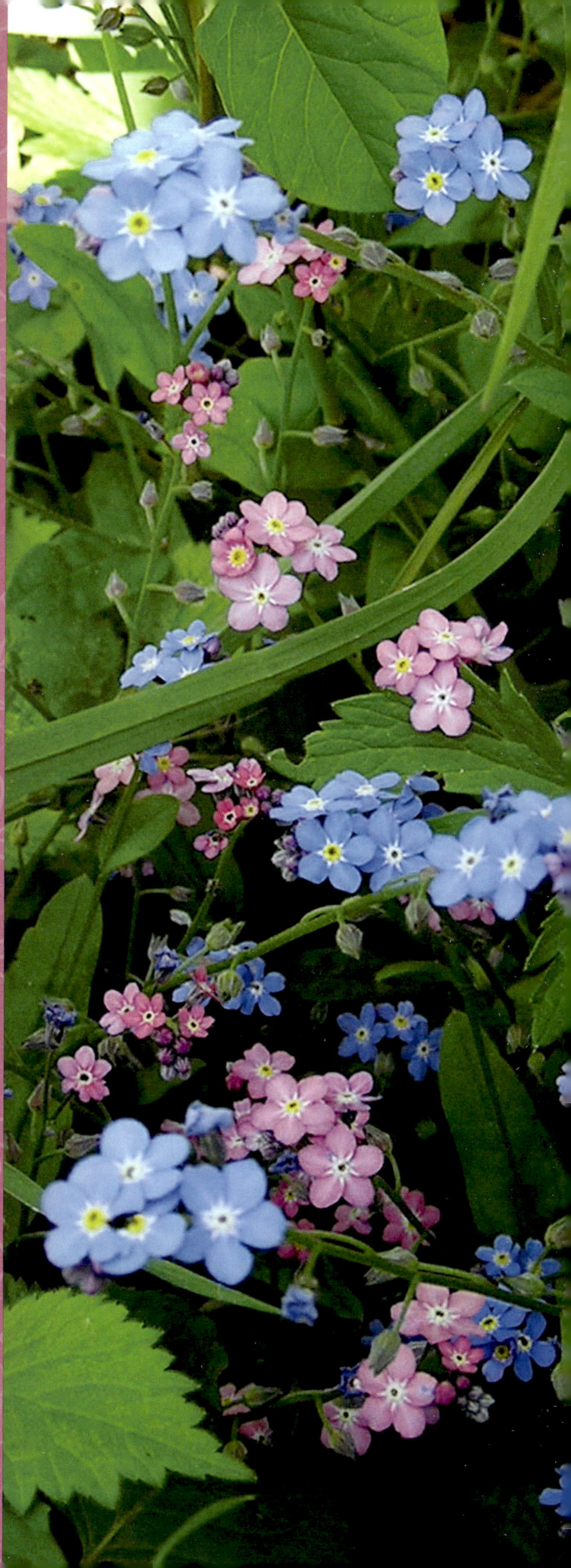

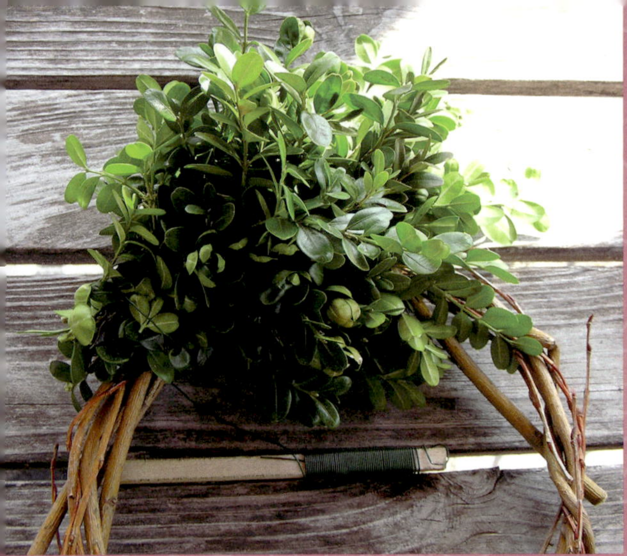

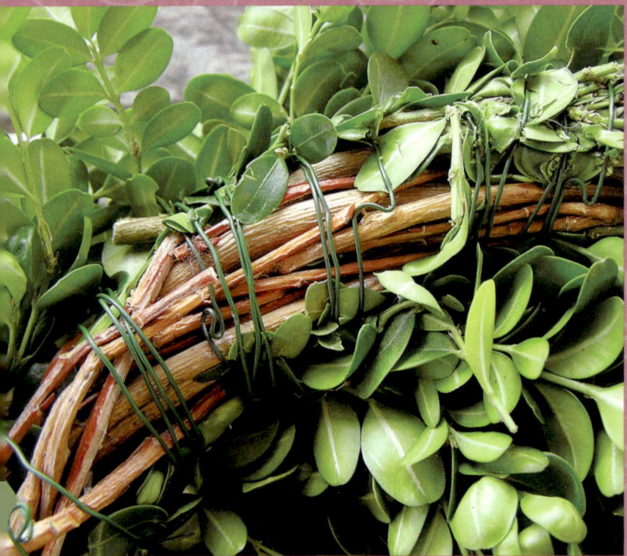

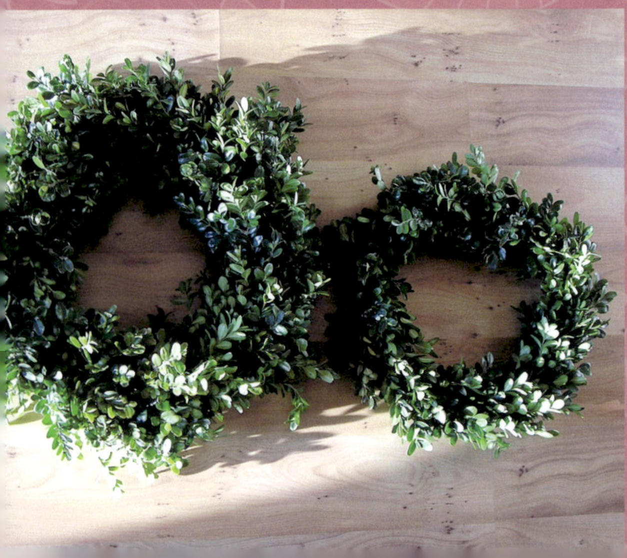

Material

für einen Kranz mit ca. 30 cm Durchmesser:

- Weidenrohling mit 22 cm Durchmesser aus 2 Weidenzweigen
- Vorschlag: 10 Zweige Buchs, ca. 50 cm lang

für einen Kranz mit 35 cm Durchmesser:

- Weidenrohling mit 25 cm Durchmesser aus 4 Weidenzweigen
- Vorschlag: 15 Zweige Buchs, ca. 50 cm lang
- grüner Blumendraht 0,65 mm

Für den Weidenrohling siehe S. 28f.

Von den Hauptästen alle kleinen Nebenzweige abzwicken und sich alles griffbereit zurechtlegen. Vier bis fünf Buchszweige als Sträußchen zusammennehmen und sie, wie gewohnt, dicht an dicht und dachziegelartig auf den Rohling binden: mit einer seitlichen Neigung mal nach rechts und mal nach links. Den Blumendraht bei der zweiten Umwickelung fester spannen, denn die Buchszweige «schrumpfen» leicht beim Trocknen.

Wenn der Kranz fertig ist, drehen Sie ihn auf die Rückseite und bilden eine Öse zum Aufhängen.

Zum Schluss den Draht mit der Rundzange etwas nachspannen.

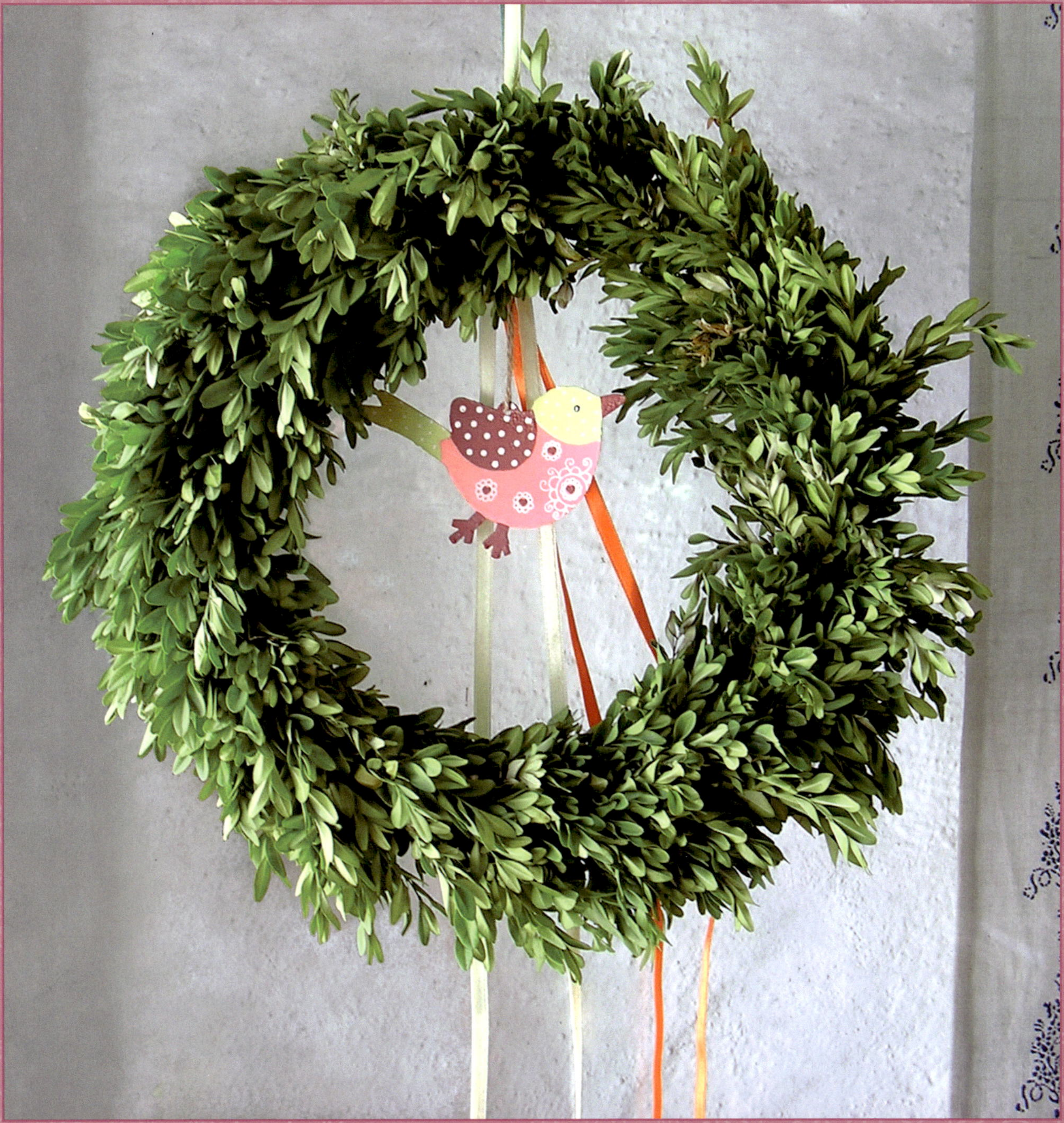

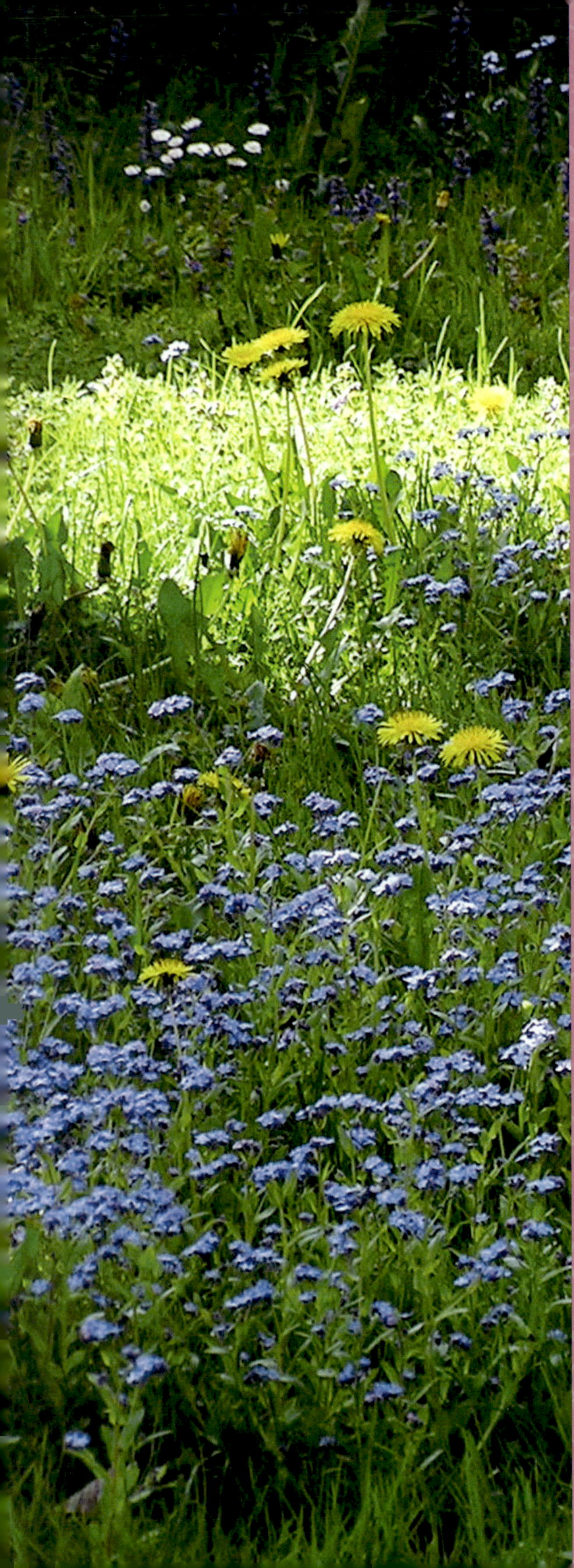

Vergissmeinnicht-Kranz

Von Nahem betrachtet ähneln die Blüten von Vergissmeinnicht kleinen Sternchen.

Vergissmeinnicht-Kränzchen halten über eine Woche, denn die Pflänzchen lieben feuchtes Milieu und wachsen sogar in der Schale nach. Es empfiehlt sich, kräftige und frisch aufgeblühte Blumen zu benutzen.

Diesen Blumenkranz können Sie vielseitig als Dekoration verwenden: als Tischschmuck, in verschiedenen Größen um Kerzen, als Kopfschmuck, als Geschenk usw.

Material

- 1 dicker Strauß Vergissmeinnicht
- grüner Blumendraht 0,65 mm
- grüner Blumendraht 0,35 mm

Für den Rohling siehe den Abschnitt «Drahtaufbau», S. 23 – 27. Binden Sie schuppenartig einzelne Sträußchen Vergissmeinnicht gleicher Stärke und Länge auf den dickeren Blumendraht. Achten Sie darauf, dass die Stängel auf der Unterseite bleiben.

Wenn der Blumenvorrat endet, die Arbeit wie gewohnt abschließen und das Kränzchen in eine Wasserschale legen.

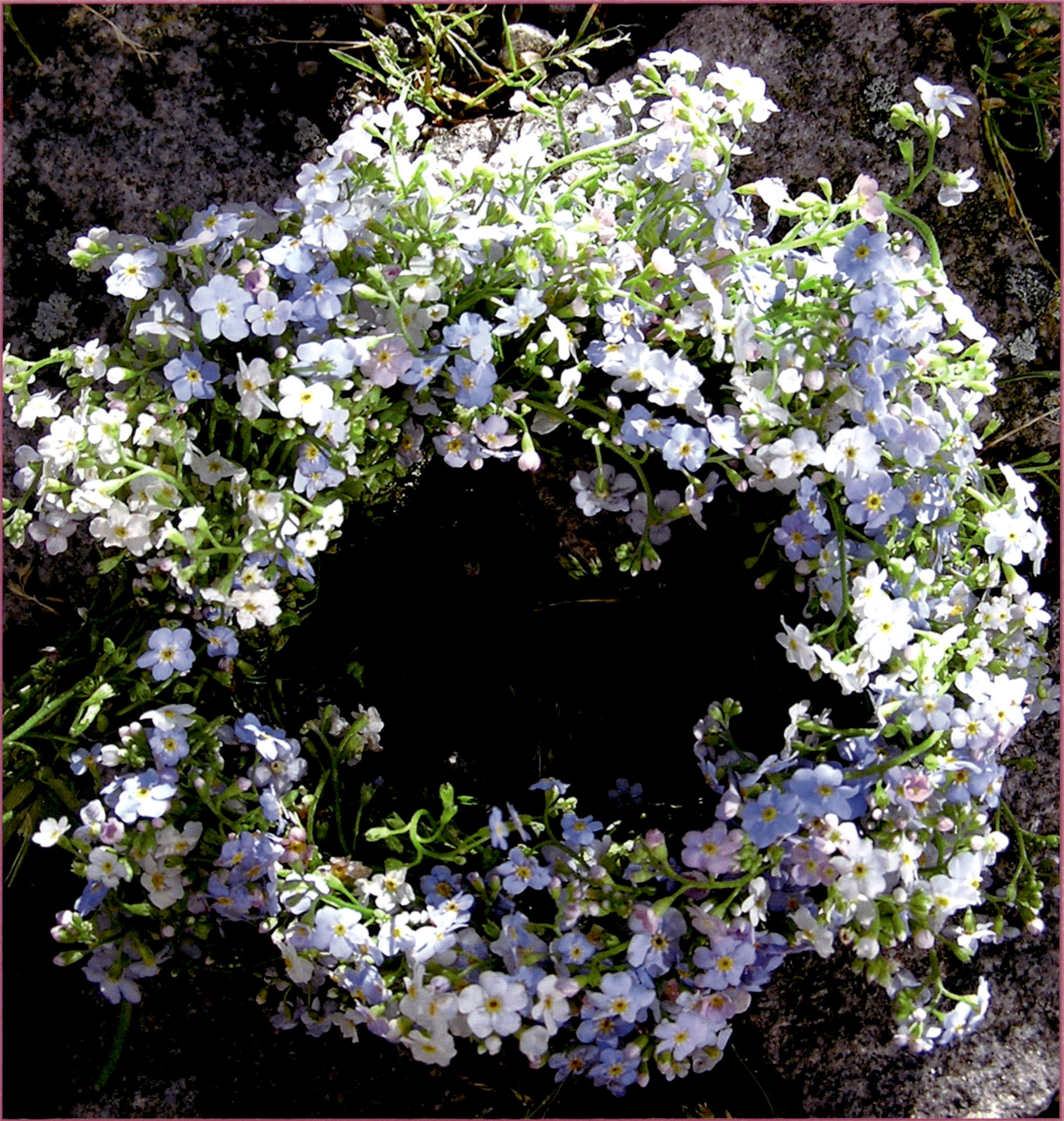

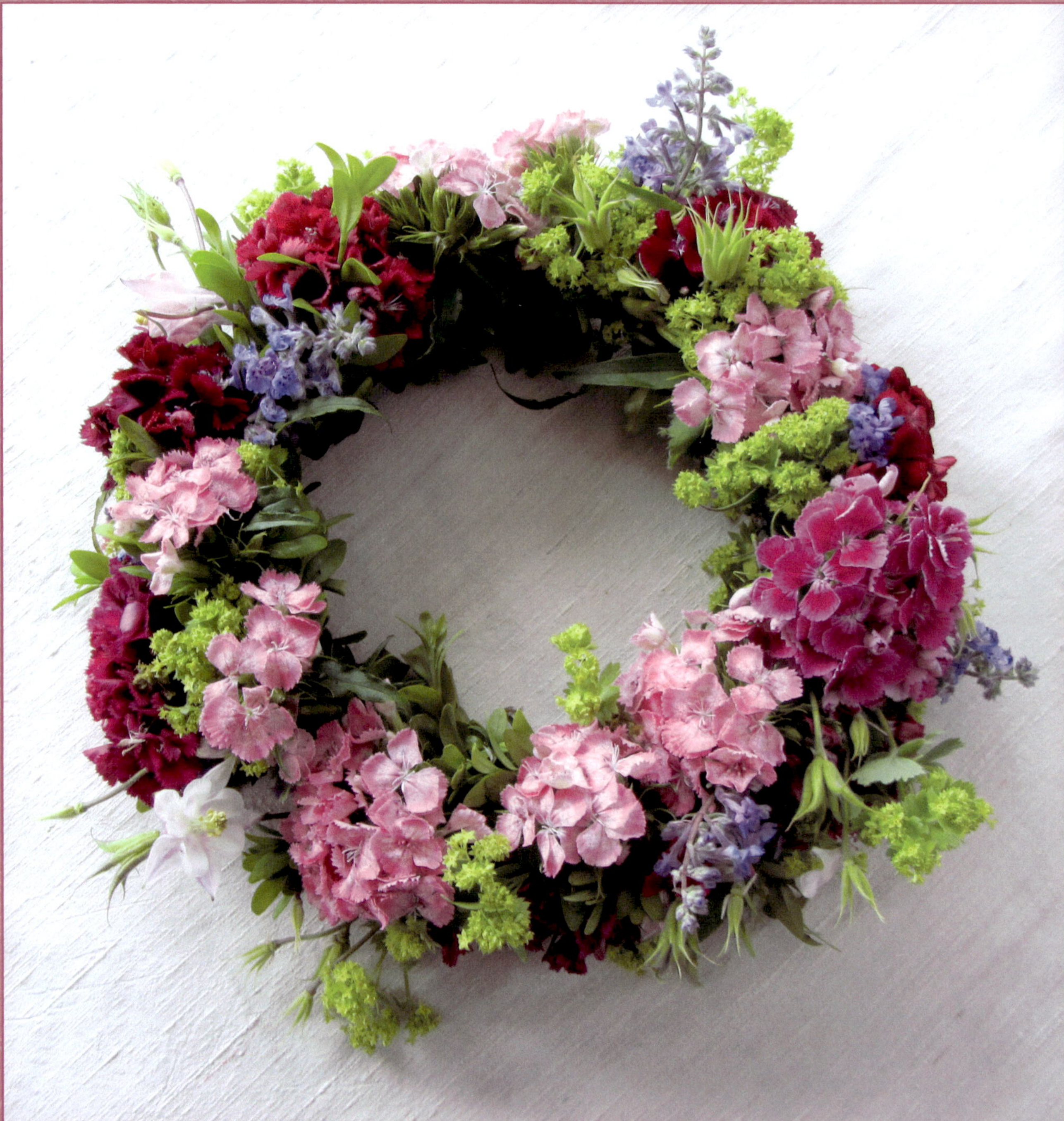

Bunter Bartnelkenkranz mit Frauenmantel

Bartnelken sind beliebte Gartenblumen, die in den Monaten Mai und Juni durch ihren schweren Duft und ihre samtartigen Blüten bei vielen Menschen schöne Kindheitserinnerung hervorrufen. Sie wachsen in vielen Farben und sind, als Blumenkranz verarbeitet, sehr lange haltbar.

Da die Bartnelken und auch die Akeleien, die Sie in den Bartnelkenkranz mit hineinnehmen können, in vielen verschiedenen Farben wachsen, können Sie Ihren Kranz ganz nach Ihren Wünschen gestalten.

Die Ergänzung mit den Samenständen der Akelei, den Frauenmantelblüten und grünem, frischem Buchs lockert die Strukturen auf.

Material

- 1 Weidenzweig, ca. 80 cm lang
- 20 Bartnelkenblüten, gemischte Farben
- 10 blaue Farbtupfer von Salbeiblüten, Ehrenpreis, Blaue Scabiosa oder Katzenminze
- 10 Frauenmantelblüten
- 1 gute Handvoll kleiner Buchszweige
- einige Akelei in rosa oder blauen Tönen, mit vielen Samenständen
- grüner Blumendraht 0,65 mm

Für den Rohling siehe den Abschnitt «Einzelner Weidenzweig», S. 27f. Ziehen Sie die Blätter und Nebenzweige vom Weidenzweig ab. Beginnen Sie an der dickeren Seite.

Die Bartnelken bei ca. 8 cm Länge abschneiden. Wenn manche Blüten zu groß sein sollten, kann man sie auch teilen. Beginnen Sie mit einer Blüte und binden Sie sie mit dem Draht fest. Den Frauenmantel und die blauen Farbtupfer mit den Bartnelken abwechseln. Die grünen Buchszweige und auch die Samenstände der Akelei gleichmäßig im Kranz verteilen. Beenden Sie die Arbeit mit dem Frauenmantel und schließen Sie die Kranzarbeit wie gewohnt ab.

Den Bartnelkenkranz in eine Schale mit Wasser legen.

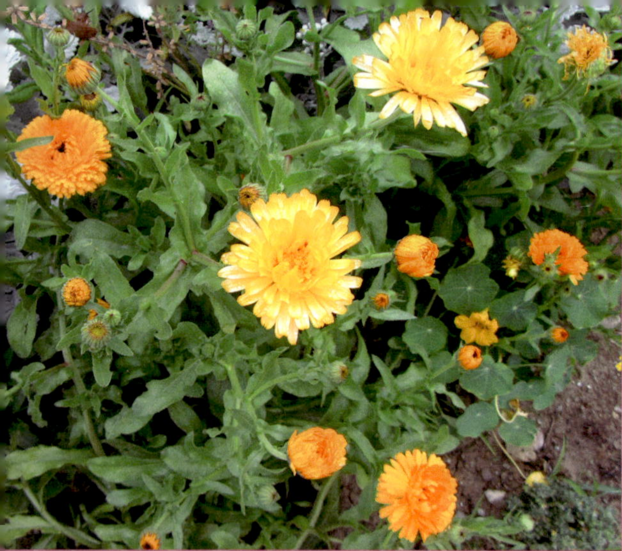

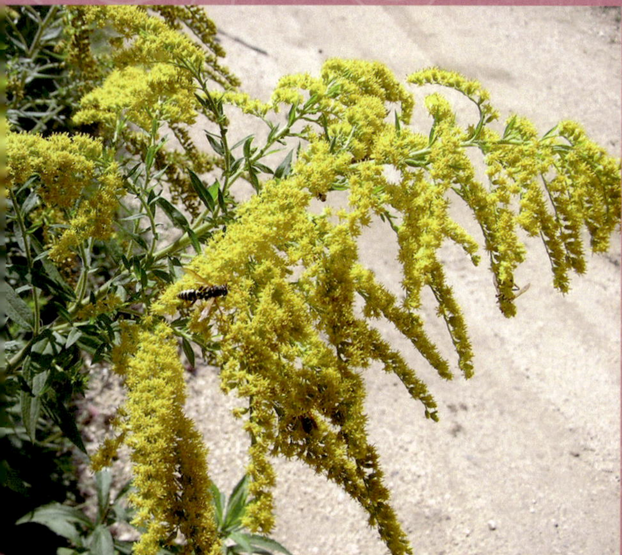

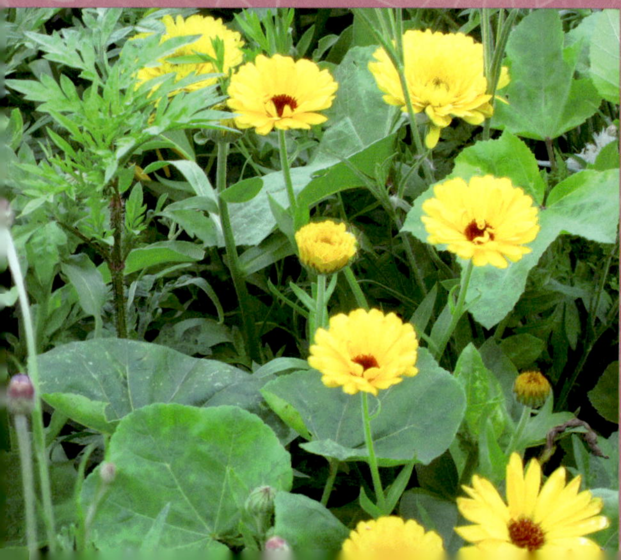

Gelboranger Ringelblumenkranz

Ab dem Frühsommer blühen die Ringelblumen (Calendula) in gelben oder orangen Tönen. Die sonnenhafte Ausstrahlung dieses Sommerkränzchens kann beliebig mit allen Blumen in warmen Farben, die Sie finden können, ergänzt werden.

Die luftige Struktur der Fenchelsamen oder der Wilden Möhre gibt dem hier vorgestellten Kränzchen seine Leichtigkeit.

Material

- ca. 16 Ringelblumen in verschieden Farbtönen
- 1 Handvoll Wilde Möhre oder Fenchelsamen
- 1 Handvoll Goldrute
- nach Wunsch 5 – 8 helle Löwenmäulchen
- grüner Blumendraht 0,65 mm
- grüner Blumendraht 0,35 mm

Für den Kranzaufbau siehe den Abschnitt «Drahtaufbau», S. 23 – 27.

Binden Sie nach Herzenslust alle Blumensorten und Dolden kunterbunt auf den dickeren Blumendraht. Wenn der Vorrat an Blumen zu Ende geht, das Kranzbinden wie gewohnt abschließen.

Legen Sie das Kränzchen in eine Wasserschale, damit es sich länger hält.

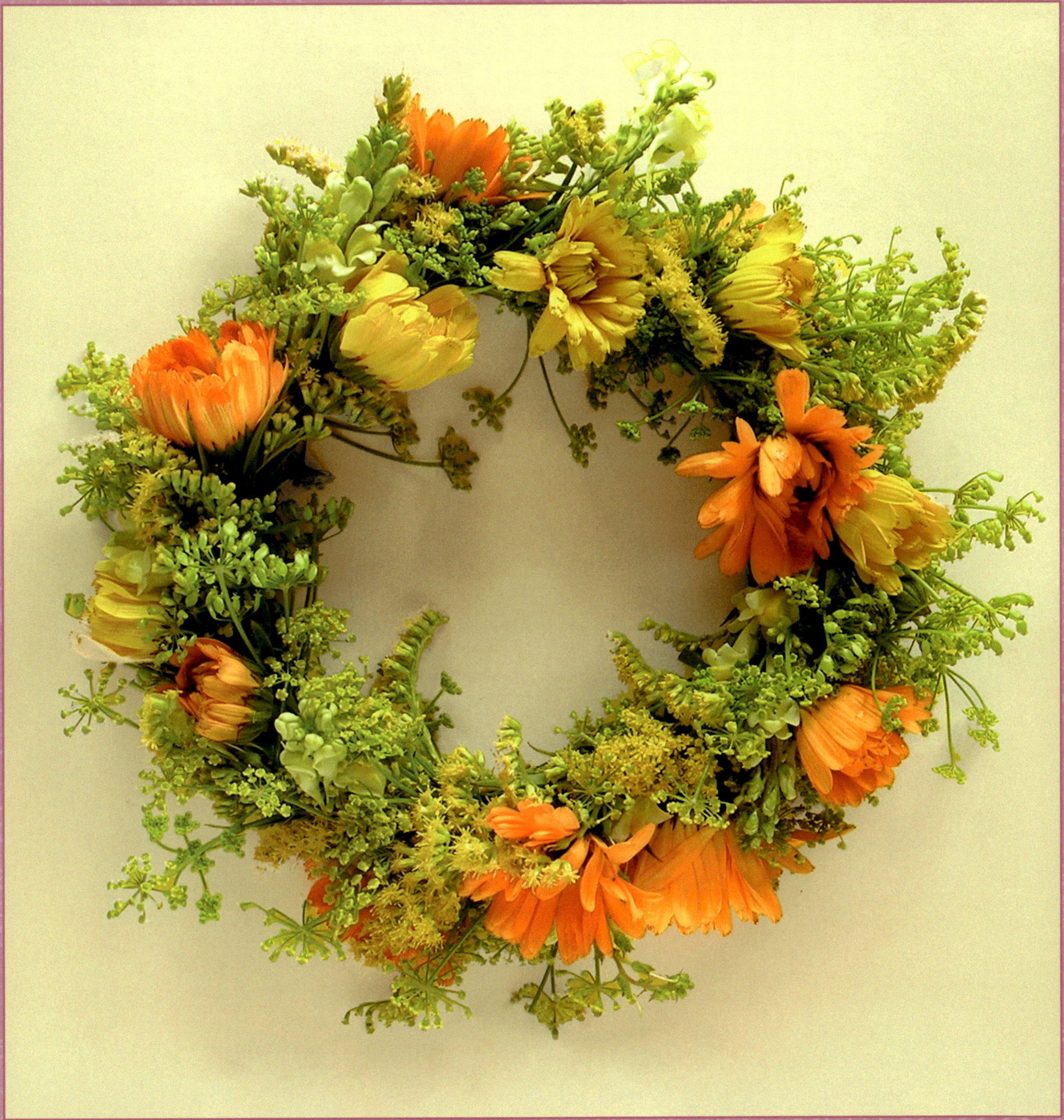

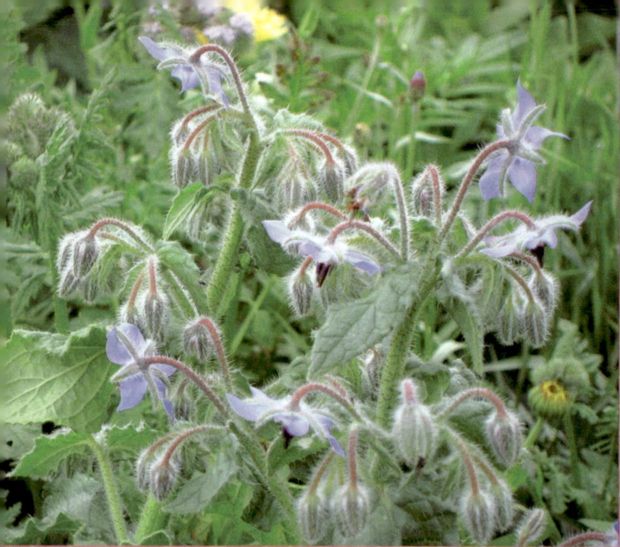

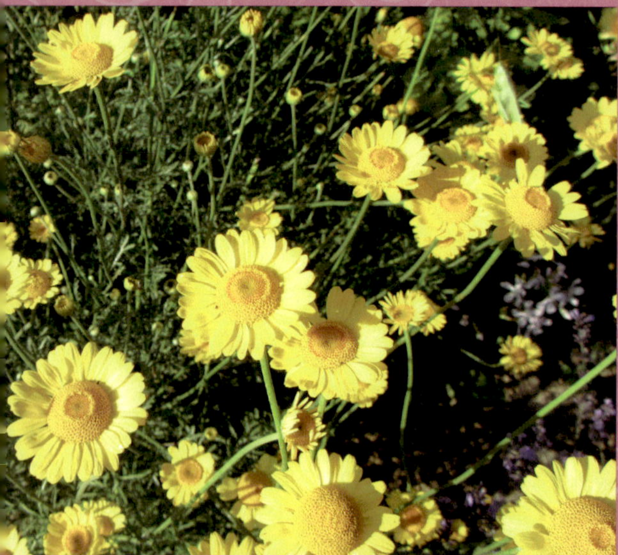

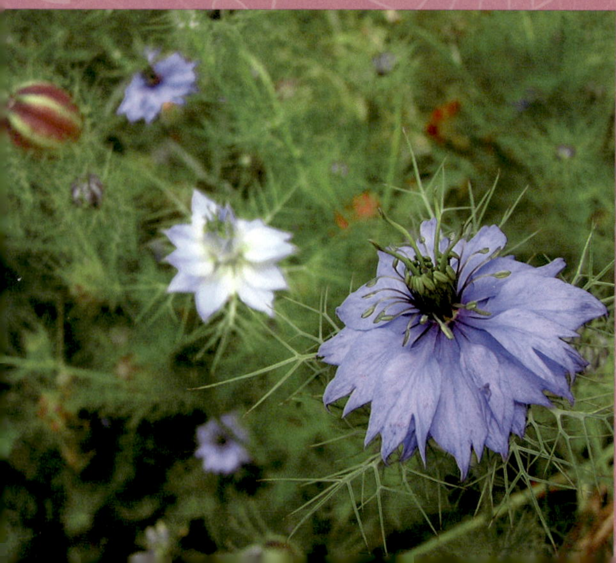

Sommerkranz mit Jungfer im Grünen

Wie in der Natur die kräftigsten Farbkombinationen zu finden sind, so können Sie auch mutig Ihre Kränzchen zusammenstellen. Der blaue Borretsch mit seinen sternenartigen Blüten, die Jungfer im Grünen oder einige Kornblumen sind eine spannende Ergänzung zu den gelben Farbtönen der anderen Blumen.

Im folgenden Kränzchen wurden neben gelben Ringelblumen auch einige gelbe Zinnien und kleine wilde Sternenblümchen eingearbeitet.

Material

- 1 dicker Strauß gelber Blumen mit Ringelblumen, Zinnien oder Färberkamille, ca. 30 Stück
- blaue Blumen nach Wahl: z.B. Kornblumen, Jungfer im Grünen, Borretsch
- grüner Blumendraht 0,65 mm
- grüner Blumendraht 0,35 mm

Für den Kranzaufbau siehe den Abschnitt «Drahtaufbau», S. 23 – 27.

Sortieren Sie Ihre Sträuße farblich nach den zwei Grundtönen und unterteilen Sie die Blumen in einzelne kleine Häufchen. Die Blumen abwechselnd aufbinden: mal die gelben und mal die blauen, sodass ein klarer Kontrast zu sehen ist.

Wenn der Blumenvorrat zu Ende geht, schließen Sie das Kränzchen wie gewohnt ab.

In einer Wasserschale frisch halten!

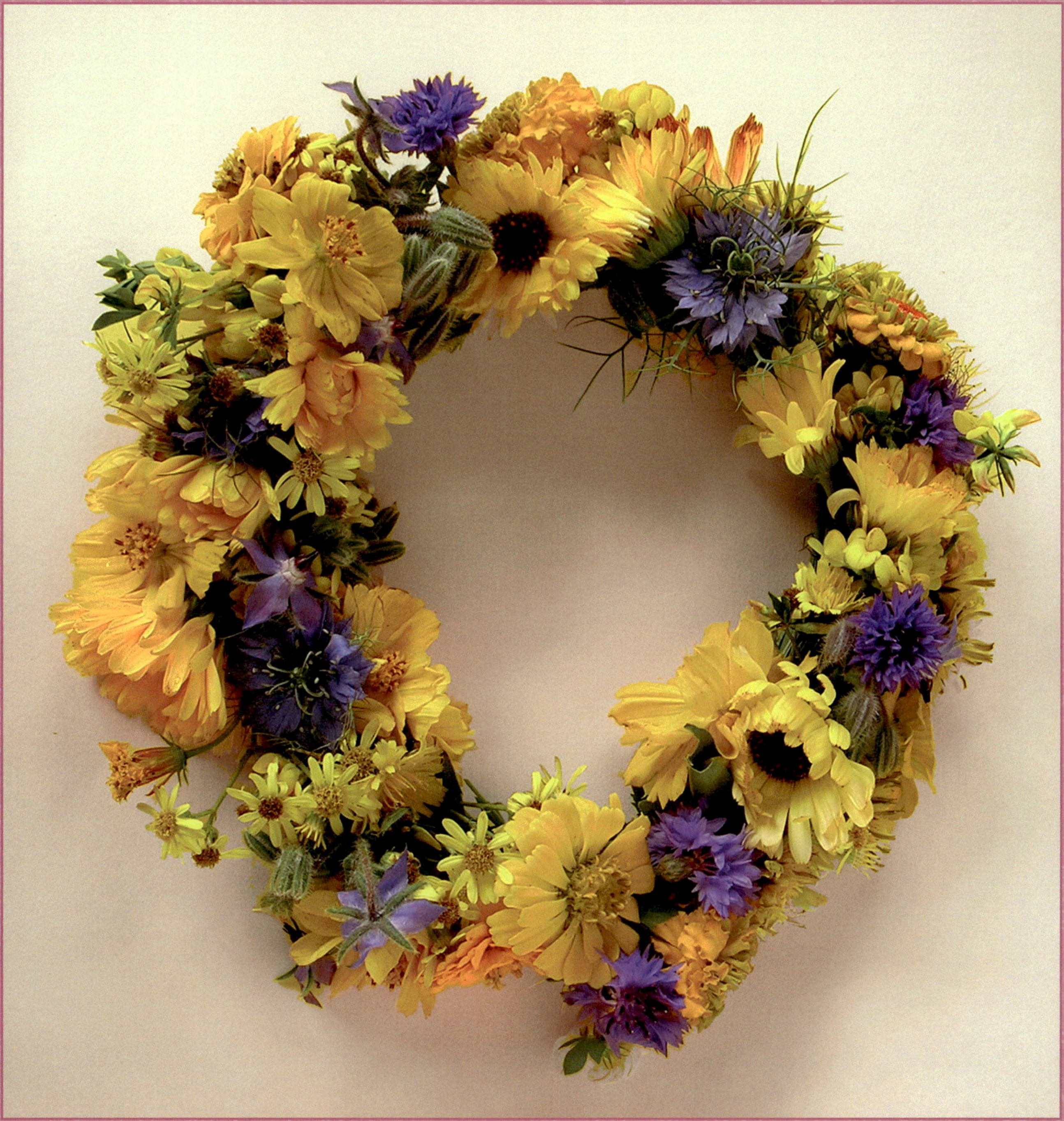

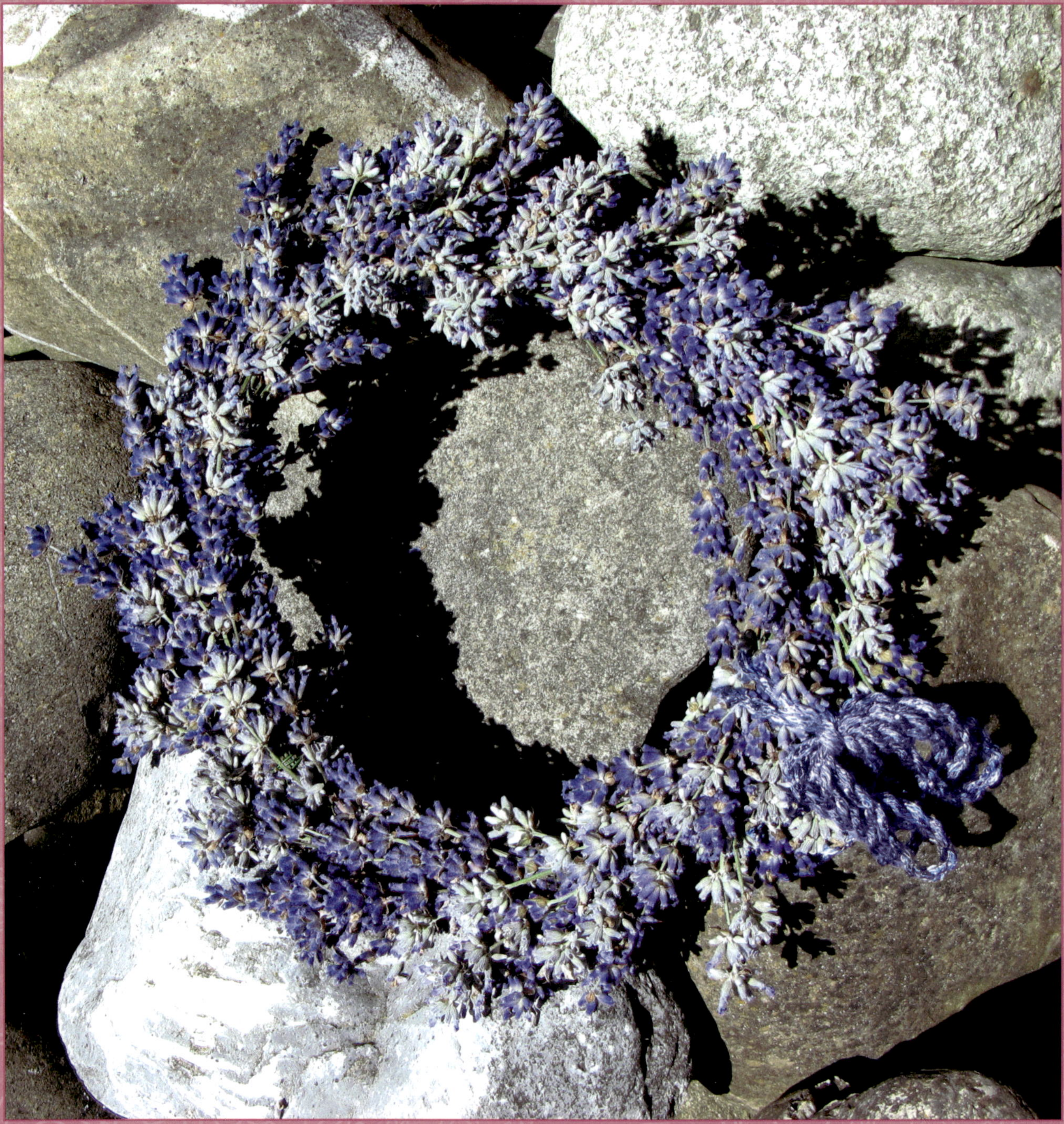

Lavendelkranz

Wenn im Juli der Lavendel blüht, umschwärmt von vielen verschiedenen Insekten, erinnern wir uns gern an laue Sommerabende im warmen Süden. Die neuen Lavendelsorten sind frostresistenter geworden, und so blüht der Lavendel inzwischen auch in vielen unserer Gärten, sogar in Töpfen auf dem Balkon.

Der typische Lavendelduft strömt noch intensiver, wenn die hellvioletten bis dunkellilablauen Blüten im Kranz verarbeitet werden. Ein Lavendelkränzchen eignet sich gut zum Trocknen und Aufhängen. Neben unserem Schlafplatz aufgehängt, kann er gewiss für gute Träume sorgen … Innen an der Tür im Kleiderschrank ist er außerdem ein altbewährtes Hausmittel gegen Motten und hält die Wäsche schön duftig.

Material

- 2 dünnere Weidenzweige für einen Rohling von ca. 15 cm Durchmesser
- 1 Korb voller Lavendel
- grüner Blumendraht 0,35 mm
- nach Wunsch Schleifenband

Bereiten Sie die Weiden vor und formen Sie aus den beiden Weiden einen kleinen Rohling (siehe S. 29f.). Falls nötig, kann er zusätzlich mit Draht verstärkt werden.

Sechs bis acht Lavendelblüten nehmen, auf gleiche Länge halten und alle auf ca. 10 cm abschneiden. Dann das Häufchen mit einer kleinen seitlichen Neigung auf den Rohling binden.

Den Blumendraht festwickeln und den ganzen Lavendel gut gespannt festbinden, bis auch die Stiele am Rohling festgemacht sind. Lavendel schrumpft beim Trocknen, daher ist die feste Drahtspannung so wichtig. Mit den nächsten sechs bis acht Lavendelblüten verfahren Sie genauso und binden sie schuppenweise darauf. Die Neigung wechselt sich dabei ab, und die Blütenköpfe verdecken den Draht. Am Ende angekommen, schneiden Sie die letzten Stiele kürzer ab und schieben sie unter den Anfang.

An der Rückseite wird am Rohling eine Öse zum Aufhängen gebogen. Bevor der Lavendelkranz aufgehängt wird, sollte er im waagerechten Zustand gut trocknen.

Zinnienkranz

Zinnien sind etwas ganz Besonderes, und jede Zinnie ist einzigartig. Wenn man eine Tüte mit Zinniensamen aussät, kann man staunen, wie kunterbunt die Farben und verschieden die kleinen Krönchen in der Mitte sein können.

So eignen sich diese Blüten für einen farbenfrohen Sommerkranz besonders; wie kleine Prinzessinnen sitzen die Zinnien nebeneinander. Sie sind daher für eine Geburtstagstafel oder ein fröhliches Sommerfest gut geeignet …

Mit kleinen grünen Blättchen oder unreifen Samenständen werden die Zinnienblüten gestützt und berühren, etwas gepolstert, nicht direkt das Wasser.

Material

- 2 dünne Weidenzweige, ca.1 m lang
- 18 – 20 Zinnienblüten in verschieden Farben
- 1 dicker Strauß Grünzeug nach Wahl
  (Guter Heinrich, Wilde Möhre, Blätter von der Schafgarbe …)
- grüner Blumendraht 0,35 mm

Zum Aufbau siehe den Abschnitt über den «Rohling aus Weidenzweigen», S. 29f. Beide Weidenzweige von allen Nebenzweigen und Blättern befreien und seitenverkehrt aufeinanderlegen. Einen Rohling mit ca. 25 cm Durchmesser herstellen.

Die Zinnien, wie abgebildet (siehe auf dem Foto die Einzelblüte rechts vom Kranz), kurz abschneiden. Formen Sie ein kleines Sträußchen mit den grünen Blättern und grünen Pflanzen Ihrer Wahl und legen Sie eine Zinnienblüte darauf. Binden Sie dieses Sträußchen flach auf den Rohling und achten Sie darauf, dass die Stängel der Zinnienblüten *seitlich nach unten,* am Rohling entlang, zu liegen kommen.

Die Arbeit wie gewohnt abschließen.

Den Zinnienkranz in eine flache Schale mit Wasser legen.

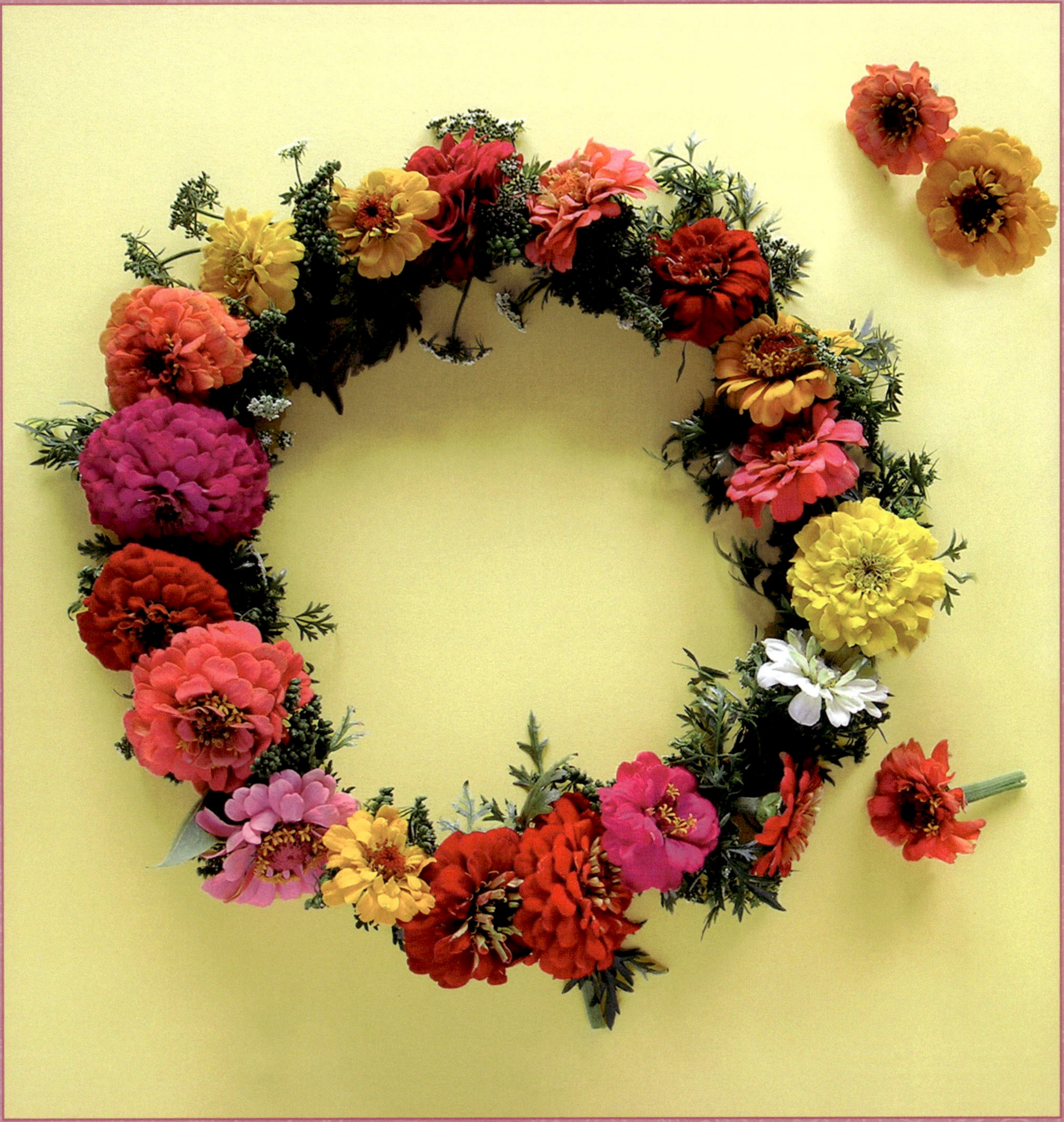

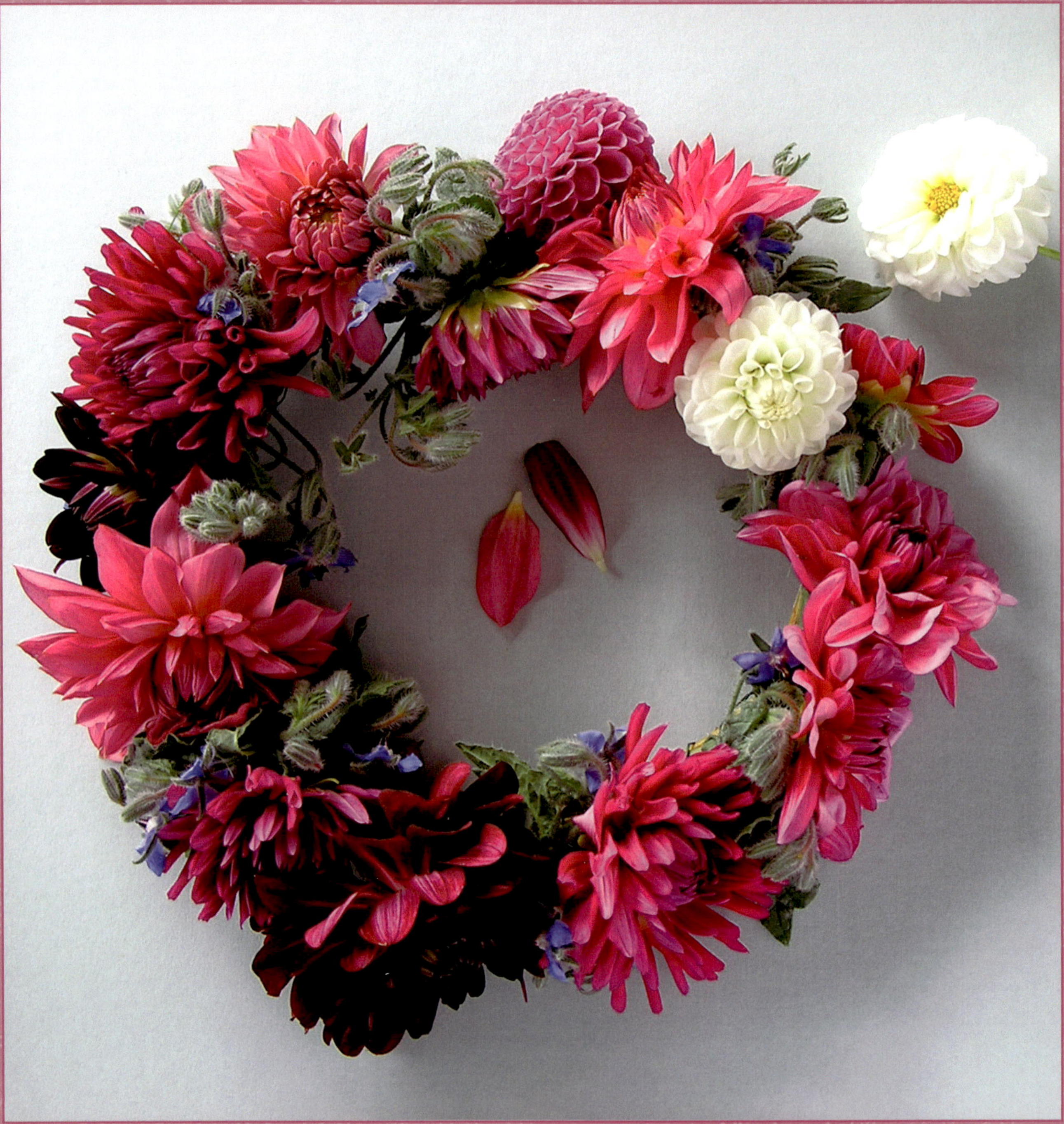

Dahlienkranz

Dahlien haben große Köpfe und dicke Stängel. Ihre Blüten thronen rund und stolz über den eher buschartigen Pflanzen. Ihre prächtigen Farben reichen von samtartig-dunklen Violetttönen bis zu hellen, weißen Farben. Auch die Form der Blütensorten ist verschieden: Manche ähneln Lotosblumen und andere erinnern an kugelige Pompons.

Wenn Sie keinen Garten haben, aber an einem Blumenfeld vorbeikommen können, haben Sie die Möglichkeit, dort verschiedene Dahliensorten auszusuchen.

Die blauen Borretschsternchen füllen in diesem Kranz die Lücken zwischen den einzelnen Dahlienköpfen.

Material

- 4 vorbereitete dünne Weidenzweige
- 14 – 16 Dahlien, auch mit zusätzlichen dickeren Knospen
- Sträußchen mit Borretschblüten und -blättern
- grüner Blumendraht 0,35 mm

Zum Aufbau siehe den Abschnitt über den «Rohling aus Weidenzweigen», S. 28f. Die Weidenzweige seitenverkehrt aufeinanderlegen und nur leicht miteinander verdrehen. So entsteht ein *lockerer* «Weidenuntergrund», den Sie zu einen Rohling zusammenfügen.

Schneiden Sie die Dahlienblüten auf ca. 8 – 10 cm Länge zu. Mit einem dünnen Löffelstiel von oben eine senkrechte und leicht schräge Lücke zwischen die Weiden drücken und einen Dahlienstängel hineinstecken. Die Dahlie wird so vom Rohling gestützt, und der Stängel kann gut im Wasser trinken. Mit dem Draht den Stängel etwas festbinden und die Lücken mit dem Borretsch füllen (oder was Sie sonst eben zur Verfügung haben). Wechseln Sie die Dahlien fröhlich ab und verteilen Sie auch die kleinen Köpfchen dazwischen.

Den Kranz wie gewohnt abschließen und in eine Wasserschale legen.

Der Dahlienkranz ist lange haltbar und kann auch getrocknet werden. Dafür muss man ihn einfach ohne Wasser auf einen Teller legen.

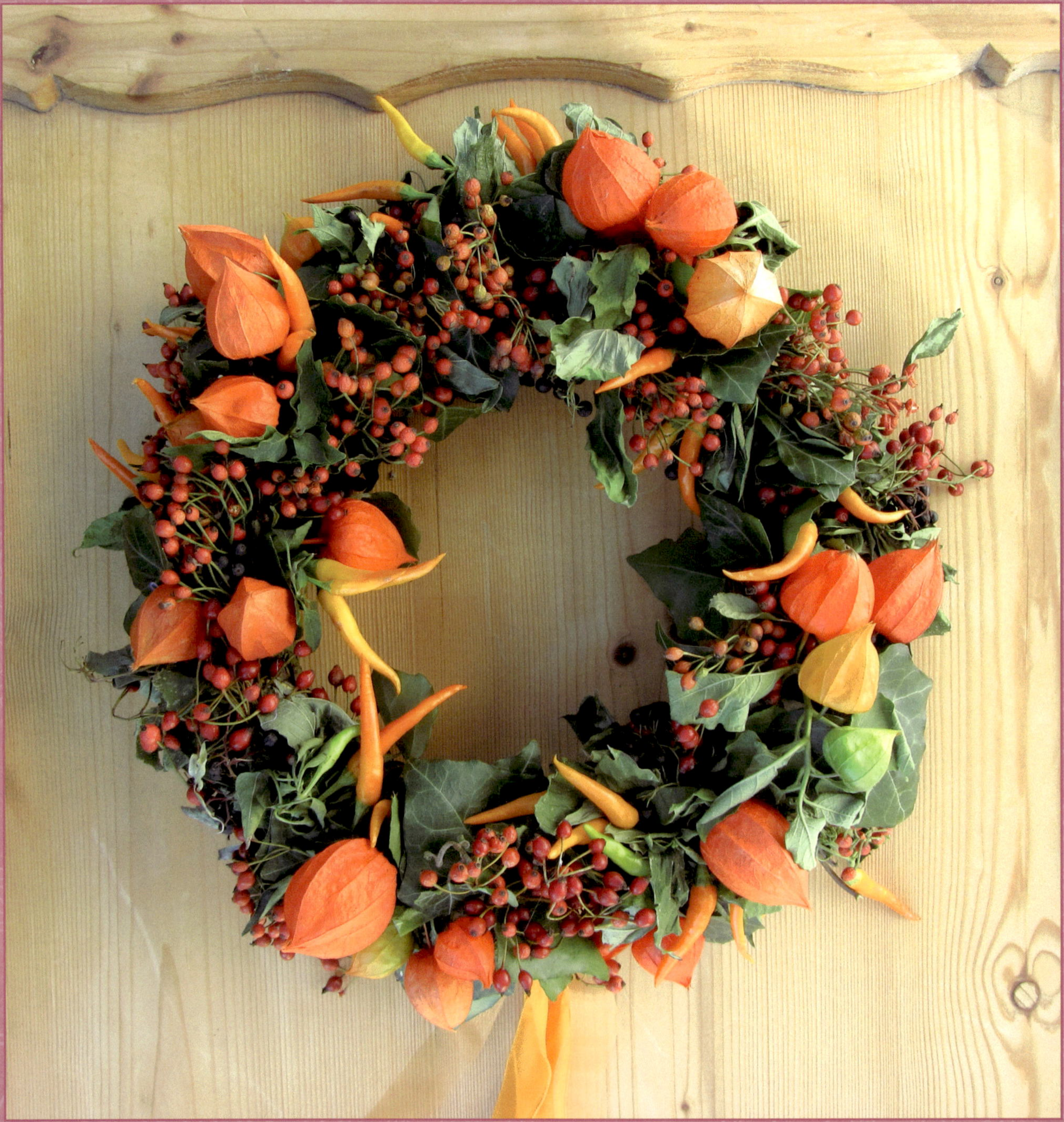

Herbstkranz mit Lampionblumen

Der Herbst erfreut uns mit seinen leuchtenden Farben, und die Natur zeigt sich mit all ihren Schätzen und Früchten in reifer, voller Pracht. Wenn die Tage schon spürbar kürzer werden, nachts vielleicht der erste Frost glitzernde Schleier über die Felder wirft und sich alle in den kurzen, warmen Nachmittagsstunden über die letzten goldenen Sonnenstrahlen freuen, ist es an der Zeit, auch etwas von der Farbe und den Früchten des Sommers mit nach Hause zu nehmen.

Dieser farbenfrohe Türkranz mit den orangeroten Lampionblumen wird mit orangen Chili (Zierpaprika) ergänzt – ein besonderer Hingucker, weil die dunklen Kontraste der Efeublätter die leuchtenden Farben unterstützen. Die kleinen Hagebutten der Ballerinarosen lockern den Kranz auf und geben rote Tupfer.

Material

- 6 Weidenzweige mit Nebenzweigen und Blättern
- 1 dicker Strauß Ballerina-Hagebutten
- 1 großer Korb voller Efeuranken (der Kranz «schluckt» viele Blätter!)
- 7 Zweige mit mehreren Lampionblumen
- 1 Zierpaprika-Pflanze mit Blättern und Früchten (vom Gartencenter)
- nach Bedarf 14 Dolden mit schwarzen Beeren (z.B. Blutroter Hartriegel)
- grüner Blumendraht 0,65 mm
- Gartenschere
- Heißkleber

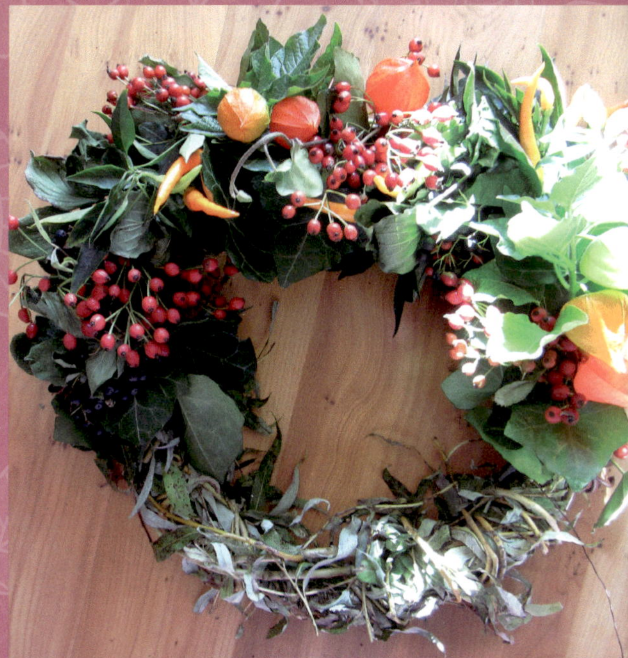

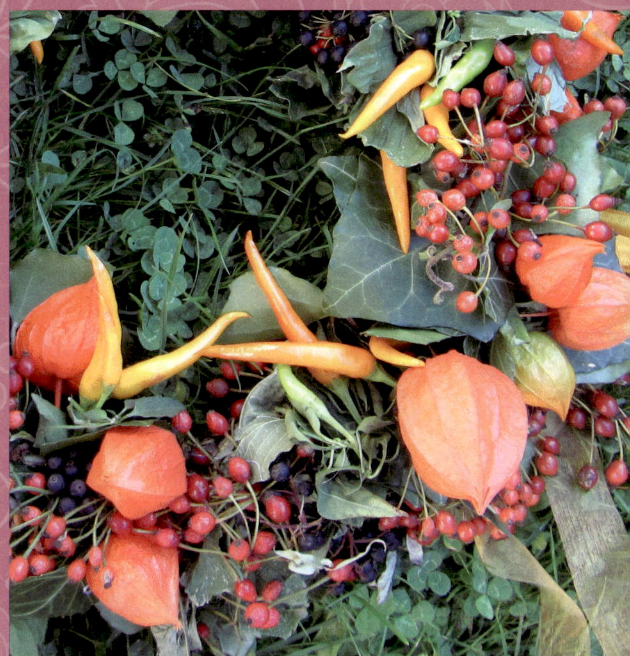

Einen dicken Weidenrohling mit allen Nebenzweigen und Blättern mit ca. 25 cm Durchmesser formen (siehe S. 30) und ihn zur Verstärkung mit Draht umwickeln. An der Rückseite des Rohlings eine kräftige Aufhängeöse formen.

Binden Sie zuerst ein Sträußchen Hagebutten tief unten am Stielansatz auf den Rohling. Machen Sie jedes Mal einige Drahtumwicklungen mehr als gewohnt, um einen weiteren «Vorwärtsschritt» zu bekommen. So werden die Pflanzen nach und nach locker und luftig aufgebunden.

Jeweils sechs bis acht Efeublätter von den Ranken abzwicken (je nach Blattgröße brauchen Sie auch mehr). Diese auf den Rohling binden; die «Zutaten» für den Kranz gleichmäßig abwechseln. Auch die seitliche Neigung beim Aufbinden wechseln. Die Lampionblumen und die Zierpaprika werden auf die anderen Zweige, Blätter oder Beeren gebunden, damit sie besser zur Geltung kommen und nicht in der Fülle der anderen Pflanzen «ersticken».

Haben Sie keine Lampionblumen im Garten, können Sie sie auch als ganze Pflanze im Gartencenter bekommen oder getrocknet, als einzelne Lampionblüten, im Bastelladen kaufen; sie werden dafür nachträglich mit Heißkleber auf den Kranz geklebt.

Den Kranz wie gewohnt abschließen, indem man die letzten Beeren und Blätter unter die ersten Hagebutten schiebt und vorsichtig befestigt. Nach Wunsch kann man diesen Kranz mit passenden Bändern schmücken.

Die Abbildung rechts zeigt einen ähnlichen Kranz, der wahlweise nicht mit Lampionblumen, sondern mit Strohblumen, Goldrute und Rainfarn verziert und einer schönen Schleife geschmückt wurde.

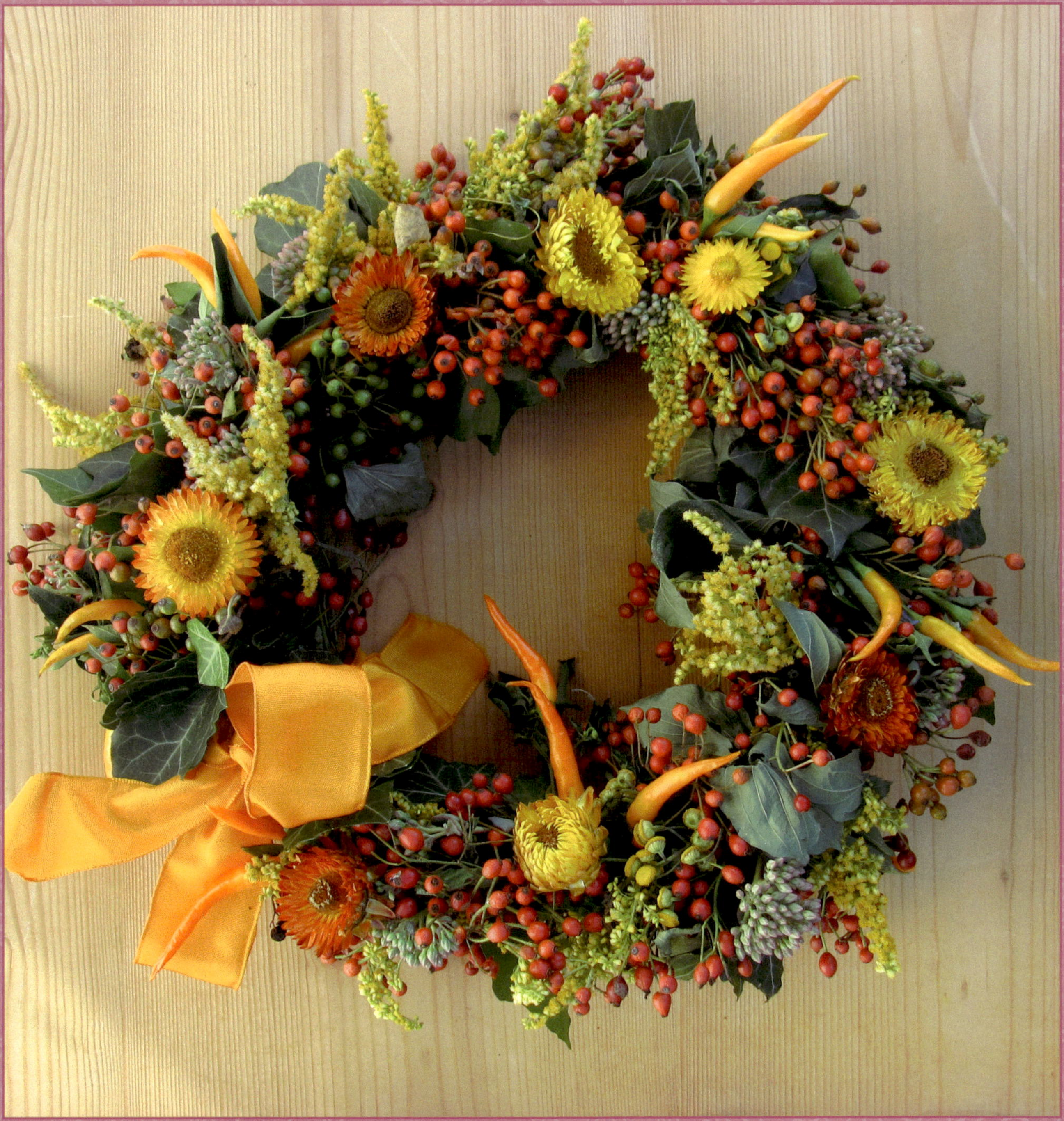

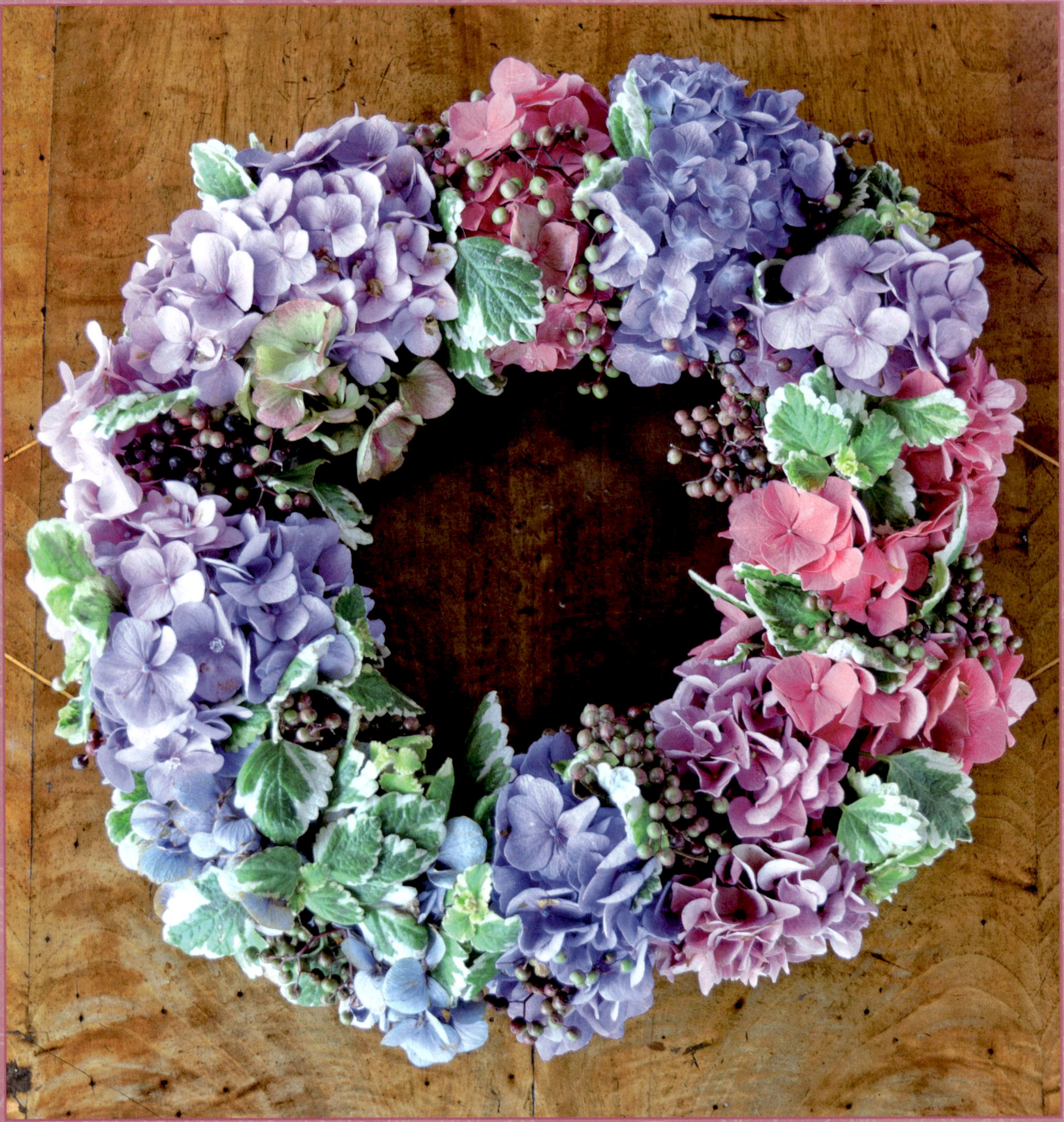

Hortensienkranz mit Weihrauchgrün

Ein Hortensienkranz eignet sich sehr gut zum Aufhängen und sieht hübsch aus, auch wenn die Farben irgendwann verblassen und die Blüten eintrocknen. Hortensien haben große, kugelige Blüten, die man – für einen fülligen Kranz – als ganze benutzen kann oder – für feine, luftigere Kränze – unterteilen kann.

Die Weihrauchpflanze ist eine beliebte Balkonpflanze, die mit ihren duftenden Blättern Insekten fernhält und einen schönen Kontrast zum Rosa der Hortensien bildet.

Die Beeren von unreifem Holunder oder vom Blutroten Hartriegel lockern die üppige Struktur auf.

Material

für einen Kranz mit 25 cm Durchmesser:

- 4 Weidenzweige mit Blättern und kleinen Nebenzweigen
- 10 Hortensienblüten
- 1 Strauß mit Zweigchen von geschnittenen Weihrauchpflanzen
- 7 große Dolden unreife Holunderbeeren oder 10 noch grüne Beerendolden vom Blutroten Hartriegel mit Blättern
- grüner Blumendraht 0,35 mm

Formen Sie einen festen Weidenrohling (siehe den Abschnitt über den «Rohling aus Weidenzweigen, Beispiel 2», S. 30). Halbieren Sie die größeren

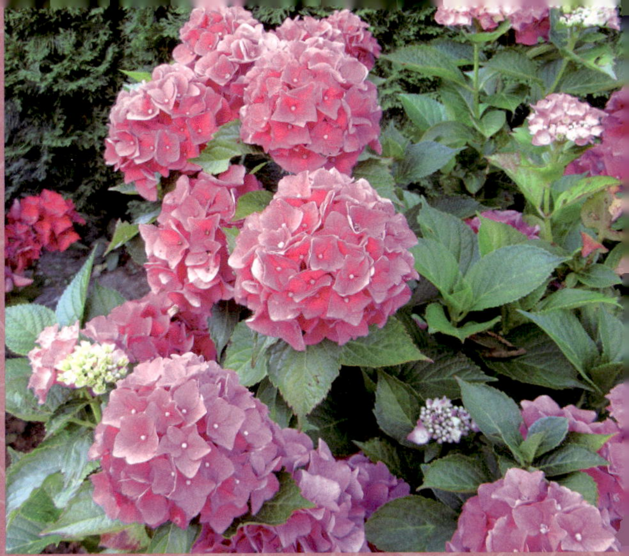

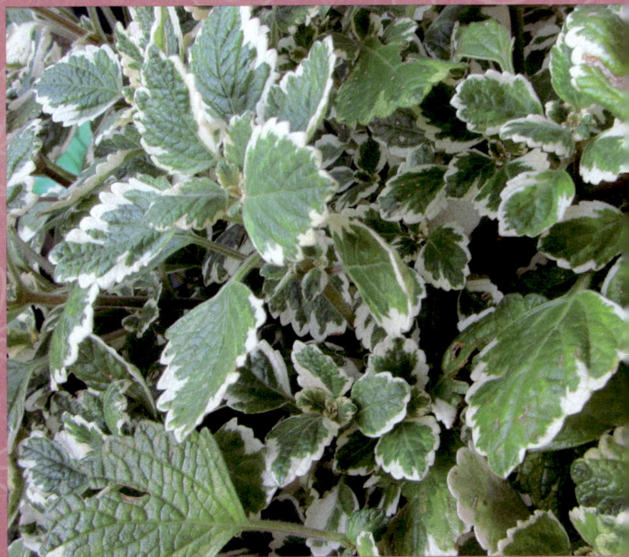

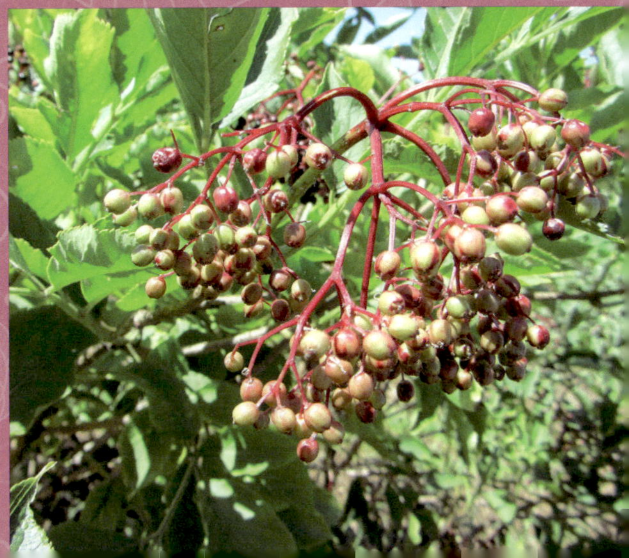

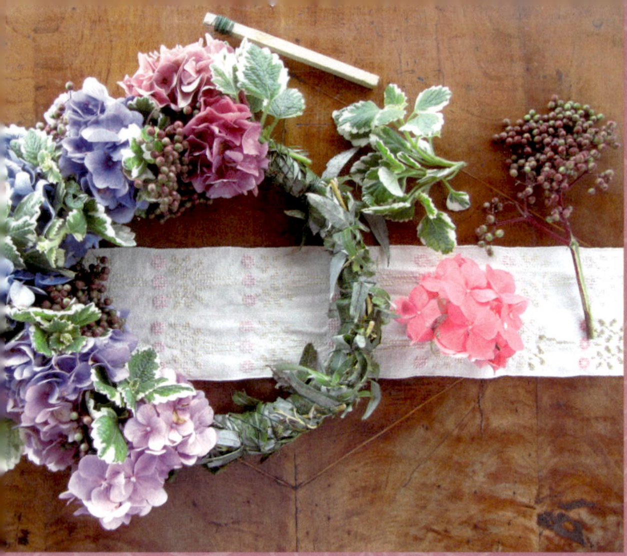

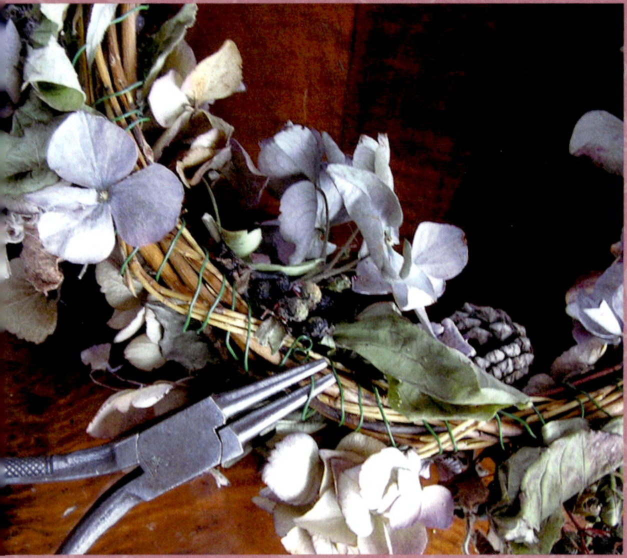

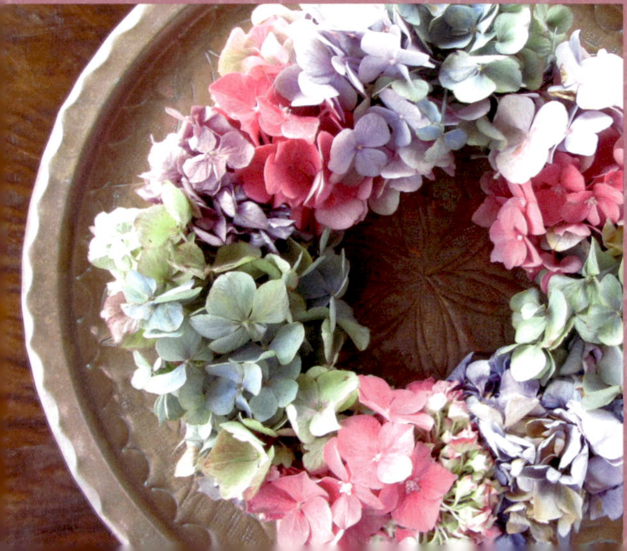

Hortensienblüten und dritteln Sie die Holunderdolden. Binden Sie eine Hortensienblüte mit Draht auf den Rohling und füllen Sie die Lücken mit zwei Zweigchen der Weihrauchpflanze. Verteilen Sie im Kranz gleichmäßig die Beeren, die jetzt noch grün sind, aber beim Trocknen schwarz werden.

Den Kranz wie gewohnt abschließen. Drehen Sie ihn vorsichtig um und formen Sie eine Aufhängeöse am Weidenrohling.

Der Hortensienkranz kann liegend aufbewahrt werden. Nach dem Trocknen muss man vielleicht den Draht hier und da etwas nachspannen (siehe Foto links, Mitte).

Wenn Sie im Winter den trockenen Hortensienkranz mit kleinen Lärchenzapfen ergänzen möchten, können Sie diese mit Heißkleber hier und da am Rohling festkleben.

Nach Bedarf kann der Kranz mit Silberfarbe eingesprüht werden.

Rosenkränze

Rosen sind beliebte Blumen und erfreuen durch ihre Besonderheit, durch ihre auffällige Blüten und ihren edlen Duft jeden Gartenbesitzer. Natürlich bekommen Sie einige Rosensorten auch auf dem Bauernmarkt.

Manche Rosen, z.B. viele «alte Sorten», konzentrieren ihre Blüte auf die Monate Juni und Juli, andere, etwa die «Fairy-Rosen», blühen den ganzen Sommer über. Manchmal, wenn der Spätherbst mild ist, kann man noch bis in den Dezember einige «Spätentwickler» entdecken. Lassen Sie sich also von den folgenden Beispielen anregen … Ein Rosenkränzchen ist übrigens ein hübsches Mitbringsel als Beigabe zu einer Rosenmarmelade oder einem Rosenlikör.

Kranz mit alten Rosensorten

Unter «alten» Rosen versteht man historische Rosensorten, die in verschiedenen Farben meistens im Juni blühen. Die Blüten sind üppig und verströmen den typischen intensiven Rosenduft, der uns in vielen Erinnerungen schwelgen lässt. Wer denkt nicht an alte Bauerngärten? Oder an romantische Stimmungen …?

Alte Rosensorten blühen reichhaltig und haben viele Knospen, die am Strauch hintereinander aufblühen. Die Haltbarkeit dieser Rosen ist gepflückt kurz, vor allem die vielen Knospen gehen selten in der Vase auf. Trotzdem ist der Rosenkranz eine Freude für alle Sinne.

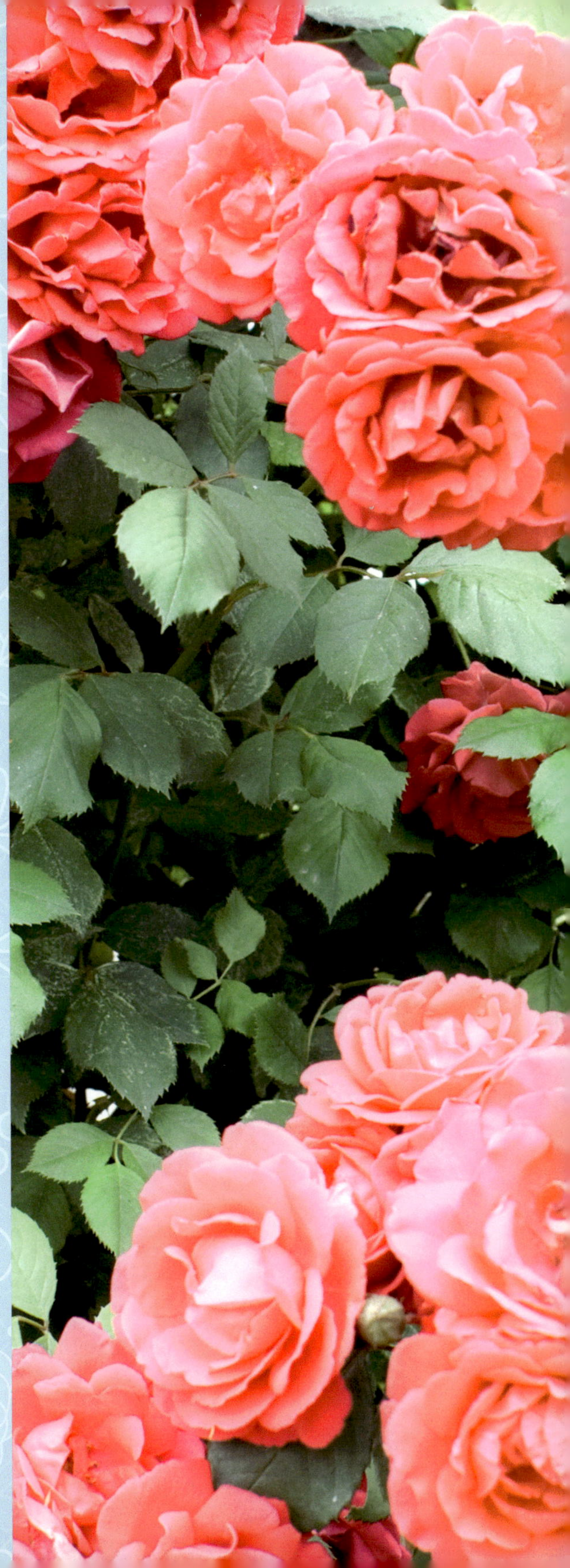

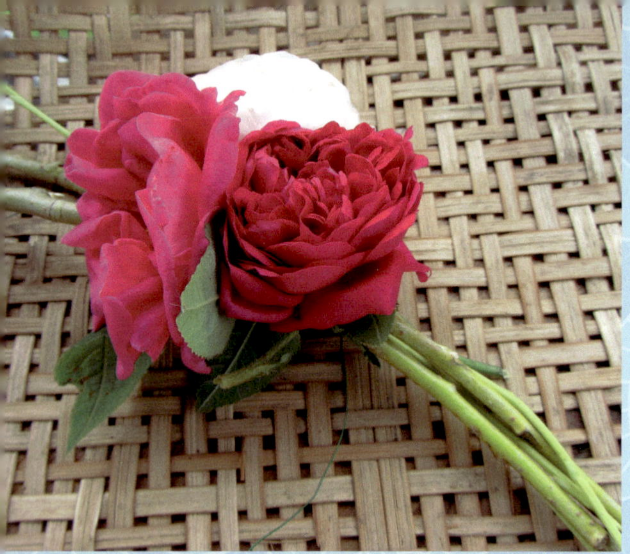

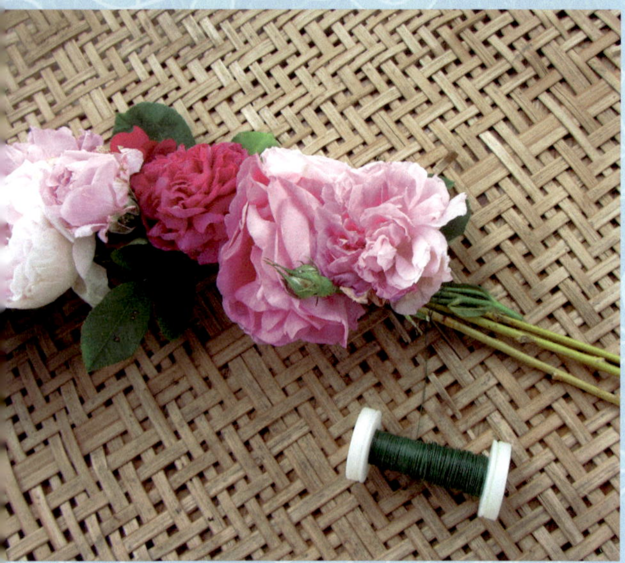

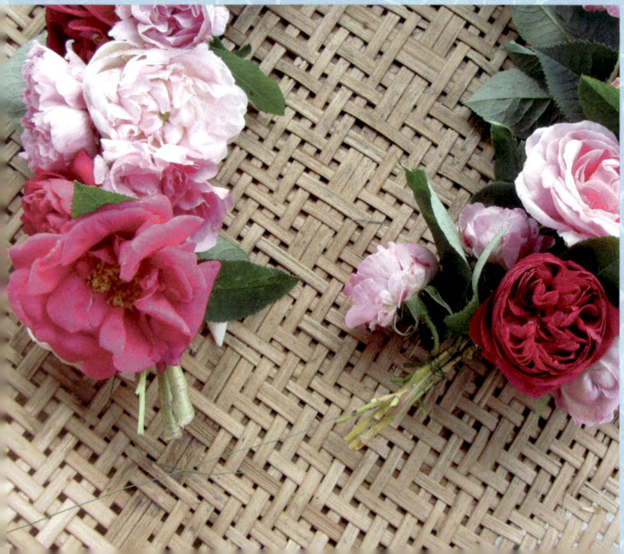

Material

- 3 dünnere Weidenzweige
- ca. 30 Rosenblüten
- einige Knospen und grüne Rosenblätter
- grüner Blumendraht 0,35 mm

Zum Aufbau siehe den Abschnitt «Einzelner Weidenzweig», S. 27f. Allerdings werden hier, der Stabilität wegen, drei Zweige benutzt. Dieser Aufbau hat den Vorteil, dass Sie aufhören können, wenn der Rosenvorrat zu Ende gegangen ist. Die Größe des Kranzes ist daher variabel.

Ziehen Sie alle Blätter und Nebenzweige der Weiden ab. Schichten Sie die drei Weidenzweige so aufeinander, dass sich die Stärken der Enden abwechseln, zum Beispiel ein dickeres und zwei dünnere Enden links, ein dünneres und zwei dickere Enden rechts.

Beginnen Sie mit dem Aufwickeln nach ca. 5 cm Abstand zum Anfang der Weiden. Binden Sie die Rosenblüten bunt aneinander und wickeln Sie auch Knospen und Blätter in den Kranz mit hinein.

Wenn der Rosenvorrat zu Ende geht, mit der Gartenschere das dickste Weidenende knapp unter der letzten aufgewickelten Rose abzwicken und die dünnen Enden der anderen beiden Weiden vorsichtig unter den Anfang bei den «ersten» Rosen schieben; so schließt sich der Kranz.

Den Rosenkranz in einer Wasserschale frisch halten. Etwas mit Wasser besprenkeln.

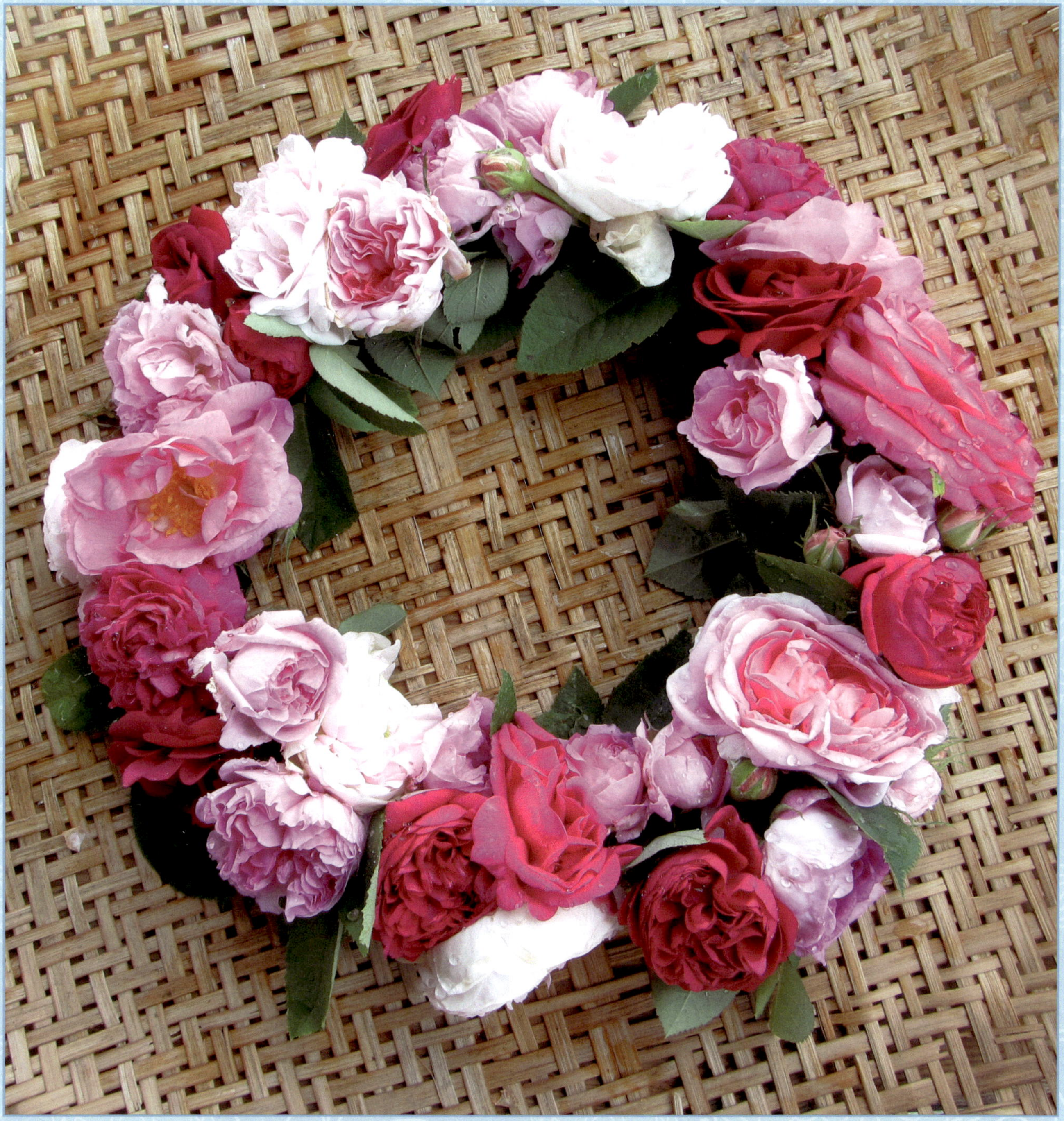

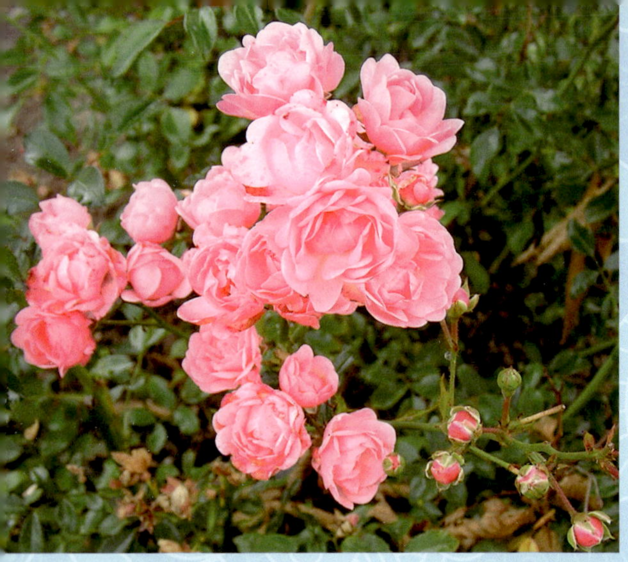

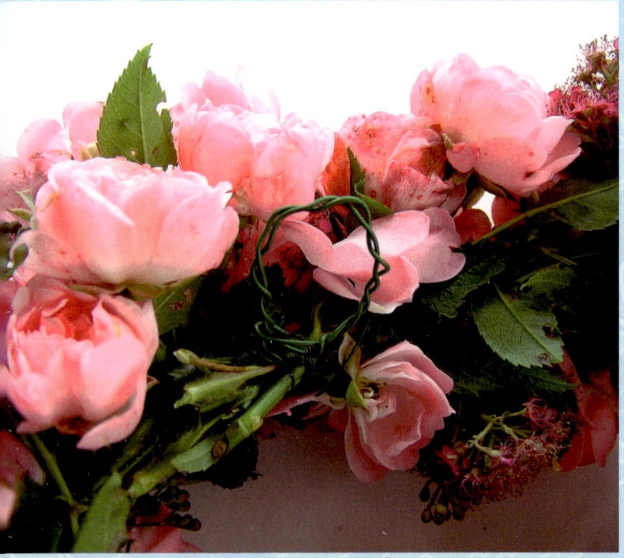

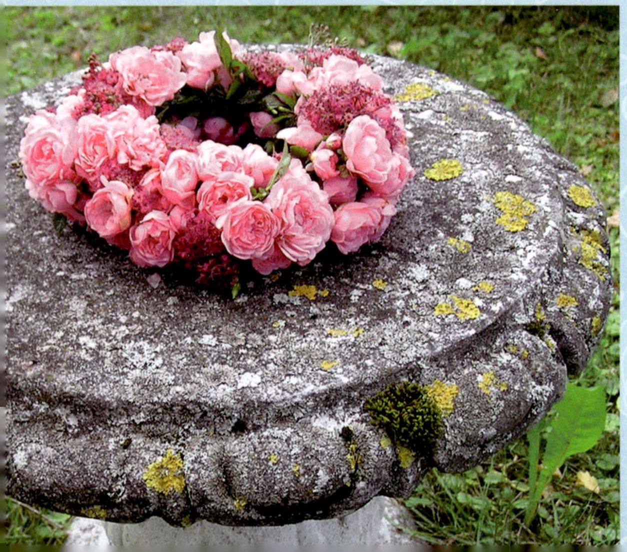

Kranz mit «The Fairy»-Rosen

Diese Rosensorte ist die meistverbreitete und vielen als eine «fleißige» Rose bekannt, die den ganzen Sommer über, bis in den Herbst hinein, in Parks und Gärten blüht.

«The Fairy»-Rosen lassen sich mit verschiedenen anderen Blumen kombinieren, da der zarte Rosaton sehr gut zu unterschiedlichen Farben passt: ob Lavendel, Schafgarbe, Kornblumen oder Malven.

Im Folgenden ein Beispiel mit «Roter Sommerspiere».

Material

- 1 dünner Weidenast
- 6 – 10 Zweige von «The Fairy»-Rosen
- 6 Dolden Rote Sommerspiere
- grüner Blumendraht 0,65 mm

Für den Aufbau siehe den Abschnitt «Einzelner Weidenzweig», S. 27f. Ziehen Sie alle Blätter vom Weidenzweig ab und arbeiten Sie wie gewohnt weiter.

Die Rosen knapp am Stängel abschneiden und die eventuell zu buschigen Rosenblüten in kleinere Sträußchen teilen. Binden Sie die Rosen abwechselnd mit der Roten Sommerspiere auf. Das Rosenkränzchen wird abgeschlossen, wenn der Blumenvorrat zu Ende gegangen ist.

Sie können diesen Rosenkranz in eine Wasserschale legen oder trocknen lassen.

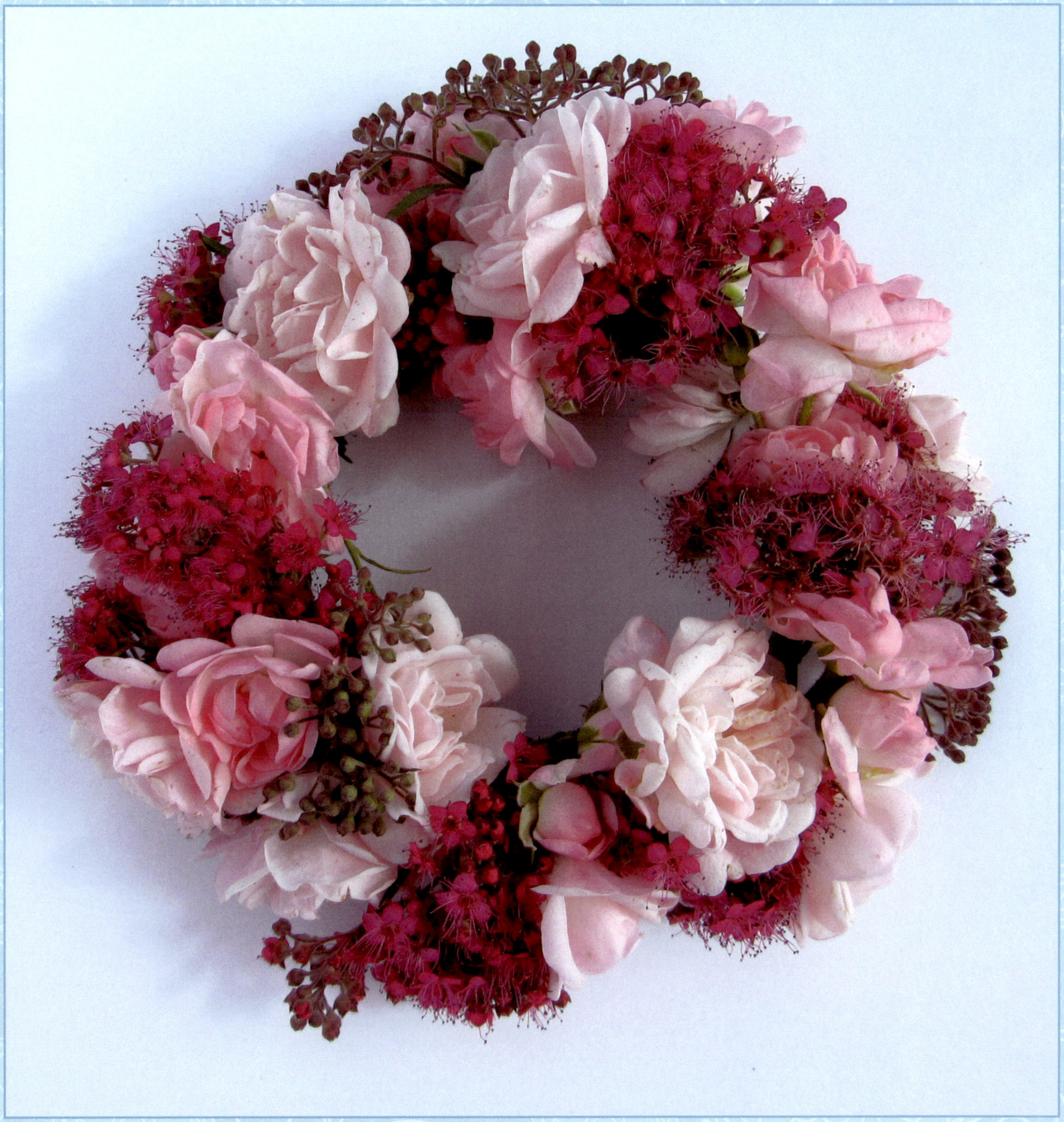

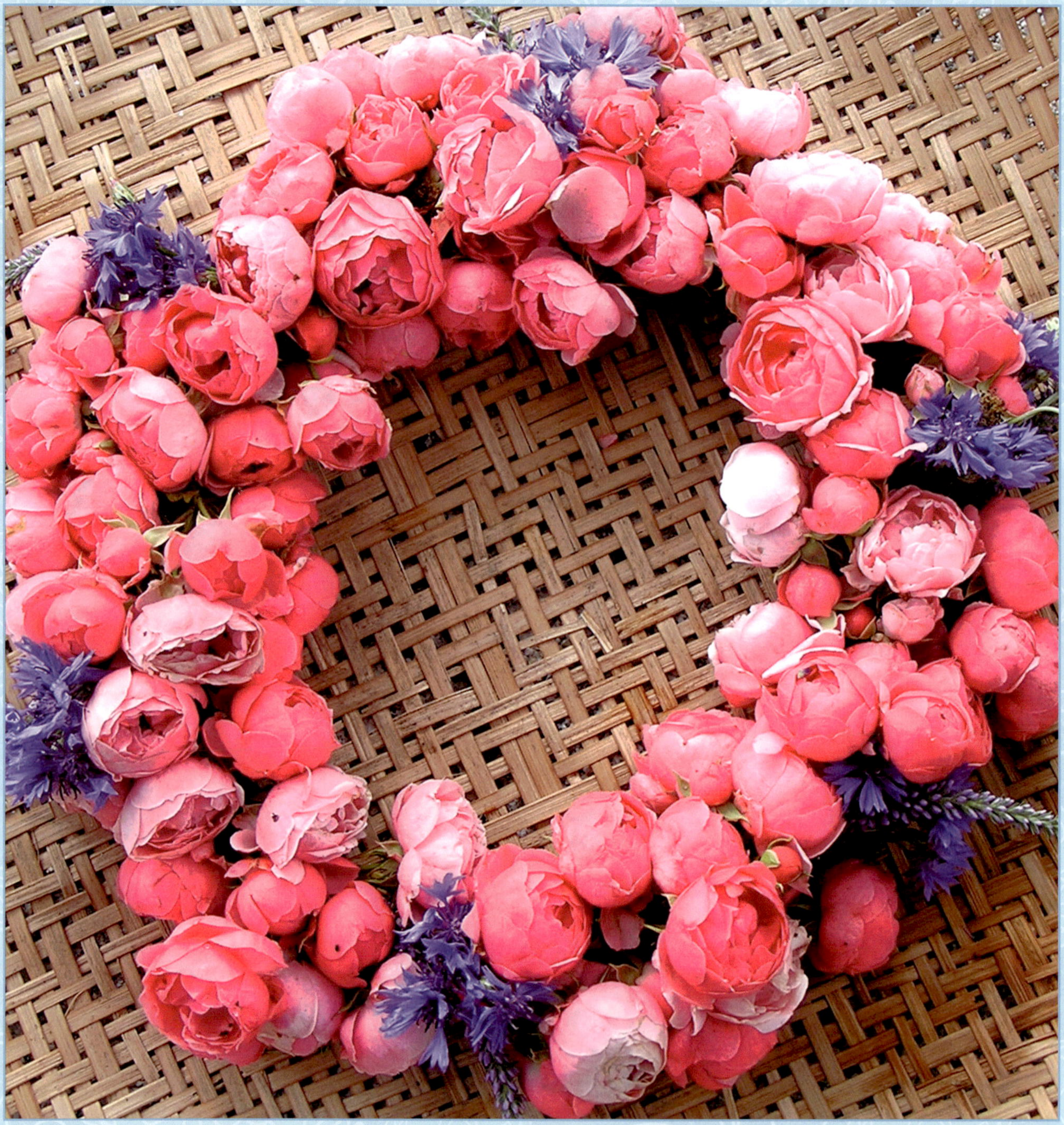

Rosen mit Ehrenpreis und Kornblumen

Dieser Kranz wurde mit Raubritterrosen gebunden. Die kugeligen Blüten blühen füllig an einem Stängel, und der intensive rosa Farbton dieses Rosenkranzes bekommt durch die blaue Farbe der Kornblumen und der Ehrenpreisblüten einen deutlichen Kontrast.

Die blauen Sträußchen werden in gleichmäßigen Abständen verteilt. Falls Ihnen die «Sechser»-Einteilung zu geometrisch ist, können Sie den Rosenkranz auch mit fünf, sieben oder neun blauen Unterteilungen aufbauen.

Material

- Weidenrohling aus 4 Weiden
- 1 dicker Strauß Raubritterrosen (oder andere füllige Sorten) ohne Blätter
- 6 Ehrenpreisblüten
- 30 Kornblumen
- grüner Blumendraht 0,65 mm

Für den Aufbau siehe den Abschnitt «Rohling aus Weidenzweigen», S. 28f.

Bilden Sie sechs einzelne Sträußchen mit jeweils einem Ehrenpreis und fünf Kornblumen und legen Sie diese griffbereit. Die Rosenblüten knapp auf ca. 12 – 15 cm Länge zuschneiden. Binden Sie die Rosen dabei schön füllig auf den Weidenrohling. Darauf achten, dass die Stängel der Rosen neben dem Weidenrohling seitlich nach hinten kommen, damit später die Wasserzufuhr gut möglich ist.

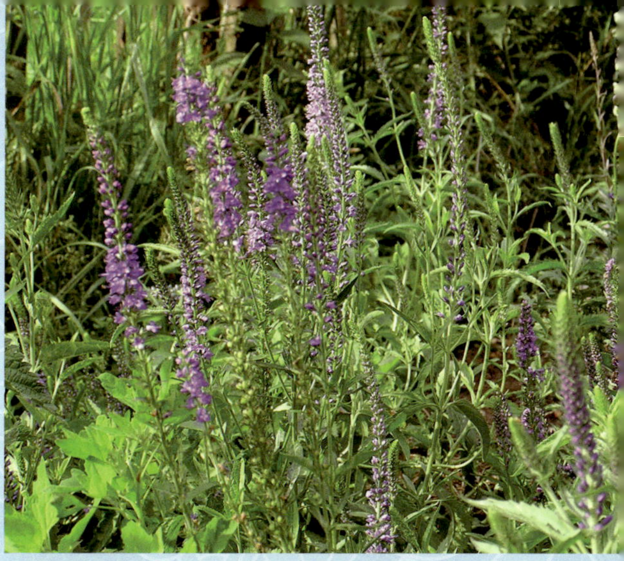

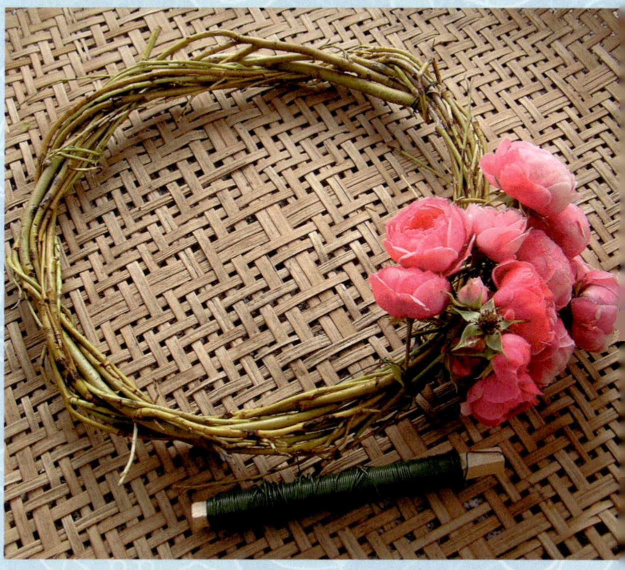

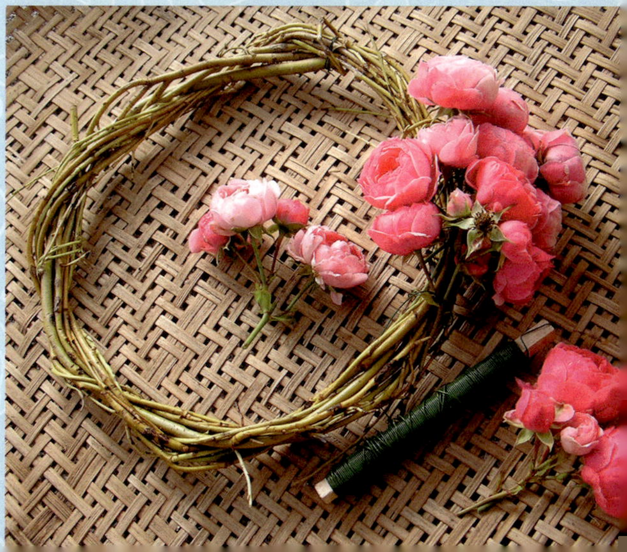

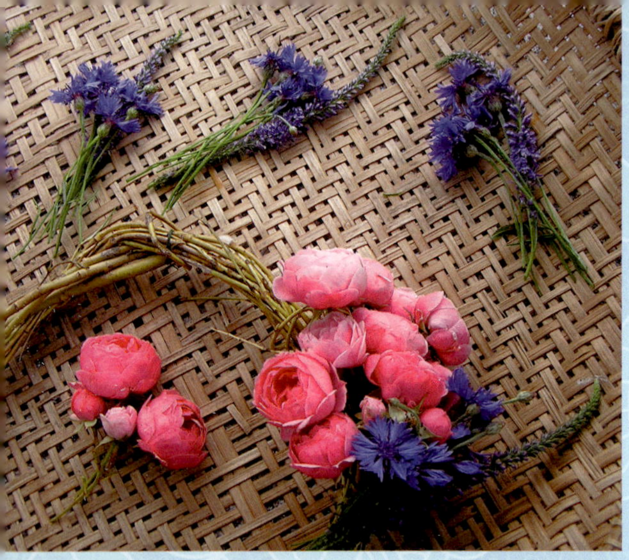

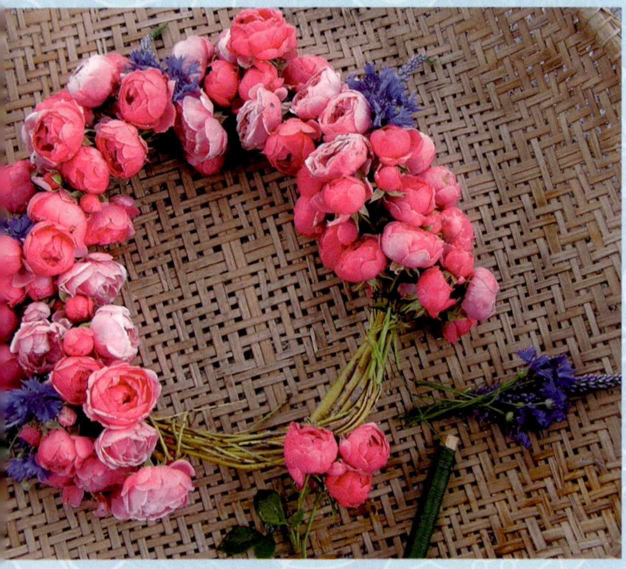

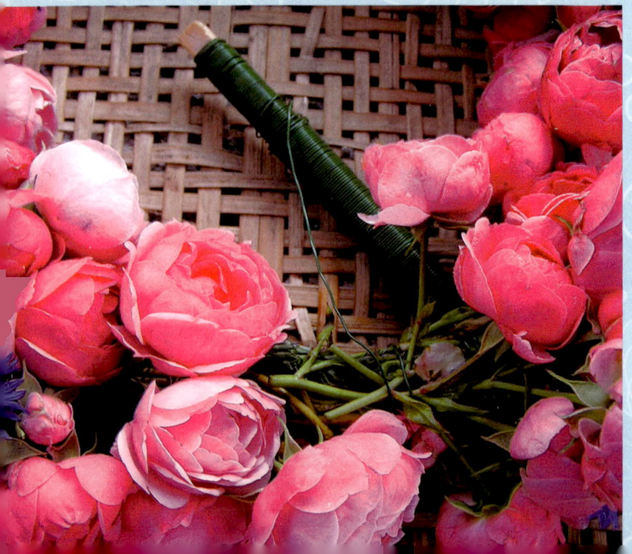

Verteilen Sie die blauen Farbtupfer gleichmäßig in den Rosenkranz. Die letzten Rosen unter die ersten schieben und den Kranz wie gewohnt schließen.

Der Rosenkranz wird in einer Wasserschale frisch gehalten.

Rosentorbogen

Für besondere Anlässe könnte ein großes Rosengebinde – statt eines Kranzes – die Eingangstür schmücken.

Dafür brauchen Sie lange, stabile Weidenzweige, die Sie zunächst einmal als längere Bahn mit Draht umwickeln. Darauf werden Rosen Ihrer Wahl aufgebunden. Die fertige Rosenbahn kann schließlich an den beiden Enden – als Bogen – am Türrahmen befestigt werden.

Passende flatternde Bänder können die Enden schmücken.

Rosen im Winter

Die Freude ist groß, wenn in kalten Monaten noch einige Rosenblüten im Garten zu finden sind. Der Frost scheint ihnen nicht viel auszumachen, und sie blühen in besonders intensiven Farben. Die Blätter der Rosenpflanzen sind um diese Jahreszeit eher spärlich, daher wird in diesem Kranz das «Grün» mit Efeublättern und Thujazweigen (Lebensbaum) ergänzt.

Material

- Rohling aus 4 Weidenzweigen
- späte Rosen, wie Leonardo da Vinci, englische Rosen oder andere Sorten
- Efeublätter
- Zweige der Thuja, Wacholder oder Tanne (wahlweise)
- grüner Blumendraht 0,65 mm

Die Größe des Rohlings (siehe den Abschnitt «Rohling aus Weidenzweigen», S. 28f.) richtet sich nach der Menge der Rosen, die Sie finden können. Für einen Durchmesser von 25 cm benötigen sie ungefähr acht bis zehn Rosen und einige Knospen, um die Struktur aufzulockern.

Binden Sie die Efeublätter mit den Thujazweigen als Bündel zusammen auf. Wickeln Sie in den Kranz die Rosen und die Knospen abwechselnd mit dem Grün hinein.

Der fertige Winterkranz kann in einer Wasserschale aufbewahrt oder liegend getrocknet werden.

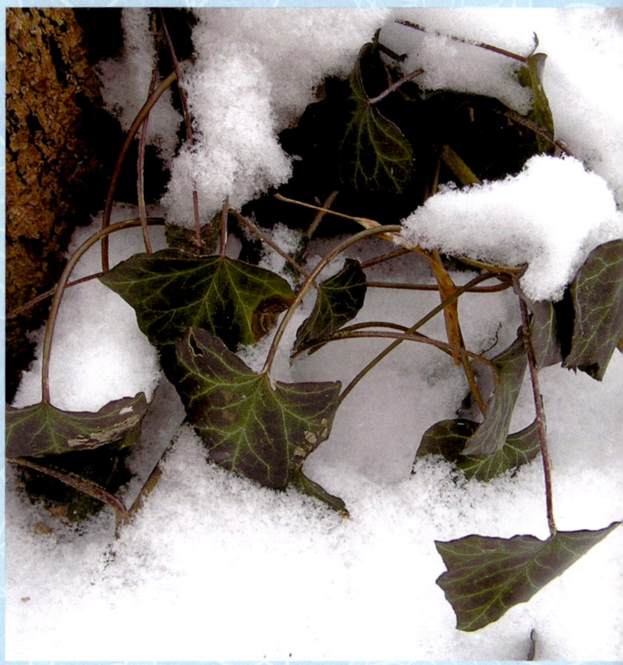

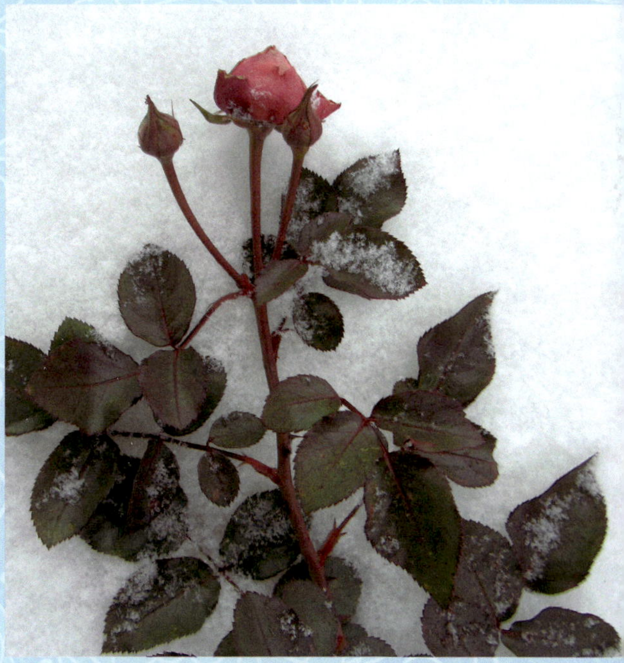

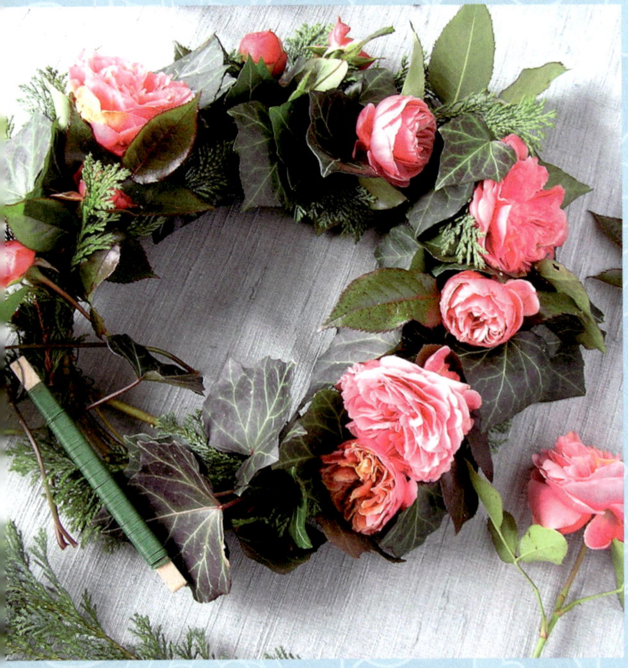

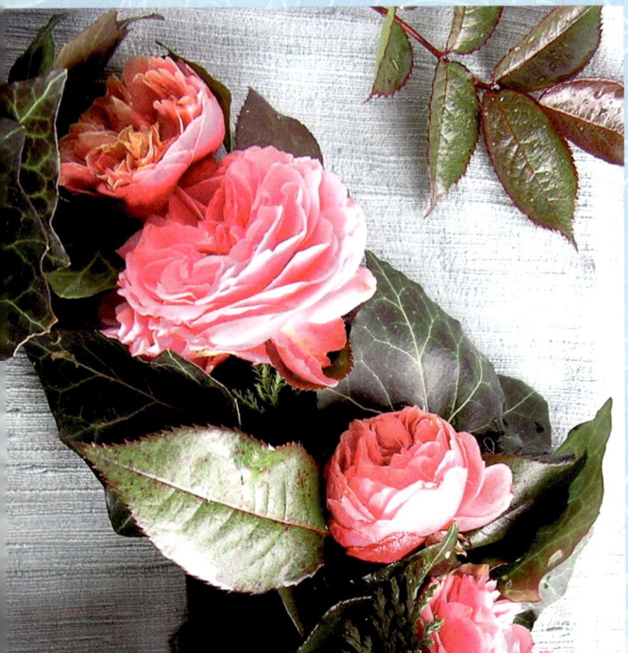

Wenn Sie rote Rosen verwenden und den Kranz trocknen, können Sie später den Rand der Blütenblätter mit einen Hauch Goldfarbe anpinseln. Das ergibt einen edlen Kontrast. Der Rosenkranz kann mit dunkelroten oder weinroten Schleifen geschmückt werden.

Dieser Rosenkranz kann eine Alternative zum traditionellen Adventskranz sein. Mit einer einzelnen dicken Kerze in der Mitte lässt er durch seine letzten Rosen die Erinnerung an den Sommer nachklingen.

Die Farbgebung durch die immergrünen Blätter ist in diesem Kranz sehr stimmungsvoll.

Kräuterkränze

Im Sommer schenkt uns die Natur viele Kräuter, die Sie im Garten oder auf dem Balkon, auf dem Markt oder als Wildkräuter finden können. Ein fülliger Kräuterkranz verströmt einen kräftigen, würzigen Duft und kann bei einem Grillabend ein passender Tischschmuck sein oder als kleines Kränzchen um Gläser mit Kerzen gelegt werden. Ebenso können Sie einen Kräuterkranz um eine Serviette legen, wenn Sie Ihre Gäste verwöhnen.

Selbst gemachte Geschenke aus der Küche sind etwas Besonderes, weil man sie nicht unbedingt kaufen kann und sie dadurch etwas Persönliches werden. Wenn Sie dazu noch einen selbst gemachten Kräuterkranz schenken, haben Sie ein ganz individuelles Geschenk …

Mediterranes Kräuterkränzchen

Kränze aus verschiedenen Kräutern erfreuen durch ihren Duft und sind ein schönes und nützliches Geschenk für alle, die die südländische Küche lieben. Sie sind klein, pfiffig und eignen sich besonders gut zur Dekoration und als Schmuck für Gastgeschenke. Speziell Kräuteröle und Essigflaschen können sehr gut mit einem passenden Kräuterkranz geschmückt werden.

Alle zum Verzehr gedachten Kräuter werden nicht mit Draht aufgewickelt, sondern mit Zwirn oder naturfarbenem Bast gebunden.

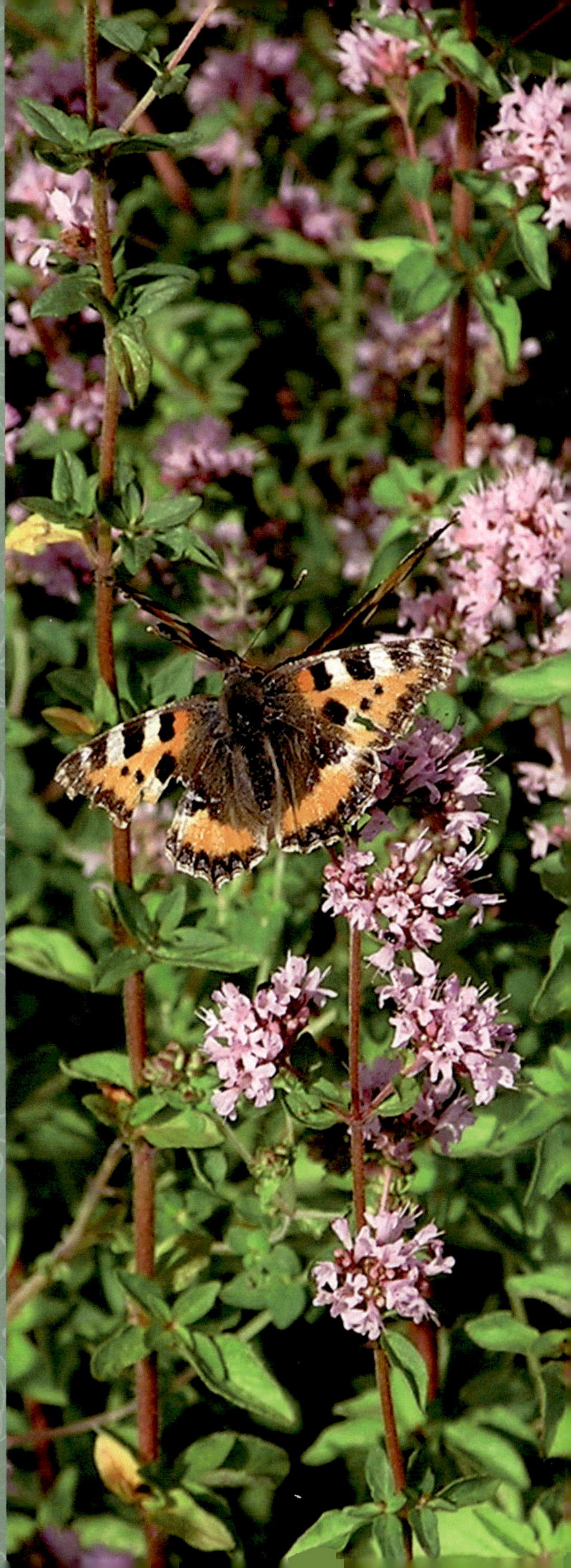

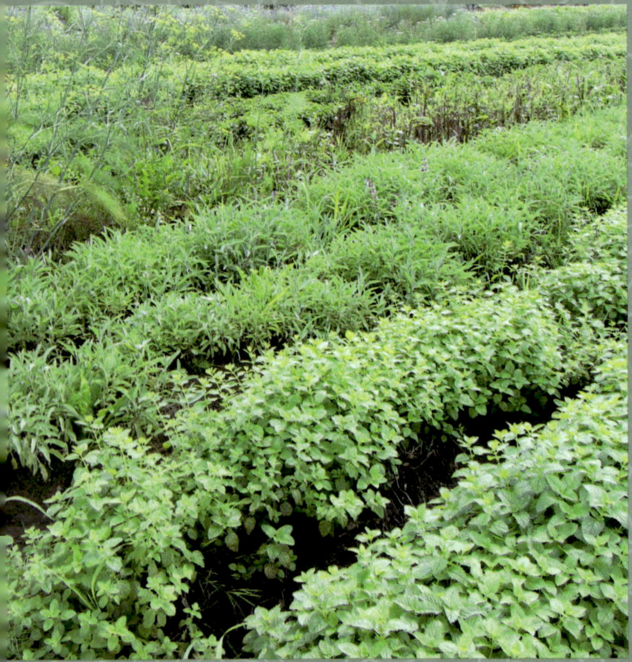

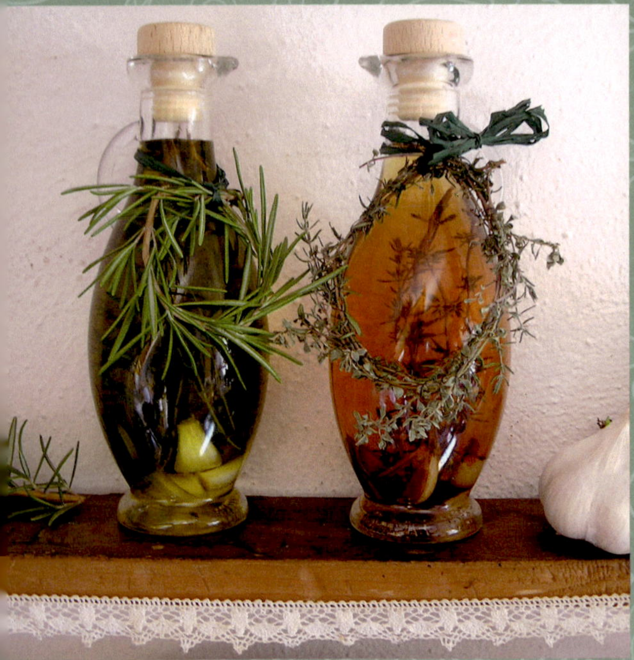

Für ein solches Kränzchen werden verschiedene Kräuter der südländischen Küche, zum Beispiel frischer Thymian, Rosmarin, Majoran oder Lorbeerblätter, auf einem dünnen Weidenzweig befestigt und an das Geschenk gebunden. Auch kleine rote Chilischoten oder frischer Knoblauch können in den Kranz eingearbeitet werden.

Später, nach dem Trocknen, können Sie den Kräuterkranz weiter benutzen, indem Sie ihn einfach über einem Küchentuch abreiben oder die Gewürze direkt über das Gericht streuen.

Rosmarinkranz

Für den Rosmarinkranz wird ein längerer Rosmarinzweig als Kranz rund gebogen und an der Verbindungsstelle mit einem Bastfaden verknotet. Mit den Bastenden wird das Kränzchen an einer Flasche (z.B. mit selbst gemachtem Olivenöl oder mit Kräuteressig, siehe unten) befestigt.

Thymiankränzchen

Für das Thymiankränzchen nehmen Sie einen Baumwollfaden (bei Draht könnten Rostteile abgehen) und binden damit einige Zweige zusammen. Mit Bast an den Flaschenhals, z.B. eines selbst gemachten Olivenöls oder eines Kräuteressigs, binden.

Zutaten für das Kräuterolivenöl

- gutes Olivenöl
- 1 Knoblauchzehe
- 1 Zweig Rosmarin
- 4 – 6 Zweigchen Thymian
- 1 – 2 Chilischoten (nach Belieben).

Zutaten für den Kräuteressig

- Apfelessig
- 1 Knoblauchzehe
- 4 – 6 Zweigchen Thymian.

Die Menge des Öls bzw. des Essigs richtet sich nach den Volumen der Flaschen, die Sie verwenden wollen.

Die sauberen und trockenen Flaschen werden zuerst mit den Kräutern und in dünnen Stücken geschnittenem Knoblauch gefüllt. Dann wird alles mit Öl (bzw. mit Essig) aufgegossen. Achten Sie darauf, dass alle Kräuter gut bedeckt werden, damit die freien Blättchen nicht schimmeln.

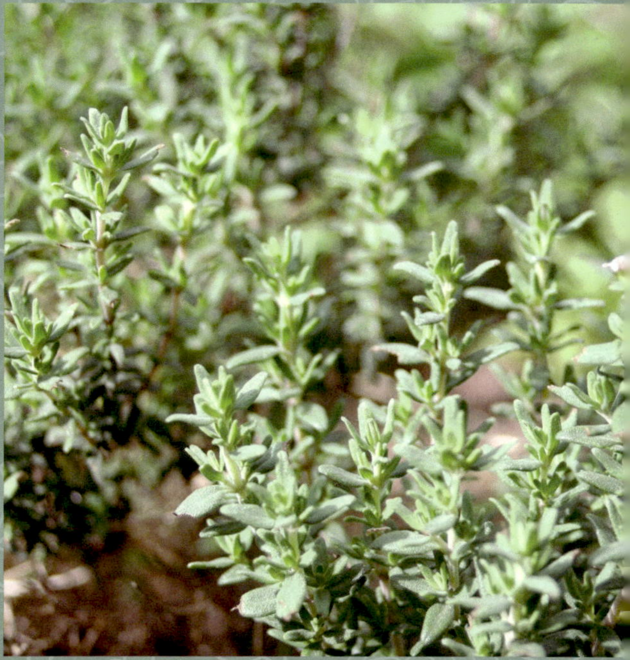

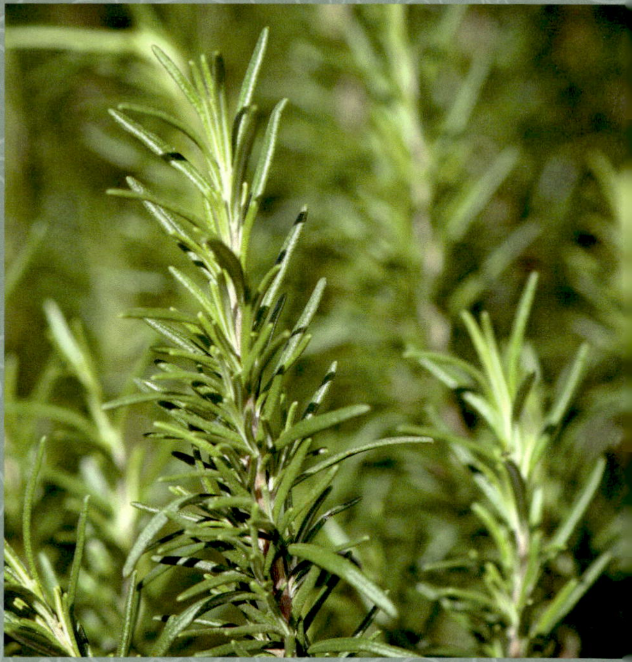

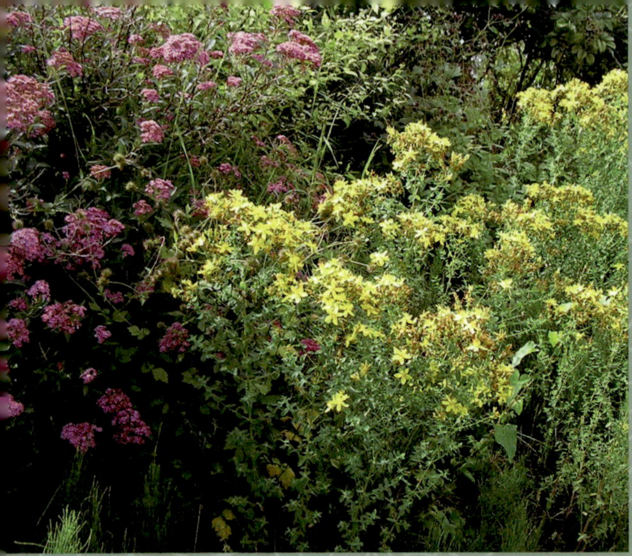

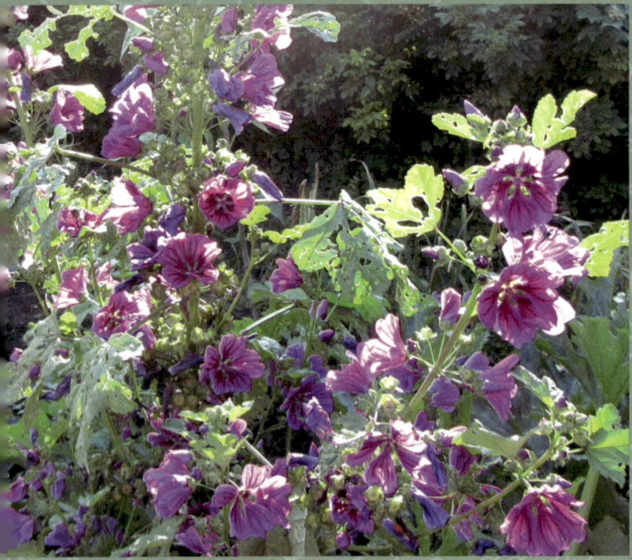

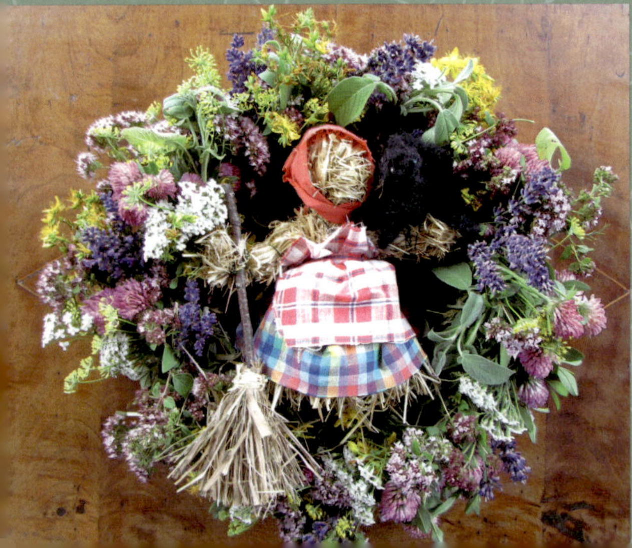

Hexenkränze

Wenn eine Kräuterhexe ihre Teemischungen sammelt, bindet sie von ihren Lieblingskräutern einen kleinen Kranz und verschenkt ihn, denn frisch aufgebrüht schmeckt er am besten! So ist es zumindest der Brauch auf dem Blocksberg …

Möchten Sie einen belebenden Tee? Dann binden Sie Pfefferminze, Hagebutten, Malven, dünne Ingwerscheiben und einige Zitronenschalen in einem Kranz zusammen.

Möchten Sie dagegen eher einen Entspannungstee? Dann binden Sie Melisse, Johanniskraut, Kamillenblüten, Rosenknospen der Apfelrose, Lavendel oder Holunderblüten in Ihr Kränzchen.

Auch Gewürztee kann die Kräuterhexe zu einem Kranz verarbeiten: etwas Zimtstange, Nelken, wenig Orangenschalen zwischen getrockneten Apfelstückchen mit Schale und Holunderbeeren.

Die ausgewählten «Zutaten» werden als lange Bahn locker angeordnet und mit Naturbaumwolle oder Zwirn umwickelt. Die Bahn wird zusammengeschlossen und an der Verbindungsstelle verknotet.

Den Hexenkranz in einen Krug legen, mit kochendem Wasser überbrühen und ungefähr 5 Minuten ziehen lassen.

Vielleicht haben Sie Lust, Ihren eigenen Wunschtee in einem persönlichen Hexenkranz zusammenzustellen? Achten Sie dabei darauf, keine giftigen Heilpflanzen zu verwenden!

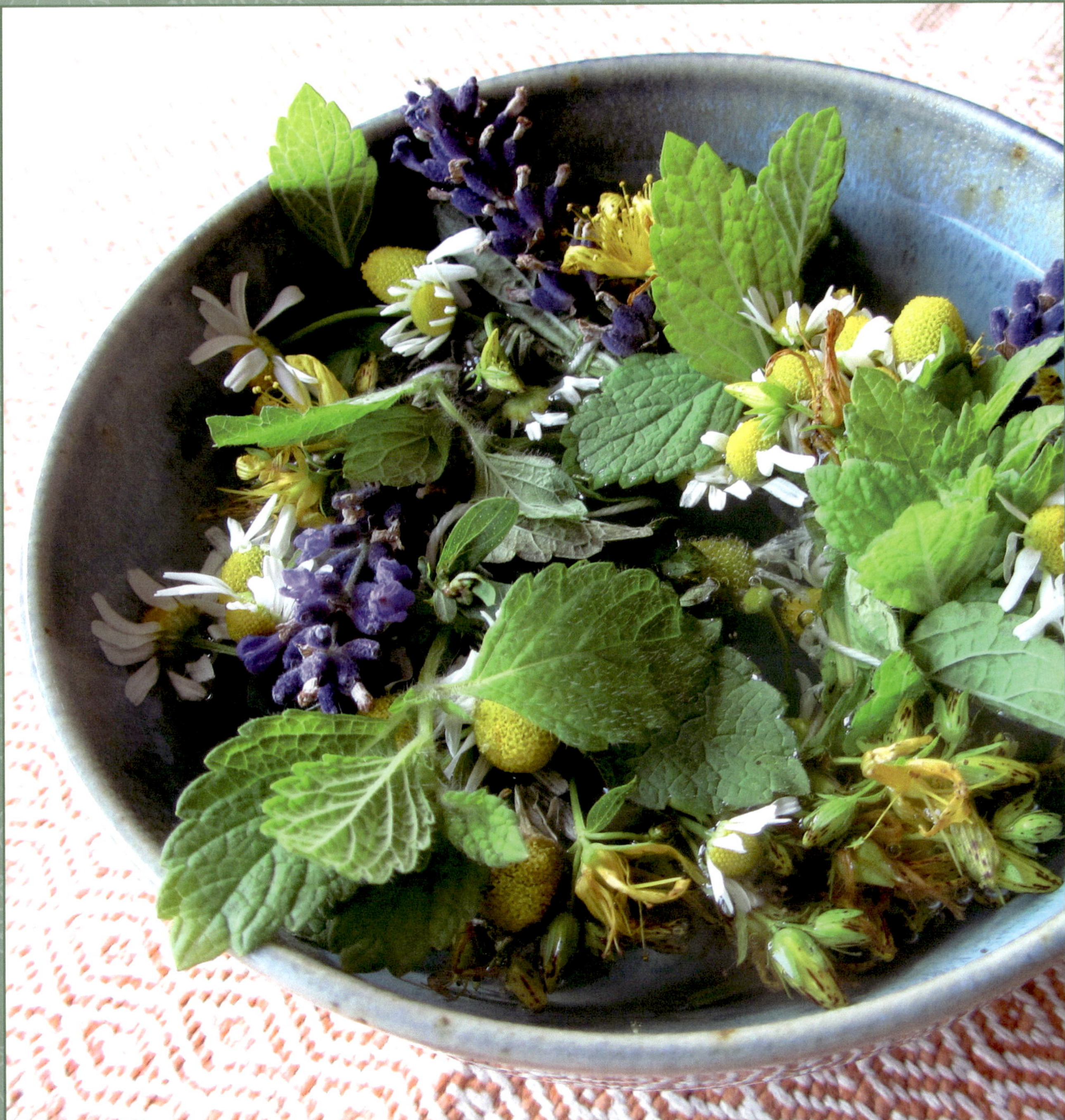

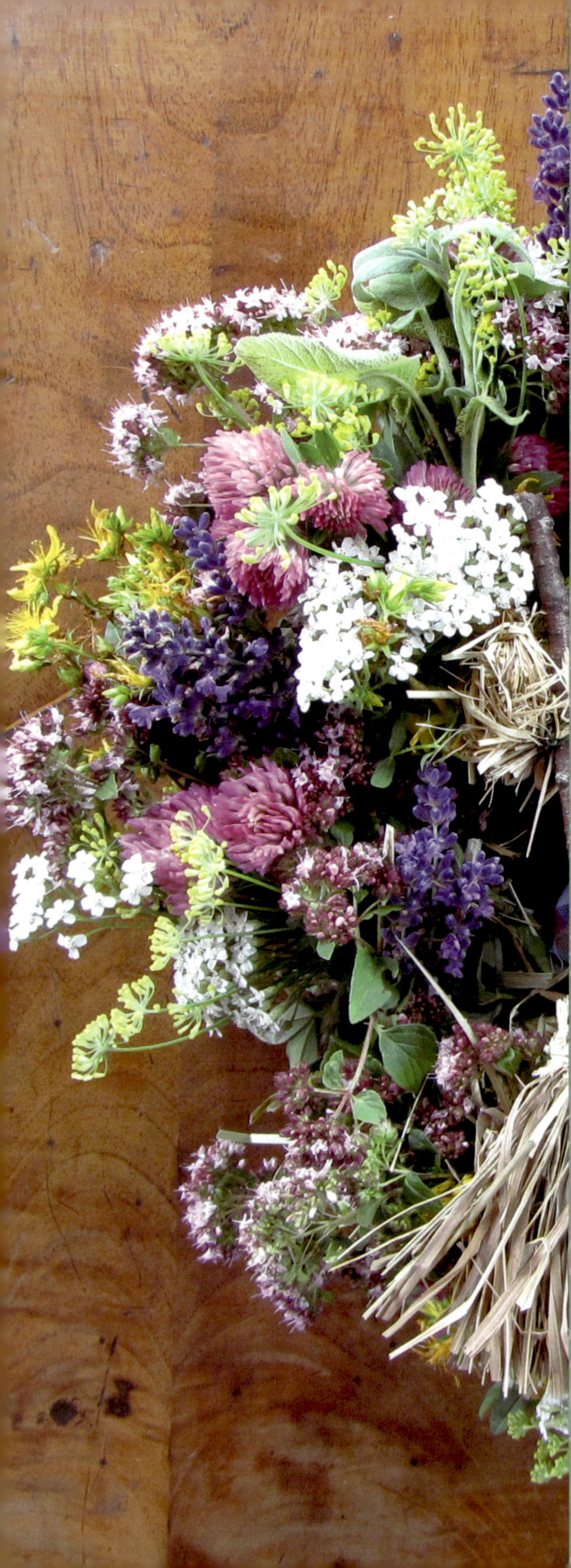

Hexentürkranz

Der große Hexentürkranz (siehe Foto links und S. 116 unten) verscheucht Ungeziefer und duftet gut. Verwenden Sie dafür duftende Kräuter wie Fenchelsamen, Johanniskraut, Minze, Lavendel, Wermut, Schafgarbe, Wacholderzweige, Salbei, Rainfarn, Beifuß und viel roten Klee.

Sie können aus der vorgeschlagenen Liste der stark duftenden Kräuter diejenigen aussuchen, die gerade zu finden sind.

Alle Kräuter werden auf einen dicken Heurohling mit Draht aufgebunden (siehe S. 33f.). Als Alternative können Sie selbstverständlich einen Stroh- oder Weidenrohling verwenden.

Der fertige Kranz wird aufgehängt und entfaltet seinen würzigen Duft erst beim Trocknen.

Falls irgendwann der Duft nachlässt, können Sie den Kräuterkranz mit verschiedenen Duftölen beträufeln, zum Beispiel mit Lavendel, Teebaumöl, Minze oder Limone.

Getreidekränze

Es ist immer ein schönes Bild im Sommer, wenn der Wind über die Kornfelder streift, wenn sich die Halme wie ein Meer in Wellen biegen und sich wie zarte Ballerinas synchron im Wind hin und her wiegen. Wenn Sie den Bauern fragen, wird er Ihnen gewiss erlauben, am Feldrand Ähren für einen schönen Getreidekranz zu pflücken. Ein solcher Kranz ist ein hübscher Hingucker.

Die folgenden Getreidekränze eignen sich zum Aufhängen an Türen oder Wänden, aber auch als trockener Tischschmuck. Ob ein Kranz die Tafel für ein Erntedankfest zieren soll oder als Symbol für «Reichtum» verschenkt werden kann, weil die über den Winter körnertragenden Früchte das Haus vor Hungersnot schützen sollen – Getreide ist ein ganz besonderes Material für Kränze. Sie können einen Getreidekranz, trocken gelagert, gut aufbewahren oder im Winter an die Vögel verschenken, wenn er im Freien aufgehängt wird.

In den hier beschriebenen Kränzen wird das jeweilige Getreide nicht an die Unterseite des Rohlings gewickelt. Wenn Sie den Kranz jedoch nicht an die Wand, sondern frei im Raum aufhängen möchten, muss auch die Unterseite des Rohlings mit Halmen geschmückt werden.

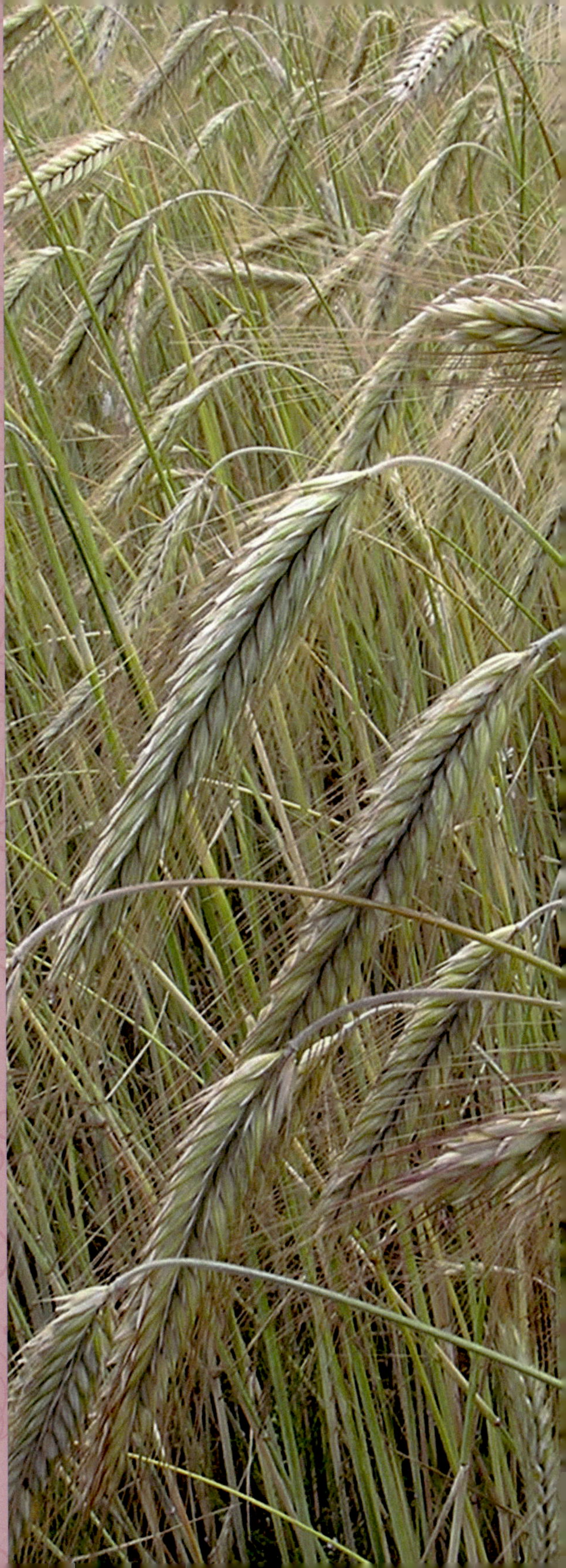

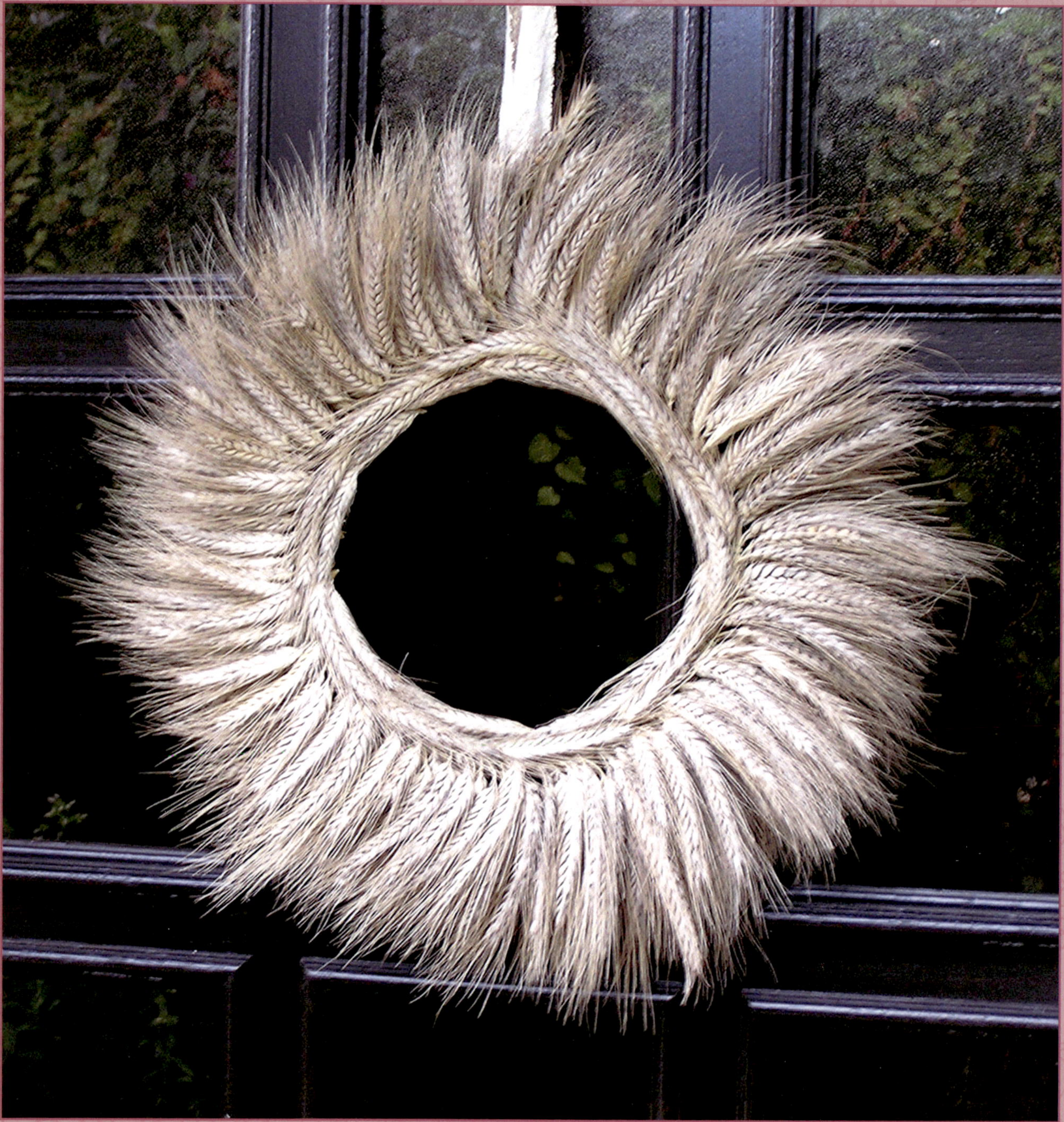

Gerstenkranz

Die Ähren bei diesem Getreidekranz werden nicht schuppenweise aufgebunden, wie bei den vorherigen Kränzen, sondern mit einer gleichmäßigen Neigung nach außen.

Gerstenhalme haben lange Grannen. Die Körner liegen regelmäßig und sichtbar nebeneinander, sodass ein Kranz mit diesem Getreide sehr schmückend ist. In dem abgebildeten Beispiel wurde die «Vierzeilige Gerste» verwendet.

Sie können statt Gerste auch Roggen oder Weizen in den Kranz einarbeiten.

Material

- Rohling aus 6 Weiden, mit einem Durchmesser Ihrer Wahl
- 1 flache Kiste voller Gerstenhalme (oder Roggenhalme)
- grüner oder brauner Blumendraht
- Heißkleber mit einem Ersatzklebestick

Für den Aufbau siehe den Abschnitt «Rohling aus Weidenzweigen», S. 28f.

Die dickeren Gerstenhalme werden als Vierergrüppchen genommen. Die Neigung der Ährenköpfe muss nach außen gleichmäßig sein.

Vier Halme auf 10 cm Länge abschneiden und dieses Grüppchen auf den Rohling binden. Den Draht sehr fest spannen. Dann einen «Vorwärtsschritt» machen, um Abstand zu bekommen.

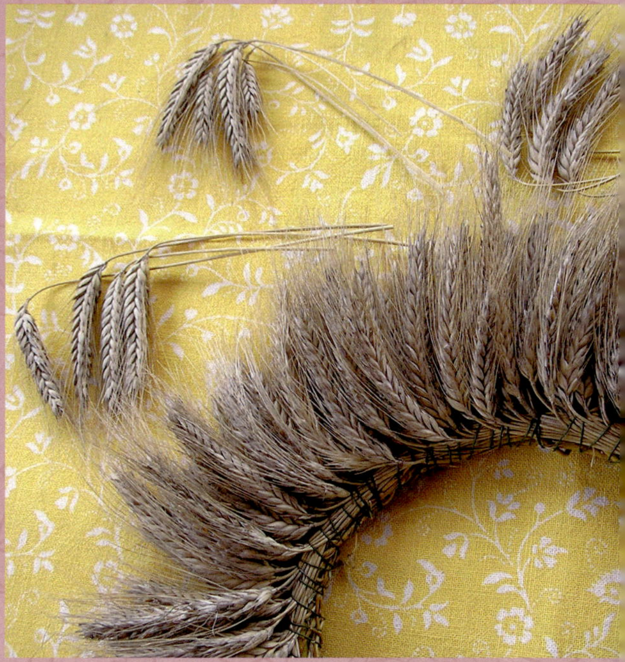

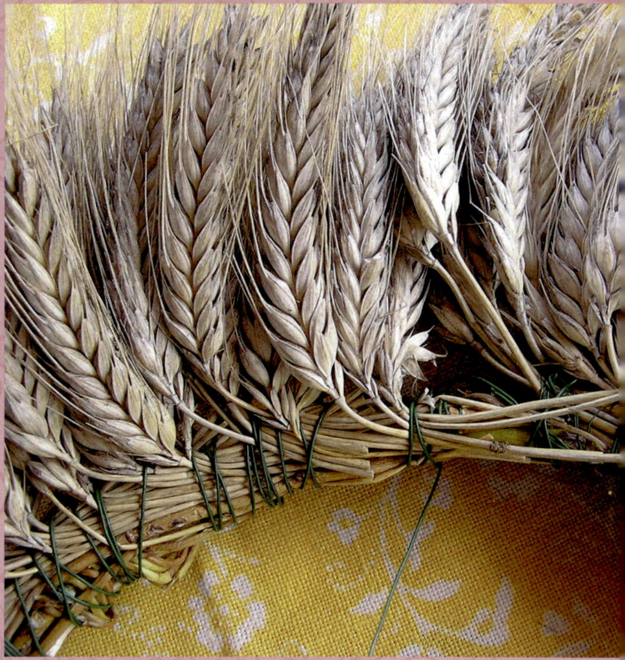

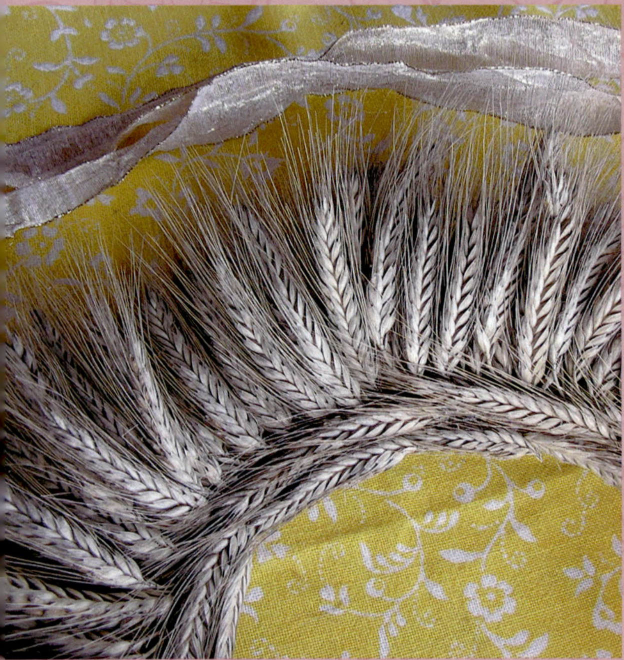

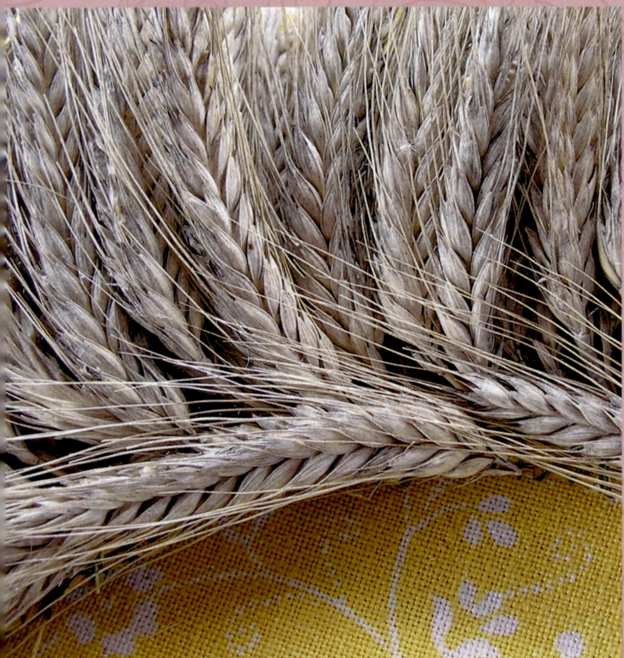

Die nächsten vier Halme werden genauso gebunden: Alle Ähren schauen in die gleiche Richtung.

Die letzten drei Getreidegrüppchen werden immer kürzer geschnitten und die letzten unter die ersten geschoben.

Mit dem Heißkleber wird die Blende geklebt: Dafür schneiden Sie die Ährenköpfe knapp am Halm ab und kleben diese nebeneinander über die Drahtumwicklungen.

An der Rückseite des Kranzes eine Aufhängeöse formen.

Der Gerstenkranz ist lange haltbar und eignet sich als Schmuck an der Wand oder der Eingangstür.

Weizenkranz

Material
- Rohling aus Weide, ca. 22 – 25 cm Durchmesser
- Weizenhalme, mit ca. 10 cm Halmlänge, eine kleine Obstkiste voll
- grüner oder brauner Blumendraht 0,65 mm
- Spitzzange und Gartenschere

Nehmen Sie acht Weizenhalme pro Schicht und legen Sie sie wie ein flaches Sträußchen fächerartig auf den Weidenrohling (siehe S. 28f.). Der erste Weizenfächer wird tief unten an den Halmen, mit ca. 5 cm Abstand zur Ähre, aufgebunden, so können Sie zum Abschluss die letzten Halme leicht darunterschieben. Zweimal mit Draht fest wickeln. Den Draht bei der zweiten Umwickelung fester anziehen. Dann einen zusätzlichen «Vorwärtsschritt» von ca. 3 cm weiterwickeln, damit Abstand entsteht.

Die nächsten acht Weizenhalme mit einer seitlichen Neigung zu den ersten aufbauen und mit einem Abstand von ca. 2,5 – 3 cm zum Ährenkopf wickeln. Wechseln Sie die Neigung: mal nach rechts, mal nach links – so lange, bis der Kranz fast fertig ist.

Am Ende, wenn Sie nur noch Platz für drei Weizenfächerreihen haben, werden die Halme immer kürzer geschnitten. So stören keine sperrigen Halme, und die letzten Ähren können leichter unter den Anfang geschoben werden. Den Draht vorsichtig zwischen die Ähren schieben und wie gewohnt fertig wickeln.

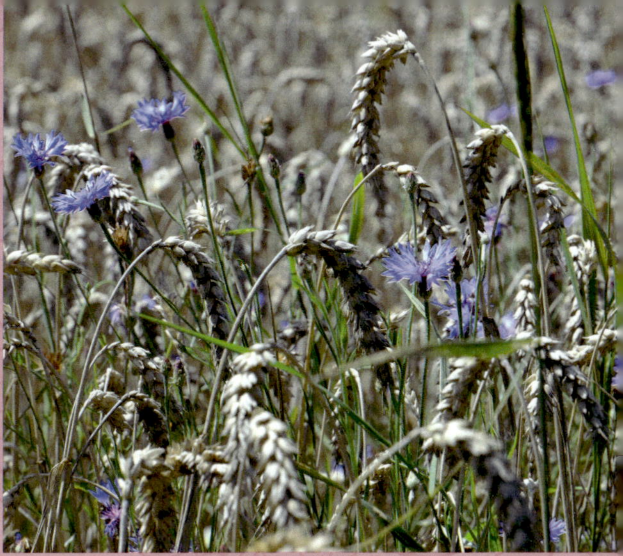

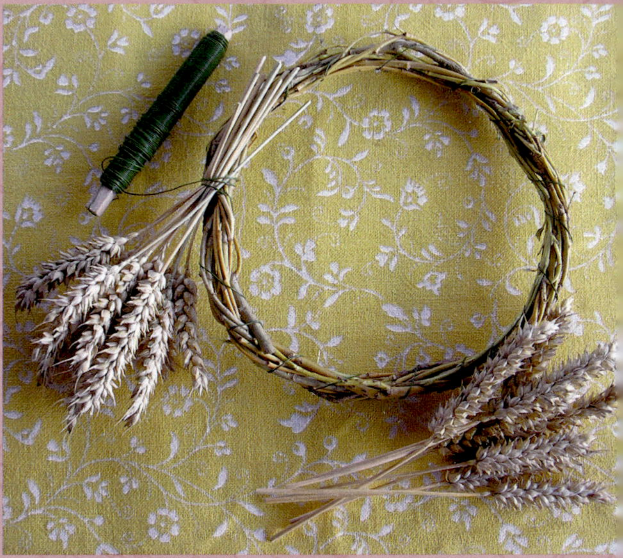

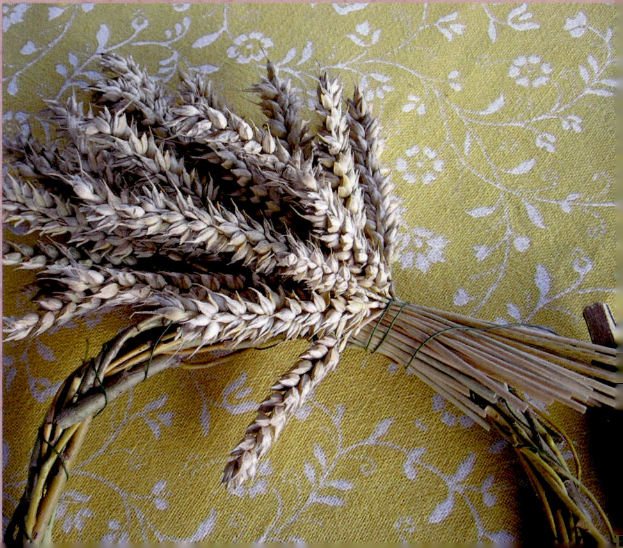

Anschließend den Kranz umdrehen. Den Draht mit 20 cm Länge abzwicken, am Untergrund befestigen und nach Bedarf eine Aufhängeöse machen.

Wenn nötig, den sichtbaren Draht mit der Spitzzange hier und da nachspannen, indem man den Draht vorsichtig um die Zangenspitze dreht.

Weizenkranz mit Strohblumen (Variante)

Material

- 1 fertiger Weizenkranz
- mindestens 9 Strohblumen
- 9 lange Stecknadeln
- Schleifenband mit 35 cm, 30 cm und 70 cm in passender Farbe
- brauner Blumendraht 0,65 mm
- Zange

Schmuck

Auf den fertigen Getreidekranz werden die Strohblumen in gleichmäßigem Abstand mithilfe der Stecknadeln festgesteckt. Theoretisch könnten die Strohblumen auch mit Heißkleber befestigt werden. Am Ende, bevor Sie den Kranz verwerten oder nach draußen zu den Vögeln bringen, müssen die Stecknadeln bzw. die Klebestellen allerdings wieder entfernt werden.

Für die Schleife werden zwei Blindschleifen geformt und die kleinere über die größere gelegt. Durch das längere Band werden die Schleifen zusammengebunden.

Mit dem Draht zwicken Sie ein 30 cm langes Stück ab und fädeln dieses durch den Schleifenknoten auf der Rückseite. Nun können Sie die Schleife um den Getreidekranz binden.

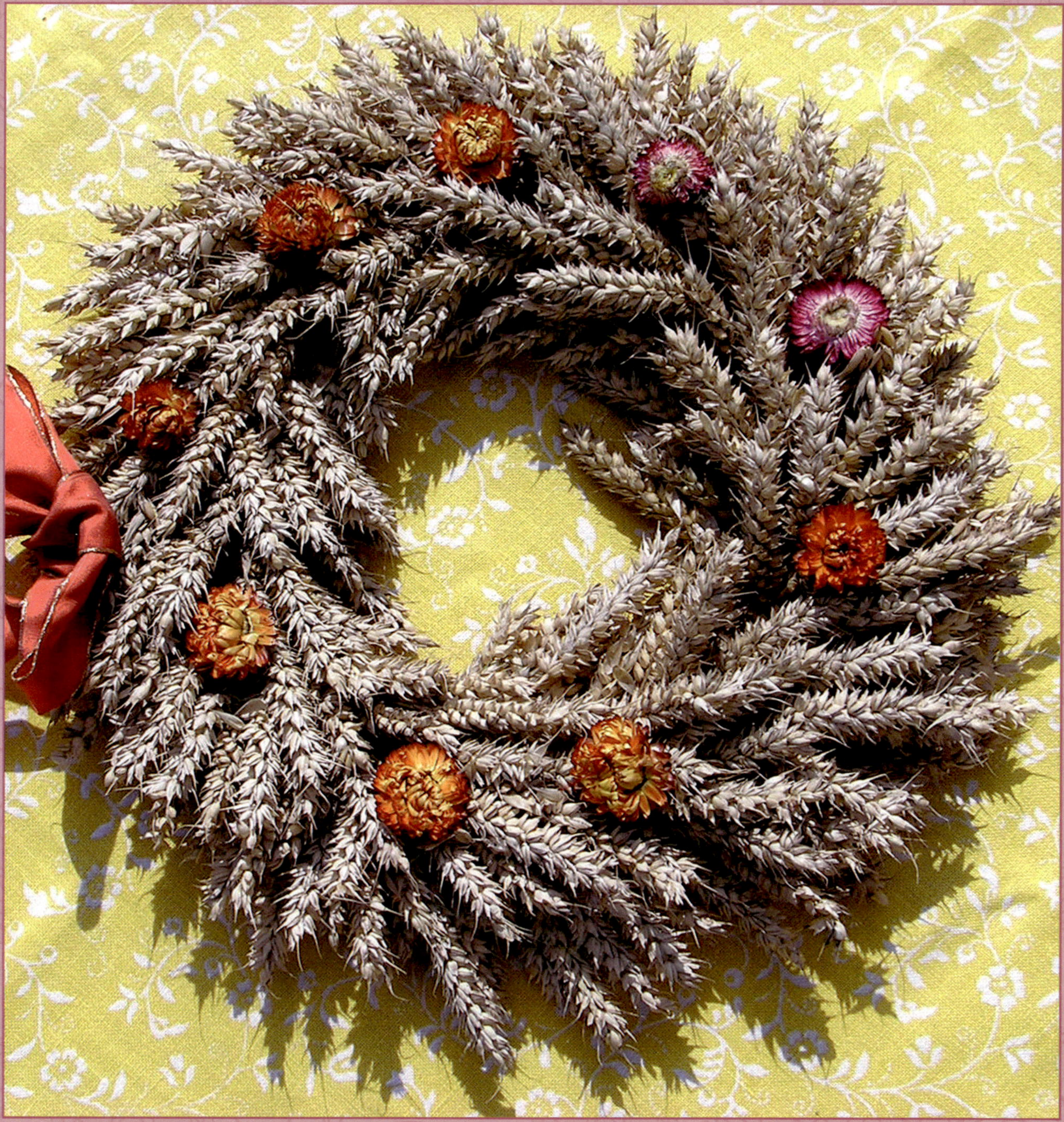

Kranz mit gemischten Getreidesorten

Ein Kranz mit verschiedenen Getreidearten veranschaulicht die Vielfalt der Getreidesorten und sieht in seiner Struktur sehr lebendig aus. Er passt thematisch ausgezeichnet zum Erntedankfest, zu Backtagen oder zu einem großen Hoffest, macht sich aber auch sonst gut, beispielsweise auf dem Esstisch, am Küchenfenster oder wo immer Sie wollen …

Sammeln Sie die Getreidesorten im Vorfeld getrennt und lagern Sie sie luftig, bis Sie mit der Arbeit beginnen. Getreidehalme können flach liegend lange aufgehoben werden.

Material

- verschiedene Getreidesorten, z.B. Roggen, Hafer, Weizen, Dinkel, Gerste (zusammen etwa so viel, dass es eine kleine Obstkiste füllt)
- Rohling aus 4 Weidenzweigen
- brauner Blumendraht 0,65 mm
- Zange
- evtl. Schleifenband als Schmuck

Einen Rohling nach Wunschgröße formen (siehe den Abschnitt «Rohling aus Weidenzweigen», S. 28f.). Dann die verschiedenen Getreidearten griffbereit legen.

Halten Sie als Sträußchen ca. zehn Halme einer Sorte zusammen und schneiden Sie sie knapp eine Hand breit unter den Ähren auf 10 cm Länge ab. Diese Arbeit soll mehr nach Gefühl gehen, denn die Getreidesorten sind unterschiedlich «dick». Behalten Sie eine gleichmäßige Stärke, damit der Kranz harmonisch wird.

Die einzelnen Sträußchen, wie beim Weizenkranz (S. 123f.) beschrieben, auf den Rohling aufwickeln. Wechseln Sie die Sorten ab und versuchen Sie die Reihenfolge der Getreidearten fortzusetzen.

Gegen Ende der Arbeit werden die Halme immer kürzer gehalten und zum Schluss die letzten unter die ersten geschoben. An der Rückseite des Rohlings eine Aufhängeöse bilden.

Den Kranz nach Bedarf mit einer Schleife schmücken. Hübsch wird er, wenn das Getreide mit gelber Schafgarbe kombiniert wird.

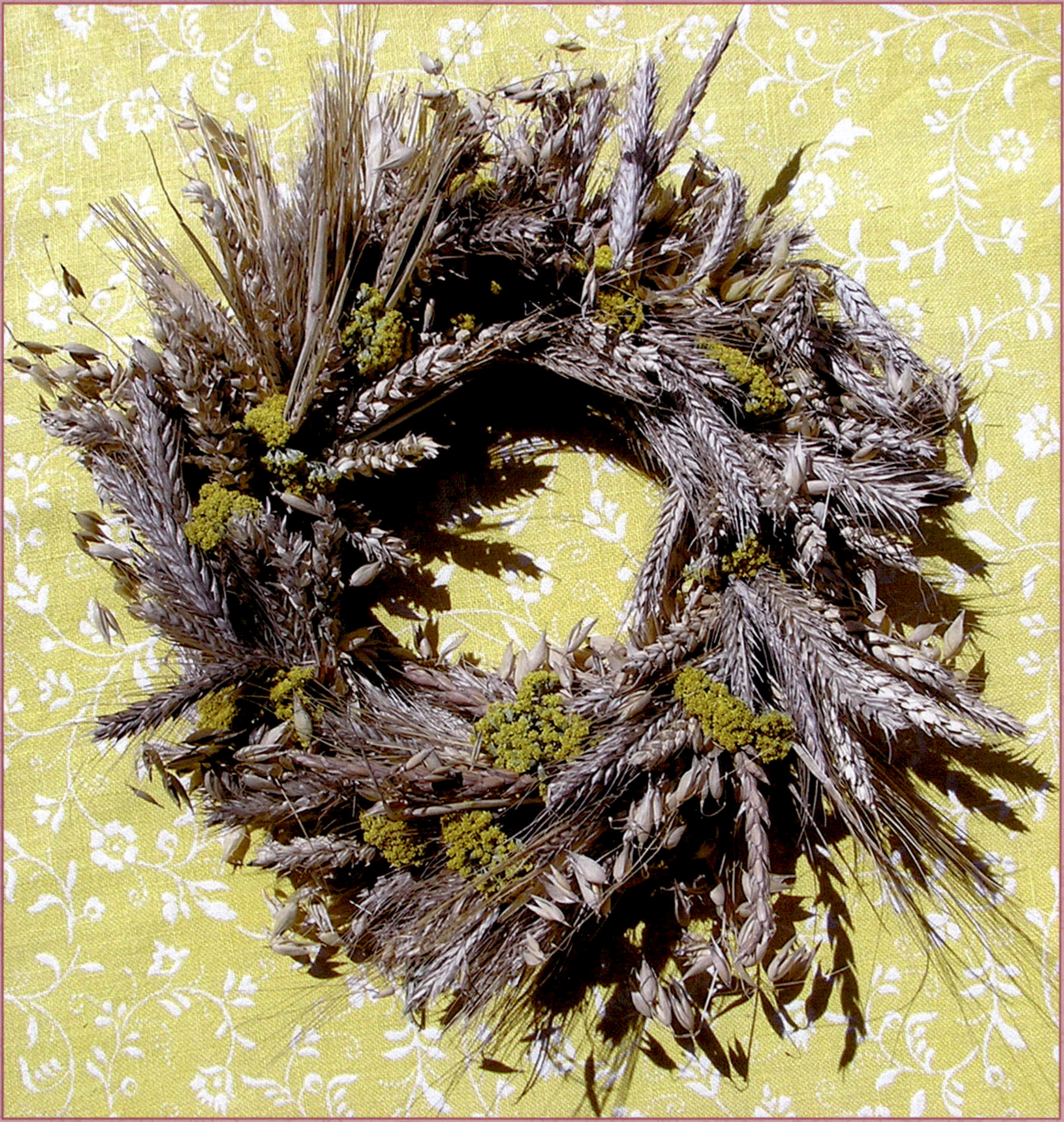

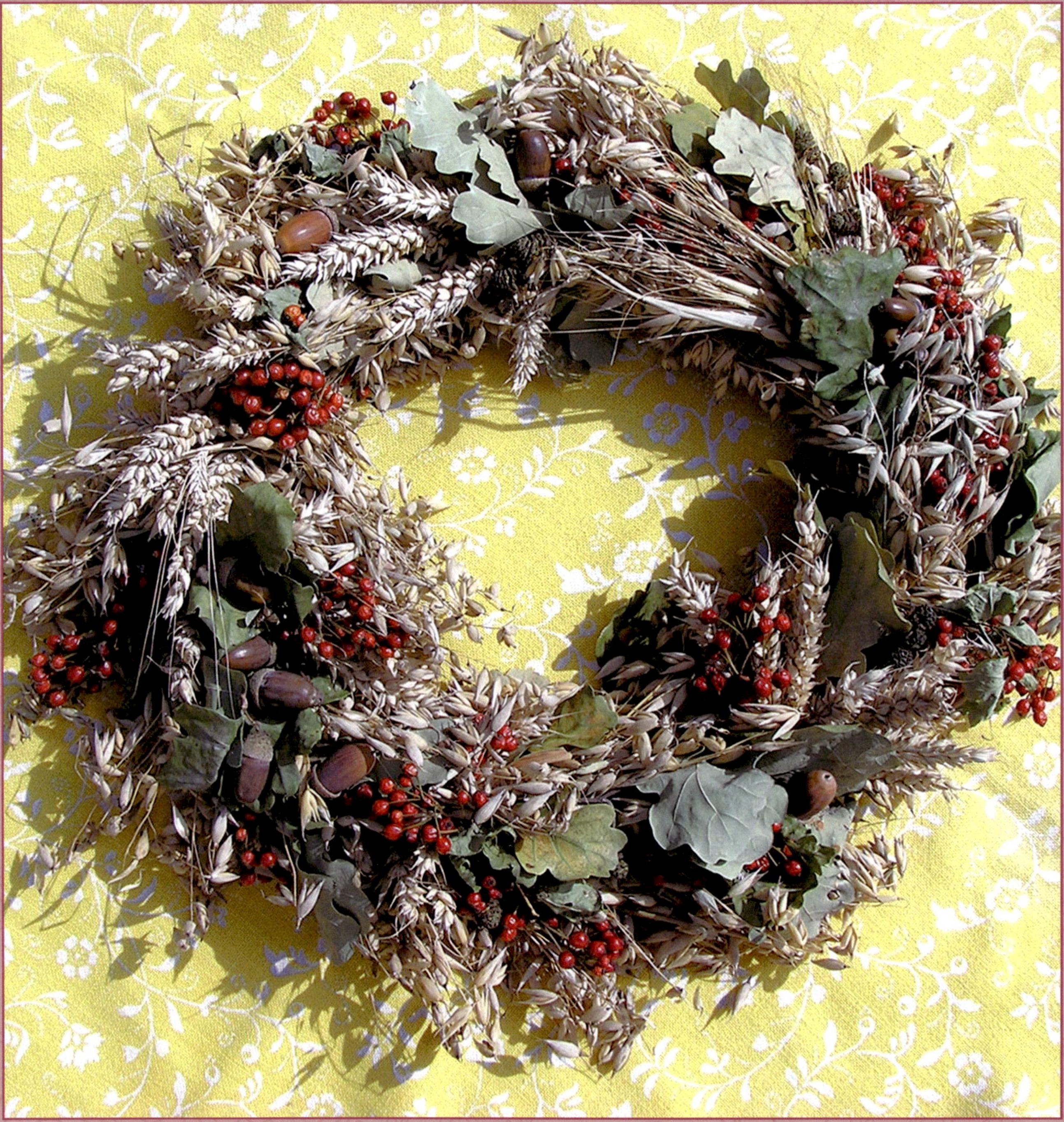

Haferkranz

Kränze mit Hafer sind durch ihre lebendige Struktur sehr interessant. Damit das Getreide nicht herabrieselt, empfiehlt sich die Ernte zwei bis drei Wochen vor der eigentlichen Reifezeit (also ab Mitte Juli, wenn der Hafer im August geerntet werden soll).

Das Hafergetreide kann man direkt am Feld in ca. 20 cm lange Halme zuschneiden. Die Halme für den Transport gleichmäßig flach in eine Kiste legen, damit sie nicht knicken können. Zu Hause muss das Getreide bald weiterverarbeitet oder luftig ausgebreitet werden, damit es nicht schimmelt.

Material

- Rohling aus Weide oder Stroh nach Wunschgröße
- Hafergetreide, eine flache Obstkiste voll
- brauner Blumendraht 0,65 mm
- Spitzzange
- Gartenschere
- Band für eine Schleife

Der Aufbau ist im Prinzip wie beim Weizenkranz (siehe S. 123f.). Anders als der Weizen, der mit seinen etwas streng wirkenden Ähren eine geordnete Arbeit erleichtert, ist es aber beim störrischen Hafer wichtig, «kulant» und etwas lockerer zu arbeiten.

Merken Sie sich nur die Menge der Halme und versuchen Sie sie ungefähr beizubehalten.

Vor der Weiterverarbeitung müssen die Halme gekürzt werden. Halten Sie ein Büschel Hafer auf etwa

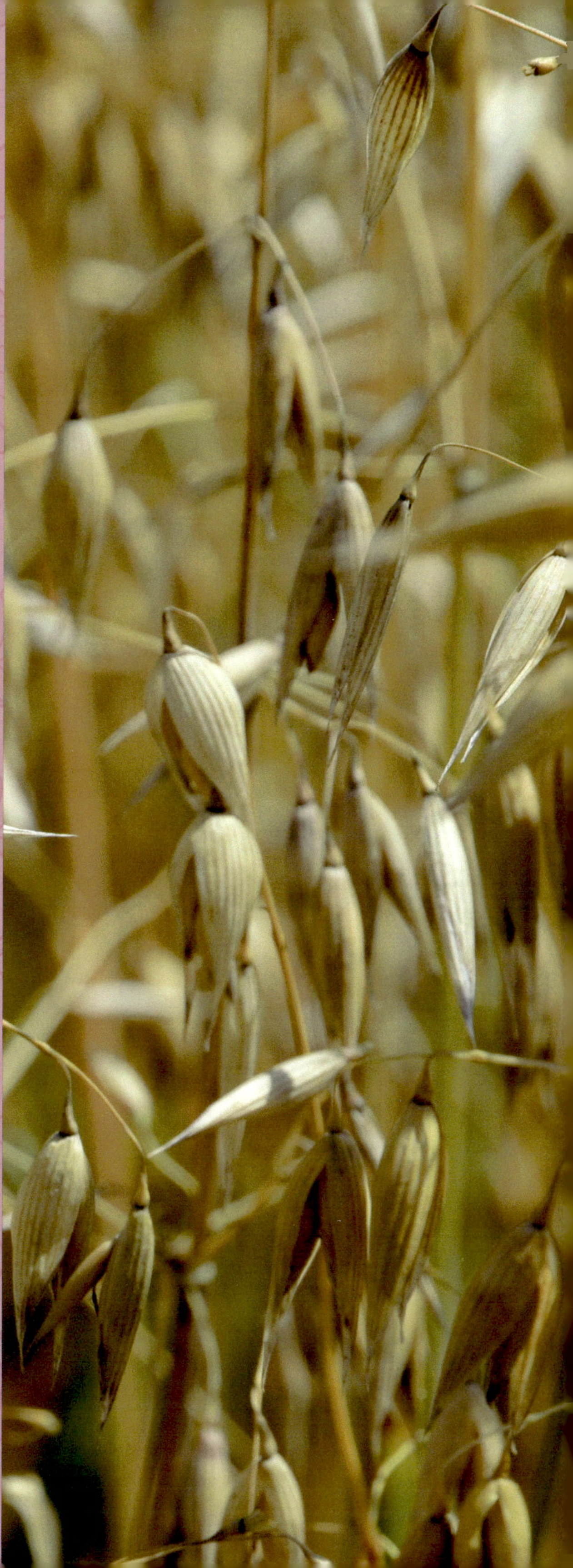

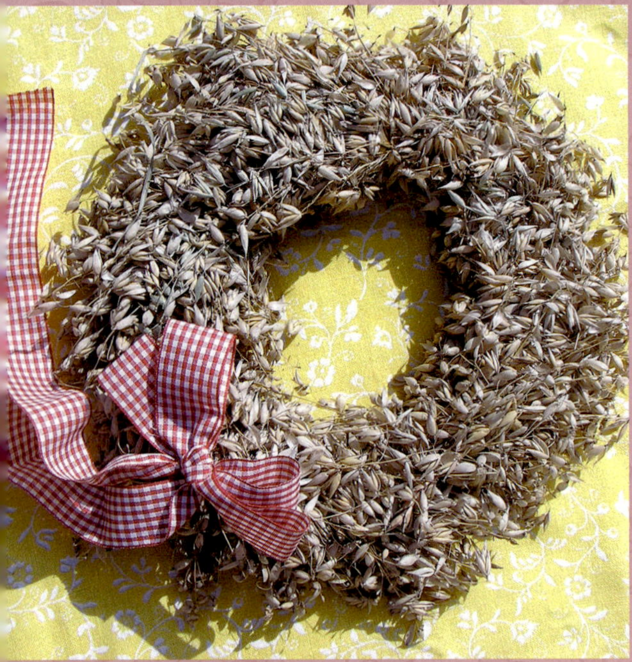

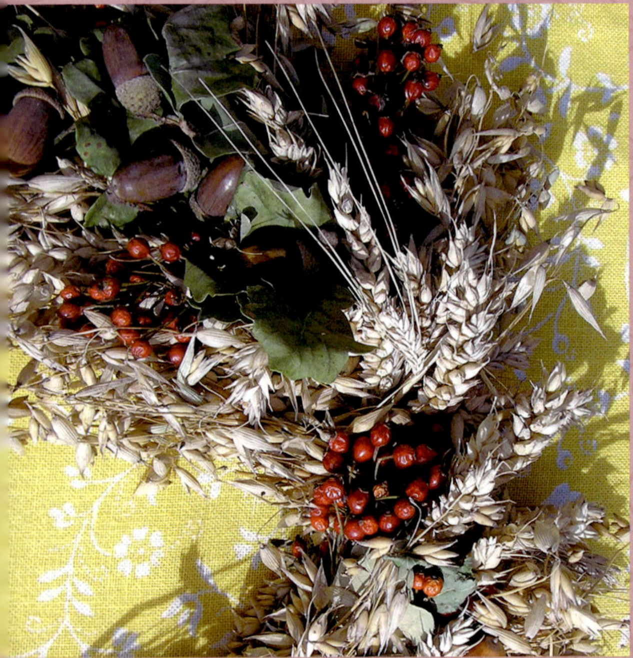

10 cm Länge fest und schneiden Sie unterhalb Ihrer Finger alle Halme auf einmal ab. Diese werden wie beim Weizenkranz auf den Rohling gewickelt. Die letzten Haferbüschel werden immer kürzer gehalten und zuletzt unter das erste Büschel geschoben.

An der Rückseite des Rohlings eine Aufhängeöse machen.

Der Haferkranz kann schlicht gelassen oder mit einer großzügigen Schleife verziert werden (siehe Foto links).

Herbstlicher Haferkranz (Variante)

Wenn Sie zwischen den Hafersträußchen hier und da Eichelzweige und rote Beeren (beispielsweise der roten Ballerina) mit hineinbinden, bekommt dieser Kranz eine herbstliche Note und fröhliche Farbakzente (siehe das Foto auf S. 128).

Im Wald

Im Wald oder im Park können Sie viele Schätze am Boden finden, vor allem nach starkem Wind oder Gewitter. Mit Flechten, Moosen, Lärchenzweigen, Rindenstückchen, Ästen, Zapfen aller Art und Beeren lassen sich wunderschöne Kränze gestalten.

Zu jeder Jahreszeit, vor allem entlang der Waldwege, wo die Sonnenstrahlen bis zum Boden vordringen, kann man besondere Blumen entdecken, die dem Waldkranz einen besonderen Charme verleihen. Achten Sie aber unbedingt auf geschützte Arten und auch auf eventuell giftige Pflanzen!

Mooskranz

Mooskränze eignen sich wunderbar für Bilderkränze. Unter Bilderkränzen versteht man ein Motiv, das wie eine Geschichte in den Mooskranz hineingestaltet wird. Daher eignen sich Mooskränze hervorragend für Gemeinschaftsarbeiten, sei es ein Kindergeburtstag, ein Bastelkurs für besondere Feste oder auch für persönliche Geschenke zu wichtigen Anlässen.

Material

- Birken- oder Weidenzweige
- Moosstücke
- grüner Blumendraht 0,65 mm
- brauner Blumendraht 0,65 mm

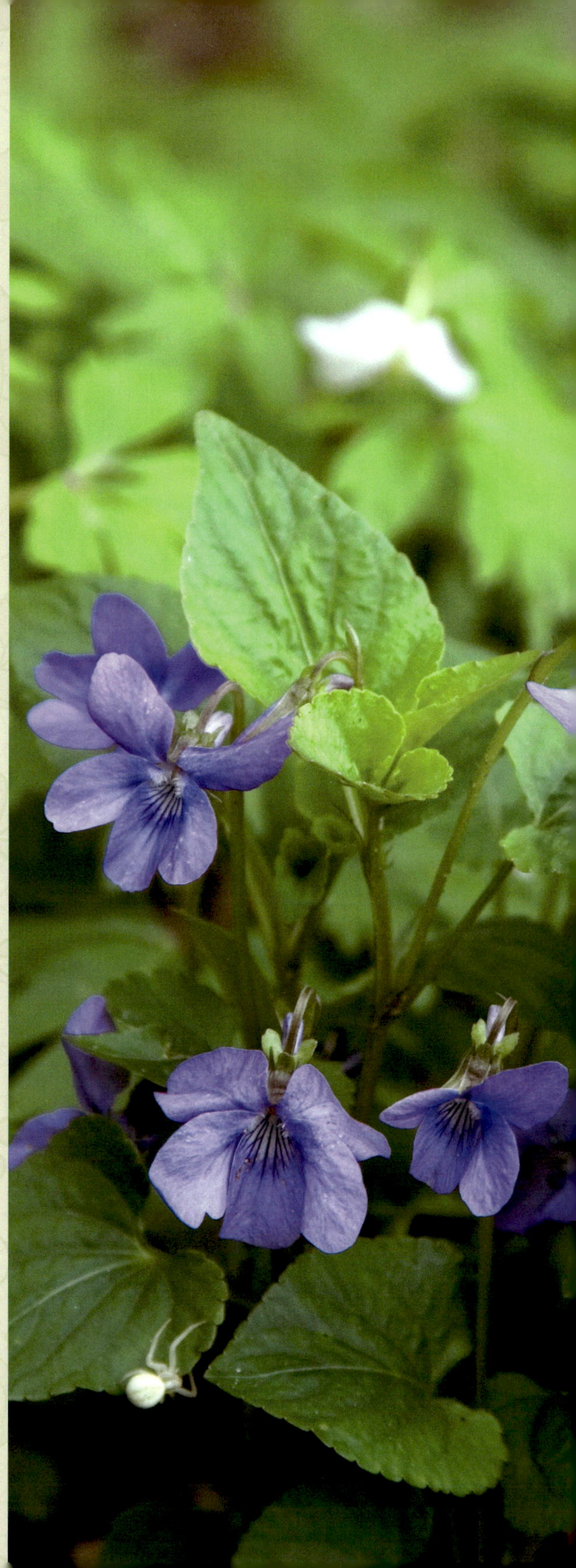

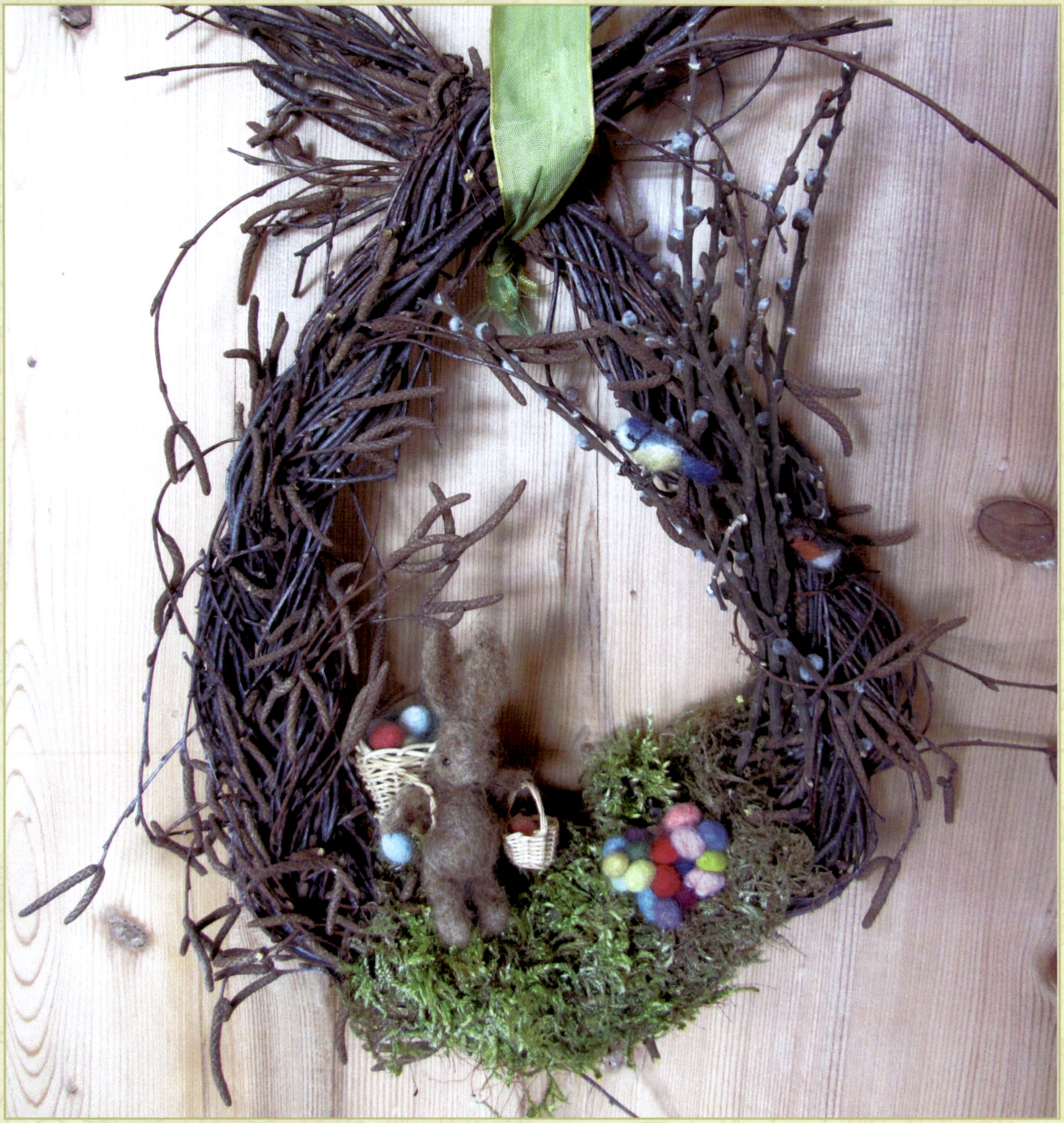

Die Grundlage für einen Mooskranz ist ein Rohling aus Weiden- oder Birkenzweigen (siehe S. 30f.). Dann wie auf S. 32 beschrieben weiterarbeiten.

Dieser Moosrohling ist an sich schon sehr schön und kann auch in dieser schlichten Form aufgehängt werden. Aber man kann ihn natürlich auch schmücken.

Für einen nur teilweise mit Moos umwickelten Kranz, werden auch Weiden- oder Birkenzweige als sichtbare Elemente genutzt. Sie werden verdreht, und diese «Bahn» wird nur an einer Stelle mit braunem Draht fest zusammengebunden, sodass die Zweige seitlich locker abstehen.

In diesem Rohling oder einem runden Mooskranz können Sie Ihre eigene Bildgeschichte kreieren. Gerade Kinder erinnern sich sehr prozessorientiert. Ihre Geschichten entwickeln sich nach und nach, und die Reihenfolge der Geschehnisse ist ihnen besonders wichtig. So könnten sie z.B. alle lustigen Fundstücke Ihres Spaziergangs nacheinander in den Kranz einbauen. Oder Sie machen einen kleinen Märchenkranz, um den man herumgehen und zu jedem Fundstück eine kleine Geschichte erzählen kann. Finden Sie etwa einen Tannenzapfen, eine bunte Feder und einen gemusterten Stein, können Sie einen kleinen Wollwichtel nehmen und ihn mit all Ihren Fundstücken kleine Abenteuer erleben lassen: Der Tannenzapfen verwandelt sich so in ein kleines Pferdchen, die Feder kann die Luft verzaubern und hilft dem Pferdchen zu fliegen, der Stein könnte ein verwandelter Schatz sein …

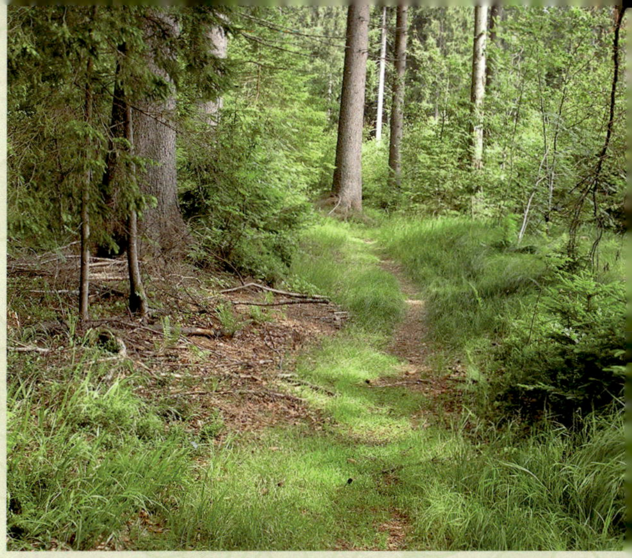

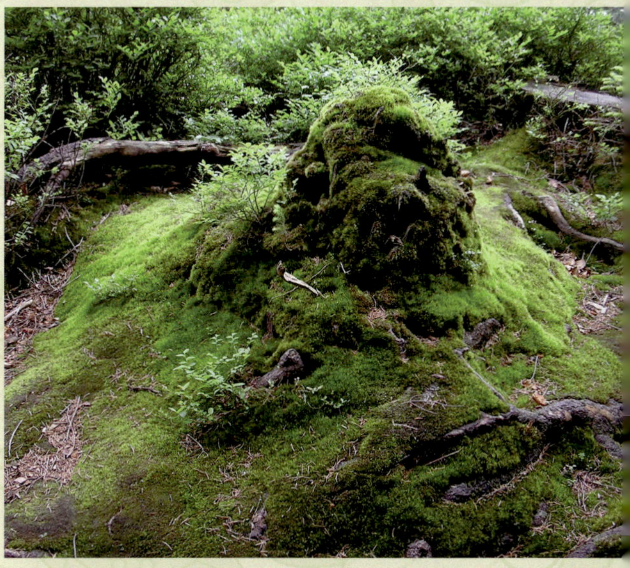

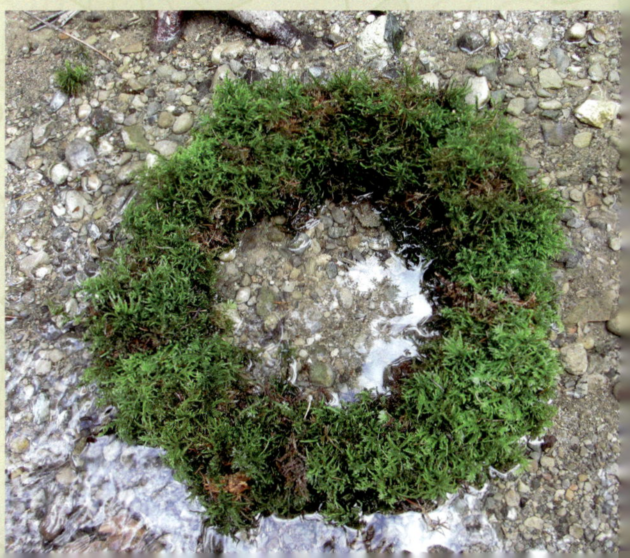

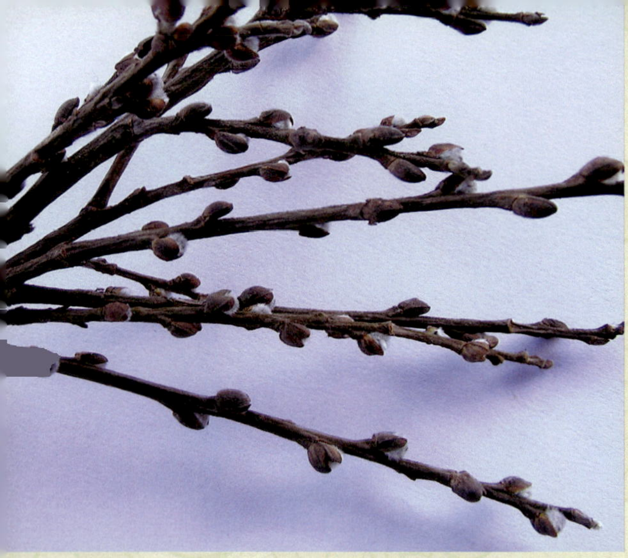

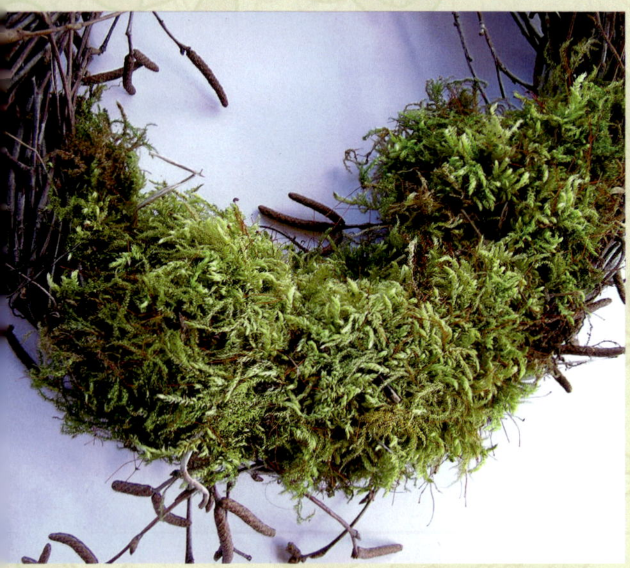

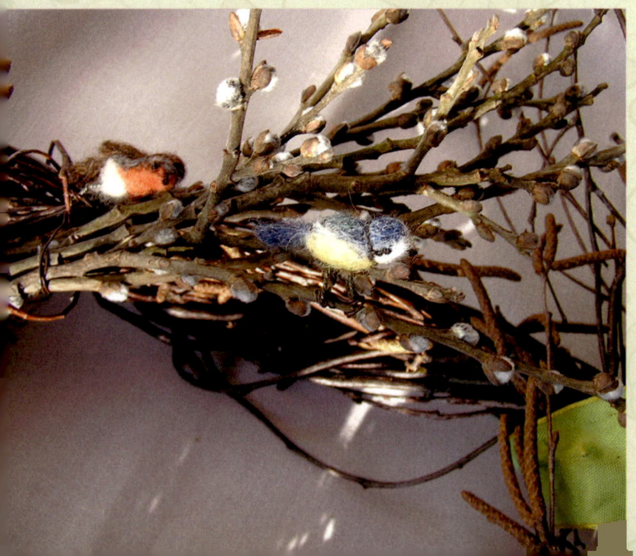

Schmuck

- Wolle in verschieden Farben (evtl. Filznadeln, Nähzeug)
- Zweige mit schönen Knospen, Weidenkätzchen, Wurzeln …
- nach Bedarf: Buchs, Heu
- bunte Bänder

Auf die Unterseite kann ein Stück Moos mit grünem Draht gewickelt werden. Seitlich kann man kleine Sträuße mit Weidenkätzchen, Buchs oder Zweigen, je nach Wunsch, festmachen: Schon entstehen verschiedene Ebenen, trennende Elemente, Wände oder Höhlen. Unter den Zweigen könnten Hasen, Hühner, Zwerglein sitzen, auf den Ästen kleine Vögel, Schmetterlinge …

Mit der farbigen Wolle können Sie weitere «Zutaten» basteln und Ihren Kranz damit schmücken. Es ist möglich, sowohl Gekauftes wie Selbstgemachtes hineinzuarbeiten. Und schon entsteht eine persönliche Bildgeschichte.

Kranz aus Flechten

Wenn die starken Regentage vorbei sind oder mancher Sturm im Wald gewütet hat, findet man am Waldboden viele Schätze, die sich in vielfältigen Kränzen verarbeiten lassen; es können auch Moose unterschiedlicher Art sein sowie trockene, verwitterte Äste.

Im folgenden Beispiel wird mit heruntergefallenen Flechten ein zartes Gebilde zusammengestellt. Manchmal haften die Flechten an kleinen Ästen oder Rindenstücken, sodass der Kranz eine eigenwillige Struktur bekommt. Er kann, trocken gelagert, viele Jahre aufgehoben werden.

Material

- Weidenunterlage aus 6 – 8 Weidenzweigen
- Heißklebepistole mit ca. 16 Ersatzklebesticks
- Band oder Schmuck zur Verzierung
- Unterlage

Zum Aufbau siehe den Abschnitt «Rohling aus Weidenzweigen», S. 28f.

Zunächst formen Sie einen Weidenrohling nach Wunschgröße und legen ihn auf eine Unterlage. Holen Sie die gesammelten Flechten, Rindenstücke oder Ästchen und breiten Sie die größeren Stücke gut verteilt um sich herum aus, sodass Sie alles griffbereit haben. Nun wird das Material aufgeklebt.

Mit den größeren Teilen – den Ästen oder Rindenstücken – beginnen: gleichmäßig auf den Rohling kleben und gut festdrücken.

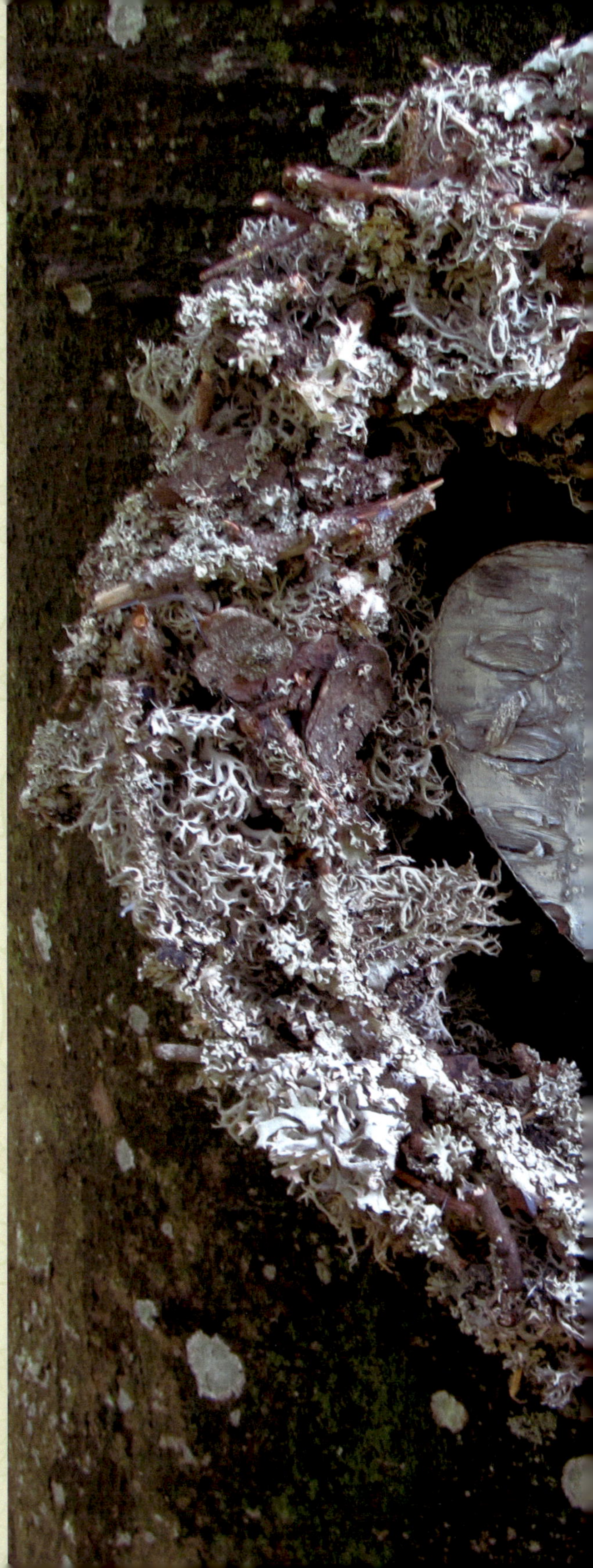

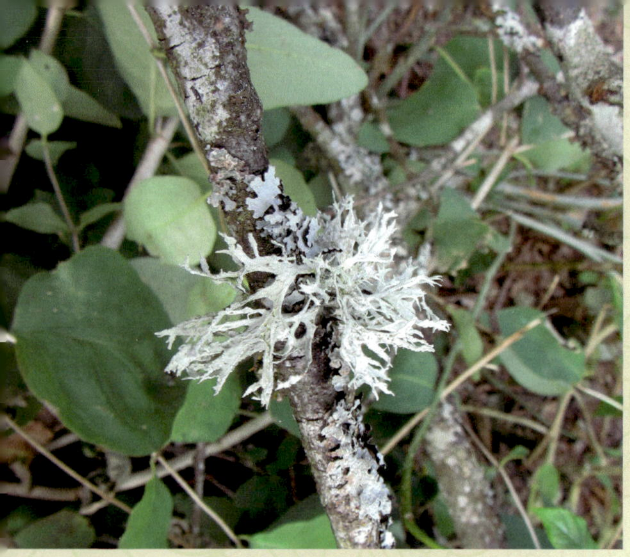

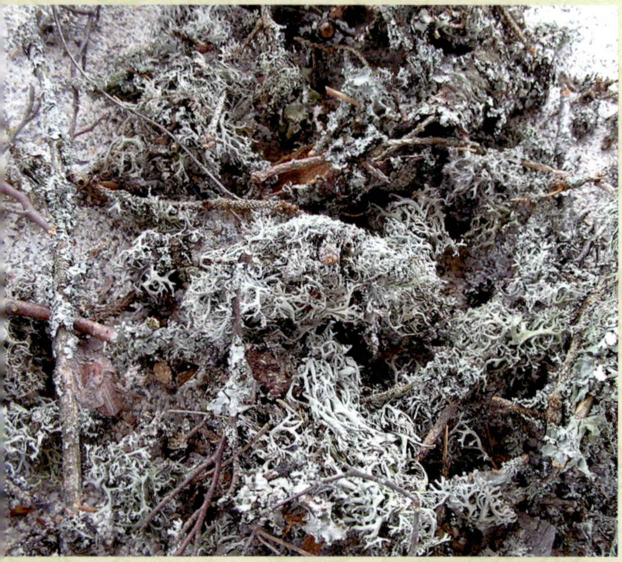

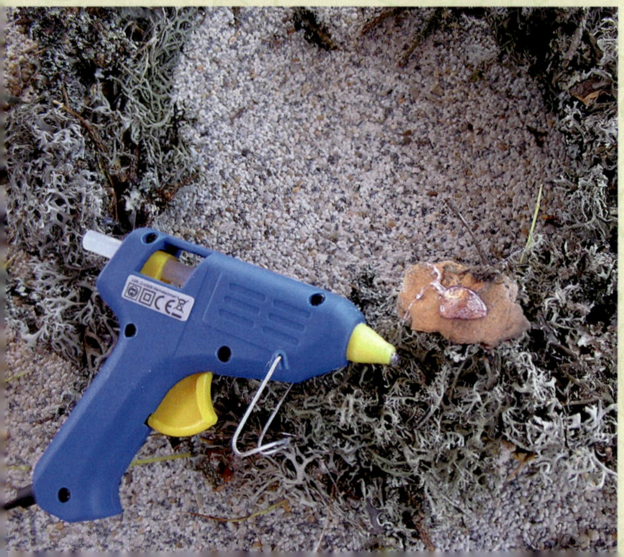

Der Heißkleber bildet kaum Fäden, wenn Sie ihn zuerst an das zu klebende Stück halten. Kratzen Sie die Pistolenspitze mit einer leichten Druckbewegung vom Gegenstand ab. Das Foto links unten zeigt, wie ungefähr so ein Klebeklecks aussehen kann.

In gleichmäßigen Abständen werden dann auch die kleinen Äste mit den angewachsenen Flechten geklebt. Die kleinen Flechten füllen die Lücken.

Zum Befestigen der Flechten braucht man viel Klebematerial!

Schmuck

Wenn Sie den Kranz mit einem glänzenden Band umwickeln möchten, benötigen Sie für fünf Umdrehungen und die Aufhängemöglichkeit ein ungefähr 2,5 m langes Band.

Sehr schön zur matten Struktur der Flechten passen auch glänzende Materialien, wie Glas oder Kristallschmuck. Ebenso eignen sich zum Schmücken Dekorationen aus Rinde wie das abgebildete Birkenrindenherz.

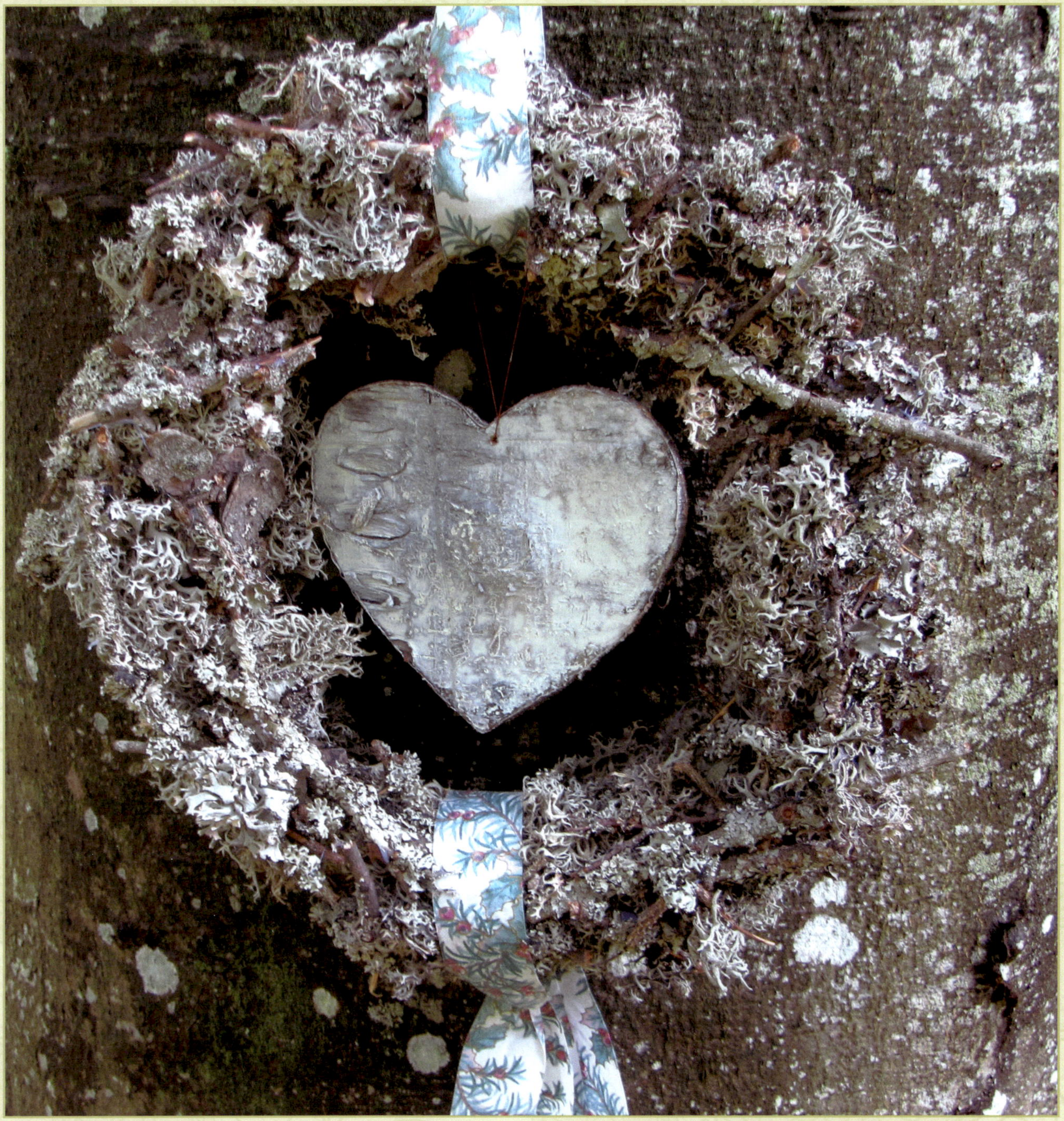

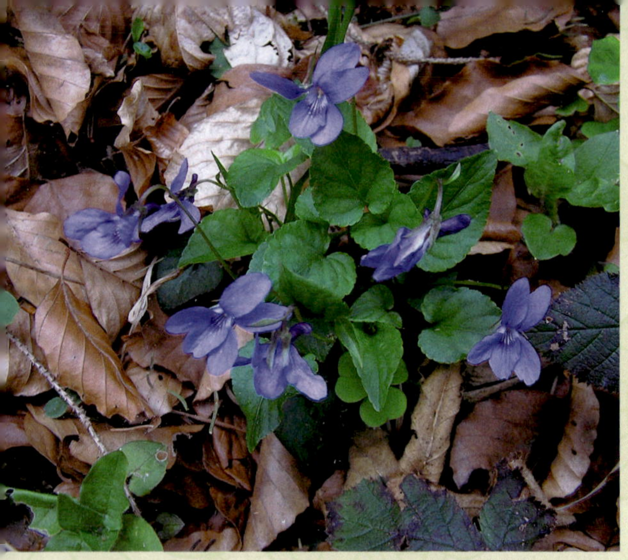

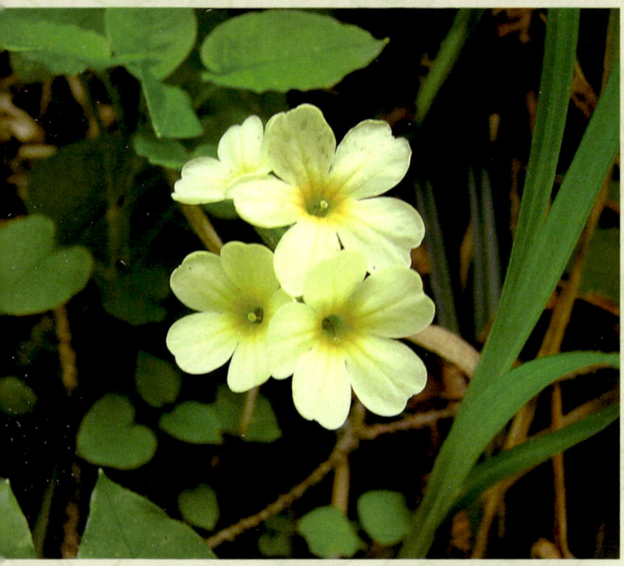

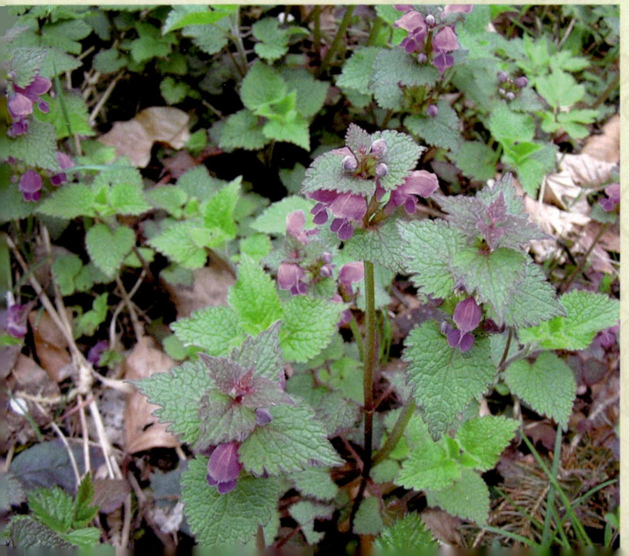

Frühlingskränzchen mit Waldblumen

Die ersten zarten Blumen, die wir im Wald finden können, erfreuen uns durch ihre leuchtenden Farben. Sie gucken freundlich aus dem braunen Blätteruntergrund und werden von den Sonnenstrahlen zwischen den noch kahlen Bäumen besonders gut angestrahlt.

Vielleicht kann ein Frühlingskränzchen den Ostertisch schmücken?

Material

- 1 buntes Blumensträußchen gemischter Sorten, z.B. Veilchen, Huflattich, Wilde Schlüsselblume, Anemonen, Milzkraut, Nesseln …
- 6 Zweigchen mit frischen Haselnuss- oder zarten Himbeerblättern
- grüner Blumendraht 0,65 mm
- grüner Blumendraht 0,35 mm

Zum Aufbau siehe den Abschnitt «Kranz mit Drahtaufbau», S. 23 – 27.

Wickeln Sie den dickeren Blumendraht etwas auf und legen Sie die Blumen als kleine Häufchen darauf. Dann den dünnen Draht vorsichtig um die Blumen herumwickeln; dabei die Blüten mit den Blätterzweigen abwechseln. Durch die grüne Farbe der Blätter kommen die Farben der Blumen besser zur Geltung.

Wenn der Blumenvorrat zu Ende gegangen ist, schließen Sie die Arbeit wie beschrieben ab.

Das Kränzchen in eine Wasserschale legen.

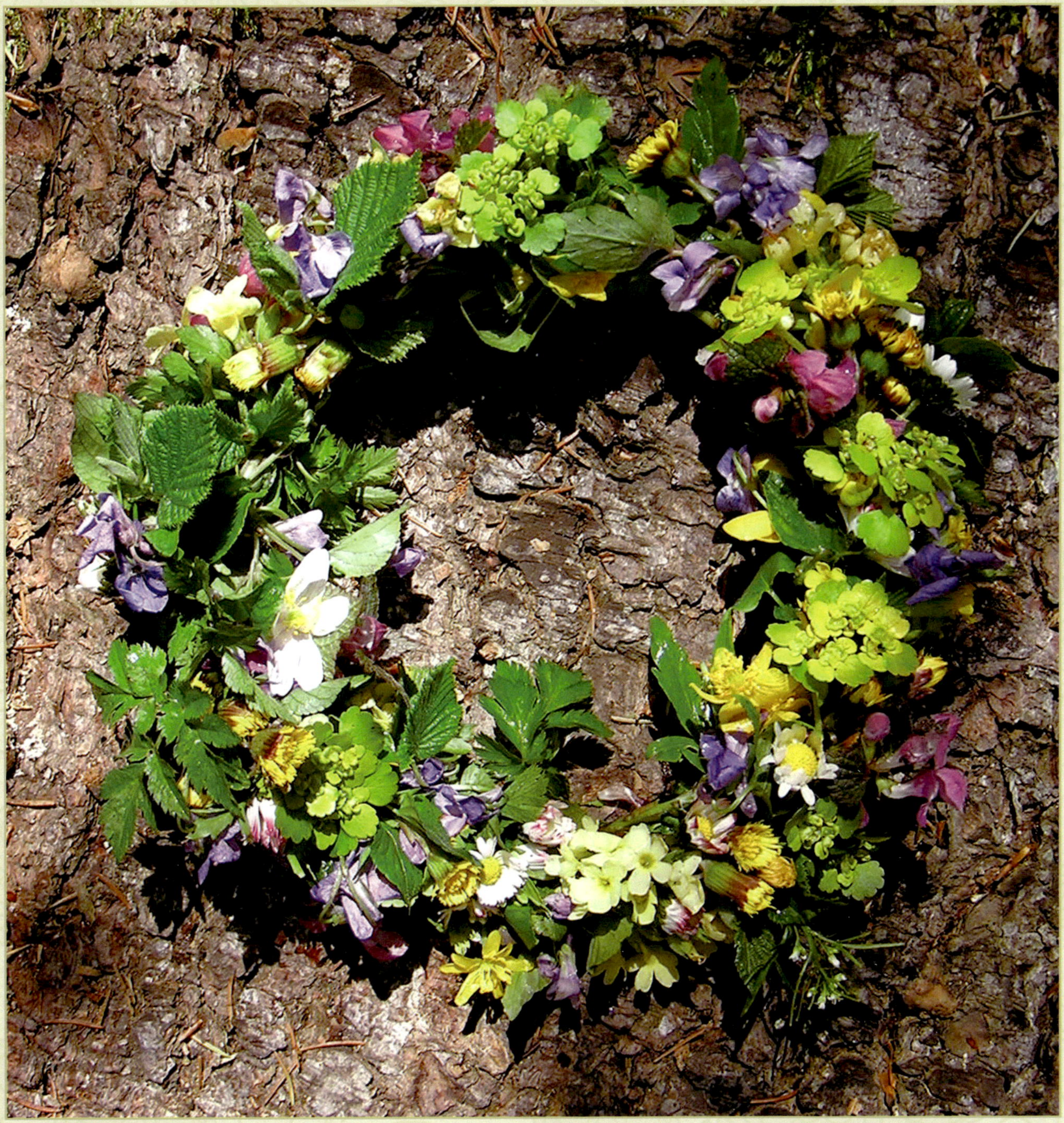

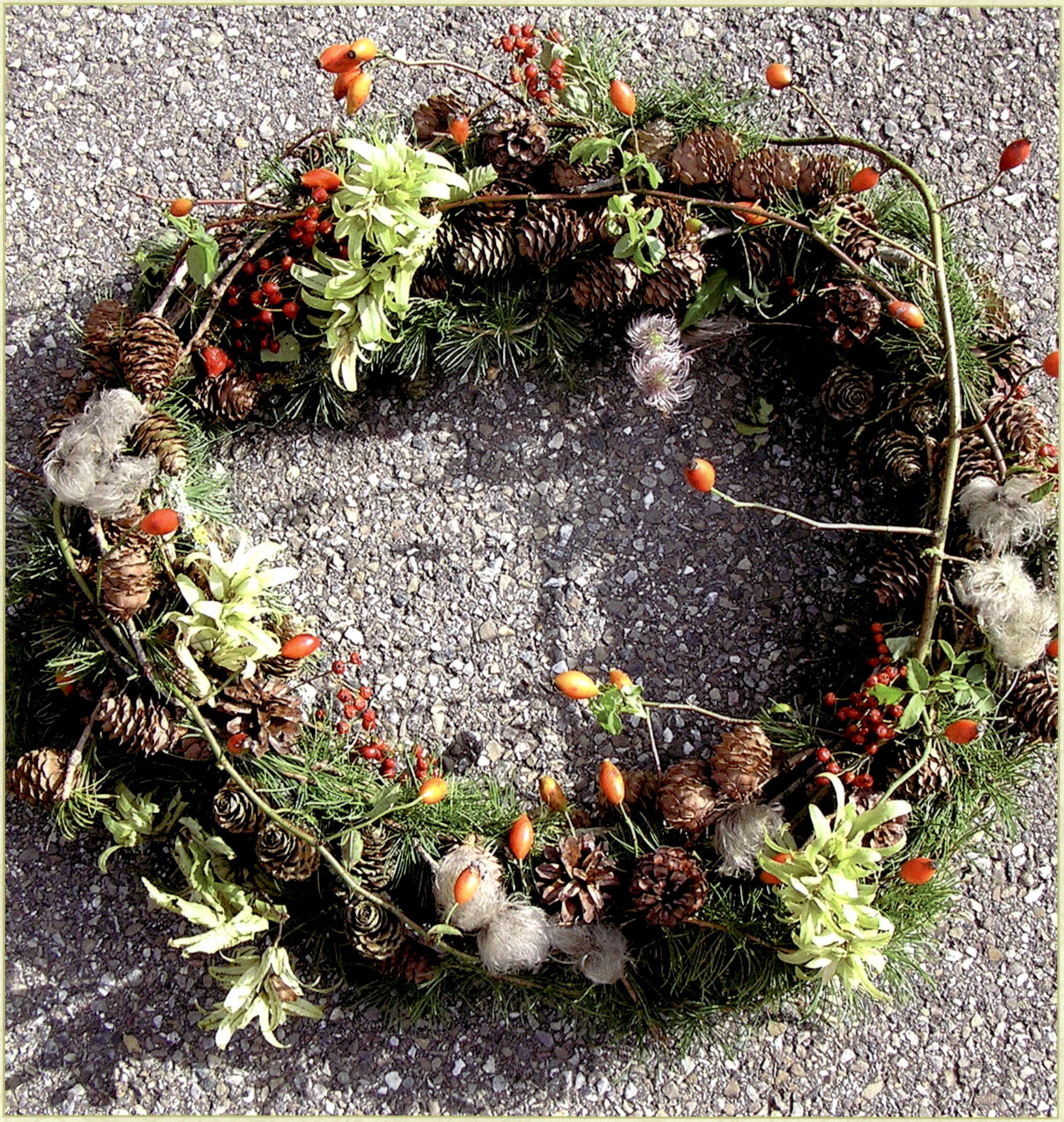

Großer wilder Oktoberkranz

Dieser Kranz besteht aus Lärchenzweigen, die ohne Untergestell (Rohling) zusammengebunden werden. Er kann auch sehr groß gemacht werden, eignet sich gut zum Hinlegen und bleibt bis in den Winter hinein ein hübscher Hingucker. Sie können ihn mit herbstlichen Funden, wie Hagebutten und Samenständen, nach Belieben schmücken.

Lärchenzweige haben im Oktober noch ihre Nadeln. Das Grün zwischen den Zapfen sieht schön aus, wird aber im Laufe der Wochen herabrieseln, da die Lärche ein Nadelbaum ist, der seine Nadeln bei Frost oder Trockenheit verliert. Später kann man die schöne Struktur der Lärchenzweige sehen.

Material

- 8 – 10 Lärchenzweige mit vielen Zapfen
- herbstliches Material nach Wunsch, z.B. Zweige verschiedener Hagebutten, Samenstände von Clematis, Zapfen, Beeren
- brauner Blumendraht 0,65 mm

Die Zweige auf dem Boden oder auf einem großen Tisch als lange Bahn zurecht legen. Mischen Sie die Aststärken überall gleichmäßig und schichten Sie dann auch die dünneren Nebenzweige gut verteilt über die ganze Länge, sodass nirgendwo nur dicke oder nur dünne Äste liegen.

Mit Blumendraht die Äste miteinander befestigen, indem man an einer Stelle mit dem Draht alle Äste auf einmal bündelt. Danach den Draht an der Unterseite abzwicken und festzwirbeln.

Dieses Zusammenhalten der Zweige wird in gleichmäßigen Abständen wiederholt. Dann wird die Zweigbahn rund zu einem Kranz gelegt und mit Draht zusammengebunden. Zuletzt den ganzen Kranz vorsichtig mit Draht um die Äste und Zapfen umwickeln, damit er in Form bleibt.

Nach Wunsch können Sie ihn nun schmücken. Lange Zweige mit roten Hagebutten werden locker daraufgelegt und in die Lücken unter den Draht gesteckt. Samenstände der Waldrebe oder Ahorn, Disteln, größere Zapfen der Kiefer usw. können ebenfalls in die Zwischenräume unter den Draht geschoben oder mit Heißkleber befestigt werden. Für Farbe sorgen verschiedene Hagebutten (z.B. der Ballerinarose) oder Ebereschenbeeren.

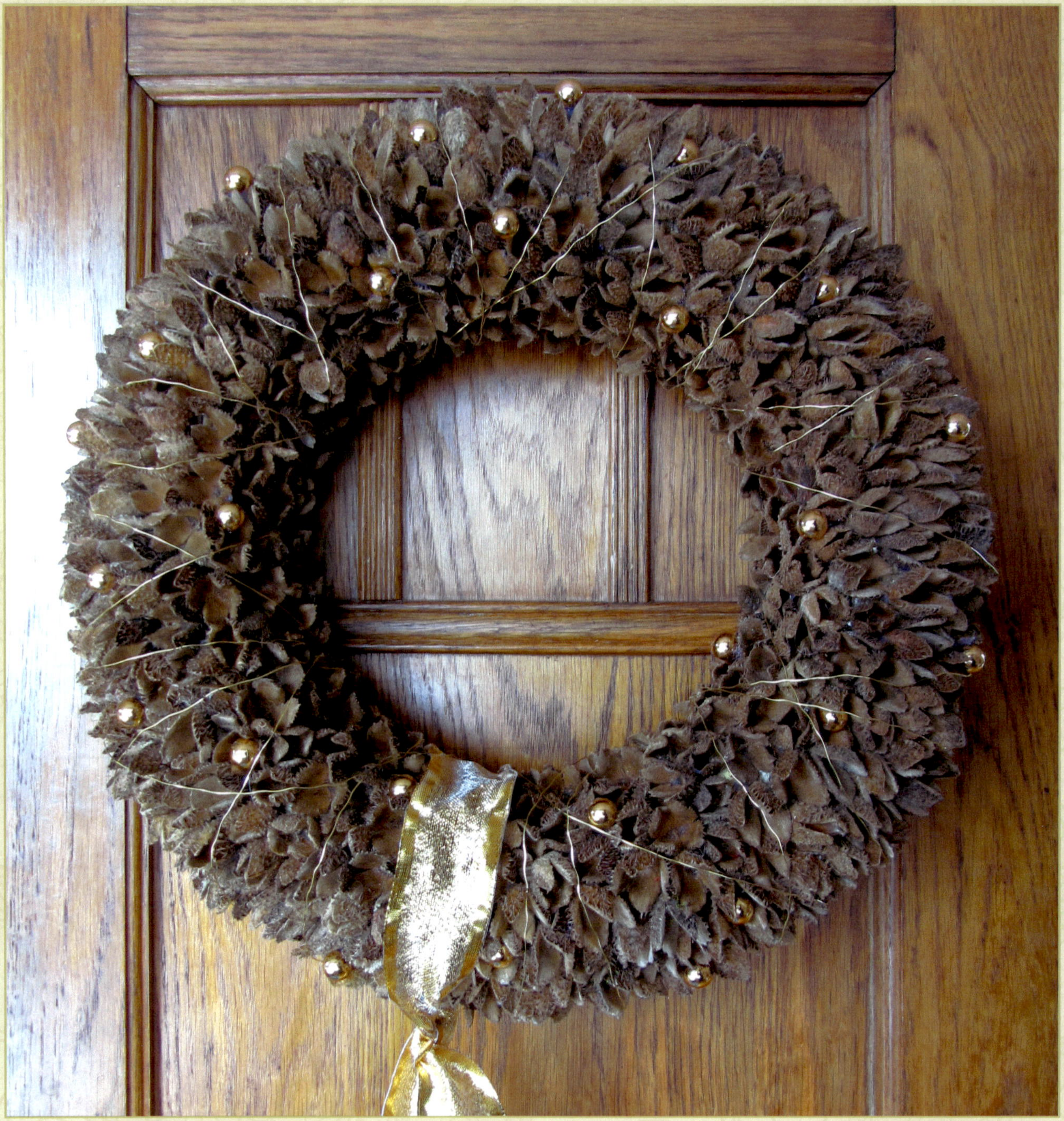

Bucheckernkranz

Wenn im Oktober die Fruchtbecher der Bucheckern herunterfallen, lohnt es sich, viele von ihnen zu sammeln und zu trocknen. Sie können über viele Jahre vielseitig verwendet werden.

Im Herbst fällt zunächst nur ein Teil der Fruchtbecher herunter, vor dem Abfallen der Blätter. Sie sind meist gut aufgegangen und daher breiter. Im Winter kann man dann beobachten, dass noch viele Fruchtbecher an den Ästen hängen. Man kann sie jetzt einzeln abzwicken oder von März bis Juni, wenn die neuen Blätterknospen sie weggedrückt haben, einsammeln. Diese Becher sind nach dem langen Winter geschlossener und etwas schmaler, daher braucht man für einen Kranz mehr von ihnen. Es ist jedoch leichter als gedacht, sie zu sammeln, da unter einer großen Buche Tausende von ihnen zu finden sind. Das Kleben mit der Heißklebepistole kann außerdem beliebig unterbrochen werden, falls Sie eine Pause machen oder weiteren Nachschub sammeln möchten.

Diesen Kranz können Sie viele Jahre aufbewahren.

Material

- ca. 560 Fruchtbecher der Buche (in Frühjahr gesammelt; im Herbst braucht man weniger)
- Strohrohling, ca. 35 cm Durchmesser (Bastelbedarf)
- Heißklebepistole mit ca. 15 Ersatzklebesticks
- brauner Draht
- Unterlage

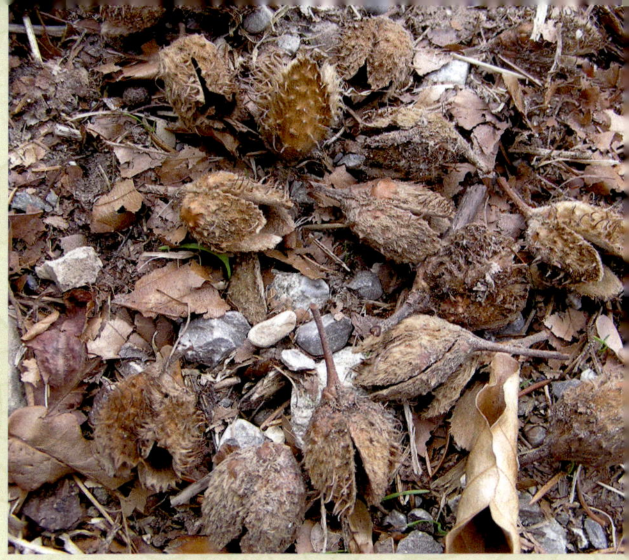

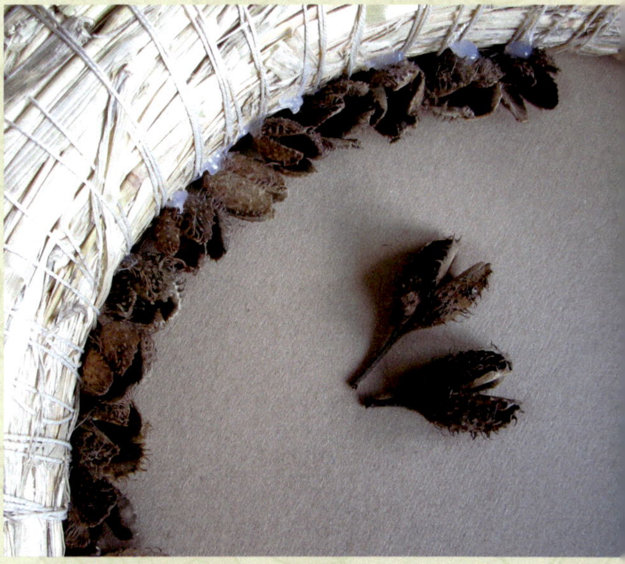

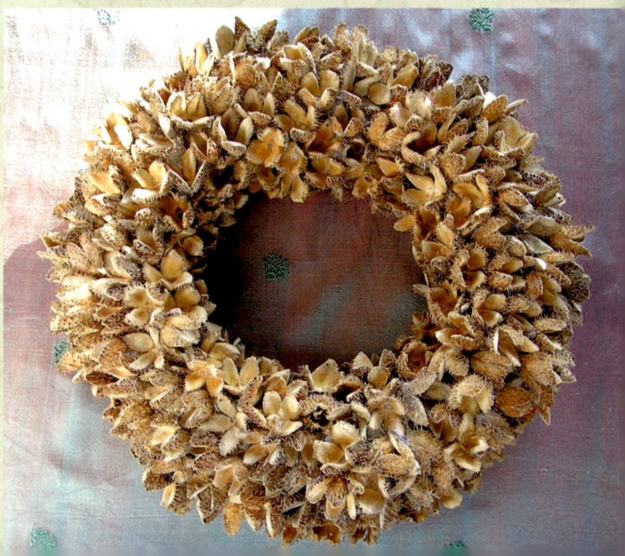

An den trockenen Fruchtbechern werden die eventuell langen Stielansätze abgezwickt.

Legen Sie den Strohrohling (siehe S. 34) auf eine Unterlage. Beginnen Sie an der Innenseite des Rohlings. Die Fruchtbecher werden gleichmäßig nebeneinander aufgeklebt, indem man, wie abgebildet (S. 143 Mitte), in die Krümmung einen Heißkleberklecks drückt.

Kratzen Sie die heiße Klebemasse mit der Heißklebepistole direkt an der Frucht und um den Stielansatz ab; so vermeiden Sie Klebefäden. Wenn dennoch Fäden entstehen, empfiehlt es sich, sie sofort zu entfernen. Man bekommt bald ein Gefühl dafür, wie viel Kleber benötigt wird, um die Früchtebecher an den Rohling kleben zu können.

Die nächste Reihe wird dicht an der ersten aufgebaut, damit keine Lücken entstehen. Da die Fruchtbecher unterschiedlich groß sind, können Sie gut die Lücken ausfüllen. Sollten dennoch später kleine freie Stellen zu sehen sein, können Sie einige Früchtekapseln brechen und diese Stückchen in die Lücken kleben oder ganze kleinere Früchtebecher hier und da obendrauf ankleben.

Wenn Sie die gesamte obere Fläche des Rohling mit Fruchtbechern beklebt haben, drehen Sie den Kranz um, damit Sie leichter an die Ränder kommen.

Lassen Sie die Unterseite frei. (Ein ca. 4 cm breiter Rohlingsstreifen genügt.)

Mit braunem Draht eine Öse zum Aufhängen zurechtbiegen.

Bucheckernkranz mit goldenen Perlen

In den fertigen Kranz können nach Bedarf goldene Perlen (10 mm Durchmesser) geklebt werden (siehe Foto S. 142). Darauf achten, dass die Löcher der Perlen nicht zu sehen sind; das erreicht man, indem man sie mit der Öffnung seitlich klebt.

Alternative zur Verzierung

Mit goldener Acrylfarbe können Sie die Fruchtbecher vergolden, indem Sie den Kranz großzügig mit einen feinen Hauch Farbe ansprühen.

Zapfenkranz

Dieser Kranz ist sehr dekorativ, weil er schlicht ist und doch nicht langweilig wirkt. Er kann ein besonderer Tischmuck werden oder ein schöner, langlebiger Türkranz. Durch die hübsche Struktur der Kiefernzapfen ergibt sich ein lebendiger Hintergrund, der beliebig ergänzt werden kann.

Der Kranz lässt sich nach Bedarf schmücken:
- mit glitzernden Perlen auf goldenem Draht (siehe S. 147 und 168)
- verziert mit Schmuck aus Glas oder Kristall
- mit einem Hauch von Gold- oder Silberfarbe (aufgesprüht)
- mit roten Beeren oder einer großzügigen Schleife.

Diesen Kranz können Sie auch gut aufheben.

Material
- trockene Kiefernzapfen, ca. 160 Stück
- Strohrohling mit 30 cm Durchmesser
- Heißklebepistole und ca. 22 Ersatzklebesticks
- brauner Blumendraht 0,65 mm

Arbeiten Sie auf einer Unterlage. Ein 30 cm langes Drahtstück abzwicken und um den Strohrohling (siehe S. 34) schlingen. Zum Schluss mit dem Draht eine Öse zum Aufhängen formen. (Für das Gewicht des Kranzes würde eine dünne, kleine Öse nicht ausreichen; besser ist daher eine etwas dickere Schlaufe, bei der Sie den Draht mehrmals umwickeln.)

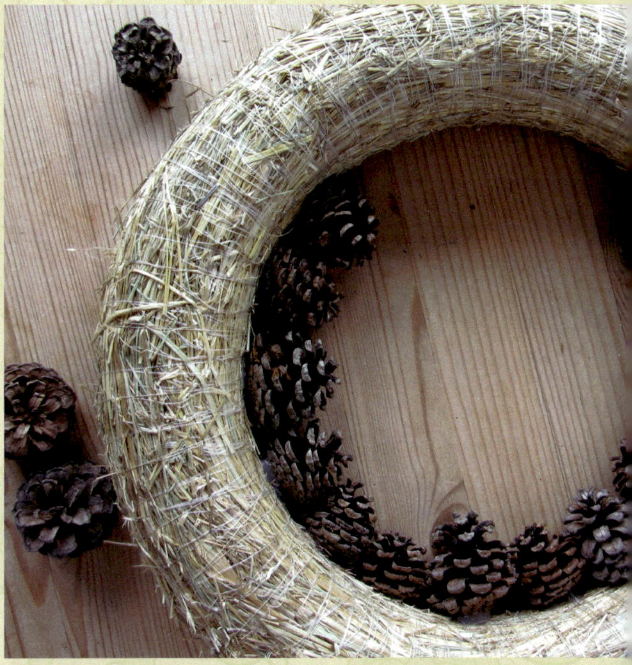

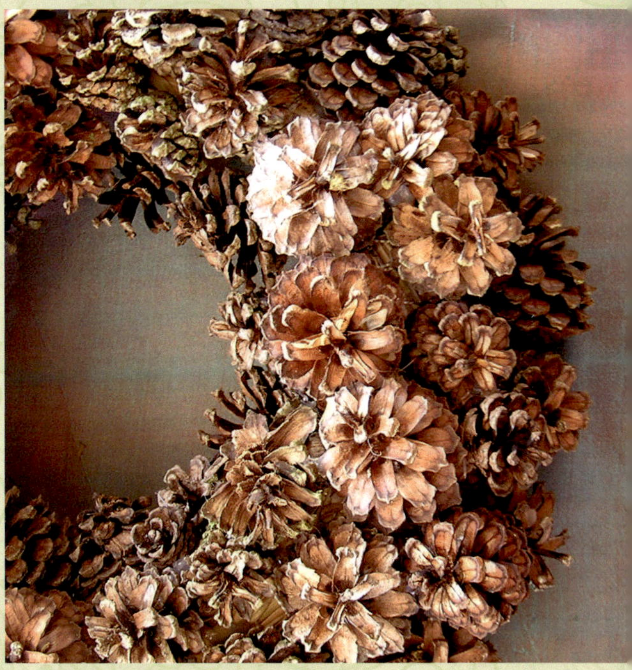

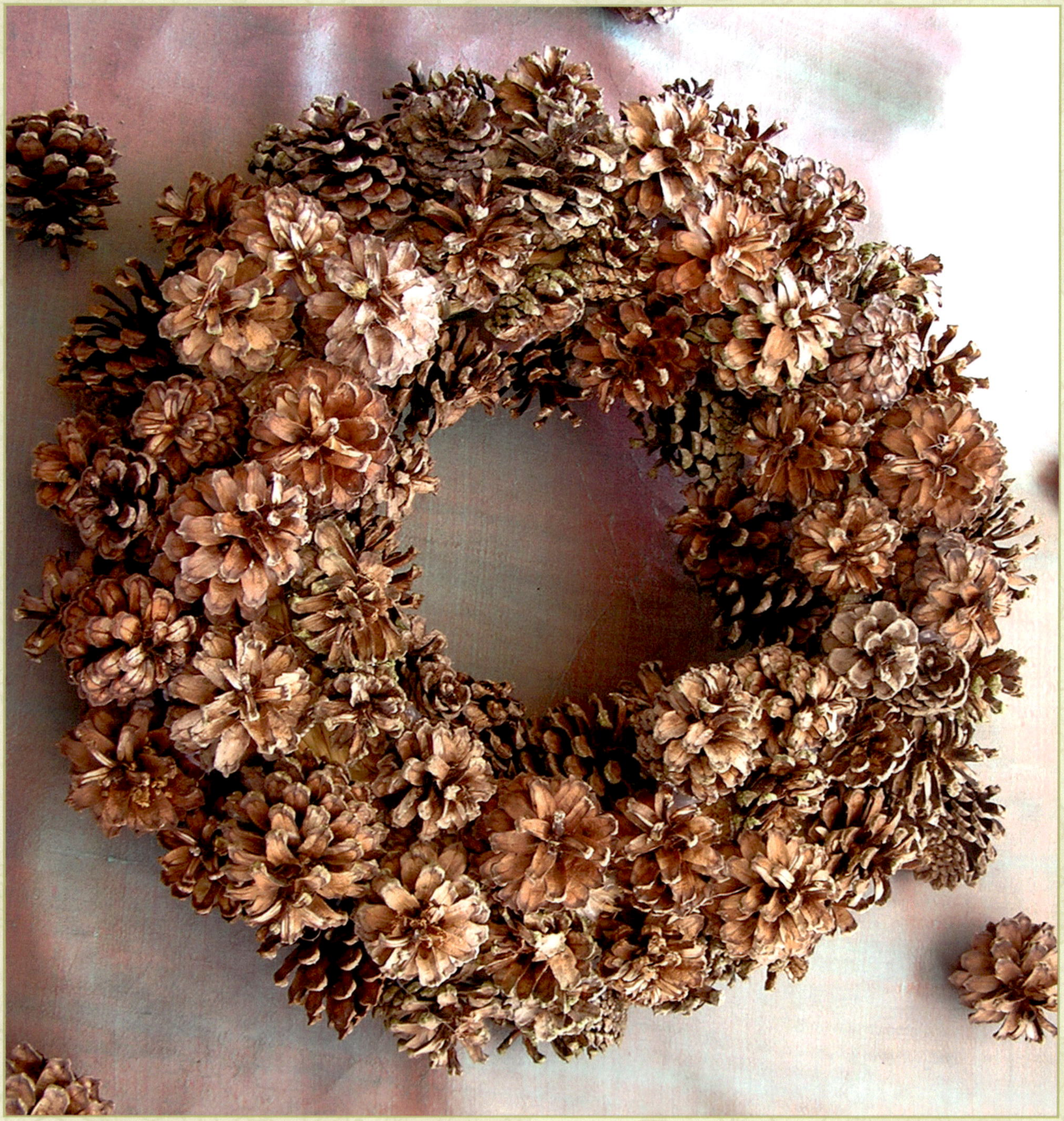

Die Größen der Zapfen untereinander mischen, damit die Kranzoberfläche nicht zu gleichmäßig und langweilig wird. Etwa zehn bis fünfzehn der kleinsten Zapfen für die letzten Lücken zur Seite legen.

Den Strohrohling flach auf die Arbeitsunterlage legen und damit beginnen, die erste Zapfenreihe an die Innenseite – unten anliegend – zu kleben. Drücken Sie mit dem Heißkleber einen guten Klecks (ca. in der Größe eines 50-Cent-Stücks) an die Unterseite der Zapfen und kratzen Sie die Spitze der Pistole am Zapfen ab, damit keine Fäden entstehen können. Den Zapfen fest an die Oberfläche des Rohlings drücken. Kleben Sie die Zapfen schön eng und ineinander verkantet, damit wenig Strohoberfläche zu sehen ist. In die Zwischenräume werden, wenn nötig, die kleinsten Zapfen geklebt und vorsichtig dazwischengedrückt. Manchmal stehen diese letzten Zapfen etwas erhöht gegenüber den ersten, aber das stört nicht, dadurch wird die Struktur aufgelockert.

Die Unterseite des Strohrohlings bleibt frei.

Wird dieser Kranz draußen aufgehängt, sollte er an einem überdachten, regengeschützten Platz sein; die Zapfen würden sich sonst durch das Wasser wieder zusammenziehen.

Kranz mit mattem Klarlack einsprühen.

Der Zapfenkranz ist auch ein wirkungsvoller Adventsschmuck, wenn er mit Golddraht und Perlen verziert wird (siehe Foto rechts und Beschreibung S. 168).

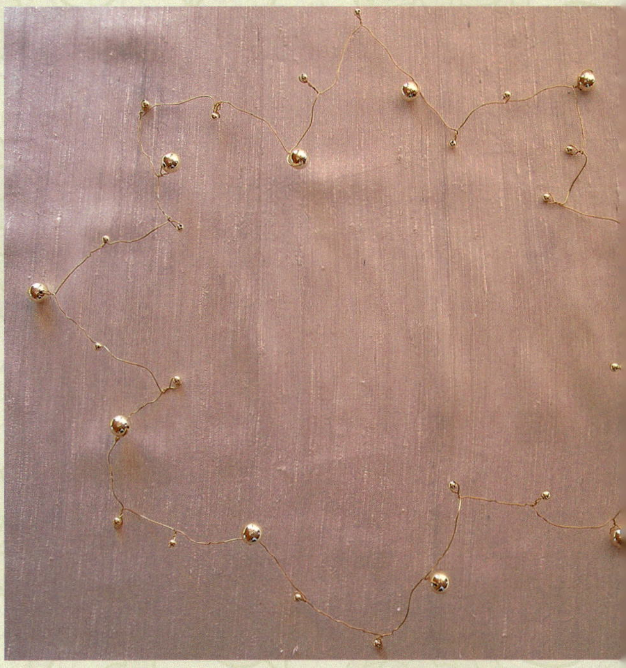

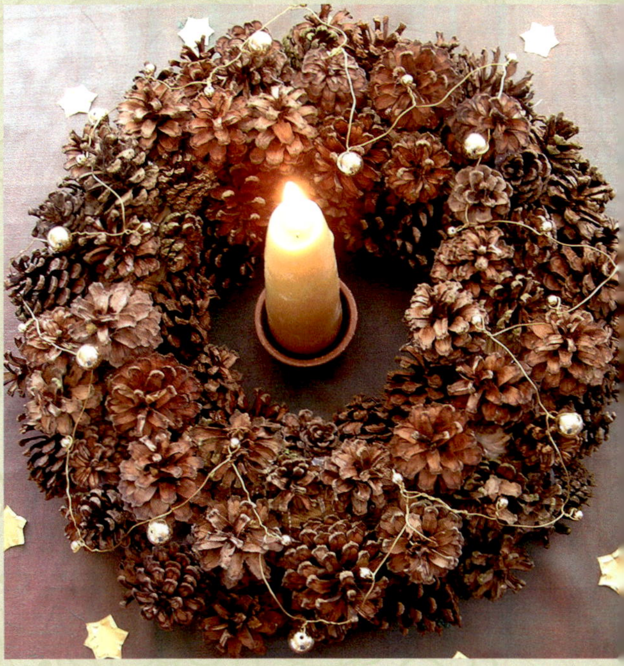

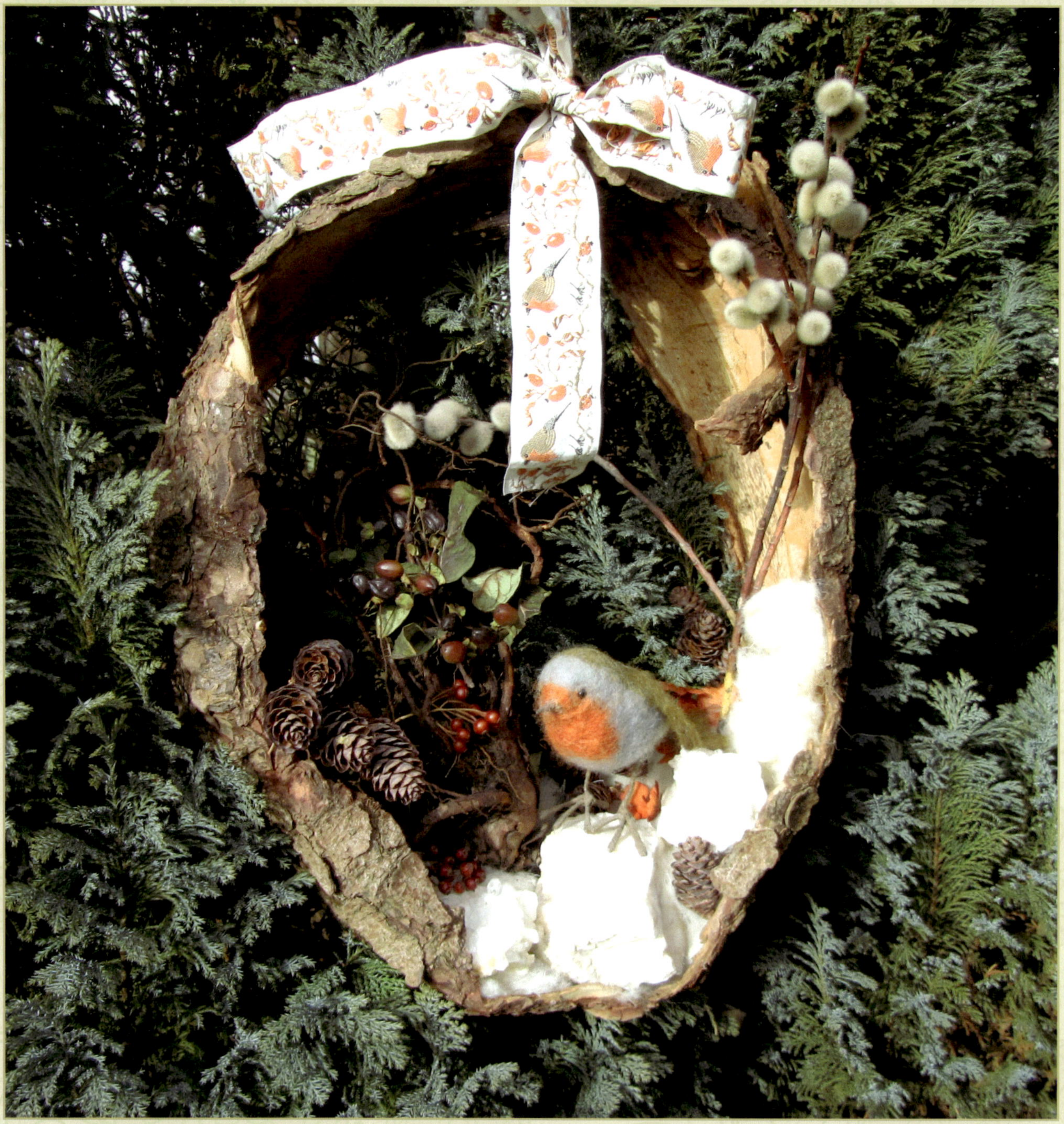

Kranz aus Rinde

Wenn im Wald die großen Bäume gefällt werden und die Stämme zu hohen Bergen am Rande der Waldwege aufgestapelt liegen, kann man ringsherum schöne Rindenstücke finden, die zur Kranzverarbeitung gut geeignet sind.

So haben wir beispielsweise nach einem Sommersturm von einer umgekippten Tanne einmal ein langes Stück Rinde abgezogen. Im frischen Zustand ist diese Rinde biegsam und duftet herrlich nach Harz. Auch ein «älteres» Stück Rinde kann, eingeweicht, wieder biegsam gemacht werden.

Mit diesem Rindenkranz ergibt sich eine feste Grundlage für allerlei Stillleben, mit denen wir die Rinde schmücken können. Ebenso könnte dieser Kranz voller Reiseerinnerungen stecken, wenn Sie dort Muscheln oder andere Ihrer Lieblingsfunde hineinlegen. Es kann sich daraus auch ein «Gemeinschaftsprojekt» ergeben, an dem die ganze Familie arbeitet: Sie stellt den Inhalt zusammen und gestaltet diesen Rindenkranz in einem fröhlichen Miteinander. Vielleicht brütet später ein Vogel darin?

Material

- 1 breiter Rindenstreifen, ca. 1 m lang
- 1 stabiles Ästchen, ca. 20 cm
- Bohrer
- brauner Draht 0,65 mm oder dicker
- Schmuck verschiedenster Art nach Ihrer Vorstellung:
  schöne Steine, bizarre Wurzeln, Flechten, Moose,
  vielleicht ein kleiner Stoffzwerg oder Vögel aus Wolle,
  Eierschalen von Waldvögeln, Federn, Nestchen,
  kleine Waldpflanzen mit Wurzeln, wie Farne, Efeu usw.
- Heißklebepistole mit Ersatzstick

Die frische Rinde wird in Form gelegt und an der Verbindungsstelle mit einen Stoffstreifen «verbunden». Vielleicht möchten Sie eine ovale Form? Oder ein Herz? Dann wäre jetzt der geeignete Zeitpunkt, die Rinde in Form zu legen, solange sie noch biegsam ist. Dafür wird der

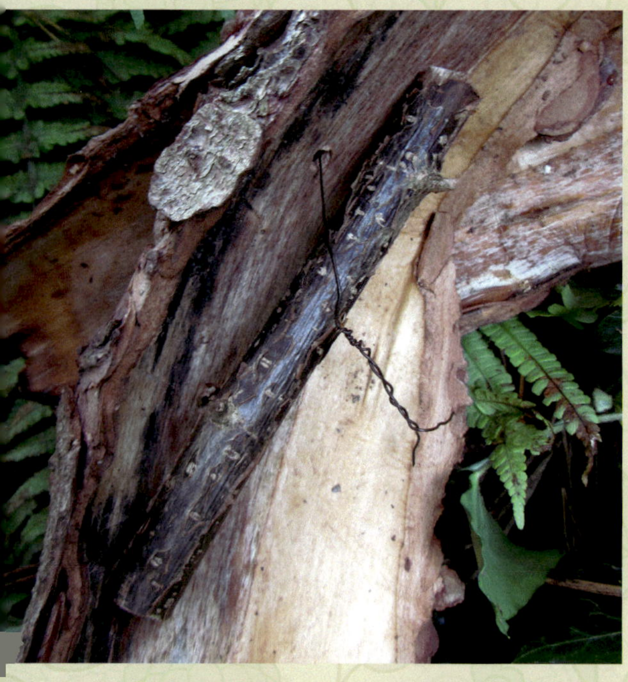

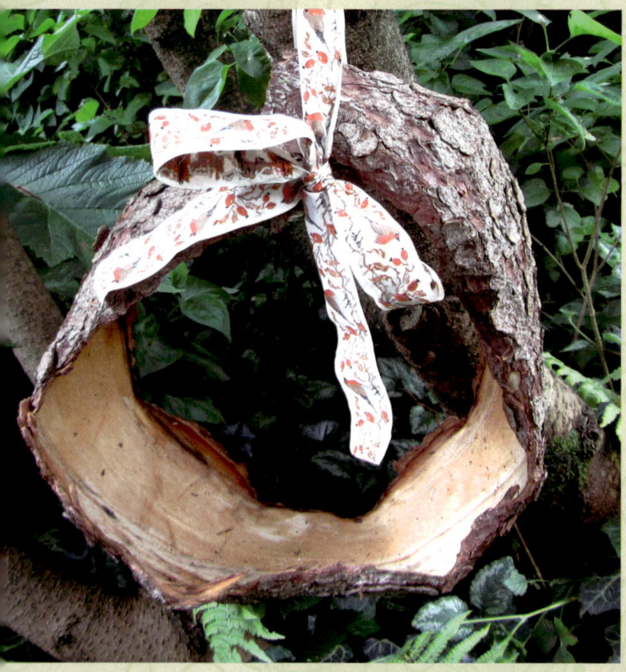

Rindenkranz waagerecht hingelegt, von außen und von innen mit einigen Steinen oder anderen stabilen Gegenständen gestützt und zum Trocknen an einen schattigen, luftigen Ort gelegt. Wenn sich die Rinde hart anfühlt und die Form des Kranzes nicht mehr veränderbar ist (rechnen Sie mit etwa einer Woche), kann der «Verband» abgenommen werden.

Bohren Sie zwei Löcher durch die überlappende Rinde und befestigen Sie ein Ästchen mit Draht daran (siehe Foto links oben). So entsteht eine Möglichkeit der Aufhängung.

Der Rindenkranz kann nun nach Herzenslust geschmückt werden!

Falls lebendige Pflanzen hineingelegt werden, ist es ratsam, die Wurzeln mit etwas Erde in einem kleinen Töpfchen mitzuverarbeiten und dieses durch die anderen Materialien zu verstecken. Die Pflanzen manchmal wässern.

Kränze im Lebenslauf

Blumenkränze symbolisieren u.a. den Kreislauf des Lebens (siehe auch S. 16). Sie begleiten uns bei freudigen oder traurigen Anlässen und bereichern mit ihrer Blütenfülle viele wichtige Feste: Taufe, Geburtstag und Hochzeit, aber auch Bestattung und Totengedenken.

Hochzeitskranz

Schon in frühen Zeiten wurde bei einer Hochzeit die Braut mit einem Hochzeitskranz geschmückt. Er bestand vor allem aus Zweigen der Myrte. Die Myrtenpflanze wurde als wichtiges Element für einen glückbringenden Kranz angesehen, weil sie als Symbol für dauernde, über den Tod hinausgehende Liebe galt.

Brautkränze als Kopfschmuck wurden meist in weißen Farbtönen gestaltet, passend zum weißen Brautkleid. Da heutzutage auch Brautkleider in anderen Farben getragen werden, ergeben sich Hochzeitskränze mit unterschiedlichen Blumen.

Der Tischschmuck wird besonders festlich, wenn die Tafel mit Kränzen in weißen Farben geschmückt werden.

Der Platz der frisch Vermählten oder die Tür zum Brautgemach kann mit dem traditionellen Brautkranz geschmückt werden, der aus zwei ineinander geschlungenen Kränze besteht.

Im folgenden Beispiel wird ein Hochzeitskranz mit

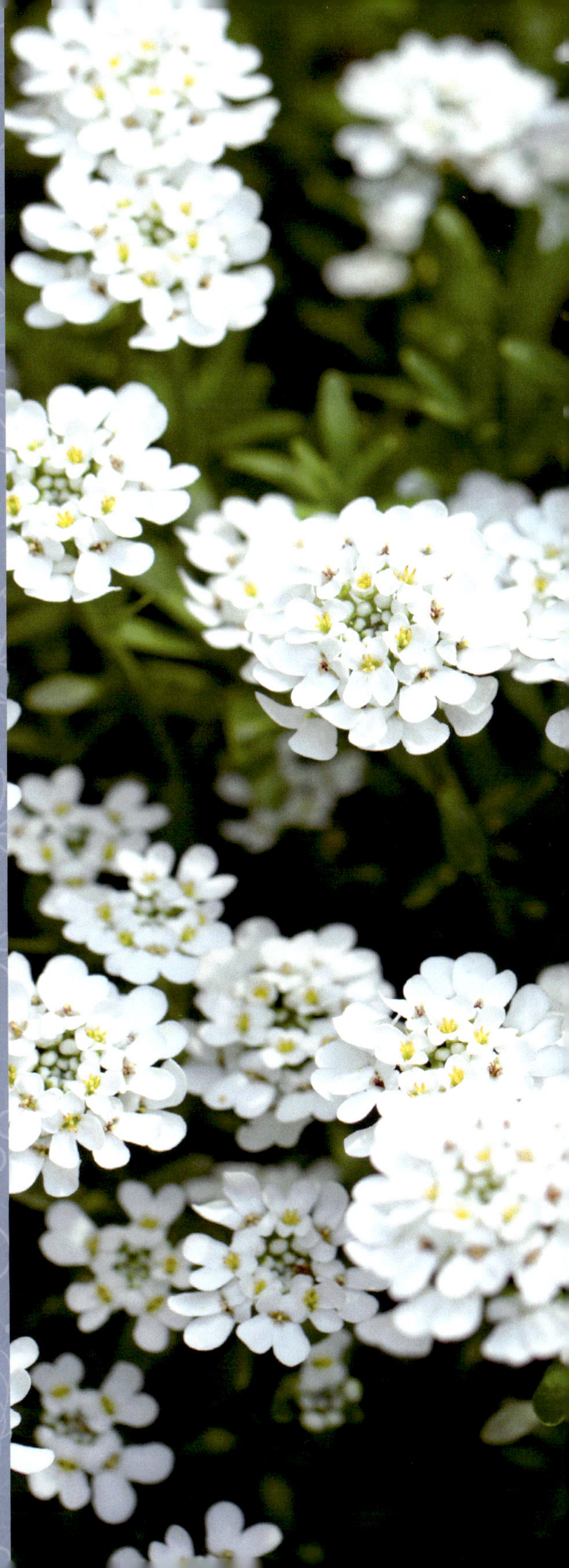

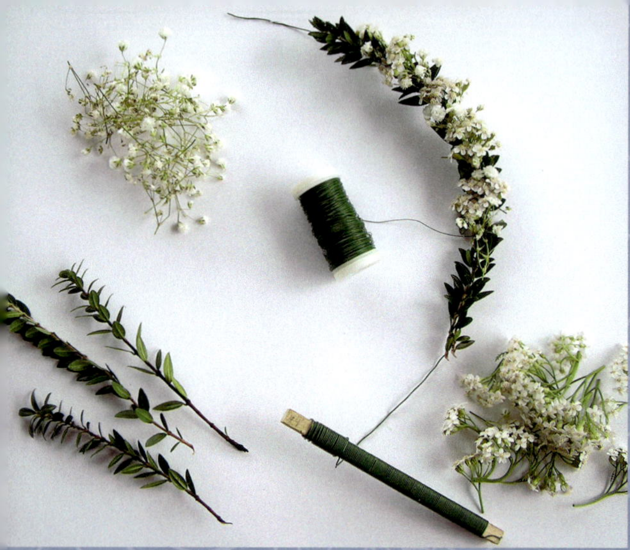

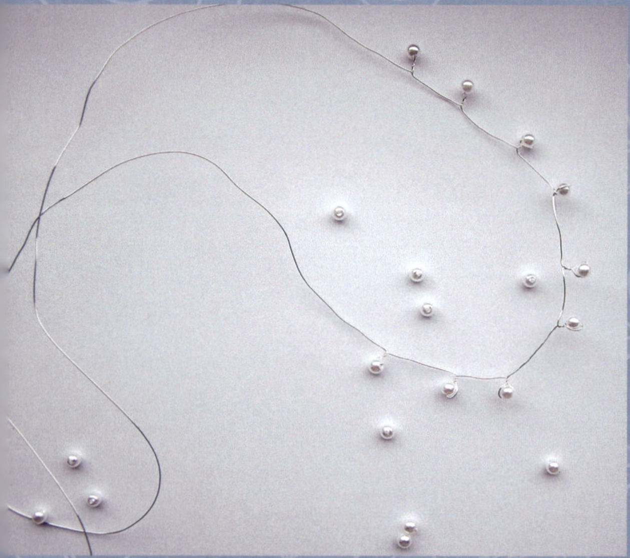

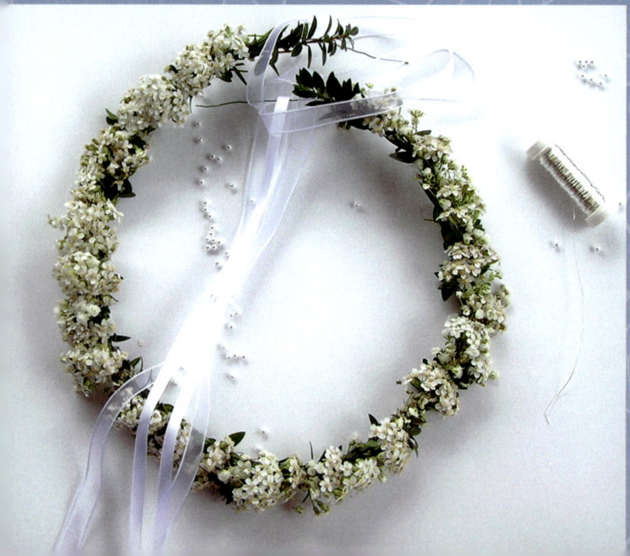

Myrte und weißen Blumen gezeigt. Die Schafgarbe hält länger frisch, und das Schleierkraut lockert das Gebinde durch die feinen, zierlichen Blüten auf. Das Perlenband veredelt und gibt dem Hochzeitskranz eine glitzernde und festliche Note.

Material

- 3 Zweige der Myrte (aus einem Blumenladen)
- wilde weiße Schafgarbe
- Schleierkraut (evtl. aus einem Blumenladen)
- grüner Blumendraht 0,65 mm
- grüner Blumendraht 0,35 mm

Schmuck

- 2 m dünner Silberdraht
- 1 Döschen Wachsperlen (aus der Bastelabteilung)
- 2 verschiedenartige Bändersorten mit 2 m Länge, z.B. Satin- und Schleierband in Weiß

Nehmen Sie den dicken Draht und biegen Sie eine kleine Öse. Die Drahtlänge am Kopf der Braut anpassen und für die Abschlussöse noch ca. 2 cm Drahtzugabe berechnen. Die Enden werden als Ösen ganz zuletzt miteinander verschlossen.

Ein dünner Zweig Myrte wird auf den Blumendraht gelegt. Die Schafgarbe und das Schleierkraut werden abwechselnd mit dem dünnen Draht aufgewickelt. Wenn der Myrtenzweig zu Ende geht, einen neuen anlegen. Schließen Sie mit der zweiten Öse ab. (Siehe auch die Beschreibung zum Apfelrosenkranz, S. 55ff.)

Schmuck

Für das Perlenband: Beginnen Sie in der Mitte des Drahtes. Die Perlen werden einzeln aufgefädelt und dreimal um sich selbst gezwirbelt. Mit ca. 1 cm Abstand zur nächsten Perle so fortfahren. Dabei arbeiten Sie sich nach einer Richtung vorwärts. Bei einer restlichen Drahtlänge von ca. 5 cm aufhören. Mit der anderen Drahthälfte in die entgegengesetzte Richtung genauso fortfahren.

Das fertige Perlenband luftig um das Kränzchen legen und die Enden festwickeln.

Beide Bändersorten zusammennehmen und mittig um die Ösen am Kranz zu einer Schleife binden. Die Enden schön lang flattern lassen.

Ineinandergeschlungene Kränze ergeben sich, wenn Sie einen Kranz wie gewohnt fertig machen und den zweiten, kurz bevor er geschlossen wird, durch den ersten Kranz fädeln. Dann erst diesen zubinden.

Die zwei ineinandergeschlungenen Kränze können Überbringer für gute Wünsche und Glück sein.

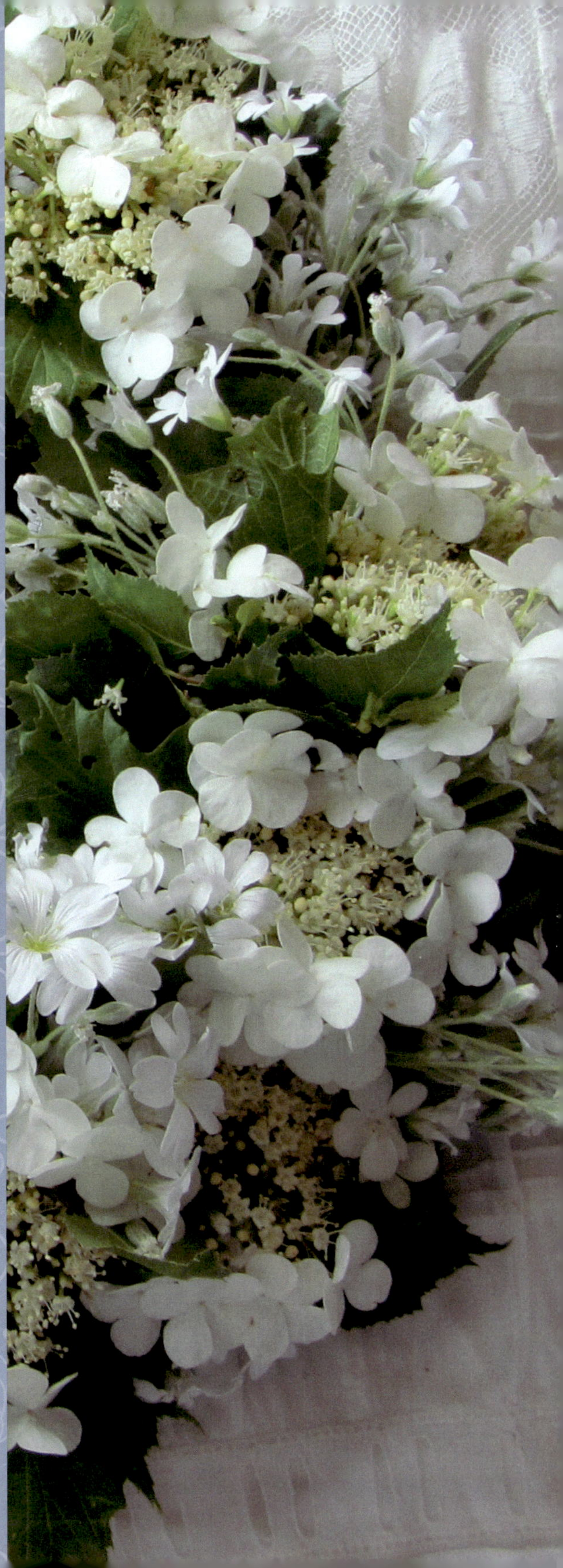

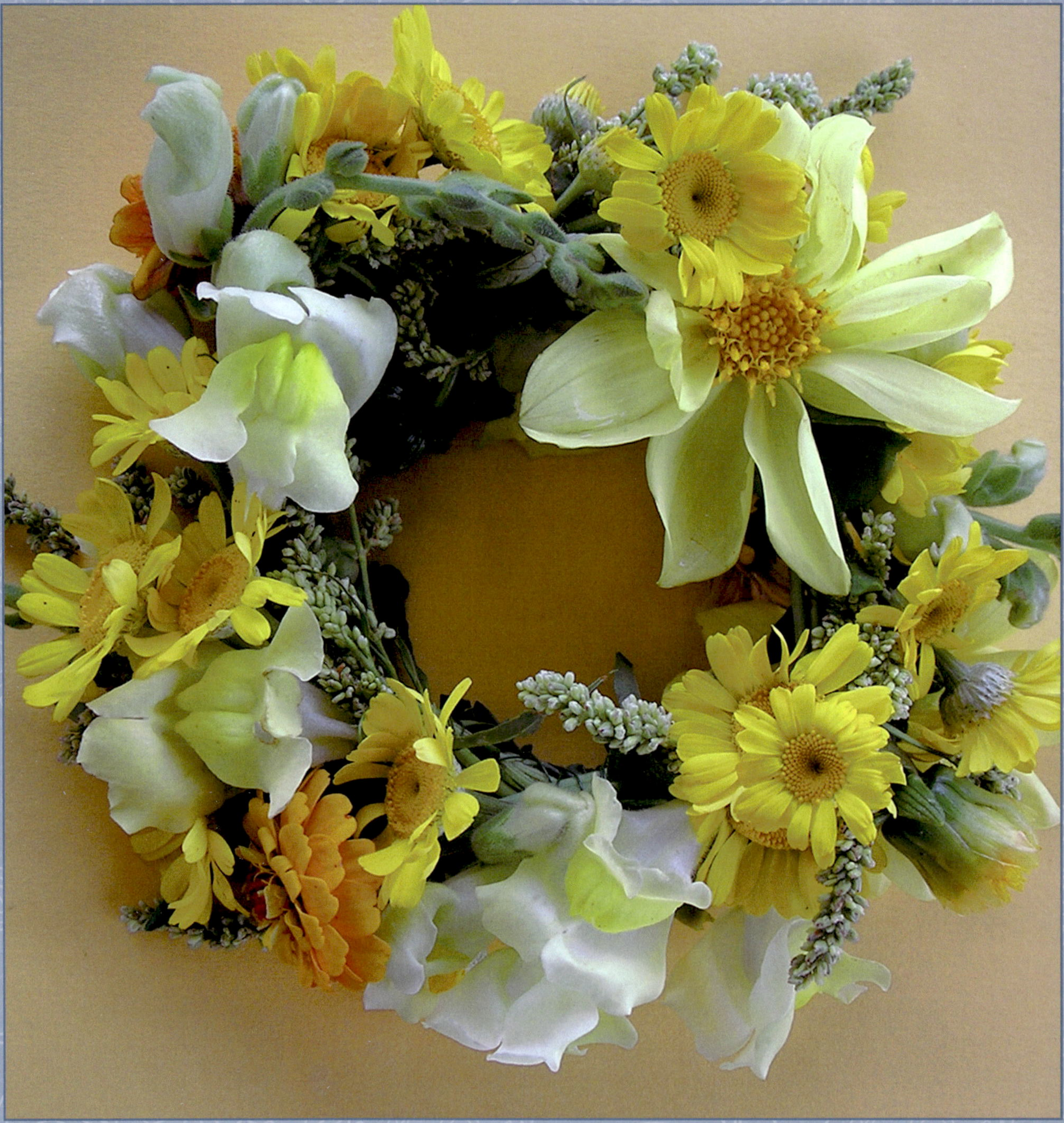

Kranz für Geburtstag und Tauftag

Der Geburtstag wird fast überall gewürdigt und jedes Jahr mit Freude gefeiert. Für diesen besonderen Tag – oder für den Tauftag, je nach Tradition – kann ein hübscher Kranz die Festtafel schmücken oder eine Beigabe für Geschenke sein.

Die Wahl der Blumen richtet sich danach, wann der Geburtstag gefeiert wird. So ist jede Blume willkommen, und Sie können zu jeder Jahreszeit Ihren persönlichen Kranz binden – ob mit Feldblumen, Gartenblumen oder gekauften vom Blumenladen.

Mit passenden Schleifen oder Perlen kann man den Kranz verzieren.

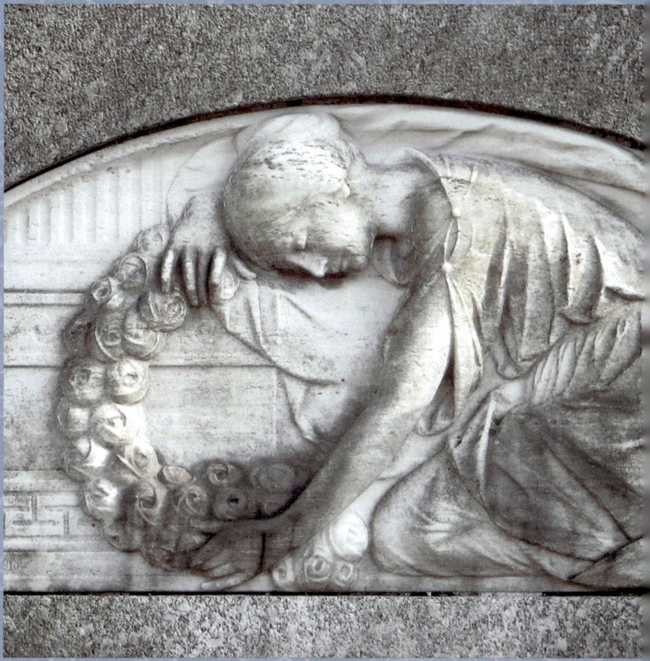

Trauerkränze

Wie die Geburt eines Menschen als einschneidendes Ereignis gefeiert wird, so wird auch sein Abschied mit einer besonderen, würdevollen Zeremonie begleitet. Wir haben uns den uns lieben Menschen nahe gefühlt und möchten der tiefen Verbundenheit Ausdruck geben.

Das Gefühl der Trauer wird unterschiedlich ausgedrückt; der eine mag im Stillen trauern, der andere vermittelt seinen Schmerz stärker nach außen. Aber das Abschiednehmen wird immer mit einem tiefen Schmerz verbunden, der als länger andauernd erlebt wird als das Gefühl der Freude.

Die in Stein gemeißelten Trauerkränze, die wir auf

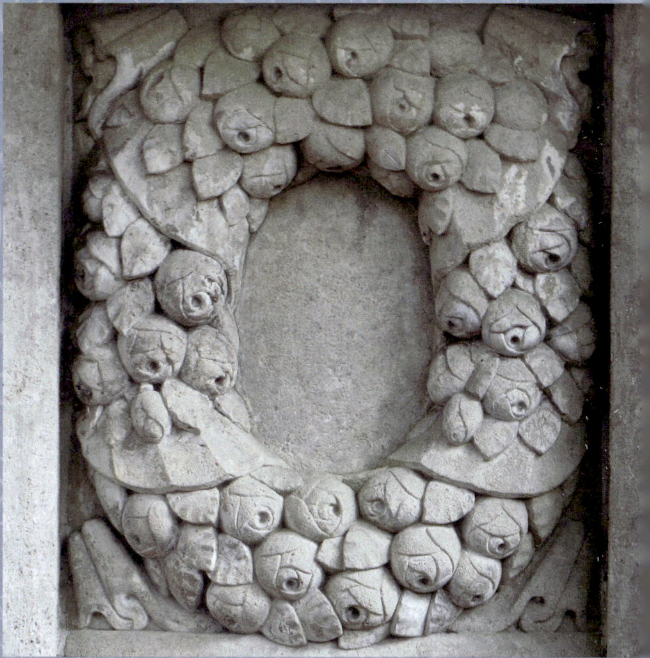

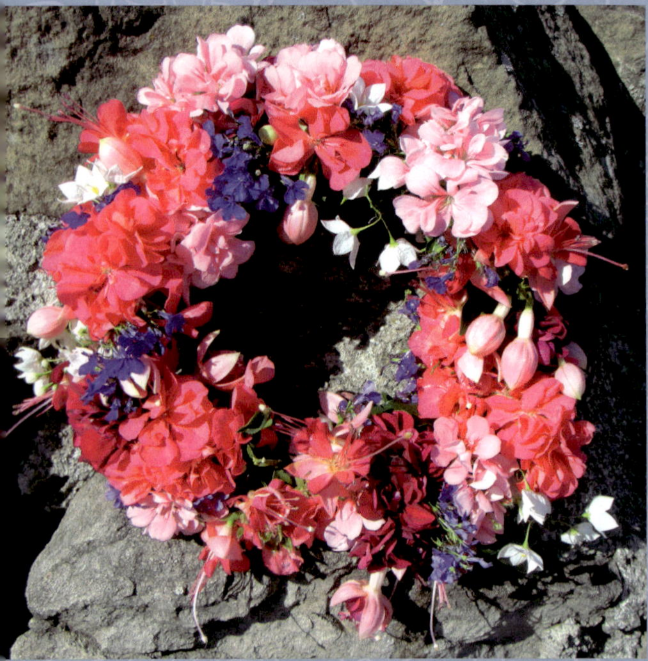

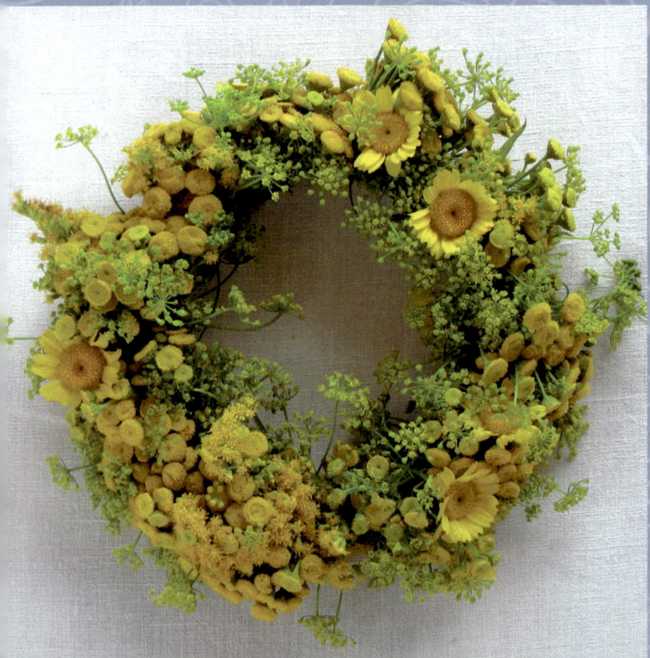

Gedenktafeln und auf Grabsteinen anbringen, symbolisieren auch die anhaltende Verbundenheit mit den Verstorbenen, das ehrende Andenken und unsere fortdauernde Liebe zu ihnen.

Ein Blumenkranz kann die Fülle der miteinander gelebten Zeiten und die Dankbarkeit darüber ausdrücken. Und so wie die Blume Ausdruck für die Höhepunkte des Lebens ist, so passt der Blumenkranz auch zum Tod eines Menschen – ein Symbol für den Abschluss des Lebens und den Übergang in die Unendlichkeit.

Selbstgemachte Trauerkränze werden aus allen Blumen angefertigt, die – je nach Jahreszeit – gerade zu bekommen sind. Sie können üppig und groß sein oder auch zierlich und klein. Sie kommen vom Herzen. Viele der vorgeschlagenen Kränze in diesem Buch können auch für einen Traueranlass verwendet werden.

Der links oben abgebildete Trauerkranz entstand für einen Menschen, der in der sommerlichen Jahreszeit verstarb. Nach seinem Tod wurde – als Erinnerung – aus seinen Balkonblumen dieser Kranz gebunden.

Festtagskränze für den Winter

In der dunklen Jahreszeit ist unsere Sehnsucht nach Licht und Geborgenheit besonders groß. Wir zünden Kerzen an und machen es uns in warmen Räumen gemütlich.

Der Mensch geht im Winter in sich, wird beschaulich und atmet ein. Diese Sammlung wird durch einen Kranz begleitet: Das Immergrün vieler Pflanzen symbolisiert die Hoffnung auf Leben und Beständigkeit. Der ergänzende Schmuck, wie glitzernde Sternchen, Glaselemente oder Strohsterne, drückt die Freude über die Feste in dieser Jahreszeit aus. Er wird so unterschiedlich gehandhabt, wie die verschiedensten Brauchtümer und Gewohnheiten sind.

Wacholderkranz

Die leicht schimmernde und feingliedrige Struktur der Wacholderzweige eignet sich gut für einen Winterkranz. Mit kleinen Sternchen geschmückt, unterstützen Sie das «Funkeln» im Wacholdergrün.

Material

- Rohling aus 4 Weidenzweigen mit 20 cm Durchmesser
- 8 Wacholderzweige mit ca. 60 cm Länge
- grüner Blumendraht
- Gartenschere
- Handschuhe

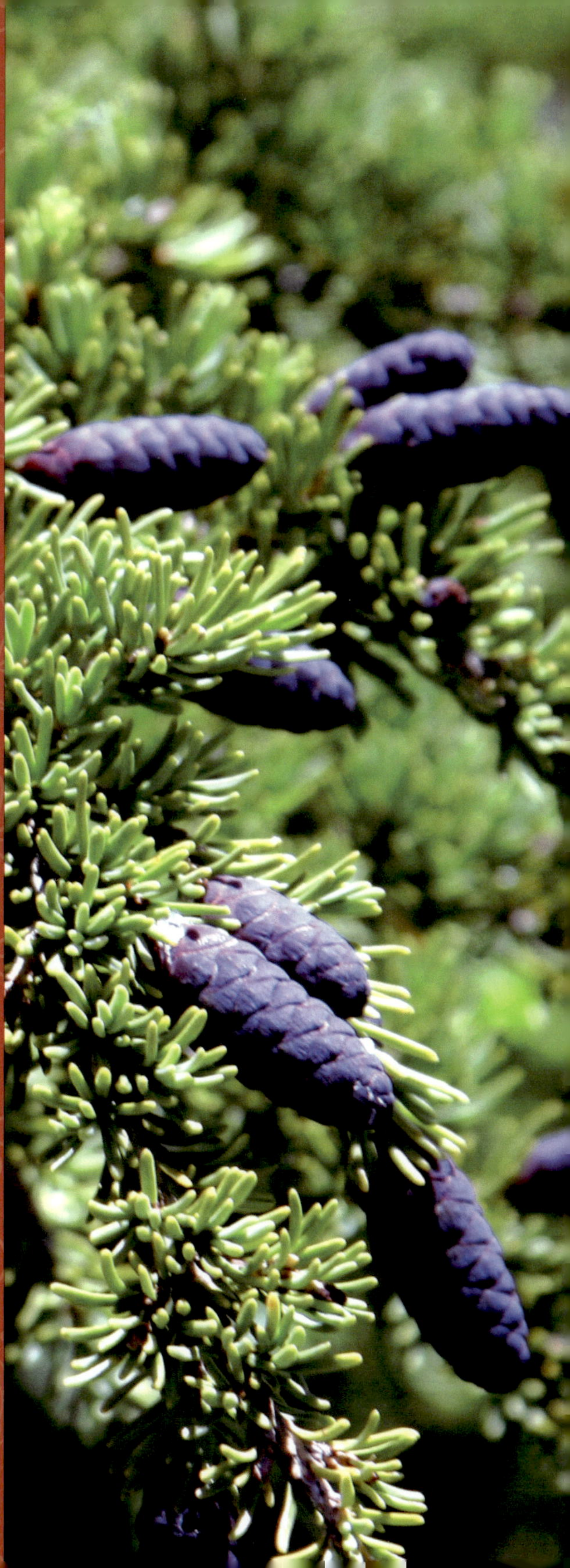

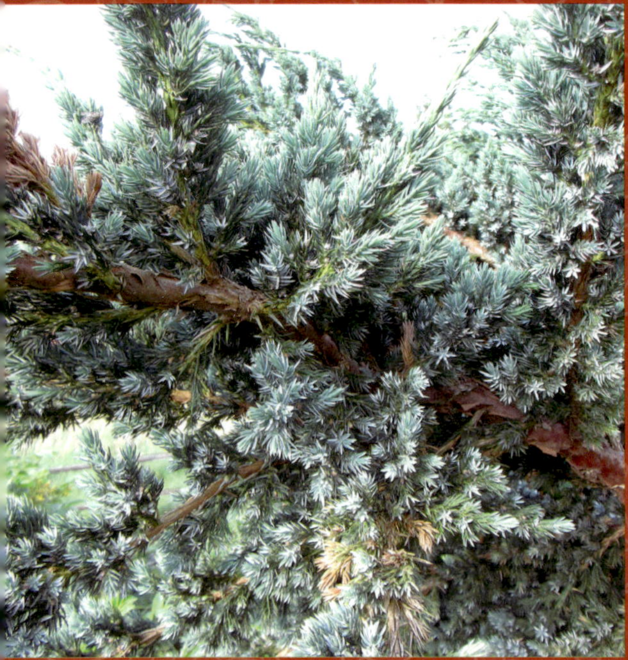

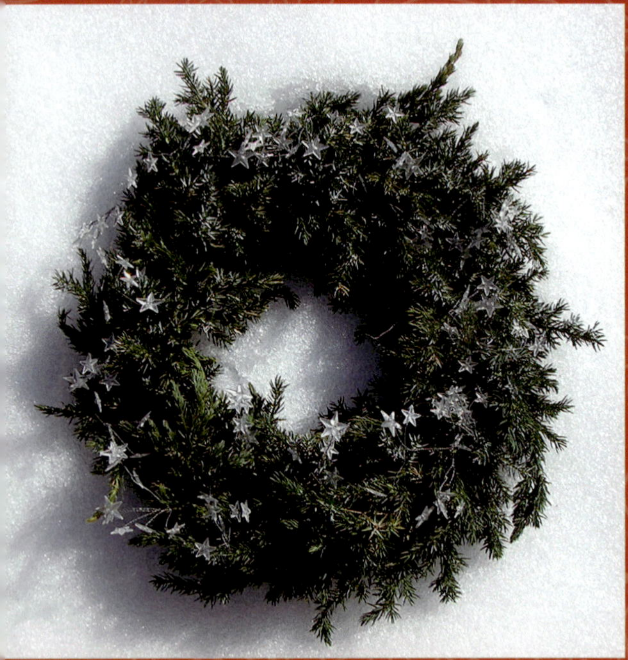

Schmuck

- Sternchenkette (Bastelbedarf)
- Band für Schleife oder Schmuck Ihrer Wahl

Die Wacholderzweige werden vorbereitet, indem man alle Seitenzweige vom Hauptast mit der Gartenschere abzwickt. Diese kleinen Zweige werden als Dreiergrüppchen genommen und schuppenartig auf den Rohling (siehe S. 28f.) gebunden. Mit einer kleinen Neigung, abwechselnd nach links oder nach rechts, werden sie versetzt aufeinandergelegt und festgewickelt.

An der Rückseite des Kranzes eine Öse zum Aufhängen machen.

Nach Bedarf können Sie den Wacholderkranz mit einer Sternenkette und einem schönen, funkelnden Band schmücken.

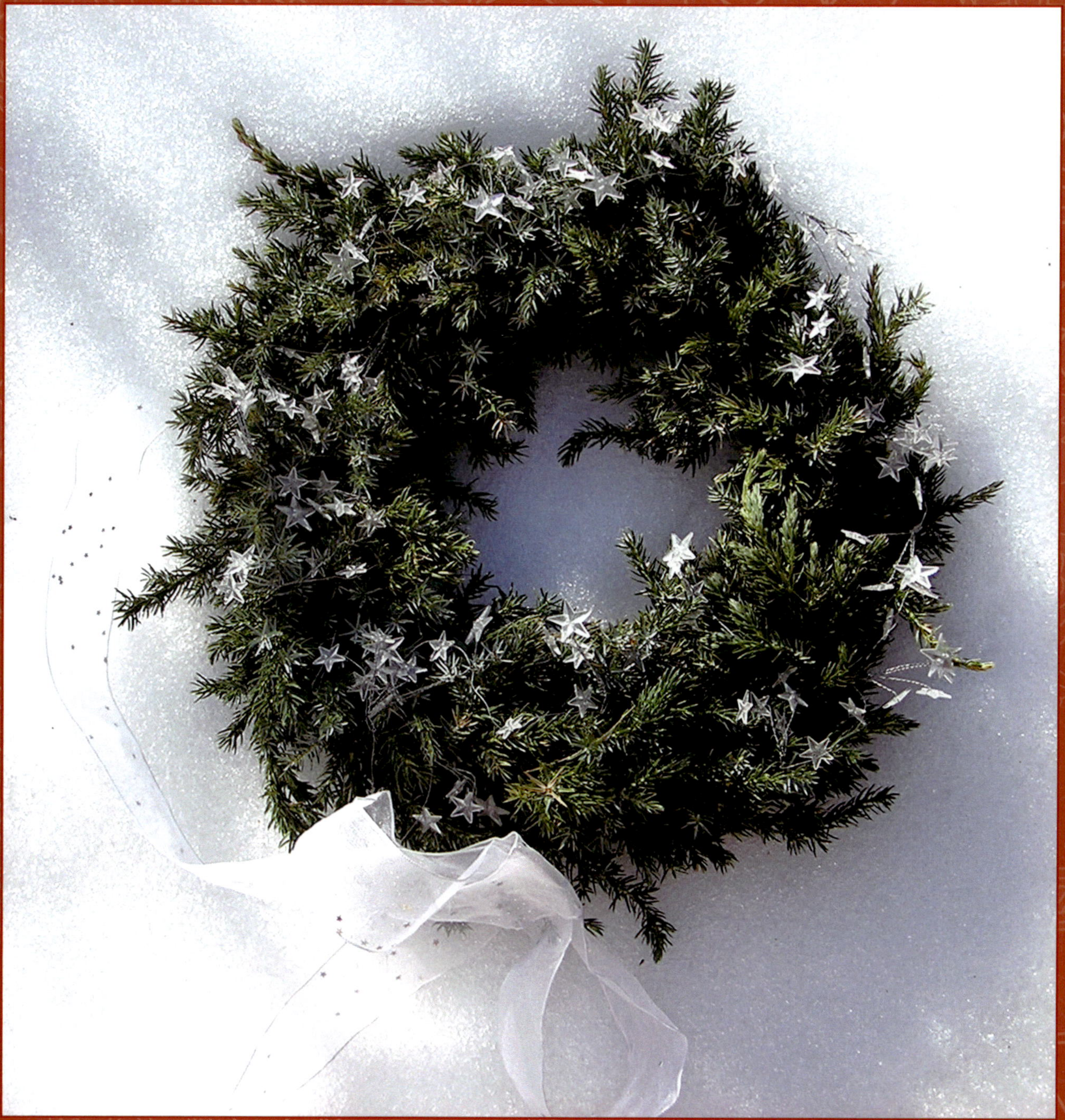

Goldener Kranz

Ein schöner Blumenkranz, der im Sommer frisch und farbenfroh gewesen ist, muss nach dem Verblühen nicht unbedingt weggeworfen werden. Im Folgenden sehen Sie, was aus dem Beispiel «Gelber Kranz mit Rainfarn» (S. 51) geworden ist: Bevor die Blumen mit goldener Farbe angesprüht werden, muss der Kranz komplett trocken sein. Am Besten wird er auf einer Zeitung flach und luftig gelagert.

Material

- 1 trockener Blumenkranz
- goldene Sprühfarbe
- 10 – 12 trockene Lärchenzapfen
- 21 goldene Perlen, ca. 10 mm Durchmesser
- goldener Blumendraht
- Heißkleber
- goldenes Band zum Aufhängen

Arbeitsfläche mit Zeitungspapier auslegen. Am besten draußen sprühen (auf dem Balkon, der Terrasse oder in der Garage); andernfalls darauf achten, dass der Raum sehr gut belüftet ist. Sprühen Sie erst den Blumenkranz und dann, separat, die Zapfen golden an.

Wenn die Farbe trocken ist, werden die Lärchenzapfen in gleichmäßigen Abständen und in verschiedenen Neigungen mit Heißkleber auf die Blumen geklebt.

Schneiden Sie den Blumendraht in sieben Stücke zu je 50 cm Länge. Jeder Draht bekommt drei goldene Perlen: Dafür fädeln Sie eine Perle auf einen Draht mittig und zwirbeln diesen dreimal, um die Perle zu fixieren. Die zweite und die dritte Perle werden mit ca. 4 cm Abstand daneben, rechts und links von der ersten, befestigt. Wiederholen Sie diesen Vorgang mit allen sieben Drähten. Jeder Perlendraht wird um den Kranz gelegt und an der Rückseite geschlossen.

Sie können den Kranz zum Abschluss mit einem goldenen Band schmücken.

Der Kranz eignet sich als Tür- oder Wandschmuck oder auch als Tischschmuck für eine dicke Kerze (Vorsicht bei einer zu tief brennenden Flamme!).

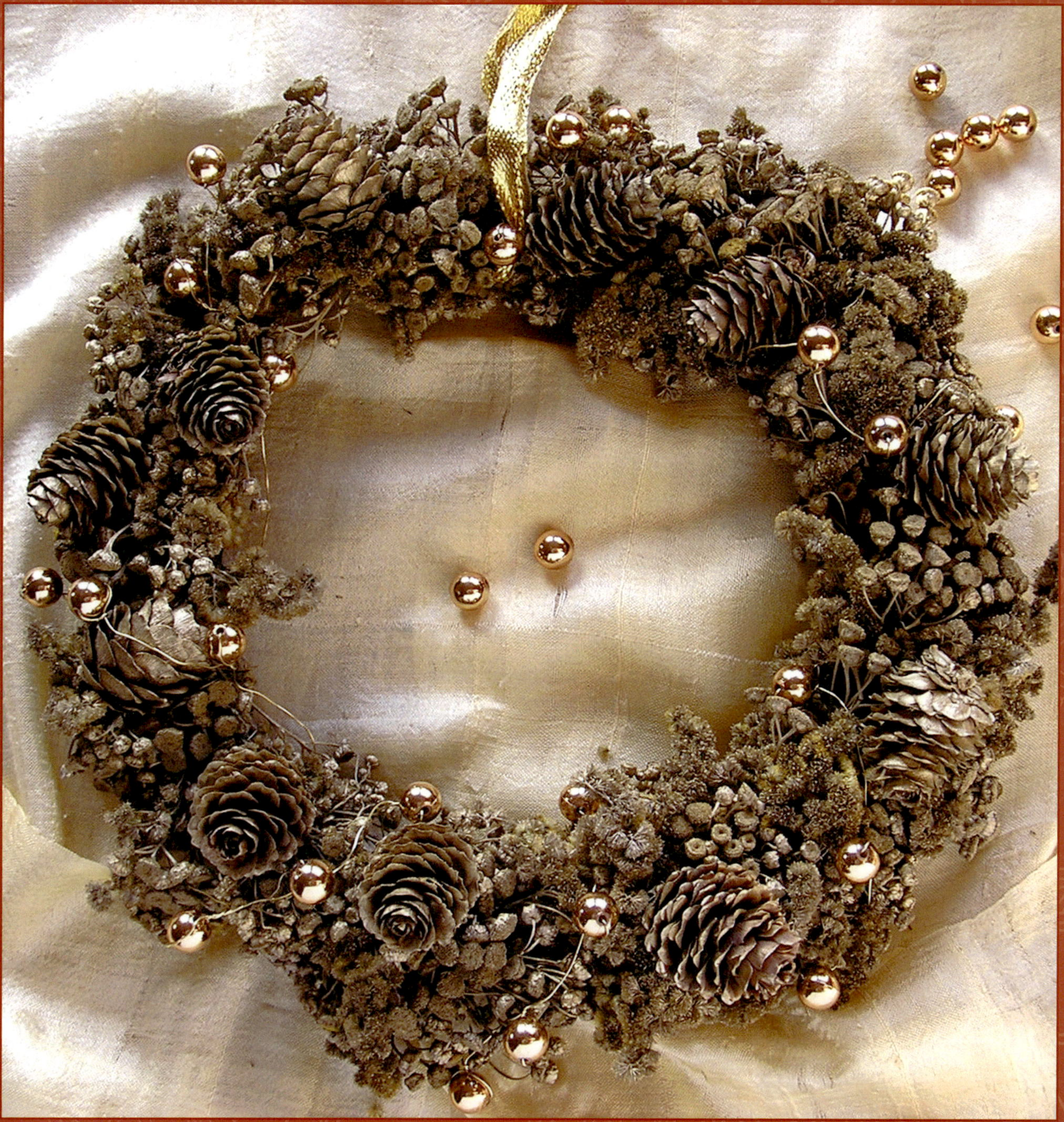

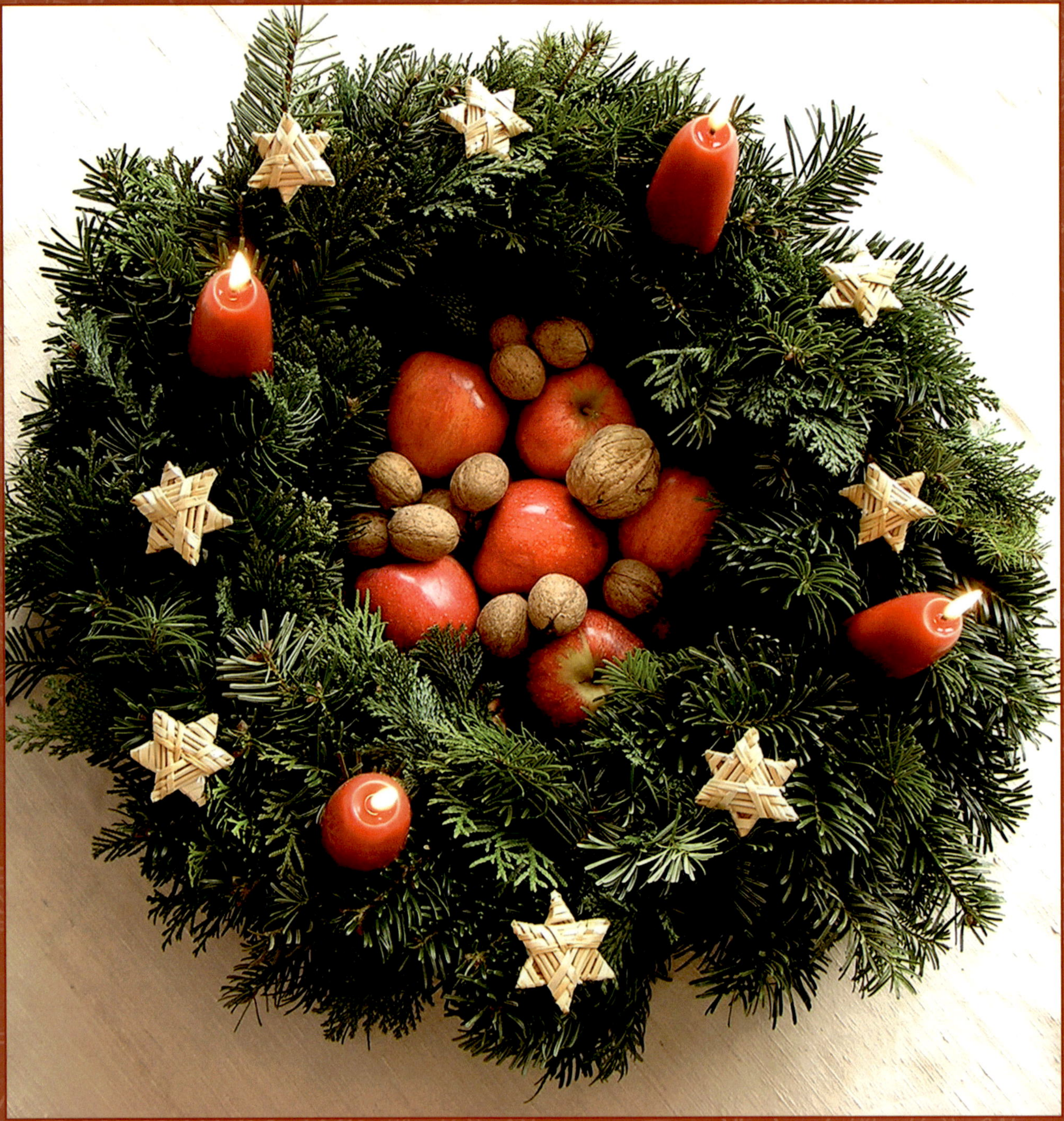

Adventskranz mit verschiedenem Grün

Ein Adventskranz begleitet uns über vier Wochen in meist warmen Räumen. Daher kann es gut sein, dass manche Tannenzweige nach einiger Zeit rieseln oder bräunlich werden. Der folgende Vorschlag, verschiedene Arten von Grünzeug zu benutzen, kann eine Alternative zum traditionellen Adventskranz sein. Die Grünmaterialien werden unterschiedlich verwelken, und die verschiedenen Strukturen und Grüntöne sehen miteinander spannender aus.

Der Kranz hält länger, wenn er nachts kühl aufbewahrt und gelegentlich mit Wasser besprüht wird.

Material

- Rohling aus 6 Weiden mit allen Nebenzweigen und Blättern (Alternative: gekaufter Strohrohling)
- 1 sehr großer Korb mit verschiedenen Grünzweigen: Lebensbaum, Thuja, Koniferen, Nordmanntanne, Blautanne, Zypressen …
- grüner Blumendraht 0,65 mm
- Gartenschere und Zange
- evtl. Handschuhe

Für den Kranzaufbau siehe den Abschnitt «Rohling aus Weidenzweigen», S. 30.

Formen Sie einen Rohling Ihrer Wunschgröße. Dabei beachten: Ein fertiger Kranz wird ca. 15 cm breiter als der Rohling. Das unterschiedliche Grün kann entweder als gemischtes Sträußchen oder in einzelnen Sorten aufgewickelt werden.

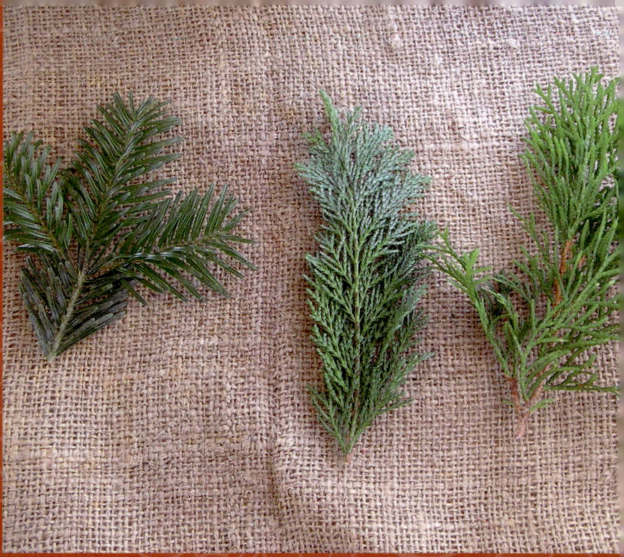

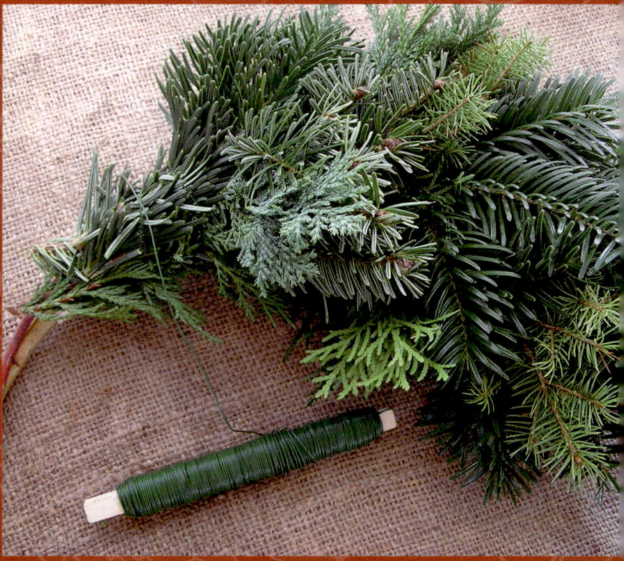

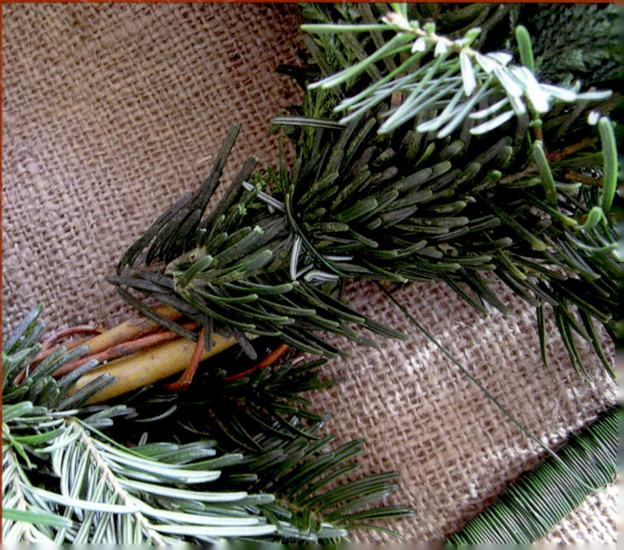

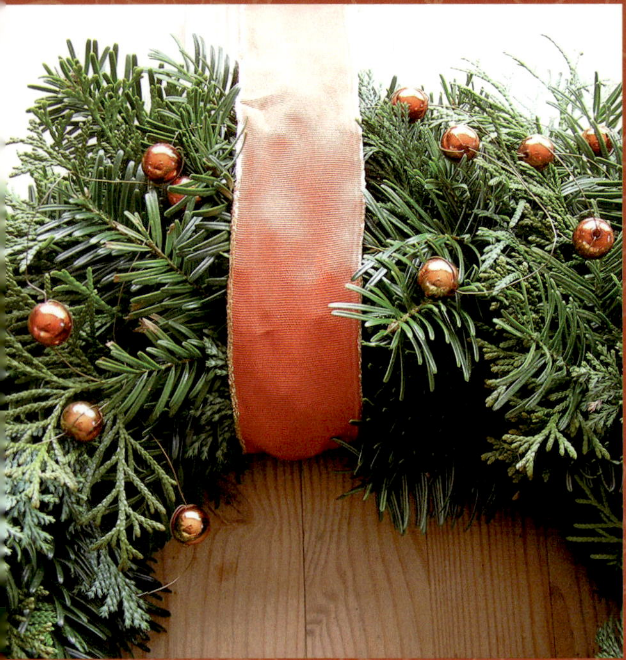

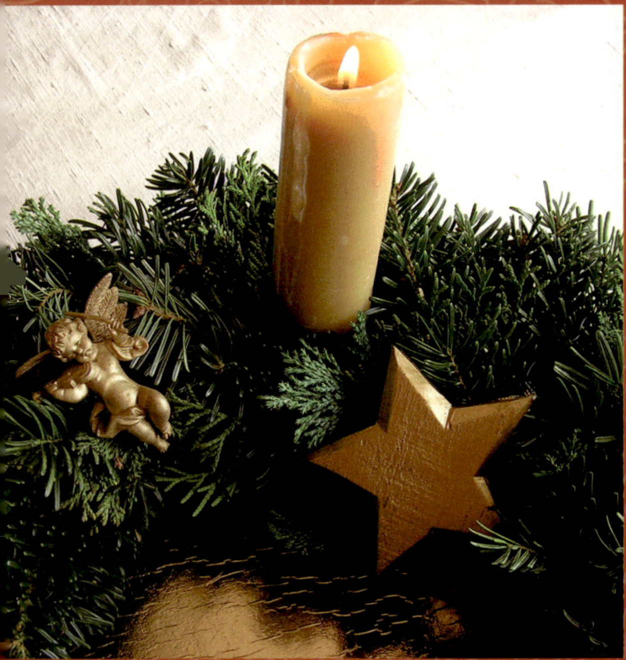

Bereiten Sie das Material vor, indem Sie die kleinen Nebenzweige von den Hauptästen abzwicken. Kürzen Sie die längeren auf ca. 15 cm. Falls sich kürzere Äste ergeben, kann man sie auch mit einarbeiten. Unschönere Zweige können zwischen schönen Zweigen versteckt werden, wenn Sie Material sparen müssen.

Einzelne «Portionen» des Materials griffbereit legen. Dann das erste Häufchen tief unten wickeln und die folgenden schuppenweise daraufschichten. Den Draht sehr fest spannen und dabei nicht an Umwickelungen sparen. Für einen fülligen Kranz benötigt man viel Material, aber die Mühe lohnt sich!

Schließen Sie den Kranz wie gewohnt und verknoten Sie das Ende des Drahtes gut an der Rückseite.

Kerzenschmuck

Wenn Sie dicke Kerzen in den Kranz hineinstecken möchten und keine Halterungen haben, können Sie vier sehr lange und dicke Nägel verwenden (ca. 12 cm lang). Sie werden mit einem Feuerzeug an der Spitze heiß gemacht und unten in die Kerze «hineingeschmolzen» (ca. 5 cm tief). Den Nagelkopf in den Adventskranz drücken.

Achten Sie beim Brennen der Kerzen darauf, dass die Flamme hoch genug über den Zweigen bleibt!

Strohsterne und Weihnachtsschmuck

Der fertige Kranz kann beliebig geschmückt und farblich gestaltet werden: rot oder golden (siehe Fotos links) oder silbern (Foto rechts).

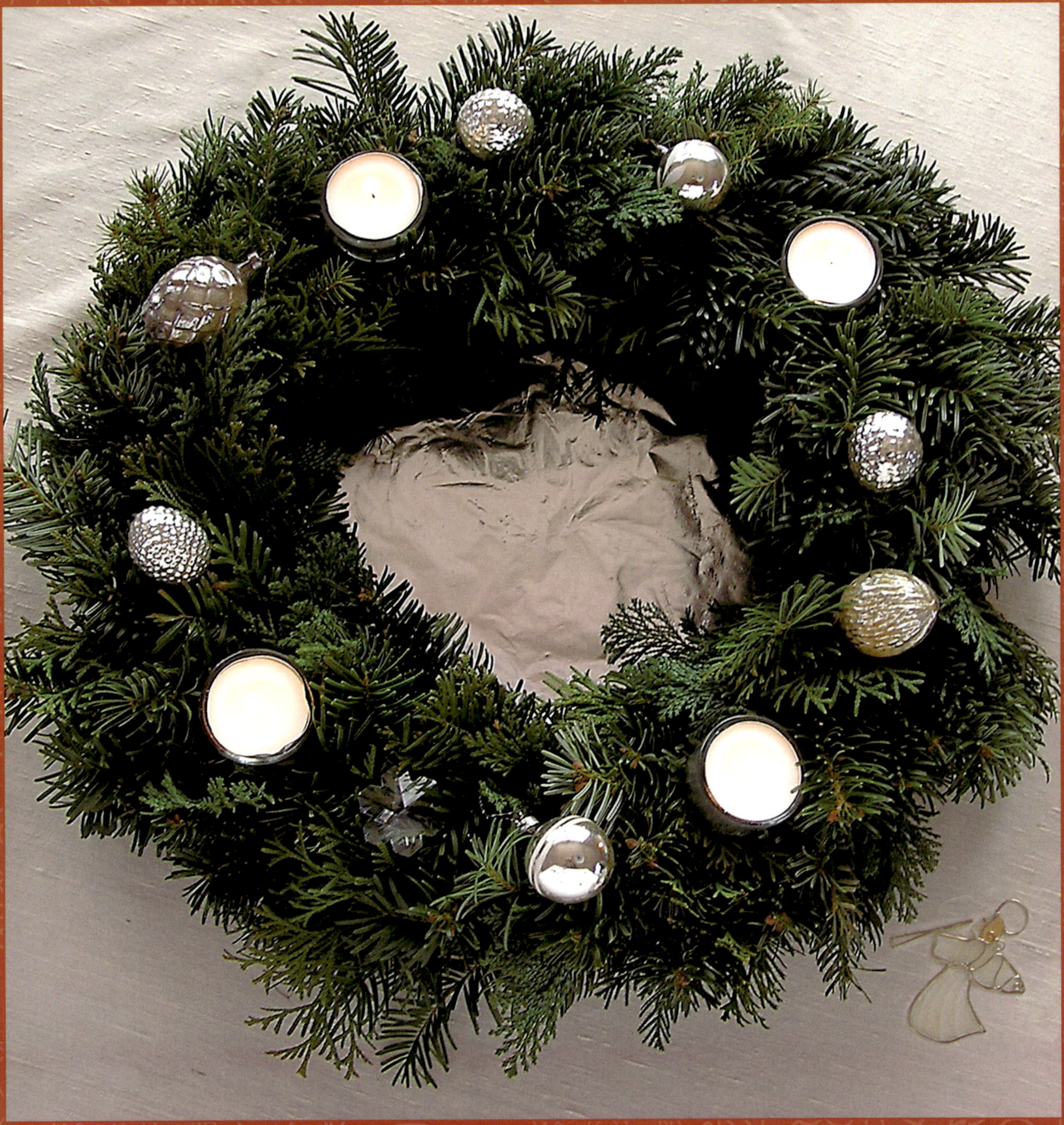

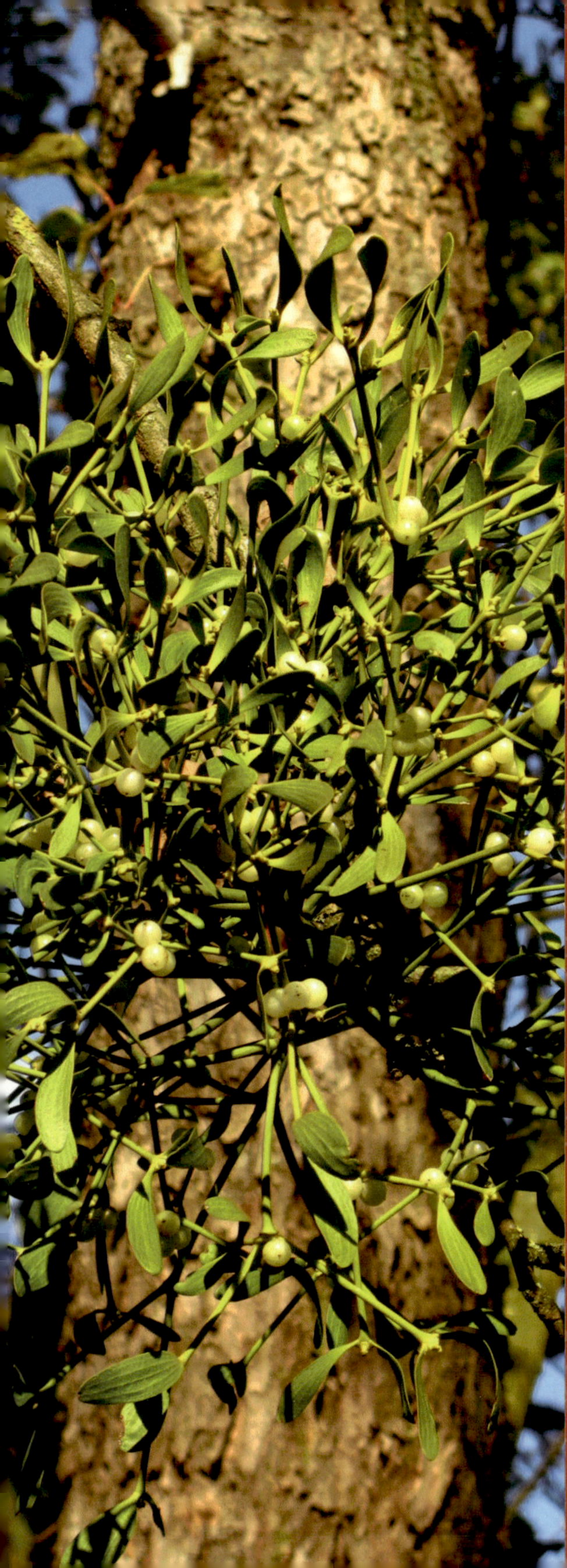

Mistelkranz

Die Nutzung der Mistelpflanze wird seit alten Zeiten mit vielen Mythen und geheimnisvollen Brauchtümern begleitet. Ihr werden Zauberkraft und Heilkräfte zugesprochen. Es heißt, dass ein Kranz mit Mistelzweigen liebenden Menschen, die sich unter ihm küssen, Glück bringen und böse Geister verscheuchen kann. Daher wird er gerne als Türkranz benutzt und zum Jahreswechsel verschenkt.

Misteln wachsen als «Gestrüpp», auch «Hexenbesen» genannt, fest an den Wirtsbäumen. Mit einer Säge (und einem verlängerten Stiel) können Sie die Mistelzweige gut von den Ästen abtrennen.

Misteln bekommt man auch ab November in Blumenläden oder auf dem Bauernmarkt.

Material

- 1 Weidenrohling aus drei Weidenzweigen (siehe S. 28f.)
- 3 größere Büschel Mistelzweige
- grüner Blumendraht 0,65 mm
- Gartenschere

Die Mistelzweige werden als Büschel dachziegelartig auf den Rohling gebunden. Wickeln Sie den Draht fest, und zwar mehrmals, da die Zweige beim Trocknen schrumpfen.

Formen Sie an der Rückseite des Kranzes eine Aufhängeöse und schmücken Sie ihn mit einer schönen roten Bandschleife.

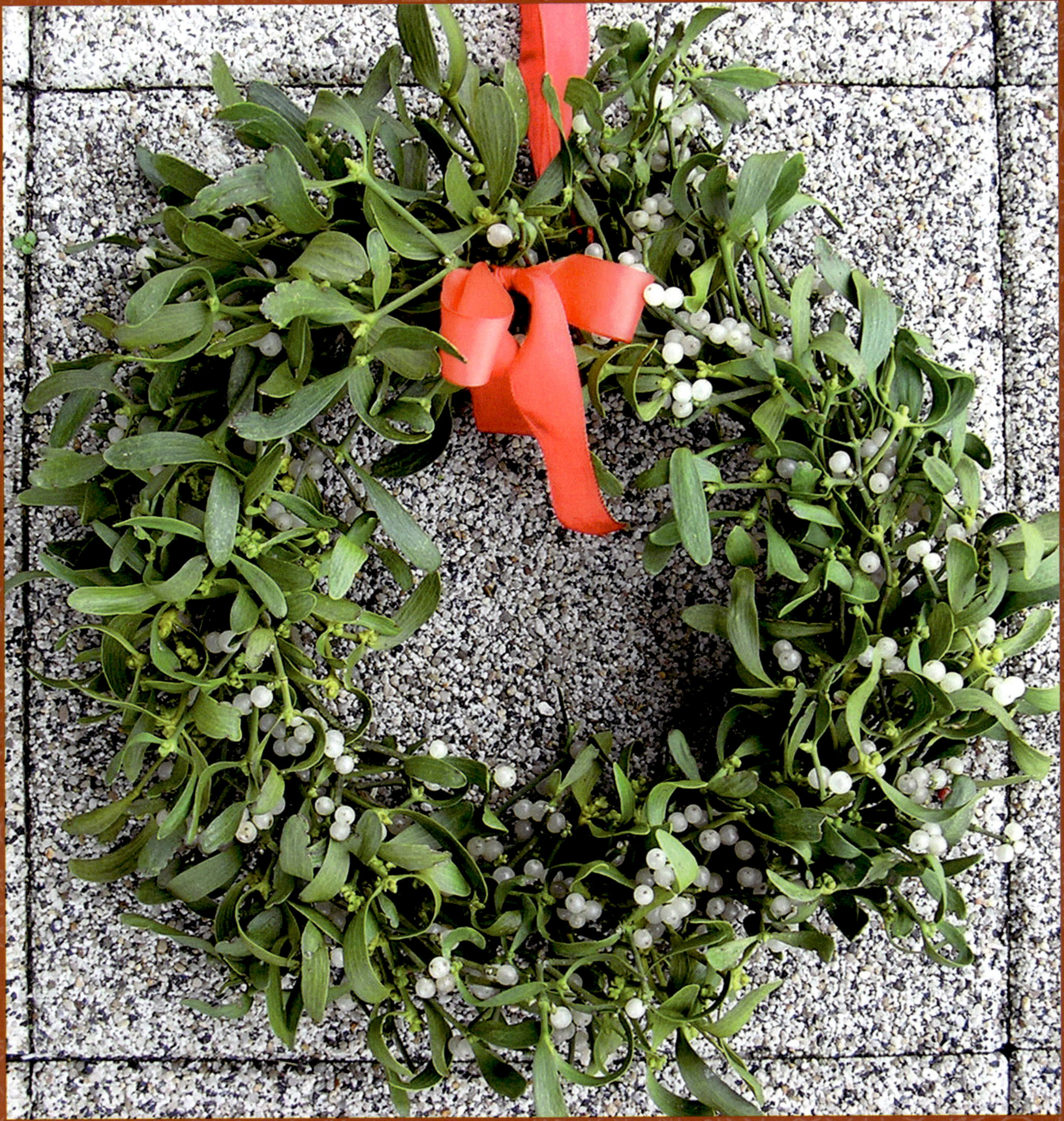

Zapfenkranz im Advent

Der Zapfenkranz von S. 145ff. kann auch zu einem schönen Adventskranz geschmückt werden. Er wirkt durch seine einheitliche, symmetrische Struktur sehr harmonisch. Wer keinen Adventskranz im üblichem Sinne mag, hat vielleicht an diesem schlichten Kranz, mit einer dicken Kerze in der Mitte, Freude. Mit glitzernden Perlen bekommen die matten Zapfen einen edlen Kontrast, und der Kranz kann ein festlicher Tischschmuck werden (siehe Fotos S. 147).

Einen Zapfenkranz kann man viele Jahre aufheben.

Material

- Rohling aus Stroh mit 20 cm Durchmesser (bekommt man u.U. auch in einer Bastelabteilung)
- 90 – 100 trockene Kiefernzapfen in kleiner und mittlerer Größe (nachprüfen)
- Heißkleber mit ca. 20 Nachschubstangen
- goldener Blumendraht, ca. 220 cm lang
- 10 größere (10 mm Durchmesser) und 22 kleinere Goldperlen

Einen Zapfenkranz binden, wie auf S. 145ff. beschrieben. Für den Schmuck wird der Draht ähnlich wie im Abschnitt «Hochzeitskranz» (S. 153) um die Perlen gedreht.

Beginnen Sie in der Mitte des Drahtes, also bei ca. 110 cm. Fädeln Sie die Perlen für den Perlenschmuck mit einen Abstand von 5 cm zur nächsten Perle auf und verdrehen Sie den Draht zwei- bis dreimal um die Perle, um sie zu fixieren. Arbeiten Sie zunächst nur in eine Richtung: zwei dünne Perlen, dann eine dicke Perle. Wiederholen Sie diese Reihenfolge fünfmal.

Dann beginnen Sie wieder in der Mitte des Drahtes, wo Sie auch vorher begonnen hatten, und arbeiten jetzt in die anderen Richtung, beginnend mit der großen Perle; dann folgen zwei kleine Perlen usw. Wiederholen Sie dieses Muster auch hier fünfmal.

Nun die Drahtkette zu einem Achtzacken-Stern knicken. Zum Schluss wird die Reihenfolge der Perlen nicht genau aufgehen, weil sich vier kleine Perlen treffen; aber das fällt nicht weiter auf.

Die Drahtenden werden zusammengeschlossen und die Überlängen abgezwickt. Den Perlenstern gleichmäßig auf den Kranz legen und den Draht leicht zwischen den Zapfen hineindrücken.

Bei Kerzen immer darauf achten, dass die Flamme hoch genug über dem Zapfenkranz brennt.

Kränze aus anderen Naturmaterialien

Nicht nur Blumen und allerlei andere Pflanzenteile eignen sich zur Gestaltung eines Kranzes. Auch Steine, Muscheln, Federn, Hölzer und andere Materialien können hineingearbeitet werden. Möchten Sie Reiseerinnerungen auf diese Weise festhalten? Gesammelte Fundstücke in ein rundes Ganzes bringen? Lassen Sie sich auf den folgenden Seiten anregen … Diese künstlerischen Kränze können auch ein originelles Geschenk werden!

Kranz mit Perlhuhnfedern

Kränze aus Federn haben eine alte Tradition. In Indien werden beispielsweise kunstvolle Fächer aus Pfauenfedern geklebt; bei Federn lässt die prächtige Vielfalt von Farben und Formen viele Möglichkeiten offen. Mit unterschiedlichen Federn können Sie einen bunten Federkranz Ihrer Wahl zusammenstellen.

Im Folgenden wird ein Kranz mit den Federn von Perlhühnern beschrieben.

Wenn die Hühner eingefangen werden, verlieren sie, stressbedingt, viele ihrer Federn. Diese liegen dann überall verteilt im Stall herum.

Alternative: Abgepackte Perlhuhnfedern (oder andere Federn) kann man in verschiedenen Bastelläden oder Bastelabteilungen bekommen.

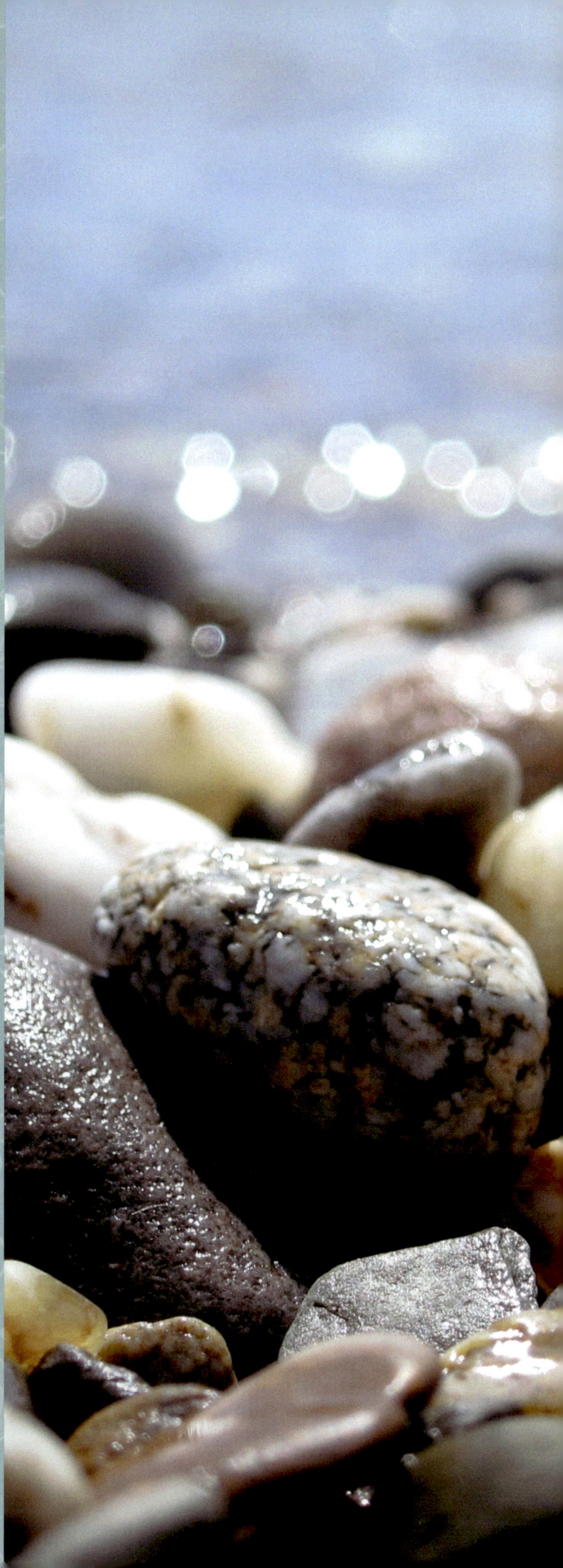

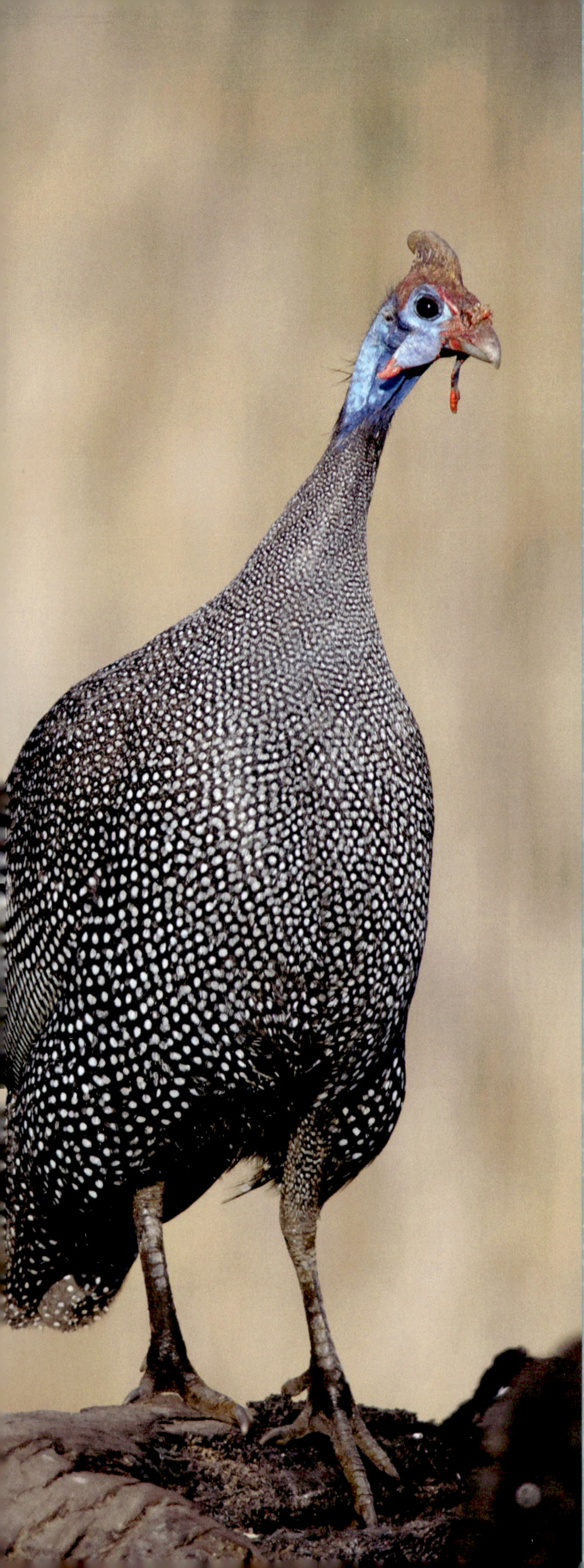

Andere Federsorten können Sie auch an Ufern von Gewässern finden, wenn dort viele Wasservögel landen.

Material
- 2 große Handvoll Federn
- Strohrohling (evtl. aus der Bastelabteilung)
- Heißklebepistole mit Ersatzklebestick
- passendes Schleifenband zum Aufhängen

Für den Kranzaufbau siehe den Abschnitt «Strohrohling», S. 34.

Die Federn werden einzeln mit Kleber befestigt. Dafür wird ein kleiner Klecks an den Federkiel getropft und dann fest an den Rohling gedrückt. Die folgenden Federn werden schuppenartig daraufgeklebt. Wechseln Sie die Größen und Muster der Federn ab, damit eine lebendige Struktur entsteht.

Die Rückseite des Rohlings wird frei gelassen. Zum Aufhängen kann ein schönes Band um den Kranz gelegt oder an der Rückseite, am Rohling, eine Aufhängeöse aus Draht gedreht werden.

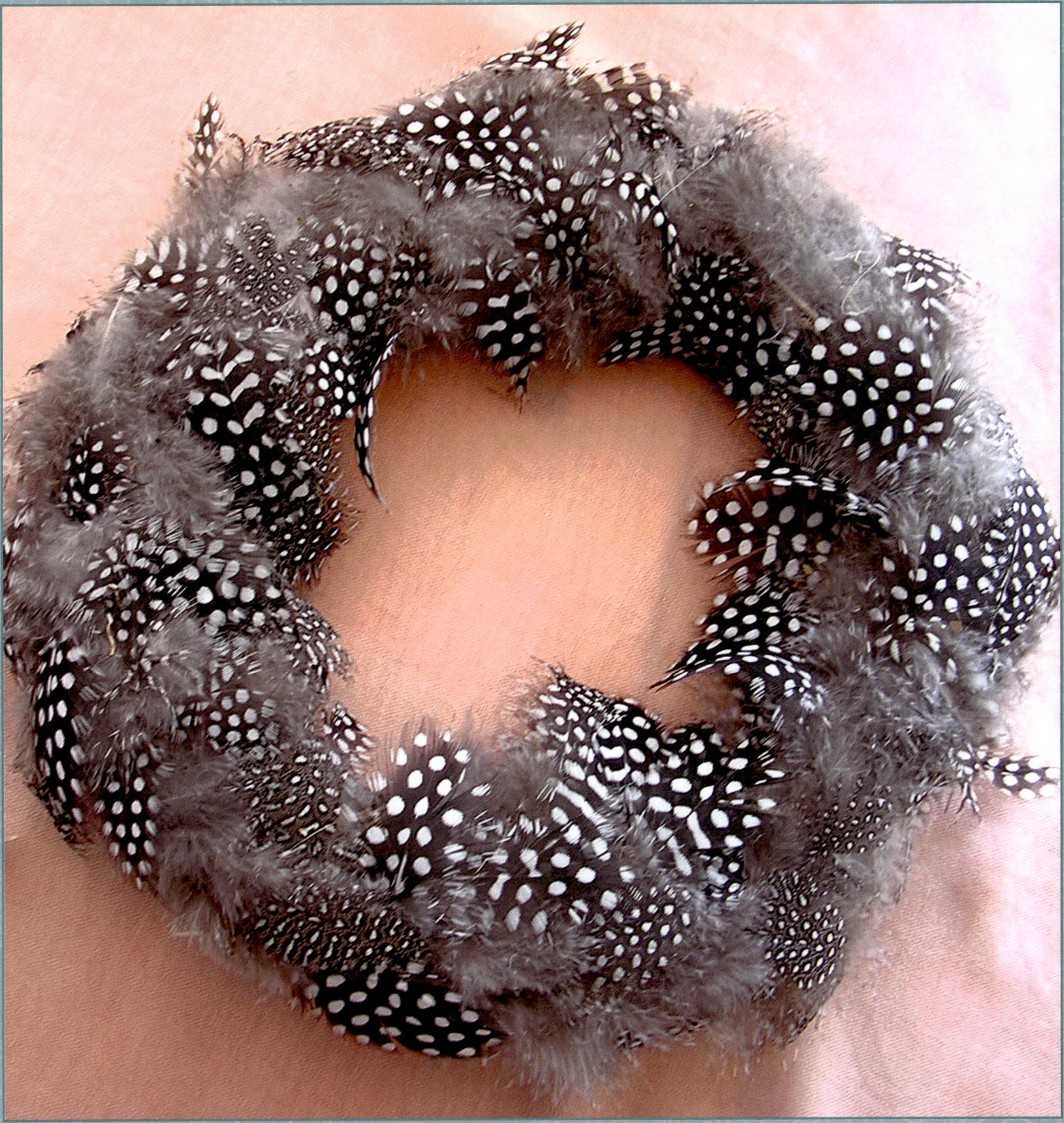

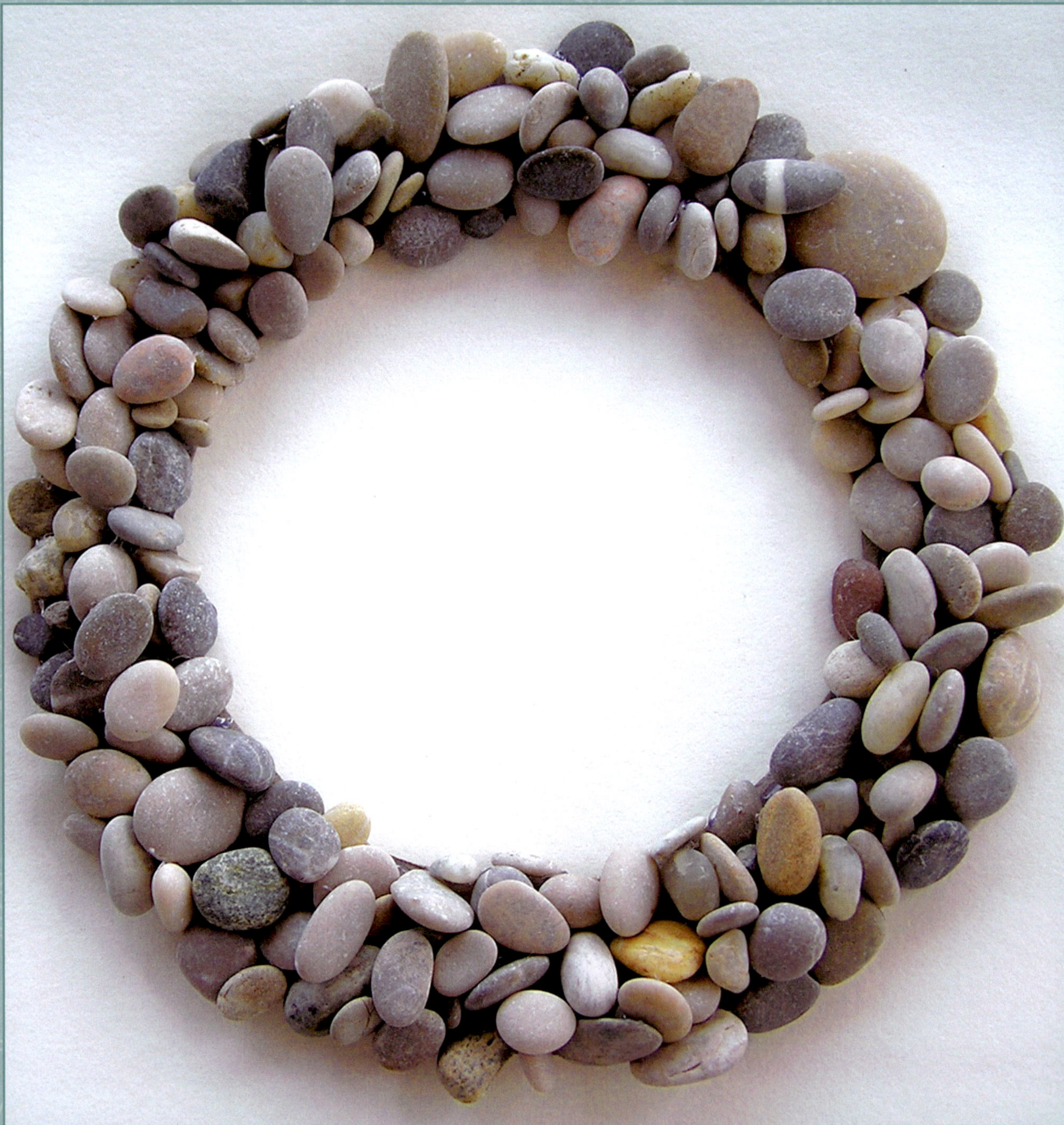

Steinkranz

Steine sind uralt. Vor allem runde, glatte Steine haben eine lange Geschichte. Unendlich viele Sandkörnchen, Wind, Wasser und Wellen haben sie geschliffen, bearbeitet und zu dem gemacht, was wir nun am Strand, im Bach oder manchmal sogar in der Wüste finden können. Und oft sind sie von Gletschern Hunderte von Kilometern transportiert werden.

Ein selbst gebastelter Steinkranz ist meist ein wunderschöner Schmuck. Vielleicht haben Sie ja sogar Glück und finden einmal einen Stein mit Loch, einen «Hühnergott»? Für den folgenden Steinkranz reichen aber schon die vielen kleinen, bunten, lustigen, glatten oder gemusterten Steine, die man immer wieder findet und gerne aufhebt.

Bei kleinen Steinkränzen, für den Innenbereich, werden die Steine mit Heißkleber befestigt.

Mit größeren und schweren Steinen lässt sich dagegen ein schöner Kranz für den Außenbereich gestalten. Für diese großen Steinkränze empfiehlt sich als Verbindungsmasse Zementmörtel vom Baumarkt.

Dafür wird zuerst wenig Wasser (knapp den Boden bedeckt) in eine kleinere Plastikwanne gegossen und dann etwas Zementmörtel hineingerührt. Die Masse nicht flüssig (eher puddingartig!) anrühren und die angefeuchteten großen Steine als Ring aufstapeln und mit der Masse gegenseitig festkleben.

Der Steinring kann eventuell mit Blumen bepflanzt werden.

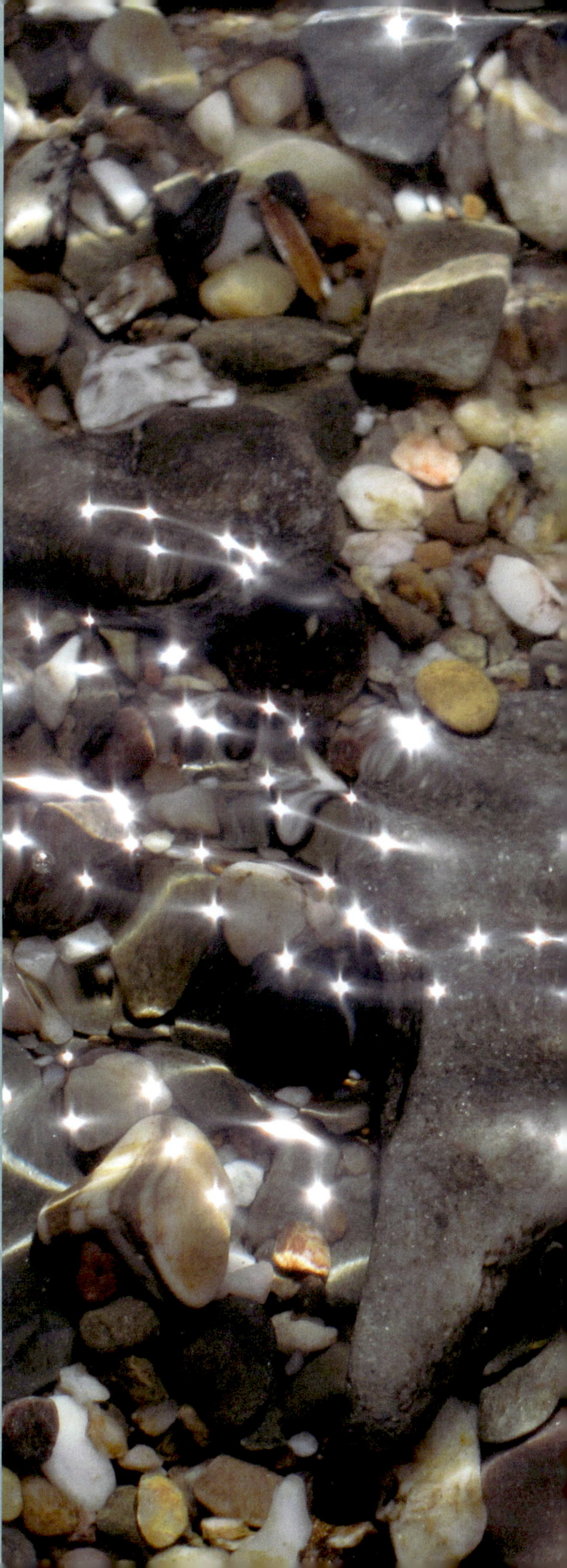

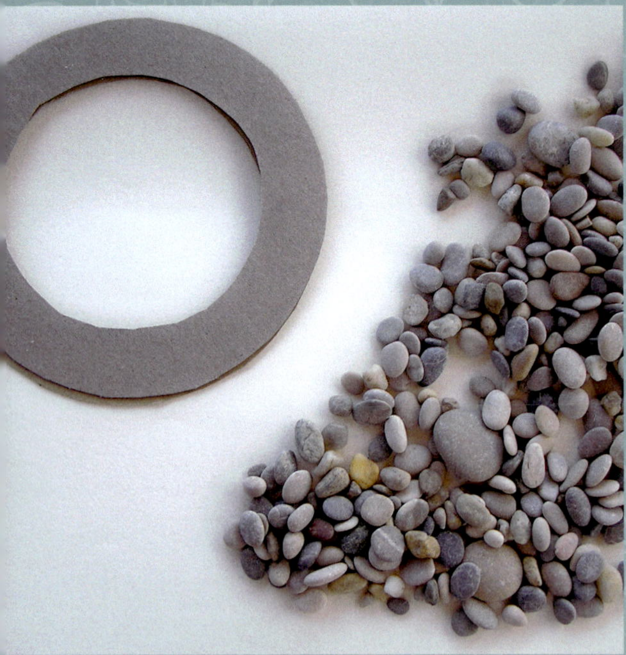

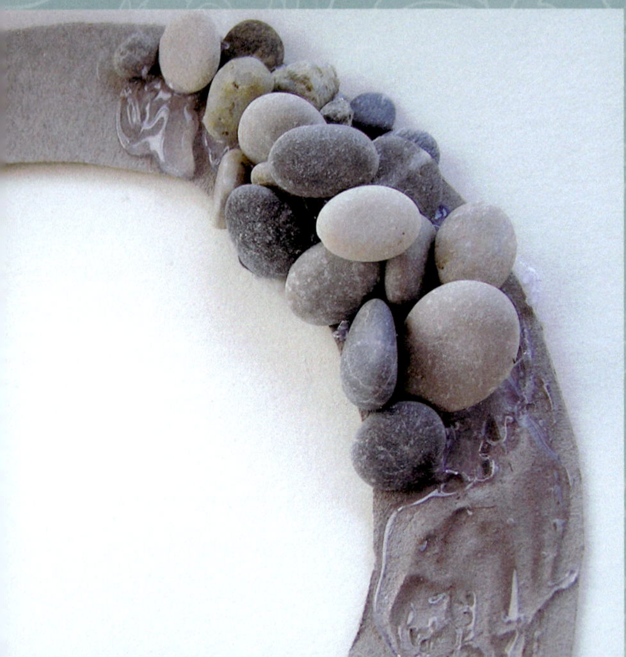

Im Folgenden ein Beispiel für den Innenbereich. Dieser Steinkranz wird auf einem Papprohling aufgebaut (siehe S. 32f.).

Material

- Steine Ihrer Wahl: Flusskiesel, Funde am Meer, «gekaufte» Steine vom Baumarkt oder aus der Bastelabteilung.
- Papprohling aus 3 Pappen übereinander
- Heißklebepistole und Ersatzklebestick
- Unterlage

Für den Aufbau siehe den Abschnitt «Rohling aus Pappe», S. 32f.

Nach Wunschgröße einen stabilen Ring basteln. Schwere Steine benötigen einen dickeren Papprohling. Eine große Portion Klebemasse auf den Pappring klecksen.

Streuen Sie die Steine portionsweise auf die heiße Masse, indem Sie sie einfach wahllos fallen lassen, damit der Steinkranz eine unregelmäßige Oberfläche bekommt. Die Lücken werden mit einzelnen Steinen geschlossen und geschichtet.

Darauf achten, dass die Pappe verdeckt wird, und auf eventuelle Klebefäden achtgeben, die entfernt werden müssen.

Der Steinkranz kann im Ring mit einem Nagel aufgehängt und nach Wunsch mit Glanzlack besprüht werden.

Kranz mit Schwemmholz

Wer weiß, welch langen Weg die vielen kleinen Hölzer hinter sich haben, bis sie an Seeufern oder am Meeresstrand angeschwemmt werden und schließlich liegen bleiben. Die Formen der Schwemmhölzer sind ganz unterschiedlich: von krumm geschliffenen Wurzeln bis zu abgerundeten Ästen. Auch ausgefranste Planken und polierte Bretter liegen kreuz und quer am Ufer, und alle haben fast etwas Rührendes, wenn sie so glatt in der Hand liegen. Sie sind beim Hochheben oft erstaunlich leicht, und wenn man sie klappern lässt, haben sie einen feinen, hölzernen Klang.

Hier ein Vorschlag für einen Kranz, bei dem die einzelnen Holzformen als Ganzes gelassen und nicht zersägt werden. Ihr Schwemmholzkranz kann ganz individuell werden, je nach dem, welche Hölzer Sie finden.

Material

- 1 Korb voller gemischter Schwemmhölzer
- Schaschlikstäbchen Ø 6 mm
- Bohrmaschine mit passendem Holzbohrer (6 mm)
- wasserfester Holzleim
- Gartenschere
- Hammer
- brauner oder grauer Blumendraht 0,65 mm
- Kneifzange

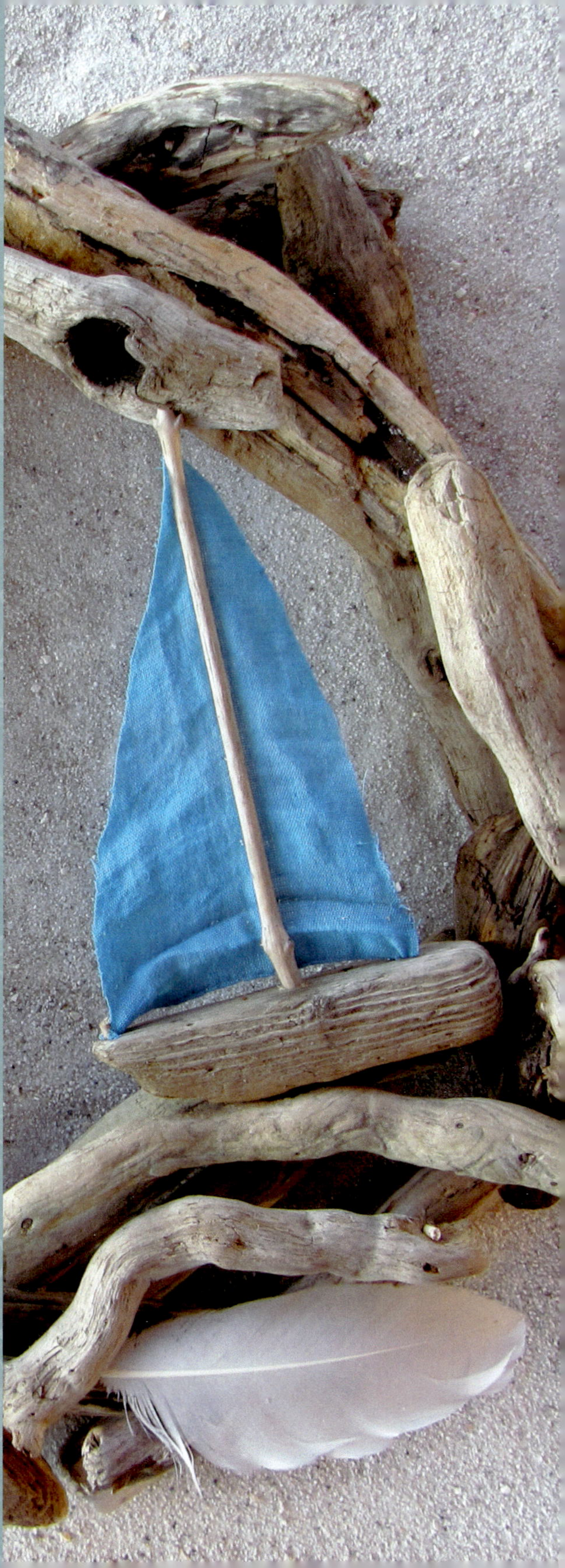

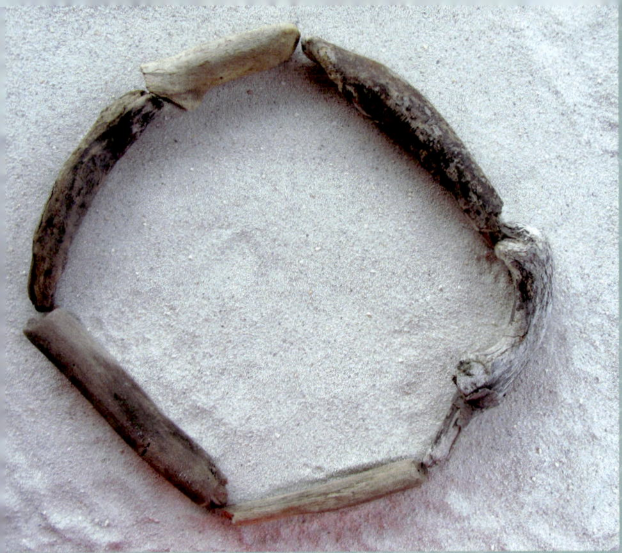

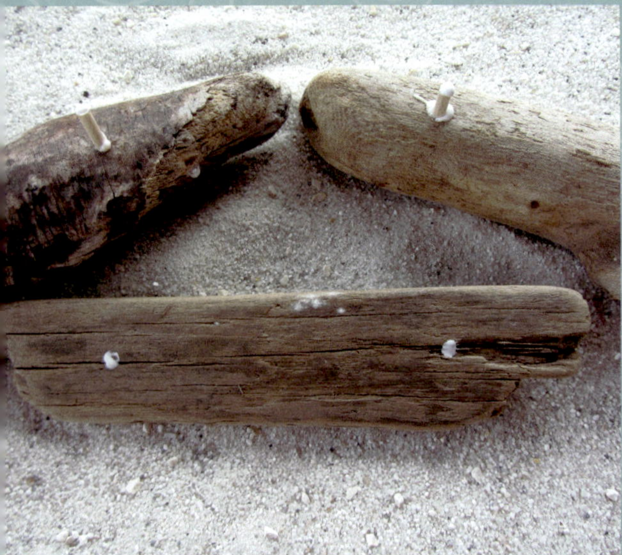

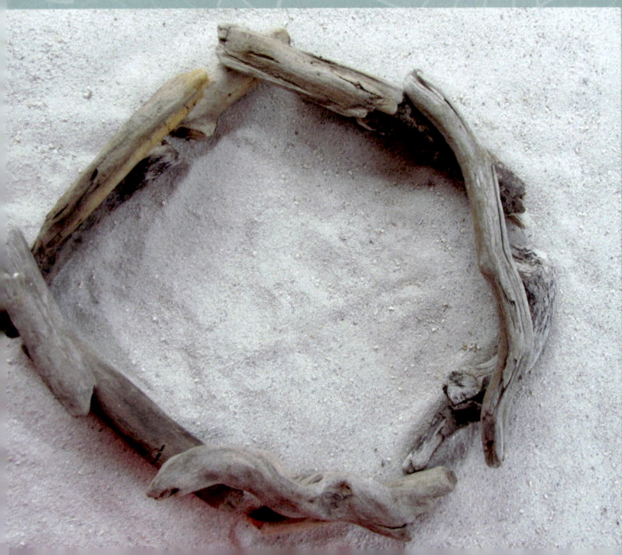

Schmuck

- Stoff
- Tuschkasten
- Seidenmattlack

Das Material auf der Arbeitsfläche ausbreiten und die Schwemmhölzer nach unterschiedlichen Stücken sortieren. Legen Sie als Erstes die dickeren Funde kreisförmig nebeneinander; verbinden Sie zuerst die einzelnen Seitenteile miteinander.

An den Stellen, wo die Hölzer übereinandergeschichtet werden sollen, müssen Löcher gebohrt und die einzelnen Hölzer mit einem Dübel verbunden werden. (Richtlinie: Die Tiefe des Lochs richtet sich nach der Stärke des Holzes!) Wichtig: Nicht durch das Holz bohren; die Dübel sollen unsichtbar bleiben. (Zur Orientierung um den Bohrer auf ca. 1 cm Abstand zur Spitze etwas braunes Klebeband binden; so kann man die Tiefe bei dünnen Hölzern besser abschätzen. Natürlich können Sie auch den Tiefenanschlag Ihrer Bohrmaschine nutzen, allerdings greift der bei sehr schmalen Hölzchen oder schiefen Bohrlöchern manchmal nicht richtig.) Weil jedes Holz anders ist, variiert auch die Länge der Dübel. Diese werden mit der Gartenschere von den Schaschlikstäbchen einzeln abgezwickt.

Ins unterste Holz wird ein kleines Loch gebohrt. Die Spitze der Leimflasche wird an das Loch gepresst, damit dort der Holzleim tief hineingedrückt werden kann. Dann einen kleinen Dübel (z.B. von 1,5 cm Länge) hineinstecken.

Dieser Dübel wird nur zur Hälfte ins vorgebohrte Loch gedrückt oder vorsichtig gehämmert. Jetzt ist es wichtig zu wissen, wo genau das nächste Loch im nächsten Holzsstück gebohrt werden soll. Dazu tropfen Sie ganz wenig Leim auf den ersten Dübel obendrauf und legen das nächste Holz auf den Dübel – da, wo das Gegenstück später befestigt sein soll. Dann das zweite Holz wieder wegnehmen und das erste umdrehen: Sie werden einen Leimabdruck sehen; an dieser Stelle ebenfalls ein Loch bohren. Danach das Loch mit etwas Leim füllen und beide Hölzer mit dem Dübel verbinden.

Mischen Sie die Formen lebendig miteinander. Längere Holzstücke werden mit zwei Dübeln befestigt, bei ganz kurzen genügt manchmal auch nur ein Dübel. Mit dem Draht eine Öse zum Aufhängen oder eine Schrauböse in die Rückseite des Kranzes drehen.

Im fertigen Kranz kann ein farblicher Blickfang ein guter Kontrast zum Grau des Holzes sein, z.B. ein kleines Segelboot, das eine maritime Stimmung schafft, oder einige schöne Steine, ein Anker, ein Leuchtturm, ein Rettungsring dazu … Lustig sind auch ein paar bunte Enten, ein Schwan und etwas an den Kranz geklebtes Schilfgras oder ein großer einzelner Fisch. Auch ein anderer kleiner bunter Fund von einem Strandspaziergang passt vielleicht gut als farblicher Tupfer zu dem Schwemmholzkranz.

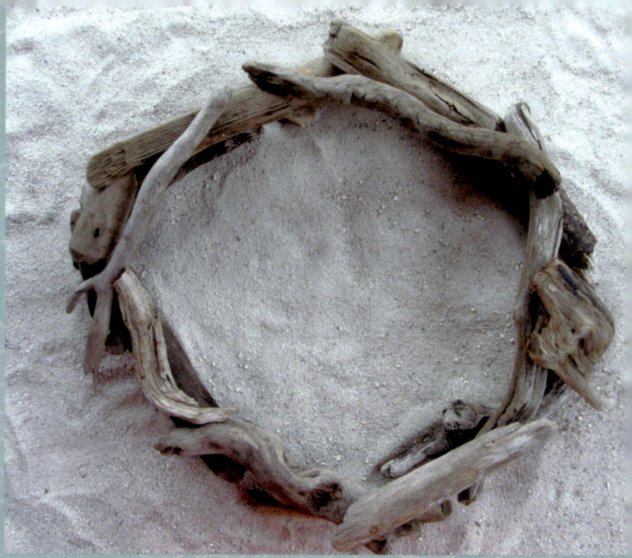

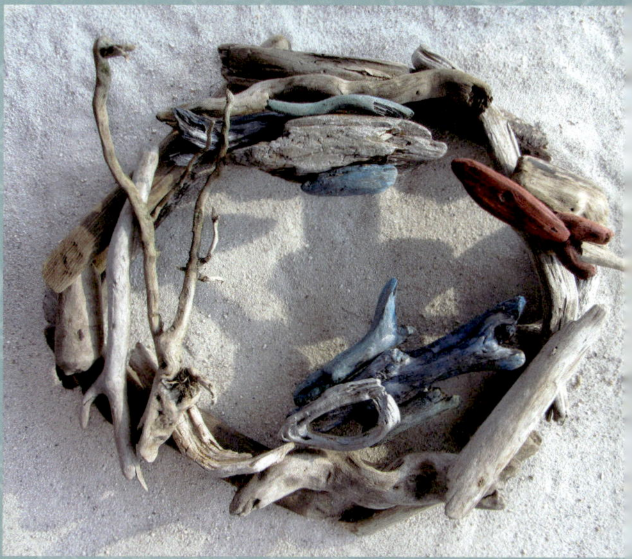

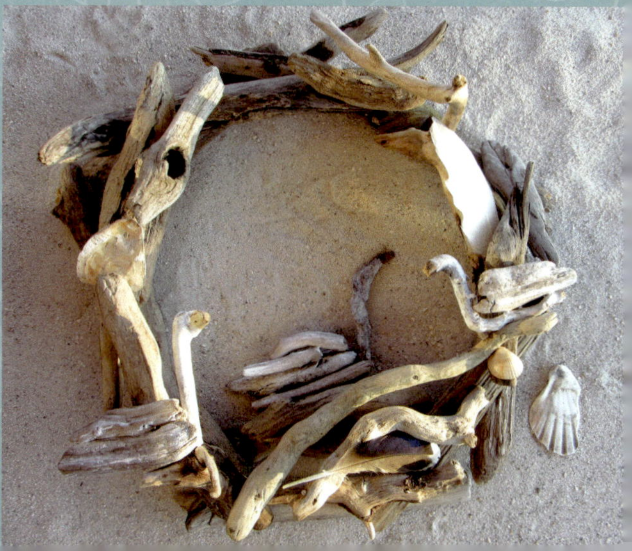

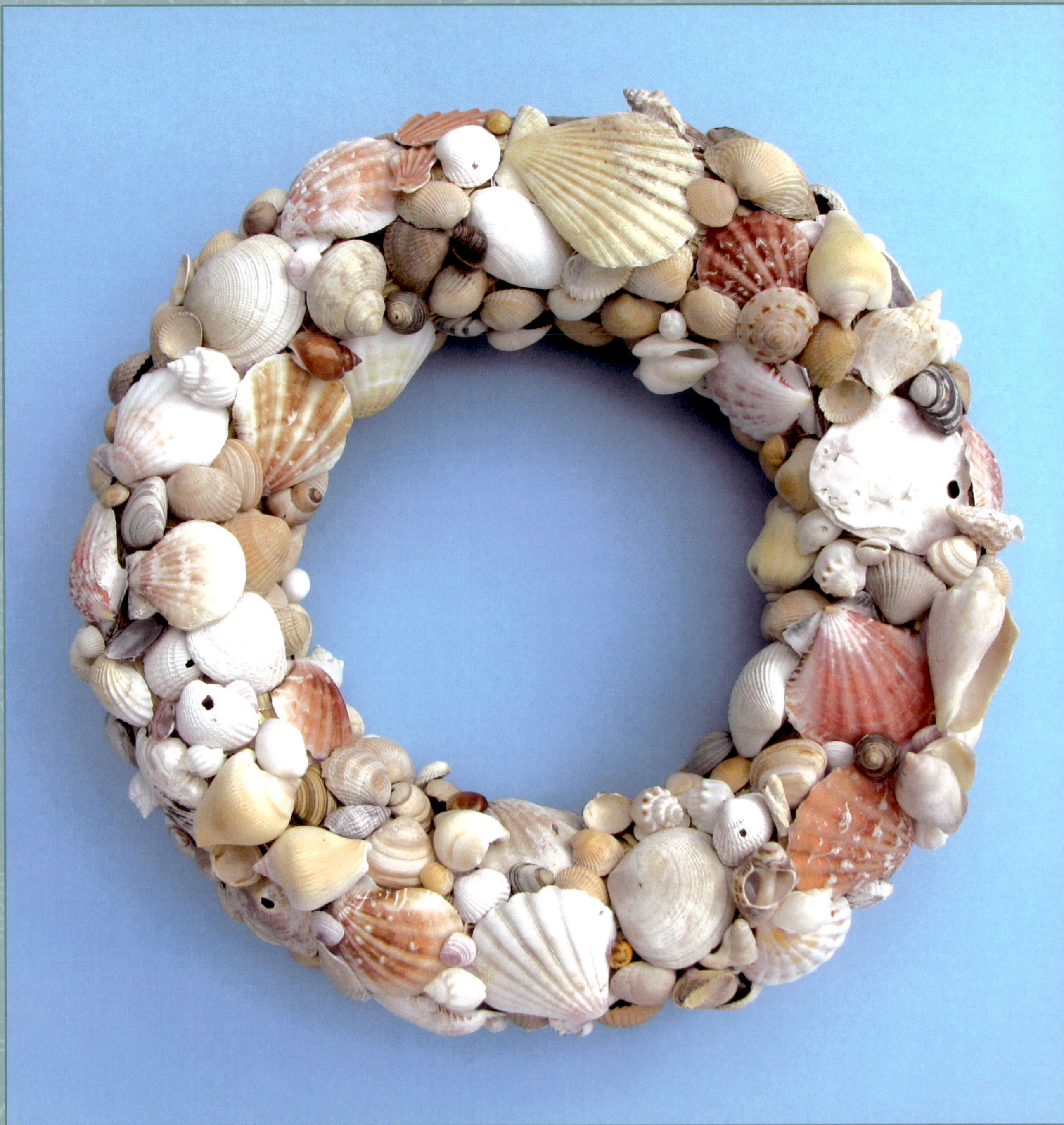

Muschelkranz

Dieser Kranz wird durch die lebendige Struktur der Muscheln zu einem besonderen Hingucker. Die verschiedenen Muscheln und Muschelschnecken werden mit Heißkleber befestigt, und die Arbeit kann beliebig unterbrochen werden. Diese Arbeit ist nicht schwierig, auch wenn der Kranz kompliziert aussieht; sie ist nur etwas zeitaufwendig.

Material

- Strohrohling, 30 cm Durchmesser (evtl. aus der Bastelabteilung)
- 1 kleiner Eimer voller gemischter Muschelsorten nach Wahl (u.U. auch in der Bastelabteilung zu finden)
- Klebepistole mit mindestens 22 Sticks Nachschubstangen
- Blumendraht 0,65 mm

Die Muscheln oder Schnecken müssen sauber und trocken sein.

Legen Sie den Strohrohling (siehe S. 33f.) flach vor sich. Zuerst die größten Muscheln auf den Rohling verteilen und festkleben, und zwar auf die Oberseite und die Ränder; die flache Rückseite wird nicht beklebt. Kleben Sie die Muscheln fest, indem Sie einen Klecks heißen Kleber in die Unterseite der Muschelöffnug drücken – nicht nur mittig, sondern auch an der Innenseite der Ränder. Vielleicht müssen Sie manche Muscheln beim Aufkleben nachträglich etwas anheben und vorsichtig noch ein wenig Kleber daruntersspritzen, damit sie festhält.

Die freien Lücken werden mit den kleineren Muscheln ausgelegt. Halten Sie manche Muscheln zunächst ohne Kleber einfach so an Ihren Kranz, um zu prüfen, ob der Platz geeignet ist. Wenn Sie zufrieden sind, können die Muscheln festgeklebt werden.

Da der Heißkleber noch etwas nach fließt, ist es praktisch, den Kranz auch mal zu kippen oder senkrecht hinzustellen. Auch können Sie in dieser Lage leichter an der Innen- oder Außenseite des Kranzes arbeiten.

Der Muschelkranz ist fertig, wenn alle Lücken geschlossen sind.

Eine Aufhängeöse an der Rückseite bilden.

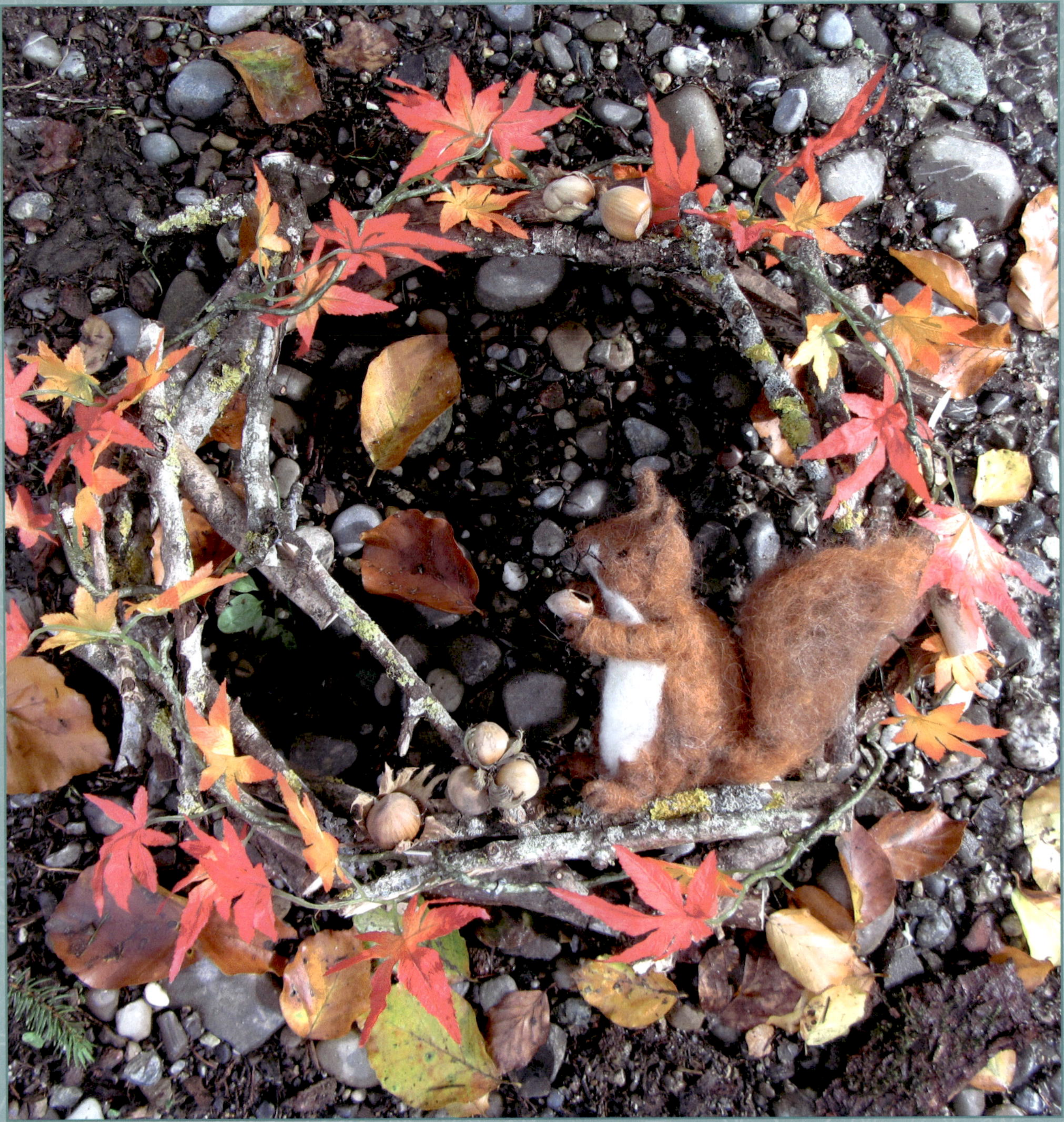

Kranz aus Aststücken

Beim Spazierengehen durch den Wald findet man fast zu jeder Jahreszeit, vor allem im Herbst und Winter, abgebrochene und abgestorbene Äste, die sich gut zur Weiterverarbeitung eignen. Das Besondere an diesem Material sind die vielen Moose und Flechten, die fest an der Rinde haften und durch ihre gelbgrünen Farbtöne harmonisch das dunkle Astholz ergänzen.

Man kann mit den aufgesammelten Ästen später, wenn Zeit und Muße ist, wunderbar basteln; denn sie lassen sich sehr gut aufbewahren. Vor allem ist so ein Kranz aus Ästen eine schöne Herbstbeschäftigung, wenn es draußen regnet und stürmt und Sie es sich zu Hause gemütlich machen möchten …

Material

- 1 Handvoll Äste in verschiedenen Stärken zwischen 1 und 2 – 3 cm Ø
- Hand- oder Dekupiersäge
- Schaschlikstäbchen Ø 6 mm
- Bohrmaschine mit passendem (6 mm) Holzbohrer
- wasserfester Holzleim
- Gartenschere
- Hammer
- brauner oder grüner Blumendraht 0,65 mm
- Kneifzange

Die Äste werden wie beim Kranz aus Schwemmholz (siehe S. 175ff.) zusammengesetzt, nur dass sie hier alle auf eine Länge von ca. 20 cm zurechtgesägt werden. Als Orientierung: Für einen Kranz mit 38 cm Durchmesser legen Sie sechs Ästchen kreisförmig auf die Arbeitsfläche und verbinden die aufbauenden Schichten wie dort beschrieben. Es genügen drei bis vier Schichten. Arbeiten Sie auch krumme und interessante Formen in den Kranz ein, damit er eine lebendige Form bekommt. Nach dem Trocknen der geleimten Dübel kann der Kranz beliebig geschmückt werden (Vorschläge siehe nächste Seite). Biegen Sie eine Aufhängeöse an der Rückseite.

Der Astkranz eignet sich gut für den Außenbereich und ist ein hübscher Willkommensgruß an der Tür oder der Wand im Hausflur.

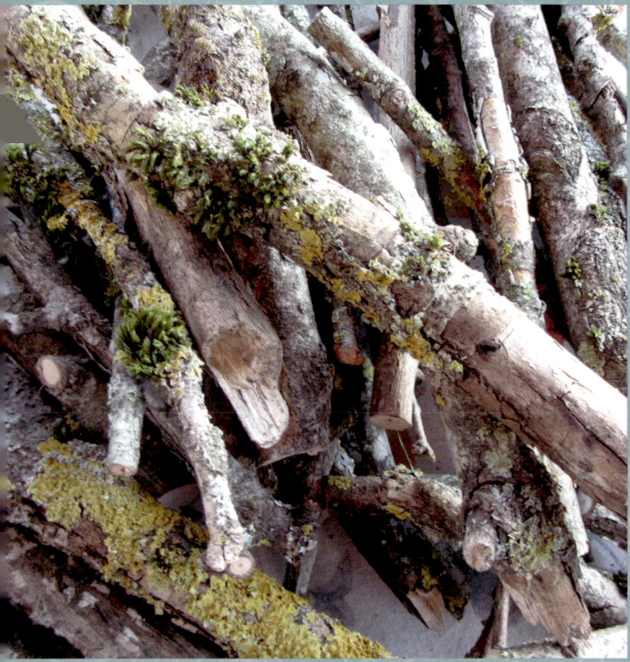

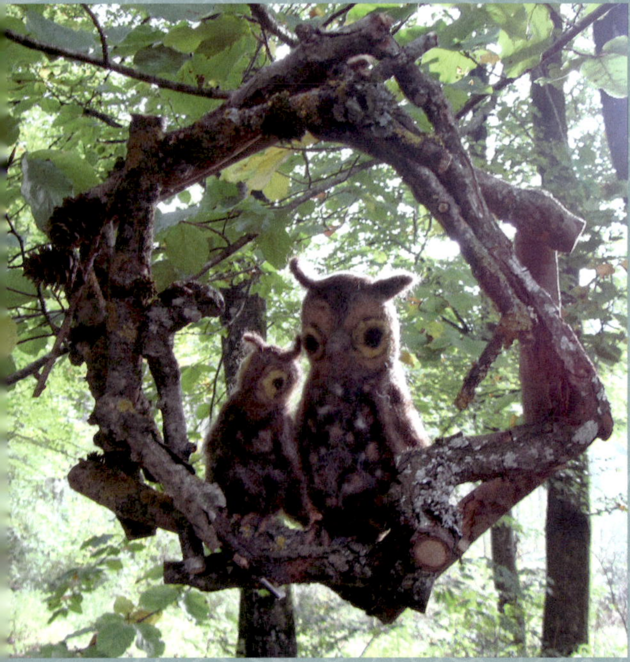

Schmuck

Für den Schmuck eines Astkranzes eignen sich herbstliche oder winterliche Materialien. Hübsch ist auch eine Lichterkette, die um die Äste drapiert wird und einen heimeligen Schein verbreitet.

Man kann z.B. eine Eule oder ein Eichhörnchen basteln, einen Igel, Pilze und Blätter hineinkleben, oder einen Schneemann oder eine Bärenfamilie. Ein Astkranz hält lang und ist deshalb auch eine prima Idee als Haustürschild: «Hier wohnt Familie XY», und für jedes Familienmitglied kann man eine lustige Figur basteln.

Eine Methode, die Spaß macht und einfacher geht als zunächst gedacht, ist die Filznadeltechnik: Man kann mit etwas bunter Wolle und einer Filznadel selber Figuren filzen.

Wer noch nie ein Tier gefilzt hat, kann sich für die Proportionen an einem Foto orientieren. Dann wird der Tierkörper aus Schafwolle geformt und mithilfe einer Filznadel festgestochen. Das Besondere an dieser Technik ist, dass man jederzeit Wolle anstückeln und neue Schichten darüber befestigen kann. Sie können z.B. zunächst einen Pilz filzen und sich dann an andere Figuren wagen. Die einzelnen Details (Schnabel, Farbtupfer, Ohren usw.) werden auch auf diese Weise gearbeitet. Die Augen werden aufgestickt oder mit Perlen aufgenäht.

Selbstverständlich können Sie das Zubehör für Ihren Kranz auch kaufen.

Pflanzenauswahl, nach Farben geordnet

In diesem Kapitel werden die Pflanzen aufgelistet – nach Farben gegliedert –, die in den beschriebenen Kranzbeispielen verwendet wurden oder die für Kränze gut geeignet sind. Neben den deutschsprachigen Namen ist die botanische Bezeichnung aufgeführt sowie ein geeignetes Erntedatum.

Die Beobachtung bezieht sich auf einheimische Sorten. Dennoch gibt es auch hier kleine zeitliche Abweichungen, da das Wachstum und die Blütezeit der Pflanzen durch Klimaschwankungen und landschaftsbezogene, geografische Lagen beeinflusst werden. Manche Pflanzen sind in einigen Regionen sehr selten, andere finden Sie fast an jeder Ecke: Lassen Sie sich von den vielen Namen nicht erschlagen, sondern sehen Sie die folgende Auflistung als Inspirationsquelle für das, was Sie auf Ihren Streifzügen durch die Natur alles finden könnten.

Durch die Vorzucht in Gewächshäusern, aber auch durch den globalen Markt ist es heute möglich, dass wir in Blumenläden oder Gärtnereien Pflanzen besorgen können, die über den natürlichen Lebenszeitraum hinaus wachsen und blühen. Bei einigen Kränzen wird gesondert auf diese Möglichkeit hingewiesen.

Die Liste ließe sich natürlich leicht mit weiteren Pflanzen ergänzen.

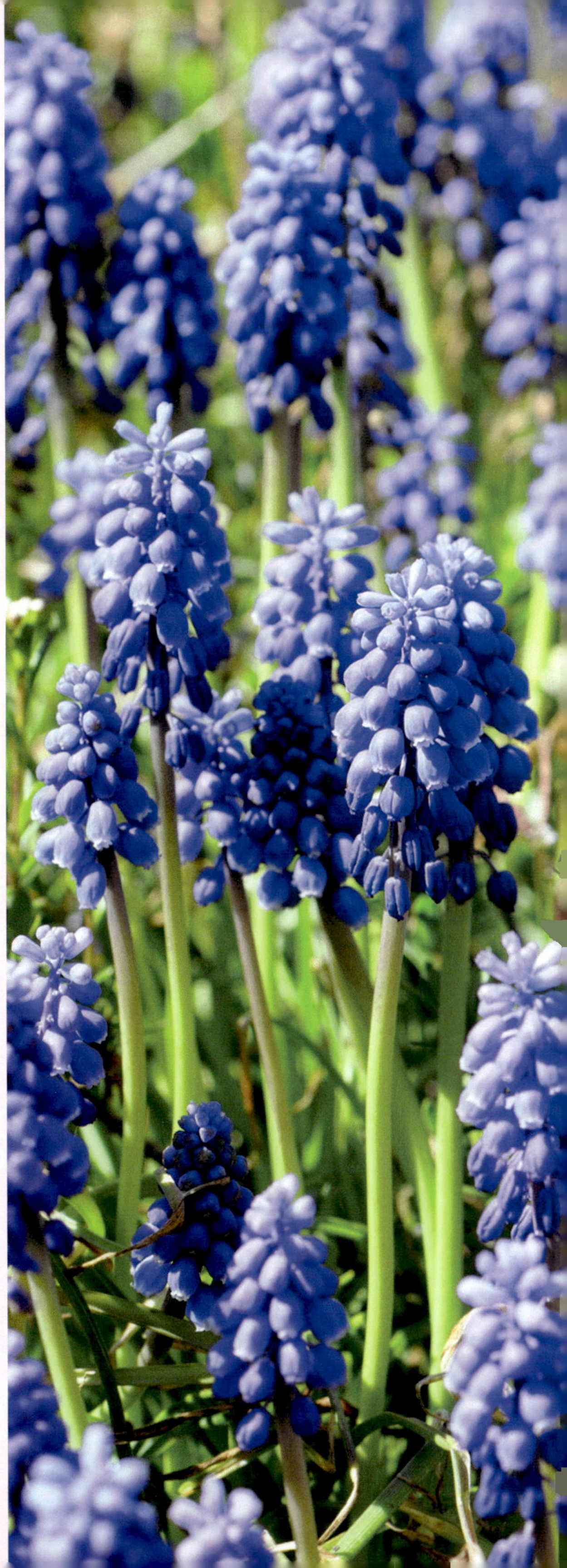

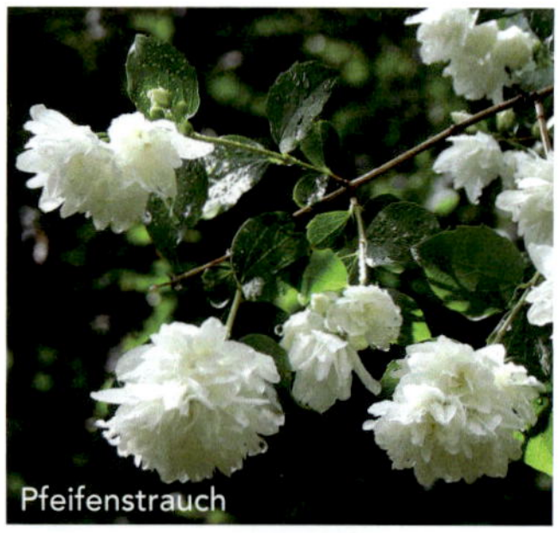

Pfeifenstrauch

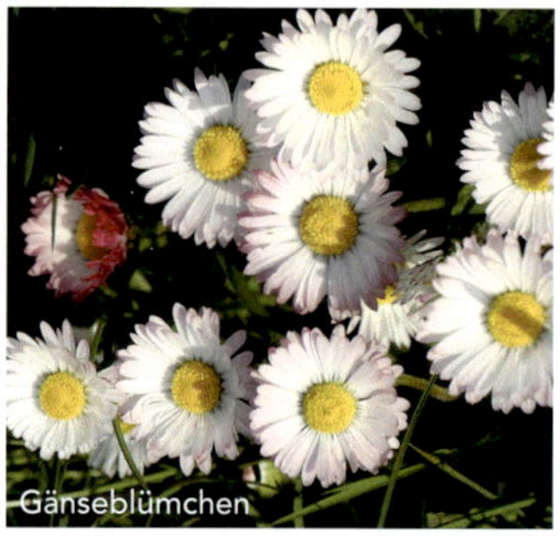

Gänseblümchen

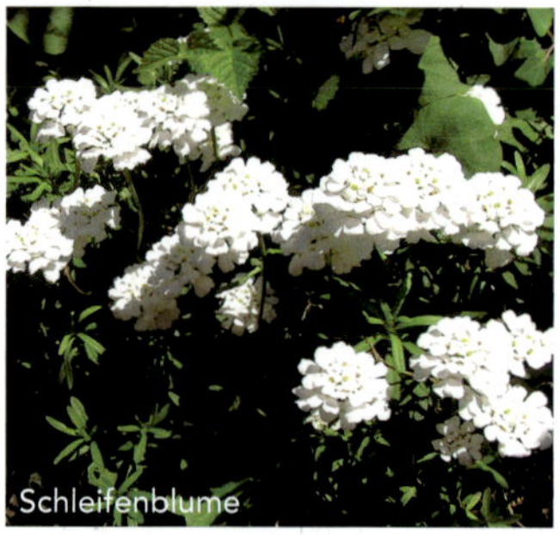

Schleifenblume

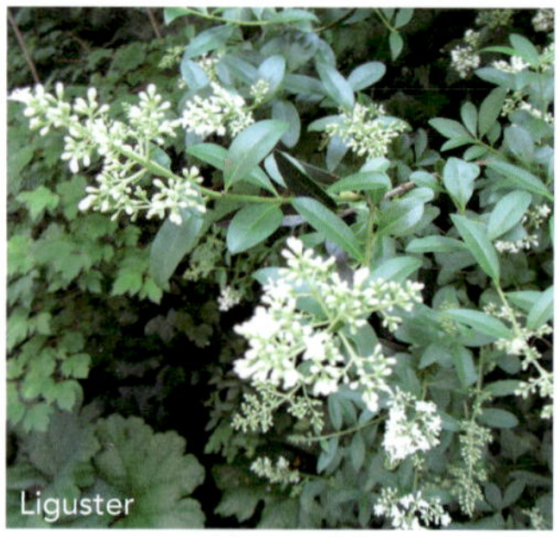

Liguster

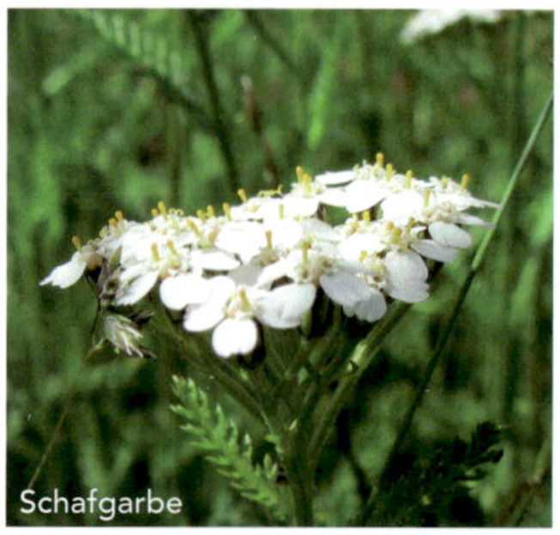

Schafgarbe

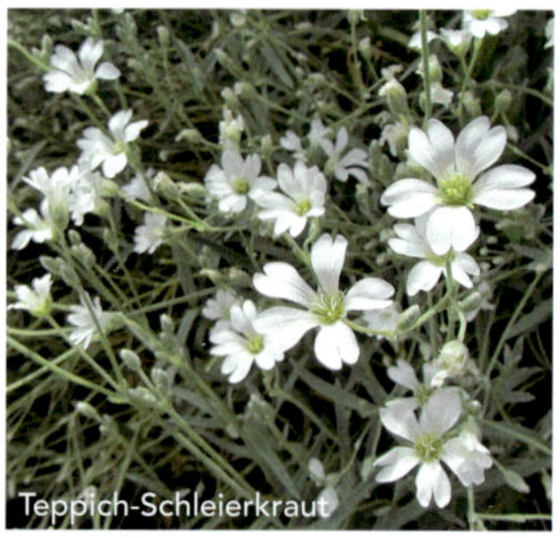

Teppich-Schleierkraut

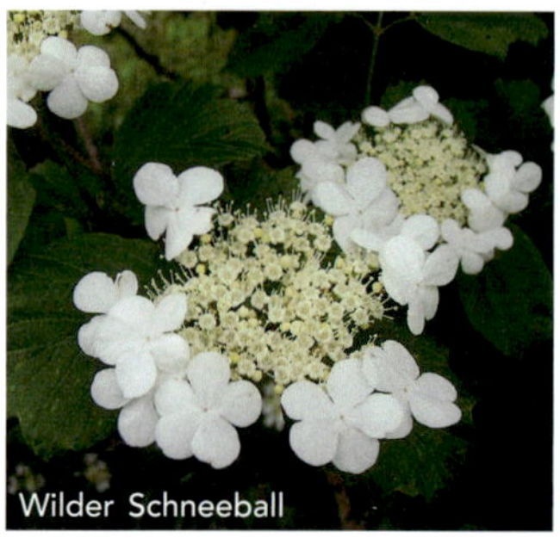

Wilder Schneeball

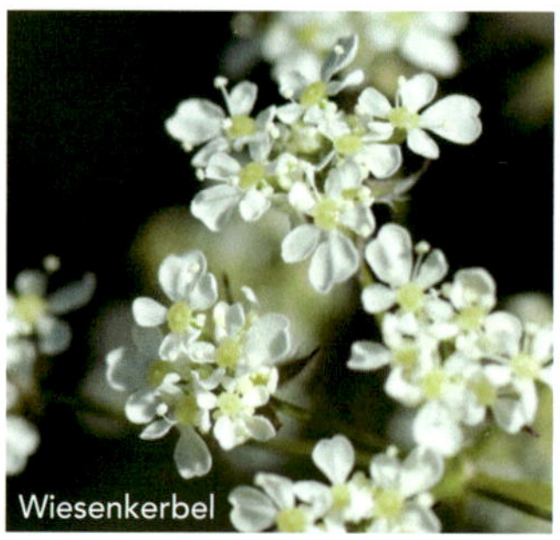

Wiesenkerbel

Weiße Blüten

Brautspiere (Busch) (*Spiraea arguta*): April

Buschwindröschen (*Anemone nemorosa*): März – April

Falscher Jasmin, Pfeifenstrauch (Busch) (*Philadelphus x virginalis*): Juni

Gänseblümchen, Tausendschön, Maßliebchen (*Bellis perennis*): März – Juni

Lichtnelke weiß (*Silene latifolia subsp. alba*): Juni – September

Liguster (Busch) (*Ligustrum vulgare*): Juni

Margerite (*Leucanthemum vulgare*): Mai – Juni

Mutterkraut, Falsche Kamille (*Tanacetum parthenium*): Juni – Juli

Prachtspiere (Busch) (*Spiraea vanhouttei*): Mai

Sauerklee (*Oxalis*): März – April

Schleifenblume (*Iberis sempervirens*): April – Mai

Schafgarbe (*Achillea millefolium*): Juni – September

Schlehe (Busch) (*Prunus spinosa*): April

Schleierkraut (*Gypsophila paniculata*): ganzjährig in Blumenhandlungen

Teppich-Schleierkraut (*Gypsophila repens*): April – Juni

Wiesenkerbel (*Anthriscus silvestris*): Juni – Oktober

Wilde Möhre (*Daucus carota*): Mai – Juni

Wilder Schneeball (Busch) (*Viburnum opulus*): Mai

Weißgelbe Blüten

Mädesüß, Geißbart (*Filipendula ulmaria*): Juni – August

Gelbe Blüten

Färberkamille (*Anthemis tinctoria*): Juni – August

Fenchel (Dolden und Samenstände) (*Foeniculum vulgare*): Juni – August

Frauenmantel (*Alchemilla vulgaris*): Mai – Juli

Goldrute (*Solidago*): Juli – September

Habichtskräuter (*Hieracium*): Juni – September

Hahnenfuß (*Ranunculus*): April – Juli

Hornklee (*Lotus corniculatus*): April – September

Huflattich (*Tussilago farfara*): Februar – April

Kapuzinerkresse (*Tropaeolum*): Juli – Oktober

Leinkraut, echtes, Frauenflachs (*Linaria vulgaris*): Juni – September

Löwenzahn (*Taraxacum*): April – Mai

Narzissen (*Narcissus*): Februar – April

Rainfarn (*Tanacetum vulgare*): Juni – August

Ringelblume (*Calendula officinalis*): Juni – Oktober

Schafgarbe, hohe gelbe, Gold-Schafgarbe (*Achillea filipendulina*): Juli – September

Wilde Schlüsselblume (*Primula elatior*): März – April

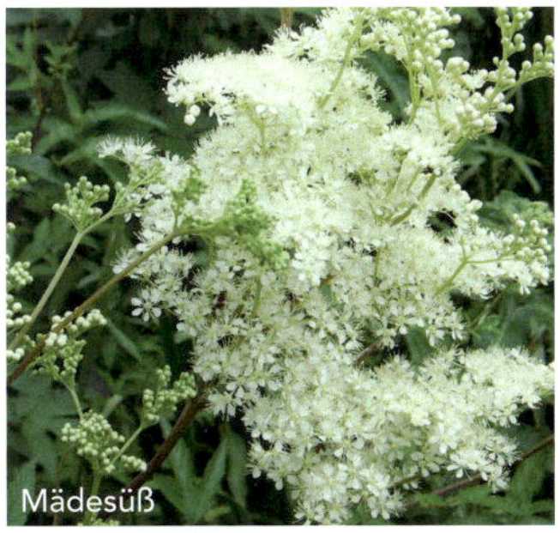
Mädesüß

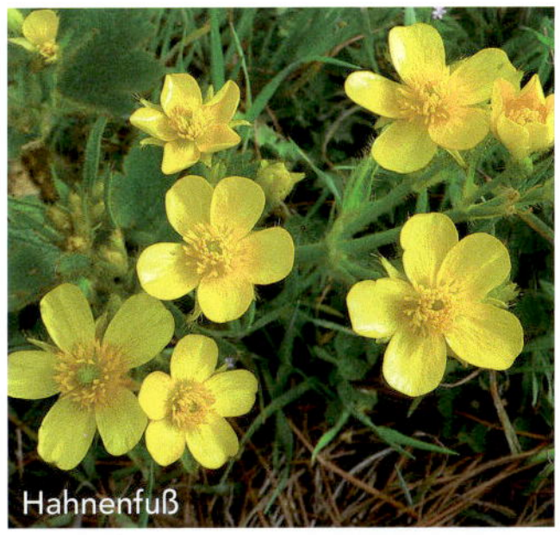
Hahnenfuß

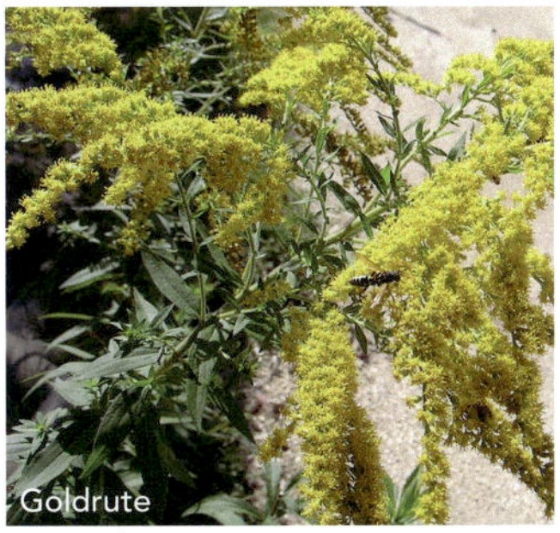
Goldrute

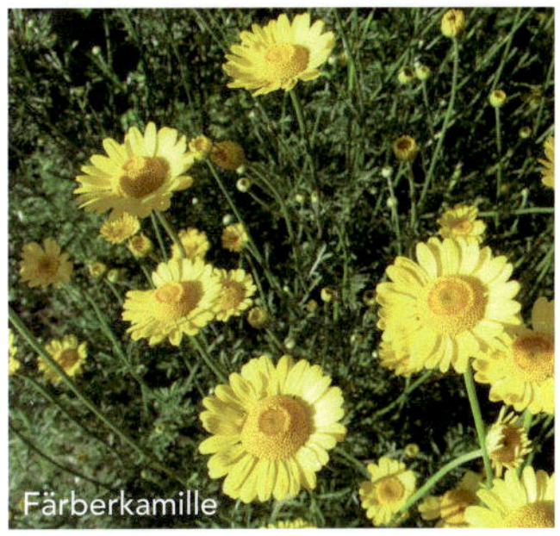
Färberkamille

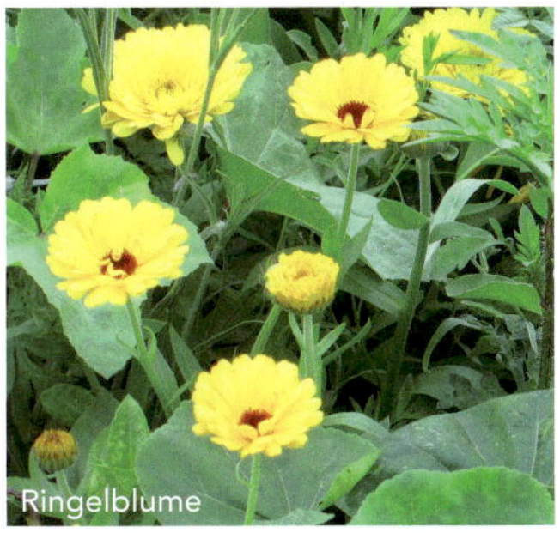
Ringelblume

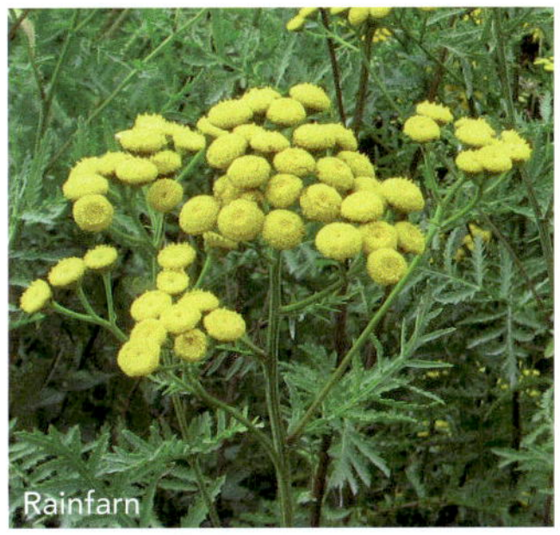
Rainfarn

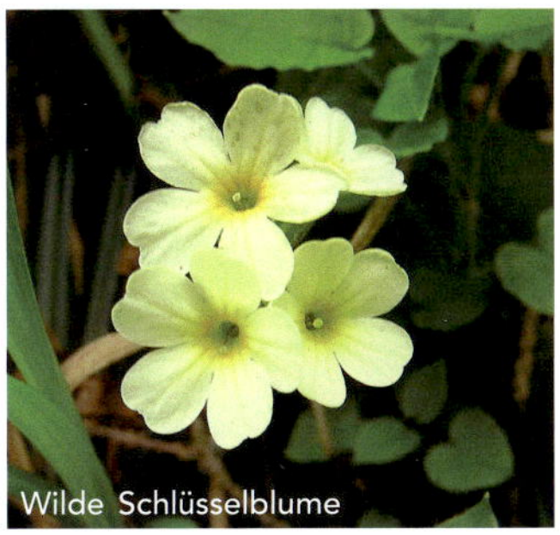
Wilde Schlüsselblume

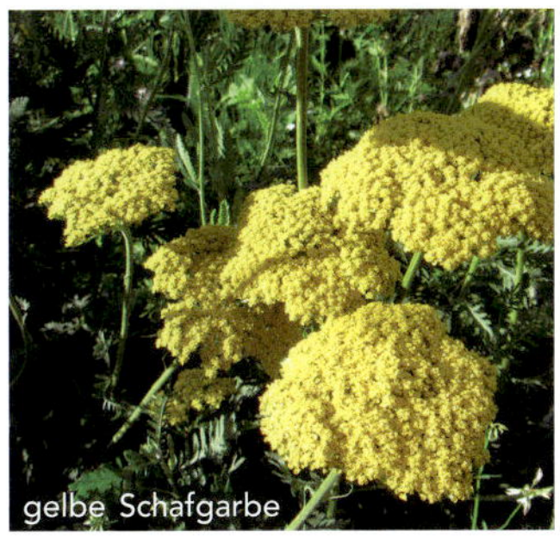
gelbe Schafgarbe

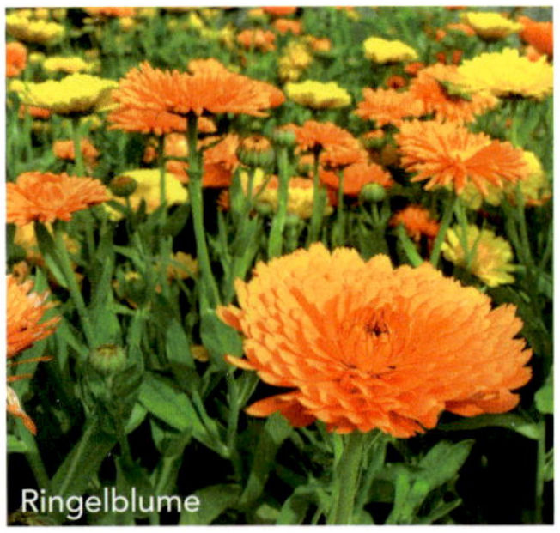
Ringelblume

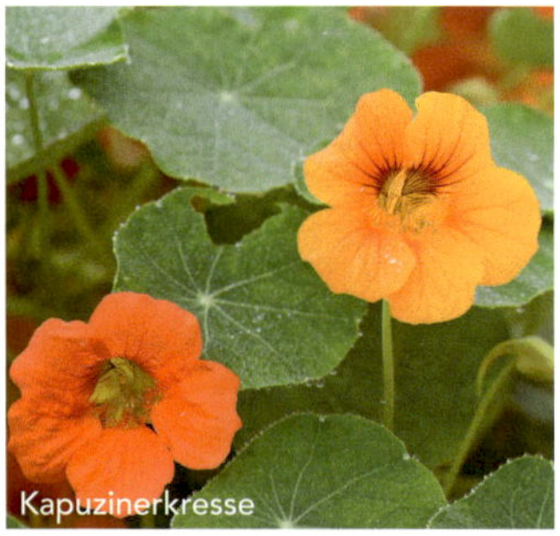
Kapuzinerkresse

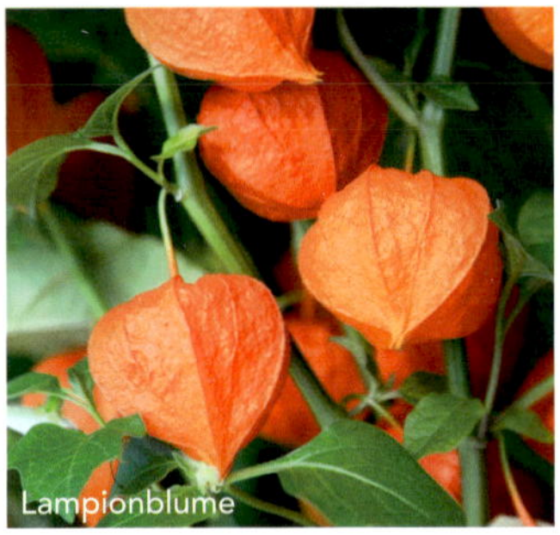
Lampionblume

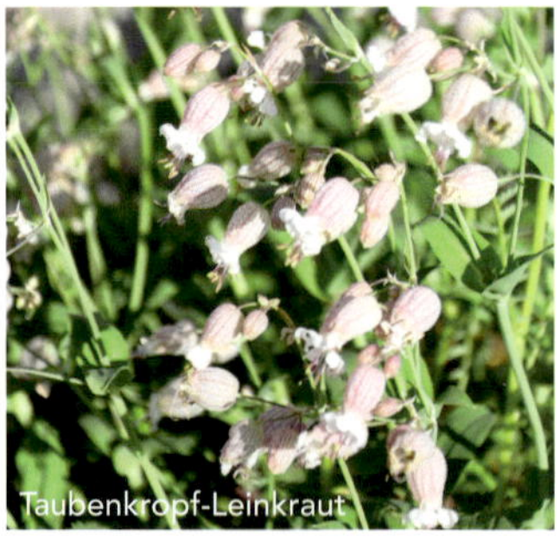
Taubenkropf-Leinkraut

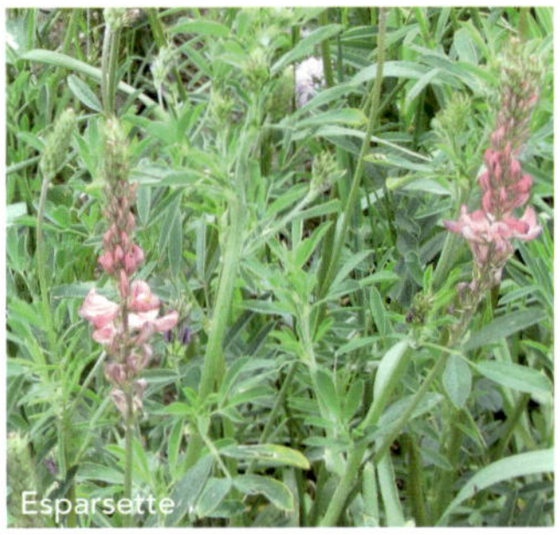
Esparsette

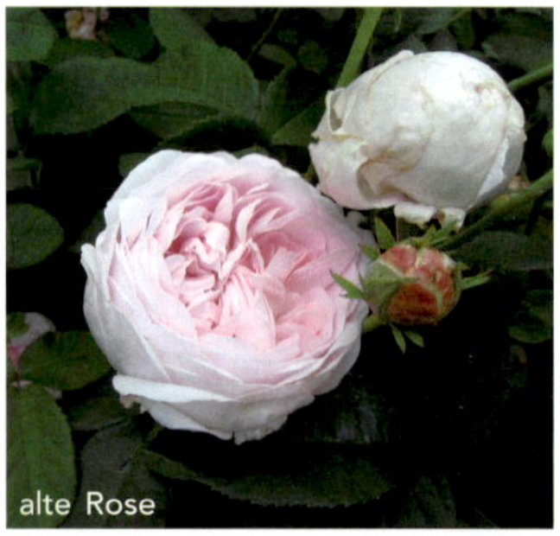
alte Rose

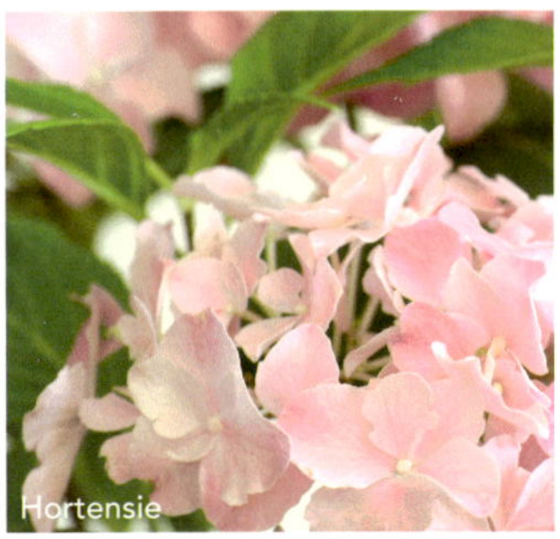
Hortensie

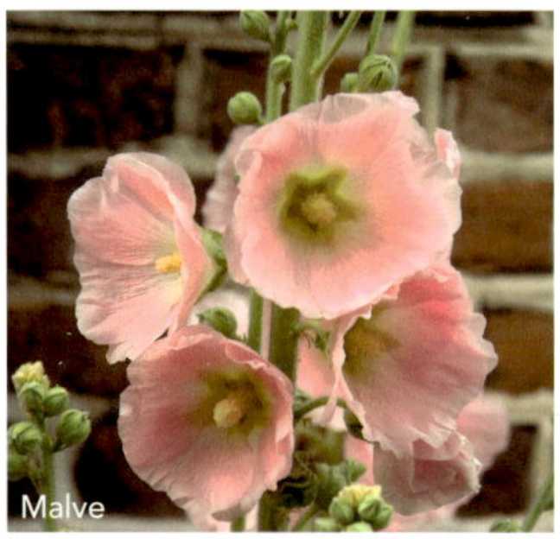
Malve

Orange Blüten

Kapuzinerkresse (*Tropaeolum*): Juli – Oktober

Orangerotes Habichtskraut (*Hieracium aurantiacum*): Juni– Juli

Ringelblume (*Calendula officinalis*): Juni – Oktober

Lampionblume (*Physalis alkekengi*): September – Oktober

Rosaweiße Blüten

Taubenkropf-Leinkraut (*Silene vulgaris*): Juni – Juli

Rosa Blüten

Alte Rosen: Juni – August

Blutpflaume (*Prunus cerasifera nigra*): April

Esparsette, Saat-Esparsette (*Onobrychis viciifolia*): Mitte Mai – Juni

Hortensie (*Hydrangea*): Juni – Oktober (auch andere Blütenfarben)

Moschus-Malve (*Malva moschata*): Juni – Oktober

Pfefferknöterich, Wasserpfeffer (*Polygonum hydropiper*): Juli – September

Rosa Mädesüß (*Filipendula palmata*): Juni – August

Rote Sommerspiere (*Spiraea bumalda, Spirea japonica*): Juni – September

Rose «Raubritter» (*Rosa Macrantha*): Juni – September

Rose «The Fairy»: Juni – Oktober

Schmetterlingsstrauch (*Buddlaja Davidii*): Juli – September (auch andere Blütenfarben)

Strauchmalve (*Lavatera*): Juni – August

Wiesenschaumkraut (*Cardamine pratensis*) Apri – Mai

Rosa-lila Blüten

Alte Rosen: Juni – August

Blutweiderich (*Lythrum salicaria*): Juni – August

Wilde Malve (*Malva sylvestris*): Juni – September

Apfelrose (*Rosa villosa*, *Rosa pomifera*): Juni – August

Lila Blüten

Skabiosen-Flockenblume (*Centaurea scabiosa*): Juli – September

Veilchen (*Viola*): März – Mai

Rote Früchte

Feuerdorn (*Pyracantha;* orange oder rote Beeren): September – November

Gemeiner Schneeball (*Viburnum opulus*): Juli – Dezember

Hagebutten (*Rosa canina*): August – Oktober

Hagebutten der Rose Ballerina (*Rosa-Moschata*): August – Oktober

Vogelbeere, Eberesche (*Sorbus aucuparia*): August – September

Weißdorn (*Crataegus*): August – Oktober

Zierapfel (*Malus floribunda*): ab September

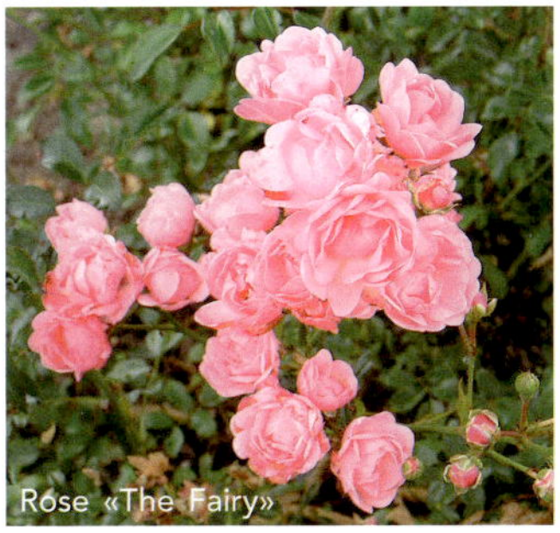
Rose «The Fairy»

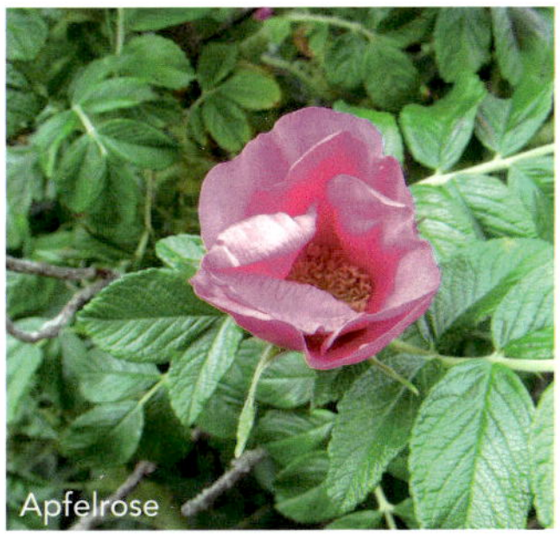
Apfelrose

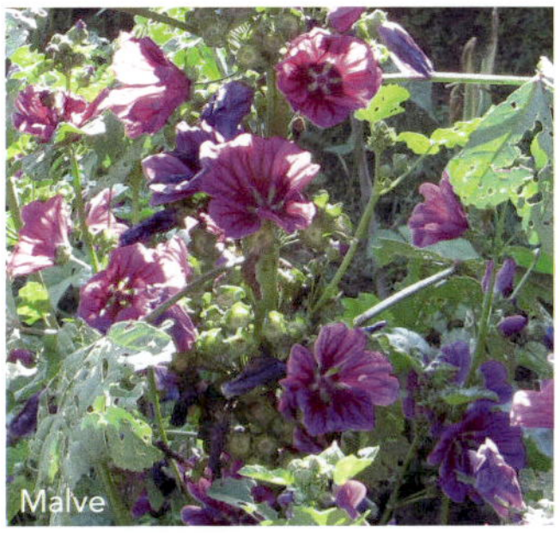
Malve

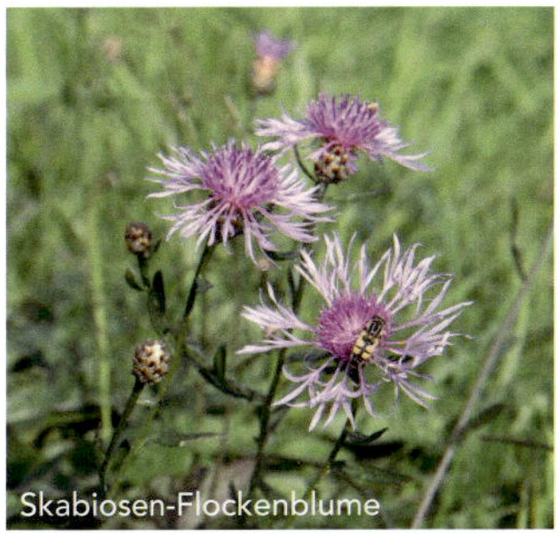
Skabiosen-Flockenblume

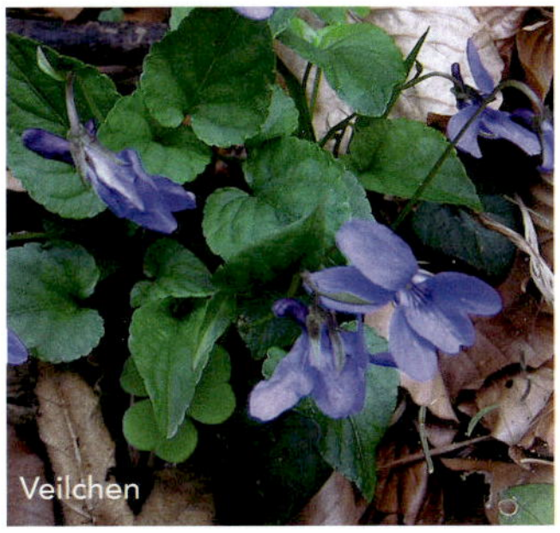
Veilchen

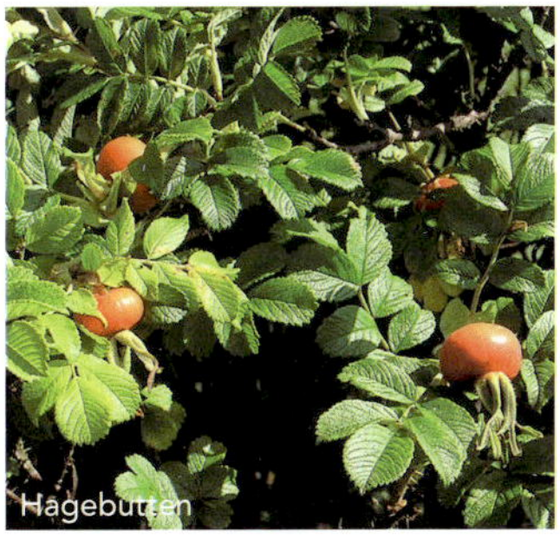
Hagebutten

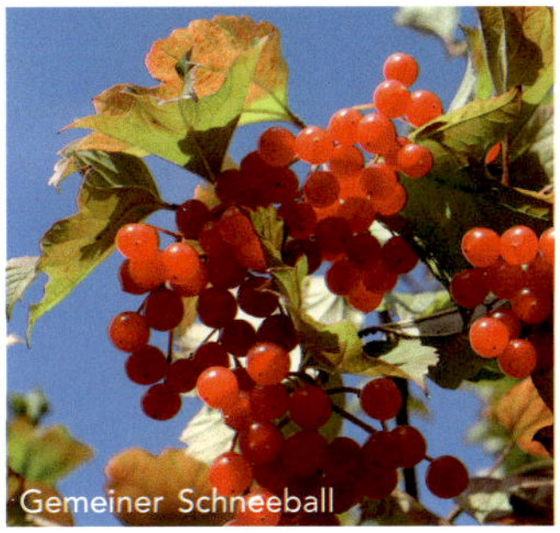
Gemeiner Schneeball

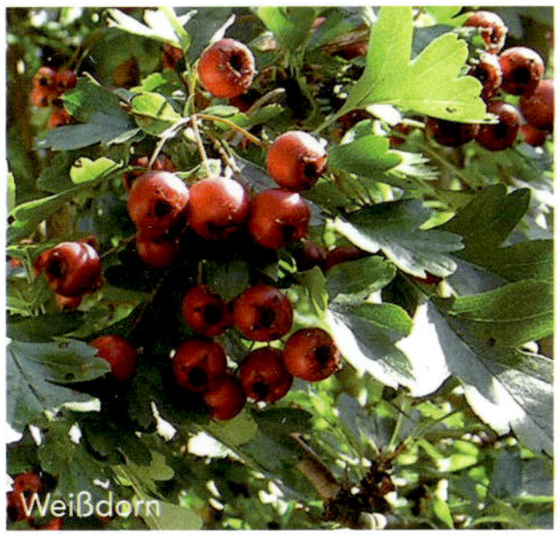
Weißdorn

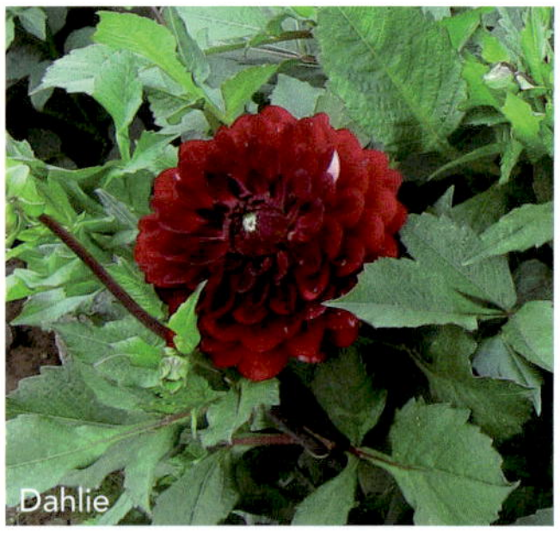
Dahlie

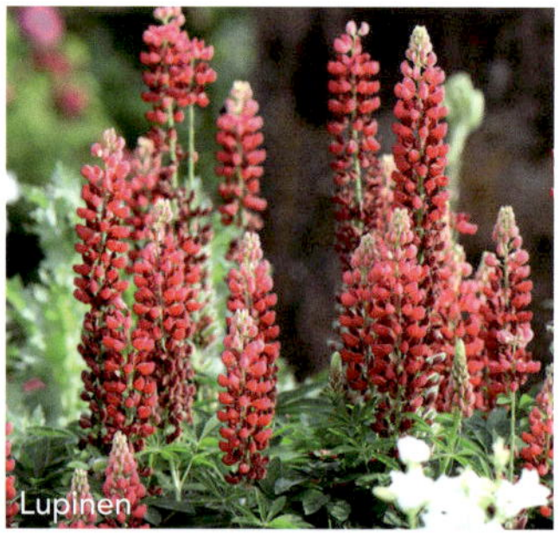
Lupinen

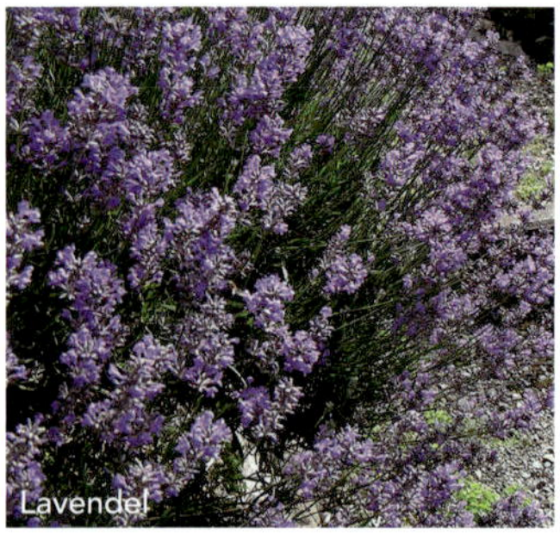
Lavendel

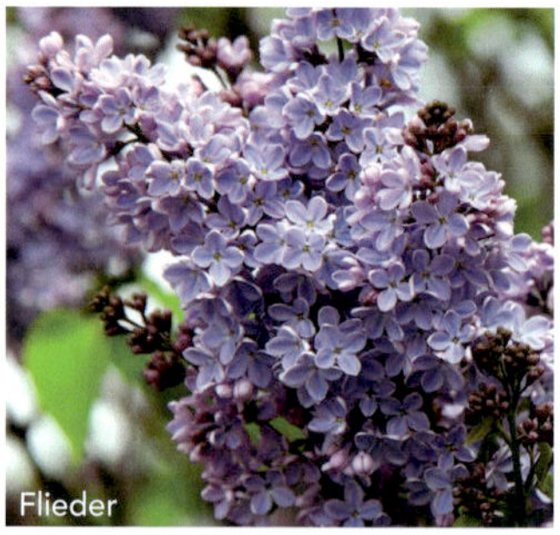
Flieder

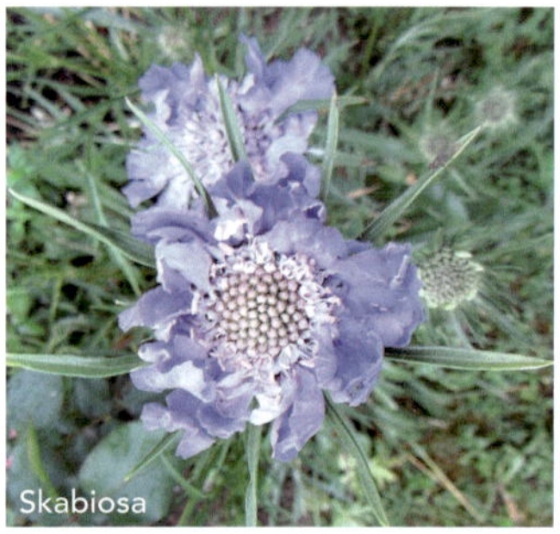
Skabiosa

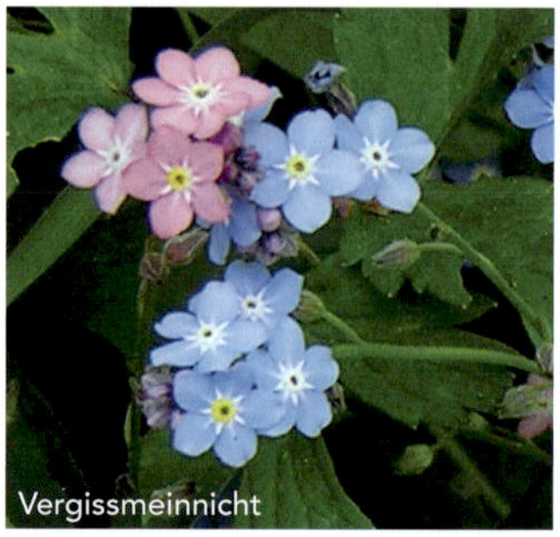
Vergissmeinnicht

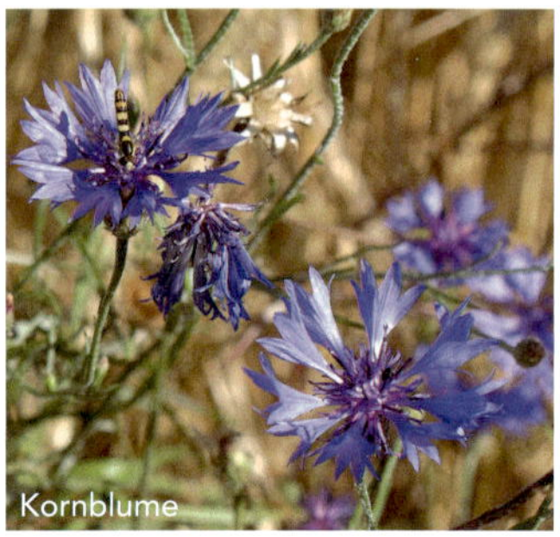
Kornblume

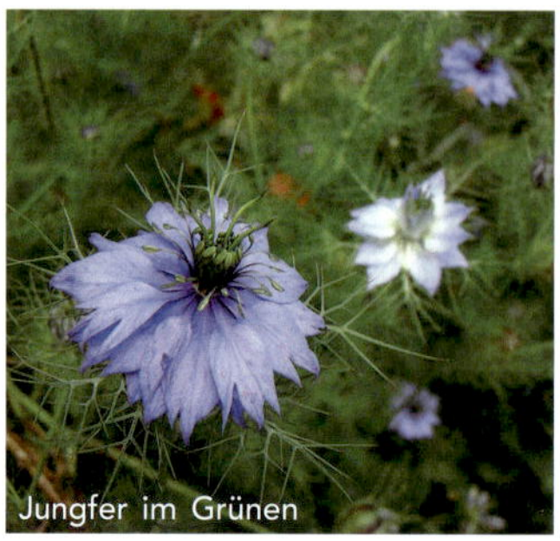
Jungfer im Grünen

Rotviolette Blüten

Dahlie (*Dahlia*): Juli – September

Lupinen (*Lupinus*): Mai – Juli (auch andere Blütenfarben)

Taubnessel (*Lamium*): Mai – Juli

Blaulila Blüten

Bienenfreund, Bienenweide (*Phacelia*): August – Oktober

Flieder (*Syringa*): Mai – Juni (auch andere Blütenfarben)

Lavendel (*Lavandula angustifolia*): Juli – August

Kaukasus-Skabiose (*Scabiosa caucasica*): Juli – September

Japanische Skabiose (*Scabiosa japonica*): Mai – August

Hellblaue Blüten

Vergissmeinnicht (*Myosotis*): Mai – Juli

Wegwarte (*Cichorium intybus*): Juli – September

Blaue Blüten

Ehrenpreis (*Veronica longifolia*): Juni – Oktober

Jungfer im Grünen (*Nigella damascena*): Juli – September

Kornblume (*Centaurea cyanus*): Juni – August

Gemeiner Lein (*Linum usitatissimum*): Juni – Juli

Rittersporn (*Delphinium*): Juni – Juli

Traubenhyazinthen (*Muscari*): Februar – April
Wiesensalbei (*Salvia pratensis*): Mai – Juni
Wilde Glockenblume (*Campanula rotundifolia*): Mai – Juli, September

Blaue Beeren

Schlehe (*Prunus spinosa*): September – November

Blauschwarze Beeren

Blutroter Hartriegel (*Cornus sanguinea*): Juli – Oktober, giftig!

Bunte Blüten

Bartnelken (*Dhiantus barbatus*): Mai – Juni
Strohblumen (*Helichrysum*): August – Oktober
Duftwicken, Gartenwicken, Platterbsen (*Lathyrus odoratus*): Juni – September
Zinnien (*Zinnia*): Juli – Oktober

Grün

Blätter vom Wiesenkerbel (*Anthriscus*): Juni – Oktober
Brombeeren, unreife (*Rubus*): Juli
Buchs (*Buxus sempervirens*): ganzjährig, giftig!
Guter Heinrich, Weißer Gänsefuß (*Chenopodium bonus-henricus, album*): Juni – September
Efeu (*Hedera*): ganzjährig, giftig!
Frauenmantelblätter (*Alchemilla vulgaris*): April – Oktober

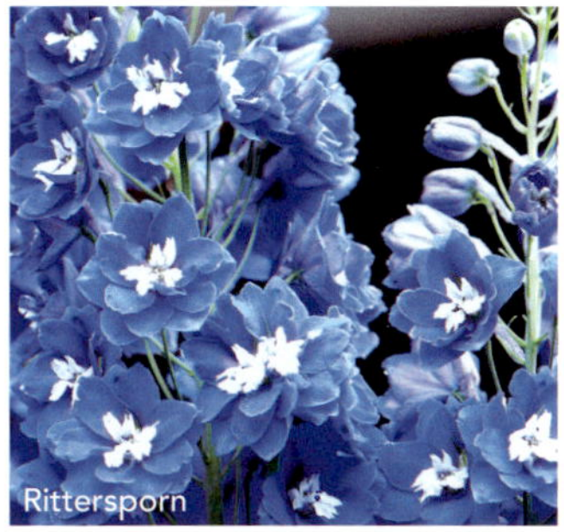
Rittersporn

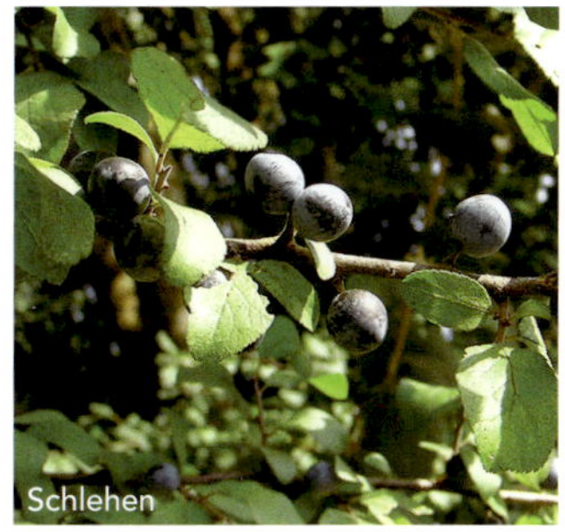
Schlehen

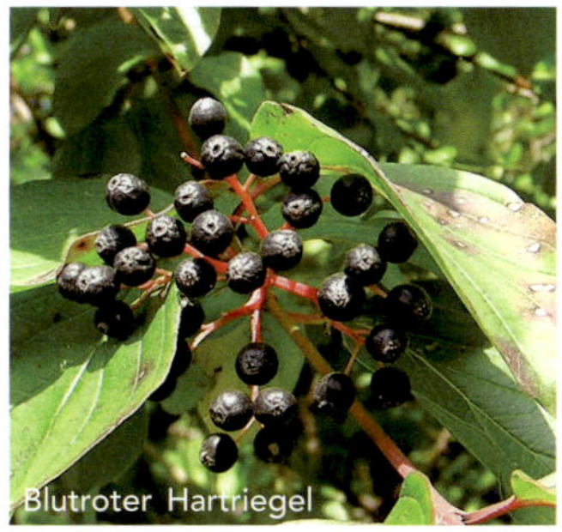
Blutroter Hartriegel

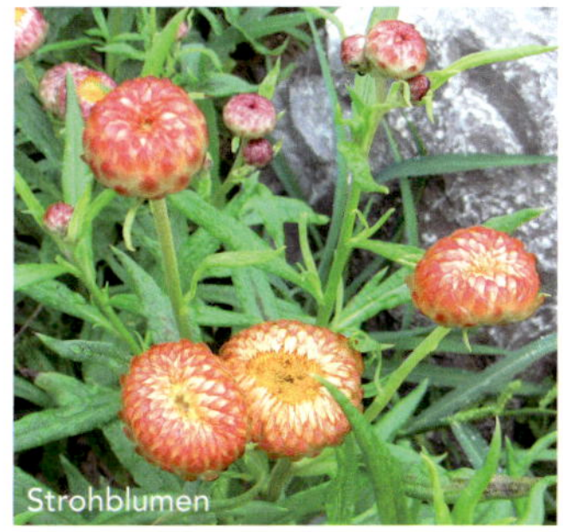
Strohblumen

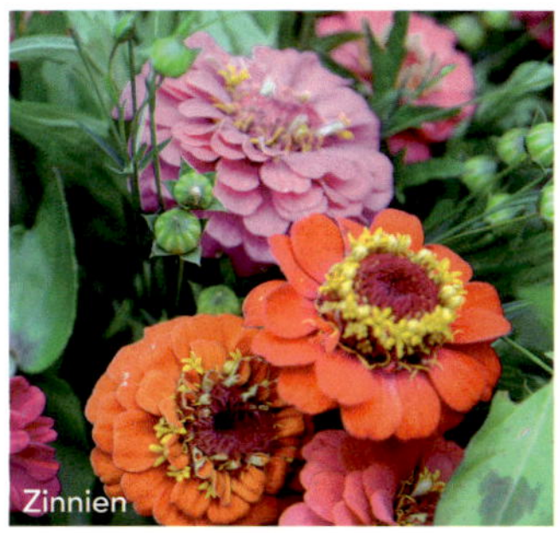
Zinnien

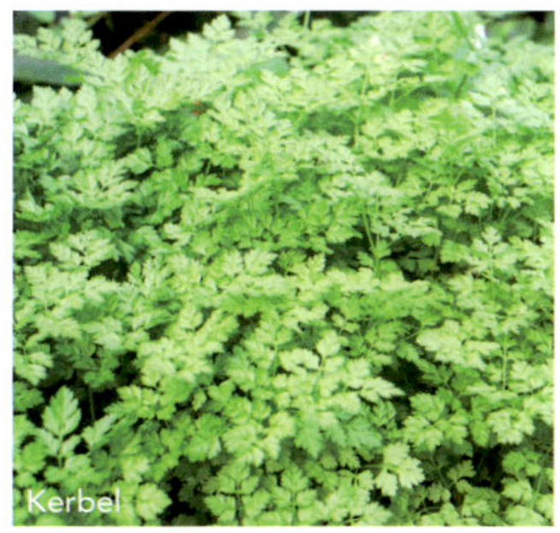
Kerbel

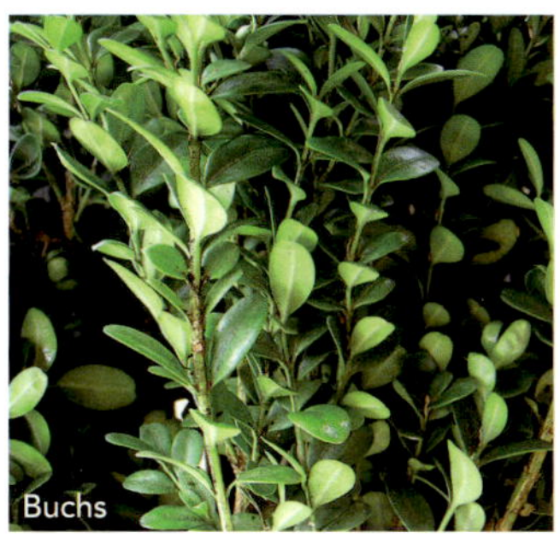
Buchs

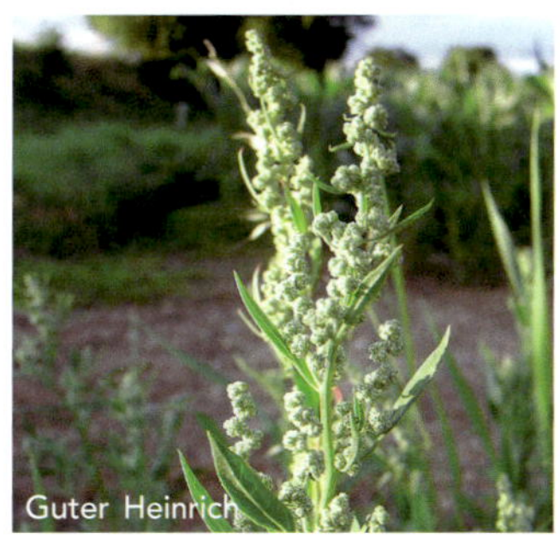
Guter Heinrich

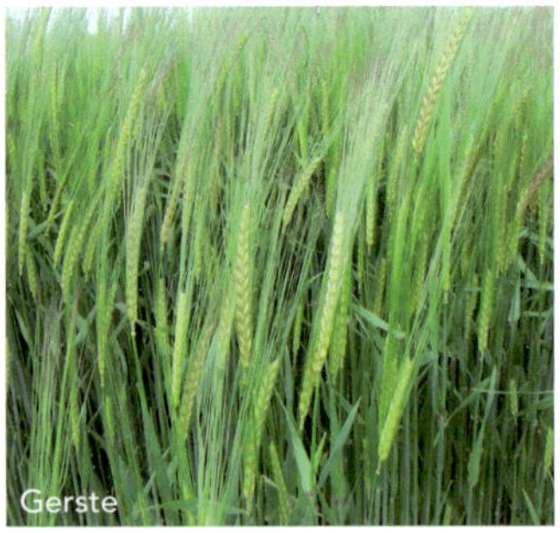

Gerste

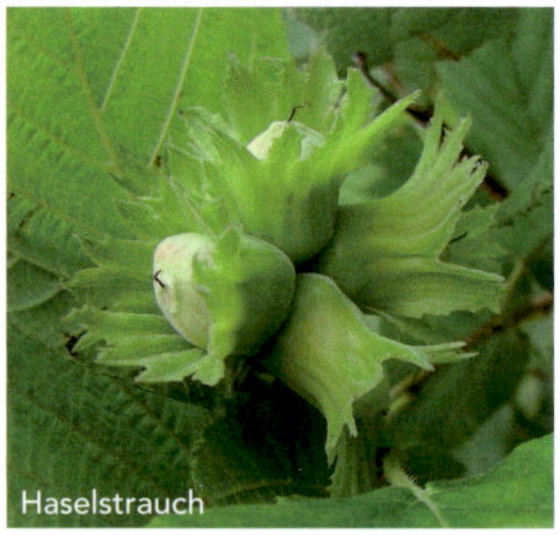

Haselstrauch

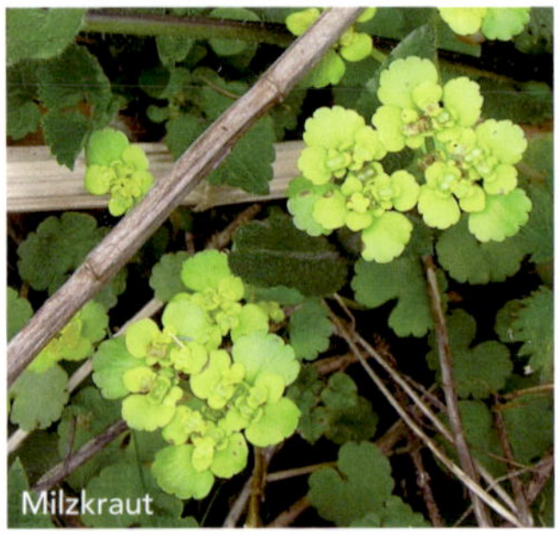

Milzkraut

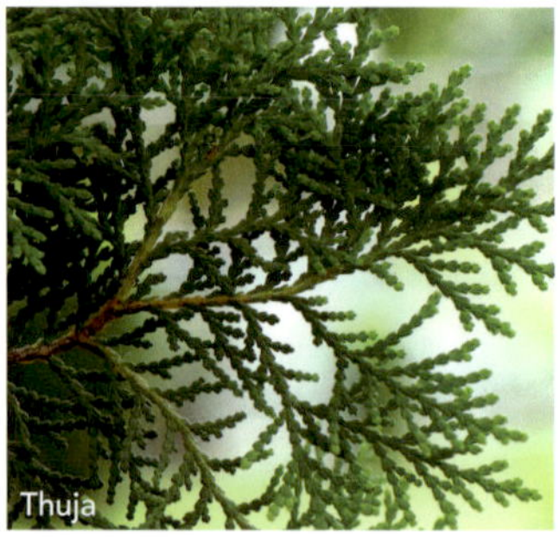

Thuja

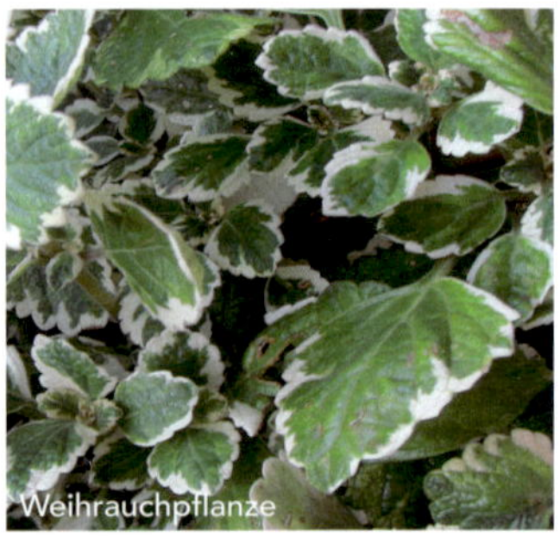

Weihrauchpflanze

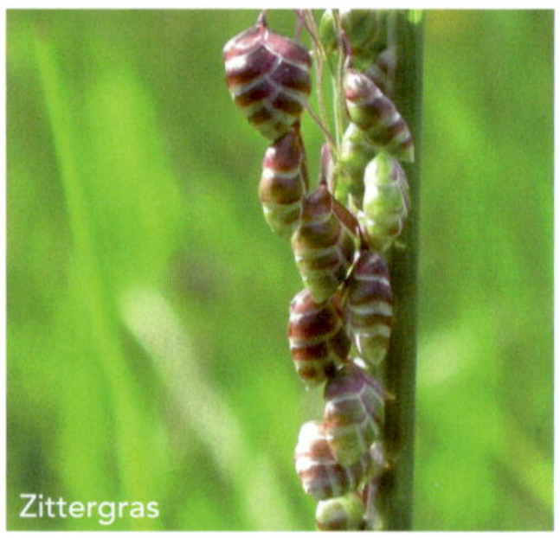

Zittergras

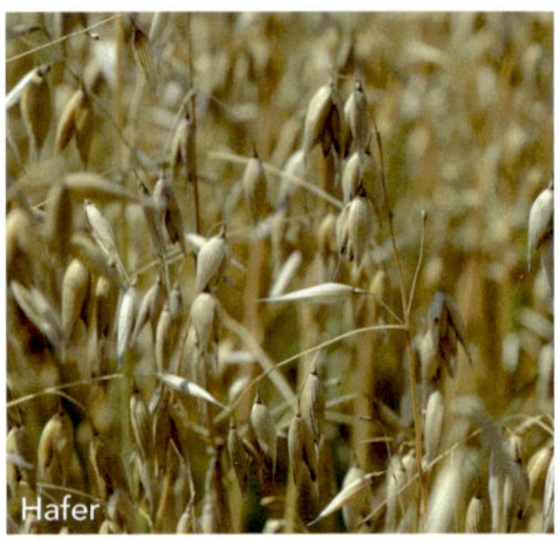

Hafer

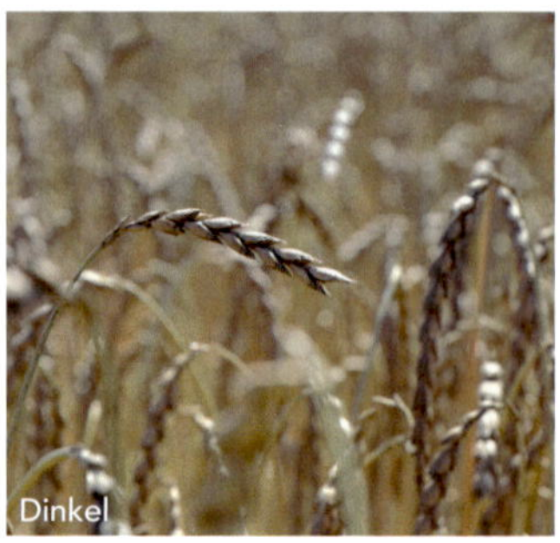

Dinkel

Gerste (*Hordeum vulgare*) unreif geerntet: Juni

Haselstrauch mit rohen Nüssen (*Corylus avellana*): Juli – August

Hirtentäschel (*Capsella bursa-pastoris*): April – Juli

Milzkraut (*Chrysosplenium alternifolium*): April – Juli

Myrte (*Myrtus communis*): ganzjährig in Blumenhandlungen

Thuja, Lebensbaum (*Thuja*): ganzjährig

Weißtanne (*Abies alba*): ganzjährig

Weihrauchpflanze, Harfenstrauch (*Plectranthus coleoides*): Juni – Frostbeginn

Wilde Möhre (*Daucus carota*): Juli – September

Gräser

Zittergras (*Briza media*): Mai – Juli

Getreide

Dinkel (*Tricum aestivum subsp. spelta*): Juli – August

Gerste (*Hordeum vulgare*): Juli

Hafer (*Avena sativa*): Juli – August

Weizen (*Triticum L.*): Juli – August

Samenkapseln, Fruchtstände

Jungfer im Grünen (*Nigella damascena*): September – Oktober

Kapseln von Lichtnelken (*Silene dioica* oder *Silene latifolia subsp. Alba*): Juli – August

Klatschmohn (*Papaver rhoeas*):
Juli – Oktober
Mohnkapseln (*Papaver somniferum*):
Juli – Oktober
Samenstände vom Flieder (*Syringa*):
Juni – August
Thuja, Lebensbaum (*Thuja*): ganzjährig

Schlingpflanzen

Hopfen (*Humulus lupulus*):
August – Oktober
Waldreben (*Clematis*), Samenstände:
August – November
Windenknöterich (*Polygonum convolvulus*):
Juli – August

Zweige mit Zapfen oder Früchten

Eichenblätter mit frischen Eicheln (*Quercus*):
August – September
Erle, Schwarz-Erle (*Alnus glutinosa*):
ganzjährig
Lärche (*Larix decidua*): ganzjährig
Waldkiefer, Gemeine Kiefer (*Pinus sylvestris*):
ganzjährig.
Edel-Tanne (*Abies procera* oder andere):
Oktober – Januar

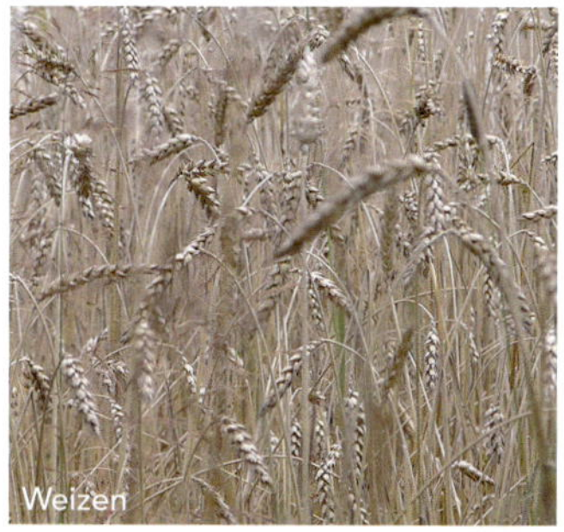
Weizen

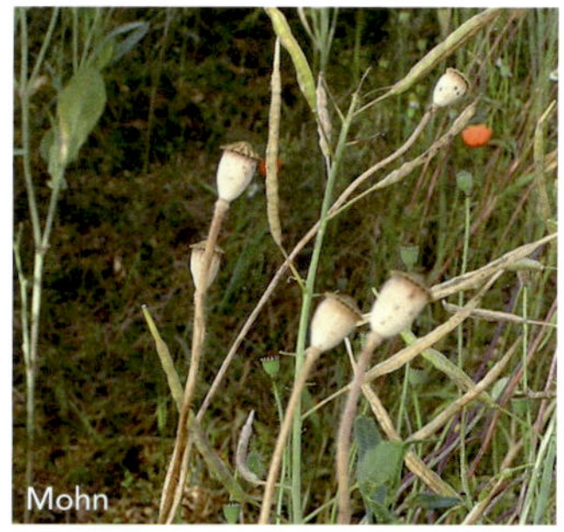
Mohn

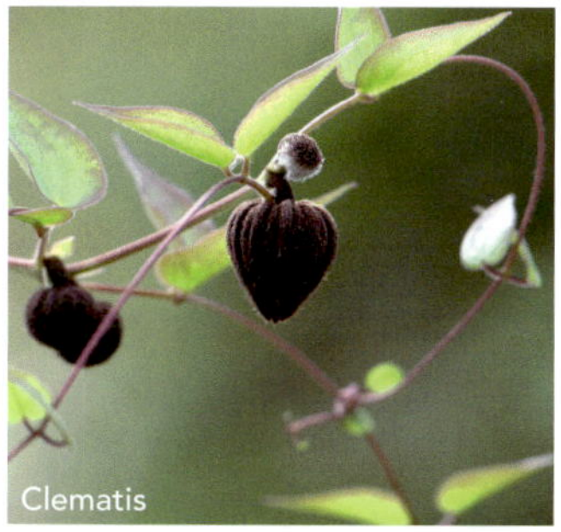
Clematis

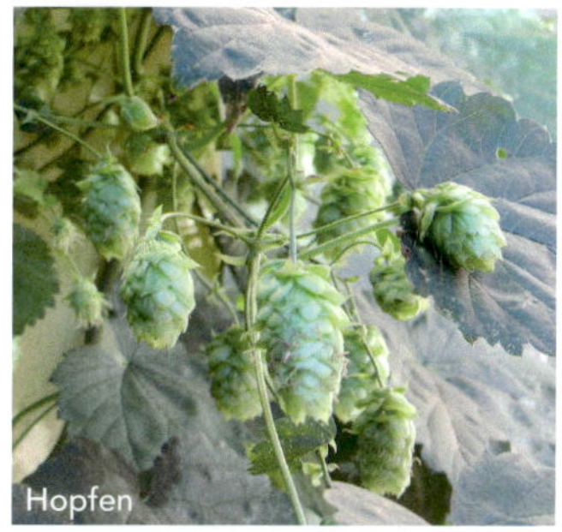
Hopfen

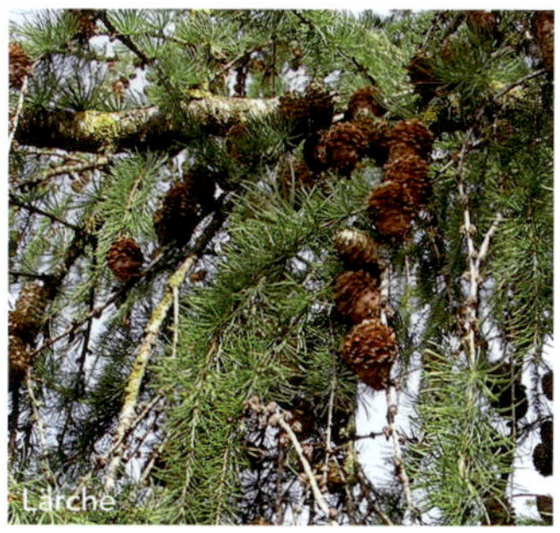
Lärche

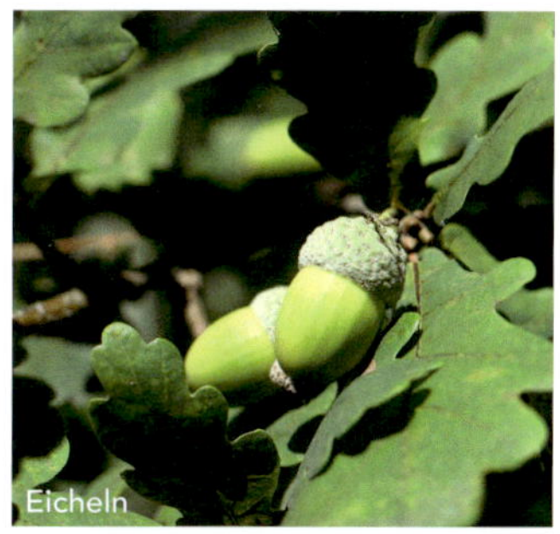
Eicheln

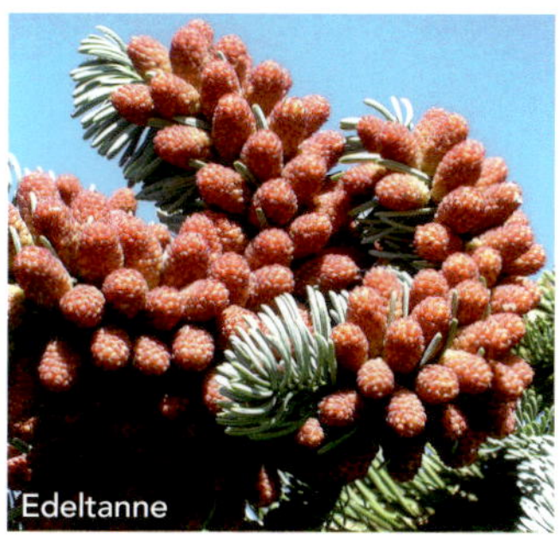
Edeltanne

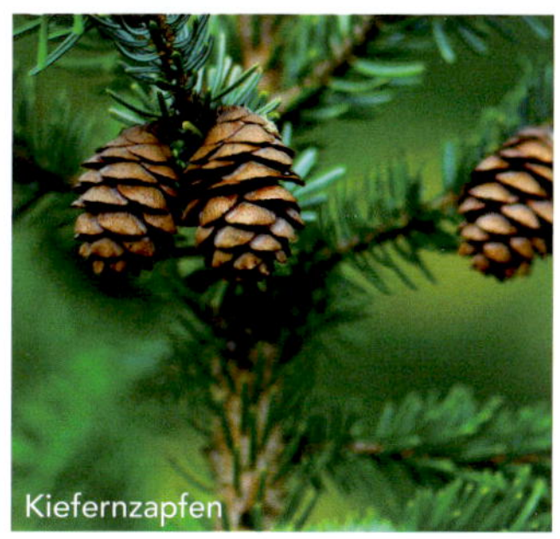
Kiefernzapfen

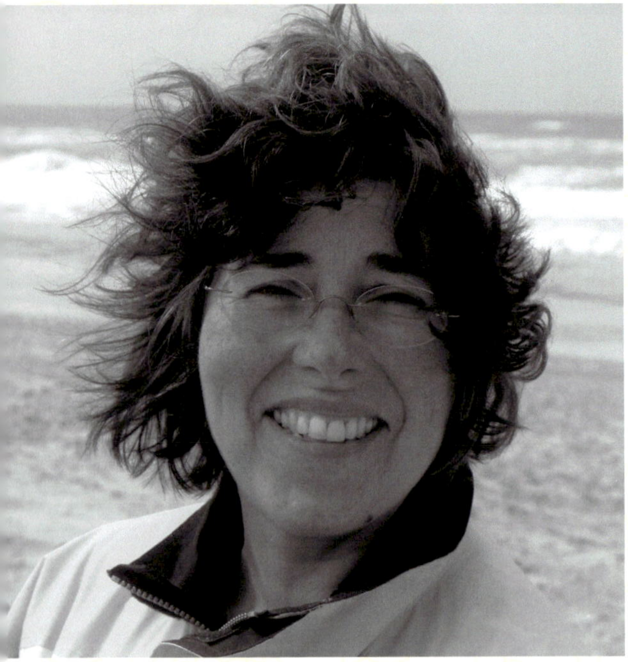

Cristina Cevales-Labonde

Jg. 1956, ist in Italien geboren und in Venedig aufgewachsen. Sie ist seit vielen Jahren als Erzieherin in einem Waldorfkindergarten tätig und lebt in einem kleinen Dorf am Bodensee. Vor mehr als zwanzig Jahren begann sie sich u.a. mit Biegepuppen und Kinderspielzeug zu beschäftigen; sie organisierte und leitete viele Bastelkurse und Arbeitskreise.
Im Verlag Freies Geistesleben erschienen von ihr auch die Bücher *Biegepüppchen selbst gemacht* und *Zuhause bei den Puppen. Puppenhäuser und Zubehör selbst gemacht*.